Staat, institutioneller Wandel und staatliche Leistungsfähigkeit in der Ukraine

Europäische Hochschulschriften
European University Studies
Publications Universitaires Européennes

Reihe XXXI
Politikwissenschaften

Series XXXI Série XXXI
Political Science
Sciences politiques

Vol./Band 526

PETER LANG
Bern · Berlin · Bruxelles · Frankfurt am Main · New York · Oxford · Wien

Nicole Gallina

Staat, institutioneller Wandel und staatliche Leistungsfähigkeit in der Ukraine

Eine Studie zum ukrainischen State Building von 1991 bis 2004

PETER LANG
Bern · Berlin · Bruxelles · Frankfurt am Main · New York · Oxford · Wien

Die Deutsche Bibliothek – CIP-Einheitsaufnahme

Bibliografische Information Der Deutschen Bibliothek
Die Deutsche Bibliothek verzeichnet diese Publikation in der Deutschen Nationalbibliografie; detaillierte bibliografische Daten sind im Internet über ‹http://dnb.ddb.de› abrufbar.

Dissertation zur Erlangung der Doktorwürde an der Philosophischen Fakultät der Universität Freiburg in der Schweiz

Genehmigt von der Philosophischen Fakultät auf Antrag der Professoren N. Hayoz (1. Gutachter) und G. Simon (2. Gutachter).

Freiburg, den 30. Juni 2005 Prof. Richard Friedli, Dekan

ISBN 3-03910-887-5
ISSN 0721-3654

Hochfeldstrasse 32, Postfach 746, CH-3000 Bern 9
info@peterlang.com, www.peterlang.com, www.peterlang.net

„[First] the assets of the state were stolen, and then when the state itself became valuable as a source of legitimacy, it too was stolen".

George Soros

Inhaltsangabe

Vorwort

Im Winter 2004/2005 geschah in den verschneiten Strassen der Hauptstadt der Ukraine Unerhörtes: die Bevölkerung entledigte sich in Kiew ihrer immer autoritärer agierenden, korrupten politischen Führung. Tagelange Proteste, deren Anlass die gefälschten Präsidentschaftswahlen waren, führten dazu, dass die Wahlen schliesslich wiederholt wurden. Dabei setzte sich der Kandidat der demokratischen Opposition, Viktor Juščenko, gegen seinen Gegner von der etablierten politischen Führung, Viktor Janukovyč, durch. Als der neue Präsident der Ukraine Julija Tymošenko zur Premierministerin ernannte, die wortgewaltige und unerschrockene Anführerin des demokratischen Umsturzes, versprach er einen radikalen Kurswandel und sagte: „Ich möchte klarstellen, was meine Regierung nicht tun wird [...]: Meine Regierung wird nicht stehlen, und auch nicht bestechlich sein“.[1]

Der Regierungswechsel in der Ukraine liess hoffen, dass sich der korrupte, schwache ukrainische Staat bald europäischen Normen annähern würde. Das freute auch die Autorin dieser Arbeit. War die Ukraine doch bis zum Machtwechsel ein Staat, der sämtliche Anforderungen an demokratische und transparente Regierungsführung *nicht* erfüllte. Auf der Skala von Transparency International, welche weltweit Staaten gemäß ihrer Korruption klassifiziert, befand sich die Ukraine auf Platz 122 von 145 Staaten (2004 Corruption Perception Index) – noch hinter Staaten wie der Moldau und Usbekistan. Zu Recht brachten die meisten Menschen die Ukraine nur mit mangelhafter Infrastruktur, Korruptionsskandalen und schlechter Regierungsführung in Zusammenhang.

Eine staatstheoretische und politikwissenschaftliche Herausforderung war es daher, nach den Gründen für die negative Leistungsbilanz des ukrainischen Staates zu fragen. Die Mängel des ukrainischen Staates

1 4. Februar 2005, siehe Ukrajinska Pravda Website <http://www.rferl.org/reports/pbureport/2005/02/6-110205.asp>.

waren der Gegenstand der vorliegenden Dissertation, die kurz vor der sogenannten „Orangenen Revolution“ eingereicht wurde. Deswegen ergeht die Bitte an den Leser, sie als eine Bestandaufnahme des ukrainischen Staates am Ende des Systems Kučma zu verstehen. Im Nachwort gehe ich ausführlicher darauf ein, ob und wie sich der Staat und seine Strukturen ein Jahr nach dem Machtwechsel geändert haben und wie die Thesen dieser Arbeit angesichts der veränderten Situation in der Ukraine aufzufassen sind.

1. Einleitung

1.1 Problemstellung und Zielsetzung

Der Umbruch in den Staaten Ost- und Mitteleuropas seit den achtziger Jahren brachte einen fundamentalen Wandel der Rolle des Staates und des institutionellen Gefüges mit sich. Dabei gelang es den meisten dieser Staaten nicht, den Anforderungen des institutionellen Wandels gerecht zu werden. Dies lag daran, dass ihre Institutionen nicht darauf ausgelegt waren, mit Situationen des Wandels fertig zu werden, sondern nur bestehende Strukturen gewährleisten oder zementieren sollten. Überdies spielte die Tatsache eine grosse Rolle, dass es keinen totalen Zusammenbruch der Institutionen gab, welcher einen völligen Neuanfang erfordert hätte.

Ein adaptionsfähiger flexibler Staat ist aber Voraussetzung für einen erfolgreichen institutionellen Wandel. Die Auseinandersetzung mit neuen Aufgaben und ihre erfolgreiche Bewältigung ist ein Zeichen der Leistungsfähigkeit und Stärke des Staates. Da postkommunistische Staaten[1] mit dieser Entwicklung überfordert sind, fallen sie aber eher in die Kategorie schwache Staaten. Unter schwachen Staaten werden Staaten verstanden, denen es nicht gelungen ist, effiziente Staatsstrukturen aufzubauen. Das bedeutet eine eingeschränkte Durchsetzungskraft von Institutionen, unzureichende Entscheidungs- und Regelsetzungsfähigkeit von Funktionsträgern und einen erheblichen Einfluss von nicht- oder halbstaatlichen Akteuren auf Entscheidungen

1 Die osteuropäischen Nachfolgestaaten der Sowjetunion (ohne das Baltikum) werden hier generell als postkommunistische Staaten oder Transformationsstaaten bezeichnet. Die Arbeit konzentriert sich auf die Ukraine. Gelegentlich wird auch auf Russland verwiesen, da dieses Land ähnliche staatliche Züge wie die Ukraine aufweist. Auf eine spezifische Abgrenzung der Begriffe postkommunistischer, ehemals sozialistischer, postsozialistischer oder Transformationsstaat wird hier verzichtet (Nohlen/Schultze 2002 ausführlich zu dieser Problematik).

des Staates (Migdal 1988: 3–7). Für diese Staaten charakteristisch sind Institutionen, die nicht über genügend Durchsetzungspotenzial verfügen. Eine Folge davon ist mangelnde staatliche Funktionsfähigkeit. Die eingeschränkte Leistung des Staates und die Dominanz von Eliten aus dem politischen und wirtschaftlichen Bereich resultiert in einer ungleichen Verteilung von Reichtum und Einflussmöglichkeiten.

Unzureichende Leistungen des Staates beruhen auf institutionellen Aspekten wie etwa einer unfähigen Verwaltung, aber auch auf Mängeln in gesellschaftlichen Bereichen, zum Beispiel die unzureichende Kontrolle durch die Zivilgesellschaft und durch die Medien. Unzulänglichkeiten in bestimmten Politikbereichen, beispielsweise eine unterentwickelte Fiskal- oder Wirtschaftspolitik, haben ebenfalls einen grossen Anteil daran, dass die staatliche Entwicklung behindert oder den Anforderungen des Wandels nicht gerecht wird. Hohe Korruptionsquoten und halbherzige Reformpolitik weisen am eindrücklichsten darauf hin, dass der Staat nur eingeschränkt funktionsfähig ist.

Der unsichere institutionelle Handlungskontext von schwachen Staaten hat schwerwiegende Folgen. Die Akteure aus Politik und Wirtschaft sind aufgrund der Unsicherheiten gezwungen, mit wechselnden Koalitionen oder Kombinationen aus alten und neuen, formellen und informellen, kompatiblen und inkompatiblen Interaktionsformen zu experimentieren (Brie 1996: 10). Informelle Institutionen können dabei genauso massgebend für Verhalten sein wie formelle Institutionen. Informelle Institutionen sind Regeln, die nicht kodiert sind und über die stillschweigende Übereinkunft in einer bestimmten Gruppe, in einem bestimmten sozialen Netzwerk oder in einem Beziehungsgeflecht herrscht. Sie werden einerseits als Ausweg gesehen, die Ziele der ungenügenden formellen Institutionen zu erreichen. Andererseits nutzen Akteure aus den verschiedensten gesellschaftlichen Bereichen die unsicheren Rahmenbedingungen aus, um mittels informeller Strukturen zu ihren individuellen, oft sehr eigennützigen Zielen zu kommen.

Die Behebung von staatlichen Schwächen wie institutionellen Unzulänglichkeiten ist die erste Voraussetzung für den Erfolg sämtlicher

Reformanstrengungen eines Staates.[2] Der Handlungskontext von schwachen Staaten wird in der unterbreiteten Arbeit am Beispiel der Ukraine verdeutlicht.

Die Arbeit *Staat, institutioneller Wandel und staatliche Leistungsfähigkeit in der Ukraine* handelt von postkommunistischem State Building und der Leistungsfähigkeit des Staates. Im Vordergrund stehen der Zustand des ukrainischen Staates, die Reflexion über staatliche Konstruktionsfehler und die Diskussion von Determinanten des ukrainischen State Building.

Diese Dissertation ist zu der jüngsten Literatur zu zählen, welche sich mit *State Building* in osteuropäischen Transformationsstaaten auseinandersetzt und den schlechten Zustand des Staates als das Ergebnis von institutionellen Schwächen sieht, die ein Einfallstor für informelle Strukturen und eigennütziges Elitenhandeln sind. Unter *State Building* wird der institutionelle Aufbau eines Staates zur Gewährleistung von staatlicher Funktionsfähigkeit verstanden. Im Rahmen dieser Arbeit werden die Strukturen und Kräfte, die für die mangelnde Funktionsfähigkeit dieser Staaten verantwortlich sind, behandelt und die wichtigsten Hindernisse für staatlich-institutionellen Wandel in Transformationsstaaten am Beispiel der Ukraine thematisiert. Dadurch unterscheidet sich die vorliegende Dissertation bewusst von der gängigen Entwicklungsliteratur, die über zu erreichende normative Ziele diskutiert, aber der objektiven Einschätzung der Situation des Staates der jeweiligen Länder oftmals nicht genügend Aufmerksamkeit und Detailliertheit zukommen lässt.

Erstaunlicherweise hat das *democracy building* in der neueren Transformationsliteratur einen höheren Stellenwert eingenommen als das State Building.[3] Und das, obwohl das State Building in Staaten wie der Ukraine immer noch andauert und die Funktionsfähigkeit des Staates noch nicht garantiert werden kann. Weiter besteht ein weitgehender

2 Auf diese Zusammenhänge verweisen unter anderem Way (2002) oder World Bank (1997).

3 Vergleiche die einschlägigen Arbeiten der Transformationstheoretiker, z. B. Diamond (2002), Carothers (2002), Croissant (2002), Merkel (1994) und (1995), Merkel et al. (2003).

Konsens darüber, dass es ohne einen gut funktionierenden Staat keine Demokratie geben kann (Linz/Stepan 1996).

Hinzuzufügen ist überdies, dass in den letzten Jahren immer mehr die staatlich-institutionellen Probleme als Hindernisse für die Leistungsfähigkeit des Staates in Transformationsstaaten wahrgenommen worden sind (McFaul 1995 und 1999, Holmes 1996, Kuzio 1999, Kuzio et al. 1999, Kuzio 2001), diese aber in der Regel nicht systematisch und grundsätzlich diskutiert werden. Eine Forschungslücke in der Staatstheorie besteht zusätzlich darin, dass meistens das Verhältnis zwischen Staat und Gesellschaft behandelt und weniger der Aufbau des Staates, das State Building, thematisiert wird. Die wesentlichen Probleme des State Building in Transformationsstaaten sind darüber hinaus noch nicht systematisch und ausführlich benannt worden, obwohl eine Vielzahl von Publikationen zum Thema State Building und zum Aufbau von Staatsstrukturen aufgelegt worden sind.

In dem Spektrum der Arbeiten zum State Building sind Studien zu den Beziehungen zwischen Staat und Gesellschaft sowie zu dem institutionellen Aufbau in Transformationsstaaten auszumachen; aber auch Arbeiten, welche sich an einer Bewertung der bestehenden Staatsstrukturen versuchen. So wird einerseits in Veröffentlichungen zum State Building der institutionelle Aufbau von Staaten und die sich daraus ergebende Dynamik betont (Fukuyama 2004a), andererseits werden bereits vorhandene Staatsstrukturen mit Hilfe von analytischen Kategorien klassifiziert und die Bewertung von staatlicher Leistungsfähigkeit angestrebt (z. B. Kjær et al. 2002, Evans 1985). Die beiden State-Building-Konzepte bestehen im Wesentlichen parallel nebeneinander und eine Verknüpfung hat noch nicht stattgefunden, obschon das State Building grundsätzlich mit Funktionsfähigkeit verknüpft ist bzw. das Fundament für die Leistungsfähigkeit eines Staates legt. Ein Brückenschlag zwischen diesen beiden Ansätzen wäre durchaus wünschenswert.[4] Genauere Untersuchungen von State-Building-Prozes-

4 Einzelne Forscher sprechen dieses Thema aber an. Grzymala-Busse et al. (2002) verbinden theoretische Konzepte der Literatur zu postkommunistischer Transformation. Fukuyama (2004a) versucht sich in Ansätzen in dem Zusammenschluss dieser beiden Richtungen.

sen sind daher geradezu notwendig. Sie tragen zu grundlegenderem Verständnis von staatlichen Strukturen und den Faktoren, die staatliche Leistungsfähigkeit beeinflussen, bei. So liegt ein Schwerpunkt dieser Arbeit in der Verbindung von theoretischen Ansätzen zum State Building mit analytischen Konzepten der Leistungsfähigkeit des Staates. Das Ziel dieser Verbindung ist ein Modell von staatlicher Leistungsfähigkeit.

Das State Building als abhängige Variable unterliegt überdies unterschiedlichen Faktoren, welche die Leistungsfähigkeit von Transformationsstaaten beeinträchtigen. Als Beispiel können die Probleme mit der Institutionalisierung von formellen Strukturen genannt werden. Die vorliegende Arbeit bietet die erste systematische Aufstellung entsprechender Faktoren in einem allgemeinen staatstheoretischen und in einem länderspezifischen Kontext.[5] Gerade in der Ukraine ist der Einfluss von Faktoren, die für die staatliche Leistungsfähigkeit ausschlaggebend sind, sehr stark. Allgemein ist ihre Einwirkung auf den Prozess des State Building nicht besonders förderlich. Die Gründe für staatliche Schwächen der Ukraine werden Autoren wie z. B. Paul d'Anieri, Olexij Haran, Tina Kowall, Robert Kravchuk, Paul Kubicek, Taras Kuzio, Alexander Ott, Heiko Pleines, Lucan Way und Kerstin Zimmer in ihren Arbeiten durchaus thematisiert, wenn auch nicht in diesem strukturierten theoretischen Rahmen.

Neben unzureichender Institutionalisierung ist die Wirkung von informellen Strukturen bedeutend. Die Relevanz der hochgradigen informellen Vernetzung staatlicher Instanzen und Entscheidungsträger ergibt sich dadurch, dass diese Verflechtung keine Steigerung der Funktionsfähigkeit bewirkt, sondern eher das Gegenteil – nämlich eine Lähmung des Staates und die Behinderung der institutionellen und staatlichen Entwicklung. Die Auswirkungen des Mit- und Gegeneinanders von formellen und informellen Machtquellen sind für den ukrainischen Staat generell negativ. Dort, wo eine positive Vernetzung wie im Fall der Beziehungen zwischen Staat und Wirtschaft

5 Merkel et al. (2003: 187) arbeiten vor einem demokratietheoretischen Hintergrund Ursachen von defekter Demokratie heraus, verbinden diese aber nicht zu einem theoretischen Modell.

wünschenswert wäre, ist diese nicht vorhanden. Obwohl sich hier tendenziell ein Kausalitätsproblem ergibt, kann man für das ukrainische Beispiel feststellen, dass die mangelnden formellen Strukturen ein Einfallstor für informelle Praktiken der Machteliten sind. Man kann diesen Staat gar als einen *instrumentalisierten Staat* bezeichnen. Er ist mit Herausforderungen konfrontiert, mit denen er nicht fertig wird. Die Durchsetzungsfähigkeit des Staates ist auf allen staatlichen Ebenen schwach, bzw. sie kann sich erst gar nicht entwickeln. Somit überwiegt eine ungenügende Leistungsfähigkeit des Staates.

Zusätzlich werden in dieser Arbeit die Schwächen des ukrainischen Staates bis auf untere Staatsebenen heruntergebrochen. Dies geschieht vor allem aus dem Grund, dass sich die Probleme der Funktionsfähigkeit des Staates nicht nur auf die zentralstaatliche Ebene und Sektoren beschränken. Sie greifen in der Ukraine und in den Staaten der ehemaligen Sowjetunion generell auf subnationale Ebenen und damit zusammenhängende Politikbereiche über und werden bei Reformversuchen und Umstrukturierungen besonders relevant.

Schwächen in einem Bereich des Staates haben dementsprechend Auswirkungen auf weitere Bereiche des Staates. Die Schwäche des Zentrums hat daher auch die Schwäche der Peripherie zur Folge. Ein schwacher Zentralstaat bzw. eine unzureichende Institutionalisierung auf zentralstaatlicher Ebene beeinträchtigt die Institutionalisierung auf regionaler oder lokaler Ebene. Der Einfluss von Faktoren des State Building, die bereits in der Analyse zentralstaatlicher Befindlichkeiten ihre Relevanz gezeigt hatten, ist auch auf regionale Strukturen gegeben. Die regionale und lokale Ebene verfügen zwar über eigene Einflusskanäle und Machtmittel. Es ist aber schwierig, *isles of excellence* auf unteren staatlichen Ebenen zu entwickeln, wenn auf zentralstaatlicher Ebene die Anreize und das Umfeld nicht entsprechend sind. Beispiele von ukrainischen Dezentralisierungsmassnahmen und von Bestimmungen zur Regionalpolitik zeigen, dass der subnationale Spielraum eng ist und sich zentralstaatliche Kooperations- und Einflussmuster auch auf lokaler und regionaler Ebene wiederholen.

Dennoch stellt sich die Frage, ob trotz aller dieser Hindernisse nicht doch Akteure auszumachen sind, welche den Wandel des Staates hin zu mehr Leistungs- und Durchsetzungsfähigkeit vorantreiben. Das Gebiet

Lemberg ist im Hinblick darauf ein interessantes Untersuchungsgebiet, da es sich von anderen ukrainischen Gebieten und der zentralstaatlichen Ebene dadurch unterscheidet, dass es unter den regionalen Eliten Elemente gibt, welche im Gegensatz zu zentralstaatlichen Akteuren an reformfähigeren Strukturen interessiert sind. Aus den obigen Ausführungen ergeben sich folgende zentrale Fragen:

i. Welche Faktoren werden in der Staatstheorie betont, wenn es um den Aufbau und die Klassifizierung von Staatsstrukturen geht, und wie kann die Leistungsfähigkeit von Staaten konzeptualisiert werden?
ii. Inwieweit beeinflussen diese Faktoren den Zustand postkommunistischer Staaten Osteuropas bzw. ihre Staatlichkeit?[6]
iii. Ist das analytische Instrumentarium der Staatstheorie geeignet, um ein theoretisches Modell postkommunistischer Staatlichkeit zu formulieren, welches darauf basiert, dass schwache Institutionen informelle Strukturen und ein von Eliten dominiertes wirtschaftlich-politisches System fördern? Welchen Beitrag können Konzepte zur Leistungsfähigkeit leisten?
iv. Was für eine Bedeutung haben diese Faktoren in der Ukraine und wie beeinflussen sie die Funktionsfähigkeit des ukrainischen Zentralstaates?
v. Spielen diese Faktoren in den institutionellen Beziehungen zwischen dem Zentralstaat und den untergeordneten Staatsebenen eine Rolle, und wie wirken sie sich konkret auf die ukrainische Regionalpolitik, auf aktuelle Dezentralisierungsmassnahmen und auf die regionale Machtverteilung aus?
vi. Gibt es Kräfte auf der subnationalen Ebene, die diese Faktoren neutralisieren? Handelt es sich dabei um Akteure, welche einen Wandel des Staates hin zu mehr Capacity fördern?

6 Mit Staatlichkeit und staatlicher Verfasstheit wird der allgemeine Zustand des Staates bezeichnet.

Nachstehende Arbeitshypothesen sollen eine erste Antwort auf diese Fragen geben:

i. Einen grossen Anteil am Zustand eines Staates, eines auch postkommunistischen Staates, haben Faktoren wie schwache formelle Institutionen, Informalität und ein von wirtschaftlichen und politischen Eliten dominiertes System. Bisher ist kein Konzept entwickelt worden, welches die Leistungsfähigkeit von Staaten ausreichend konzeptualisiert.
ii. Durch den negativen Einfluss dieser Faktoren ist das State Building in den osteuropäischen Transformationsstaaten noch nicht abgeschlossen. Die Ukraine ist (nur) ein Beispiel für einen schwachen Nachfolgestaat der Sowjetunion. Die Staatsinstitutionen der Ukraine werden mit dem fundamentalen Wandel des Staates und dem Einfluss von behindernden Faktoren nur schwer fertig.
iii. Durch den Rückgriff auf staatstheoretische und staatssoziologische Erkenntnisse kann gezeigt werden, dass der Verlauf des Staatsaufbaus in postkommunistischen Staaten und in der Ukraine von der Konzipierung von Institutionen, dem Einsatz von informellen Strukturen, dem Einfluss von Elitenstrukturen und dem Verhältnis zwischen Staat und Gesellschaft bestimmt wird.[7] Darauf aufbauend (und Ideen des State-Capacity-Konzepts zur staatlichen Leistungsfähigkeit berücksichtigend), lässt sich ein Modell postkommunistischer Staatlichkeit formulieren, welches den Zusammenhang zwischen schwachen Institutionen, informellen Strukturen und Elitenhandeln aufzeigt.
iv. Unter den Faktoren, die den Zustand des Staates beeinflussen, stechen in der Ukraine informelle Machtgruppen und institutionelle Mängel ins Auge. Die Machtgruppen

7 Eine Gewichtung des Einflusses der einzelnen Faktoren auf die Funktionsfähigkeit des Staates wird von der Autorin dieser Arbeit nicht angestrebt; einen wesentlichen Einfluss auf den negativen Verlauf von State Building haben aber unzureichend konzipierte Institutionen.

in der Ukraine bestehen aus politischen und ökonomischen Eliten, welche an einer reformunfähigen Staatsstruktur interessiert sind und institutionelle Mängel zu ihren Gunsten ausnutzen. Staatliche Leistungsfähigkeit im Sinne einer positiven Führungsrolle der Exekutive kann dadurch nicht erreicht werden. Der ukrainische Staat ist daher fragmentiert und nur beschränkt handlungsfähig.

v. Die Befunde für die zentralstaatliche Ebene sind auch auf subnationaler Ebene gültig. Eine durchschlagende Regionalpolitik und eine effiziente Dezentralisierung können vor diesem Hintergrund nicht formuliert und durchgesetzt werden. Obwohl generell eine mangelnde Institutionalisierung von Strukturen zu beobachten ist, die durch informelle Abmachungen untergraben oder aufgefüllt werden, gibt es regionale Unterschiede. Die Gegenüberstellung von Ost- und Westukraine verdeutlicht, dass sehr unterschiedliche Eliten- und Machtstrukturen bestehen. Generell gilt, dass diese nicht nur innerhalb eines Gebietes zueinander im Wettbewerb stehen, sondern auch auf nationaler Ebene. Aufgrund des starken Wettbewerbs konnte bisher keine Elitengruppe ihre Macht langfristig konsolidieren.

vi. Die Art der Machtstrukturen kann im Rahmen des State Building und der Funktionsfähigkeit des Staates ausschlaggebend sein. Oppositionelle und unabhängige Strukturen in der Westukraine bieten am meisten Raum für positive Entwicklungen in Richtung Governance und demokratischem Wettbewerb. Diese Strömungen werden aber sehr stark von Regierungseliten behindert und können alleine, auch wegen ihrer räumlichen Beschränktheit, den das State Building behindernden Mechanismus von mangelnder Institutionalisierung, Informalität und eigennützigem Handeln nicht aushebeln und somit auch keinen Wandel des Staates zu mehr Capacity bringen.

Die Hauptthese lautet daher, dass für die Schwäche der staatlichen Institutionen und damit auch für die Schwäche des gesamten Staates in der Ukraine unsichere formale Strukturen und informelle Beziehungen verantwortlich sind. Die Informalität und die darauf basierenden Machtstrukturen sind die wichtigsten Faktoren, welche den Wandel des Staates blockieren. In dem mangelhaft institutionalisierten Staat unterwandern informelle Strukturen den politischen Prozess und dominieren das politische Geschehen. Die Hauptakteure, die sich aus politischen und wirtschaftlichen Eliten zusammensetzen, wissen den institutionellen Rahmen zu ihren Gunsten mittels entsprechender informeller Netzwerke zu nutzen. Jedoch konnte bisher keine Elitengruppe ihre Macht langfristig konsolidieren, da die Aktivitäten anderer Gruppen ein zu grosses Hindernis darstellen. Den schwach institutionalisierten Staat Ukraine dominiert ein regional sehr unterschiedlich ausgerichteter, aber generell sehr starker Elitenwettbewerb, der auf informeller Ebene „ausgefochten" wird. Es überwiegen restaurative Kräfte, eine Gegenelite zum Vorteil des Staates und im Sinne einer politisch-gesellschaftlichen Alternative hat sich national noch nicht durchgesetzt.

1.2 Vorgehen

Die vorliegende Arbeit gliedert sich in einen theoretischen Teil und einen empirisch-analytischen Teil, in dem das Untersuchungsbeispiel Ukraine im Vordergrund steht. Sie umfasst insgesamt sieben Kapitel.[8] Ausgangspunkt der Analyse bildet die Annahme, dass leistungsfähige Staaten bzw. politische Institutionen notwendig sind, um institutionellen Wandel zu einem erfolgreichen Abschluss zu bringen und staatliche Entwicklung zu erreichen. Schwache Staaten behindern diese Ziele erheblich (vgl. u. a. Migdal 1994, 1999).

Der theoretische Teil beginnt mit Kapitel zwei, in dem zunächst die neueren Entwicklungen in der Staatstheorie von Interesse sind (Kapitel

8 Plus einen Anhang, der u. a. ein Nachwort, das Literaturverzeichnis, Quellen und eine Expertenliste enthält.

2.1). Thematisiert wird, wie die staatstheoretische Diskussion bzw. wie staatszentrierte Ansätze mit institutionellem Wandel und dem State Building (Kapitel 2.2) umgehen. In diesem Rahmen sind insbesondere Faktoren wichtig, welche den Staatsaufbau behindern. Diese Einflüsse auf die Funktionsfähigkeit des Staates werden im Kapitel 2.3 behandelt. Die staatstheoretische Diskussion hat diese bisher nicht als komplettes Modell diskutiert, sondern nur Einzelaspekte hervorgehoben. Wenn man in Betracht zieht, dass der Staat bei einer solchen Entwicklung sehr leicht zum Instrument und zu einem instrumentalisierten Staat werden kann, ist es durchaus angebracht, die Ursachen systematisch zu benennen, die eine solche Entwicklung zur Folge haben können.

In dieser Arbeit werden daher Aspekte herausgestellt, denen im Kontext des staatlich-institutionellen Wandels sowie des Um- und Aufbaus von funktionsfähigen Staaten essentielle Bedeutung zukommt. Es handelt sich um Institutionen (Kapitel 2.3.1), Informalität (Kapitel 2.3.2), Eliten (Kapitel 2.3.3) und die Beziehung zwischen Staat und Gesellschaft (Kapitel 2.3.4). Ihre herausragende Bedeutung für den Aufbau und für die Leistungsfähigkeit des Staates ist in der Staatstheorie unbestritten.

Um die Verfasstheit eines Staates zu klassifizieren, muss man entsprechende analytische Kategorien zur Hand haben. Es reicht nicht aus, einzelne Komponenten zu definieren, die für die Funktionsfähigkeit des Staates bedeutend sind. Die analytisch-theoretische Auseinandersetzung mit der Leistungsfähigkeit und den Schwächen des Staates erfolgt in Kapitel 2.4. Sie ist jedoch nicht neu, und verschiedene Ansätze benennen Bestandteile oder minimale Anforderungen an die Leistungsfähigkeit von Staaten (so z. B. Weiss 1998 für asiatische Entwicklungsstaaten). Diese Konzepte sind alle staatszentriert und integrieren die Beziehungen des Staates zu gesellschaftlichen Subsystemen. Neben institutionellen Strukturen werden die Interaktionen verschiedener Akteure im staatlich-institutionellen Gefüge angesprochen. Im Kapitel 2.4.1 steht die Zweiteilung in starker/schwacher Staat im Vordergrund, im Kapitel 2.4.2 der State-Capacity-Ansatz und im Kapitel 2.4.3 das Governance-Konzept. Alle diese Konzepte thematisieren die Leistungs- und Funktionsfähigkeit von Staaten und haben einige Gemeinsamkeiten.

In Kapitel 2.4.4 wird näher auf die Zusammenhänge und Unterschiede dieser Ansätze eingegangen.

Nach diesen allgemeinen, staatstheoretischen Überlegungen folgt das dritte Kapitel mit dem Schwerpunkt der staatstheoretischen Betrachtung des Transformationsstaates. Zunächst werden in einer kurzen Einführung die Eigenarten des Institutionengefüges sozialistischer Staaten besprochen (Kapitel 3.1). In Kapitel 3.2 wird festgestellt, dass die Analyse osteuropäischer Staaten fast analog zu einer klassischen staatstheoretischen Betrachtung erfolgen kann. Aber dazu muss man auf ihre Unzulänglichkeiten abzielen. Diese werden in der Transformationstheorie ausreichend thematisiert, welche in diesem Zusammenhang zusätzliche Hilfestellung leisten kann, um ein analytisches Raster aufzustellen. Die genauere Untersuchung des Zustandes postkommunistischer Staaten, also die Darstellung des *state of the post-communist state*, ist Thema des Kapitels 3.3. Sie soll zeigen, dass diese Staaten einen eng begrenzten Rahmen von Handlungsfähigkeit aufweisen. Diesen Kontext muss eine staatstheoretische Analyse voll berücksichtigen, will sie Aussagen zu Aspekten des osteuropäischen Transformationsstaates treffen. Deswegen werden in Kapitel 3.3 ausführlich die Eigenschaften des postkommunistischen Staates besprochen und wichtige Einflüsse auf deren State Building beschrieben. Dazu gehören die fehlende Institutionalisierung von Strukturen von Prozessen (Kapitel 3.3.1), Informalität (Kapitel 3.3.2), das Handeln der Eliten (Kapitel 3.3.3) und die Kluft zwischen Staat und Gesellschaft (Kapitel 3.3.4). Sie stellen gravierende Hindernisse für die Entwicklung des Staates dar.

Das folgende Kapitel 3.4 stellt die Analyse von Leistungsfähigkeit osteuropäischer Staaten in den Vordergrund. Ein allgemeines Konzept von Leistungsfähigkeit für Transformationsstaaten muss die Besonderheiten dieser Staatengruppe berücksichtigen. Die bereits in Kapitel 2.4 vorgestellten Konzepte werden nun auf ihre Tauglichkeit für eine Analyse der Leistungsfähigkeit von postkommunistischen Staaten geprüft. Die nähere Betrachtung der Konzepte starker/schwacher Staat (Kapitel 3.4.1), State Capacities (Kapitel 3.4.2) und Governance (Kapitel 3.4.3) zeigt auf, inwieweit diese Konzepte, welches ursprünglich für westliche Industriestaaten entwickelt wurden, den Besonderheiten von Transformationsstaaten gerecht zu werden vermögen. Das betrifft vor allem die *soft aspects* von Staatlichkeit wie informelle Beziehungen. Zum Abschluss des ersten, theoretischen, Teils werden in Kapitel 3.5 die Probleme, welche mit diesen Konzeptualisierungsversuchen einhergehen, hervorgehoben und ein Vorschlag zur Konzeptualisierung der Verfasstheit osteuropäischer Transformationsstaaten unterbreitet.

Darauf folgt der zweite Teil der Arbeit, in dem die Ukraine und die Defizite ihrer staatlichen Funktionsfähigkeit besprochen werden. Grundlage dieser Analyse sind die vorher identifizierten Faktoren, welche die Funktionsfähigkeit des Staates beeinflussen. Im vierten Kapitel steht zuerst der ukrainische Zentralstaat im Zentrum der Ausführungen. Ein historischer Rückblick in Kapitel 4.1 und eine Einführung zu dem ukrainischen State Building nach der Unabhängigkeit (Kapitel 4.2) liefern die nötigen Hintergrundinformationen für die folgenden Betrachtungen des ukrainischen Staates in Kapitel 4.3. Die Institutionenanalyse geht über den strukturellen Aspekt hinaus, da eine dynamische, prozessuale Betrachtungsweise nicht nur Strukturen, sondern auch Akteure integrieren muss. Staatliche Akteure interagieren mit anderen sozialen Systemen und deren Akteuren. Somit fällt die Untersuchung auch nicht explizit staatszentriert aus, sondern berücksichtigt darüber hinaus Einflüsse aus der Gesellschaft und Wirtschaft. Wobei im Kontext von Transformationsstaaten klar sein muss, dass es sich um hochgradig miteinander verflochtene Systeme handelt.

Die Analyse des politischen Systems der Ukraine thematisiert die aktuellen Merkmale und Probleme des Staates. Institutionelle Aspekte sind wegen der Verflechtungen von formeller und informeller Ebene von herausragendem Interesse, und ihnen wird daher in Kapitel 4.3.1 besondere Aufmerksamkeit gewidmet. In Kapitel 4.3.1.1 werden die Vollmachten des Präsidenten der Ukraine besprochen, gefolgt von der Darstellung des ungenügenden Gegengewichts des Parlamentes (Kapitel 4.3.1.2) und der blassen Rolle der Regierung (Kapitel 4.3.1.3). Weiter werden die Abhängigkeit des Rechtssystems (Kapitel 4.3.1.4) und die Instrumentalisierung der Verwaltung (Kapitel 4.3.1.5) thematisiert. Es sind nicht nur die zentralstaatlichen Gewalten, die sich mit dem Problem der unzureichenden Institutionalisierung konfrontiert sehen, sondern auch die intermediären Organisationen, welche im Kapitel 4.3.2 beschrieben werden. Es geht insbesondere um das zersplitterte

Parteiensystem (Kapitel 4.3.2.1) und die mangelnden Einflussmöglichkeiten von Interessengruppen und Medien (Kapitel 4.3.2.2). Durch die vordergründige Darstellung des institutionellen, formellen Gefüges und seiner Akteure sollen gleichzeitig die dahinter versteckten Strukturen verdeutlicht werden. Dabei darf nicht vergessen werden, dass es sowohl die zugrundeliegenden Strukturen als auch die Prozesse sind, welche die Fähigkeiten des Staates bestimmen.[9] Das Kapitel 4.3.3 stellt die informelle Basis von Staatsstrukturen und -prozessen ausführlich dar. Weiter erweisen sich die politischen und ökonomischen Eliten des Staates als diejenigen, welche die Verlagerung in die Informalität zu verantworten haben (Kapitel 4.3.4). Dass die Gesellschaft dieser Entwicklung wenig entgegenzusetzen hat, zeigt Kapitel 4.3.5. Kapitel 4.4 liefert eine Zusammenfassung der wichtigsten Ergebnisse und zeigt die begrenzte Durchsetzungsmacht des Staates in der Ukraine aufgrund der schwachen zentralstaatlichen Institutionen, für die unsichere formale Strukturen und informelle Beziehungen verantwortlich sind. Überdies wird verdeutlicht, dass der Staat in der Ukraine nur eingeschränkt handlungsfähig ist. Er ist ein Beispiel für mangelnde Institutionalisierung, Elitendominanz und eine staatlich-gesellschaftliche Verflechtung, die sich negativ auf die gesamtstaatliche Entwicklung auswirkt.

Dies wirft die Frage nach dem Ausgreifen dieser Schwächen auf untere Staatsebenen auf. Der Wandel des Staates in der Ukraine auf der subnationalen Ebene ist das Thema des folgenden Kapitels fünf. Das erste Kapitel 5.1 zeigt, dass die regionalstaatliche Ebene in Staaten wie der Ukraine besonders exponiert ist, da nur eine unzureichende eigene Institutionentradition besteht und sie von der zentralstaatlichen Ebene in finanziellen oder administrativen Belangen abhängig ist. Trotzdem ist eine wachsenden Bedeutung der regionalen Ebene zu verzeichnen (Kapitel 5.2). Das zeigt die Gegenüberstellung des Status der subnationalen Ebene in der Sowjetunion (Kapitel 5.2.1) mit ihrer Entwicklung nach der Unabhängigkeit der Ukraine 1991 und der daraus erfolgenden Regionalismusdebatte (Kapitel 5.2.2). Im Zentrum der Betrachtungen

9 Siehe Kjær et al. (2002) zu der Bedeutung dieser beiden Aspekte. Schon Dahl zeigte 1961 die enge Verbindung von politischen Strukturen und Prozessen und dem Zustandekommen von öffentlicher Politik.

steht dann die Frage, inwieweit die institutionellen Beziehungen der Ukraine konsolidiert zu nennen sind (Kapitel 5.3). Dazu werden zunächst die politischen Massnahmen der verschiedenen ukrainischen Präsidenten skizziert, um die institutionellen Beziehungen auf eine neue Grundlage zu stellen (Kapitel 5.3.1). Es folgt die Problematik der rechtlichen Kodifizierung von subnationalen Bestimmungen (Kapitel 5.3.2). Das fängt mit unzureichenden Verfassungsbestimmungen an (Kapitel 5.3.2.1), geht weiter mit der mangelhaften Konzeption der Regionalpolitik und reicht bis zu unzureichend verwirklichter lokaler Selbstverwaltung auf lokaler Ebene (Kapitel 5.3.2.3). Anhand des Beispiels der fiskalischen Beziehungen zwischen dem Zentrum und der subnationalen Ebene (Kapitel 5.3.3) kann deutlich gezeigt werden, dass die institutionellen Beziehungen in der Ukraine noch lange nicht konsolidiert sind. Die volatile Budgetpolitik (Kapitel 5.3.3.1) und die informellen Grundlagen der Steuerpolitik (Kapitel 5.3.3.2) verdeutlichen, wie sich mangelnde Institutionalisierung und Informalität auswirken. Die Darstellung regionaler Einflussmechanismen in Kapitel 5.3.4 zeigt eindrücklich, dass subnationale Akteure auf informelle Wege zurückgreifen, um ihre Interessen durchzusetzen (Kapitel 5.3.4.1). Auch hier ist der Schluss zulässig, dass informelle Strukturen eine grössere Rolle spielen als formelle. Die regionalen Einflussmechanismen werden von einflussreichen regionalen Akteuren dominiert (Kapitel 5.3.4.2). Es handelt sich um eine kleine Elite, welche regionale Belange definiert und regionale Entwicklungen steuert. Wichtig ist dabei, dass der Handlungsspielraum und die Zusammensetzung der regionalen Elite in der Ukraine sehr unterschiedlich ist. Dies hat grosse Auswirkungen auf die regionalen Einflussmechanismen und -möglichkeiten und somit auch auf das Entwicklungspotenzial des jeweiligen Gebietes. Das letzte Kapitel 5.3.4.3 konzentriert sich daher auf regionale Eliten in der Ost- und Westukraine und betont die unterschiedliche regionale Interessendurchsetzung.

Das Kapitel sechs ist eine Fallstudie zum Gebiet Lemberg. Die fruchtbarsten Studien zum State Building bzw. zur Funktionsfähigkeit des Staates integrieren im Allgemeinen Politikfelder und Fallbeispiele. Deswegen werden abschliessend die politischen und gesellschaftlichen Strukturen des Gebietes Lemberg untersucht. Eine Einführung in Kapitel

6.1 begründet die Wahl dieses Gebietes, liefert Hintergrundinformationen und einige methodische Bemerkungen. Daraufhin wird wiederum der Faktor Institutionalisierung betrachtet (Kapitel 6.2), dies geschieht anhand des Beispiels von regionalen Entwicklungsplänen (Kapitel 6.2.1) und anhand weiterer Ansätze zur formellen regionalen Interessenwahrung wie Städte- oder Gebietspartnerschaften (Kapitel 6.2.2). In Kapitel 6.3 werden die Machtstrukturen und der Elitenwettbewerb im Gebiet Lemberg behandelt. Die Analyse zeigt, dass es unterschiedliche Elitengruppen und darauf beruhende Konflikte gibt (Kapitel 6.3.1). Die Untersuchung der Strukturen dieses Gebietes untermauert die bereits bekannten Thesen. Auch hier ist ein Wechselspiel zwischen formellen und informellen Beziehungen, unter der Dominanz informeller Beziehungen und dem Ausnutzen institutioneller Schwächen, zu beobachten. Regionale, lokale und zentralstaatliche Strukturen und Akteure sind so miteinander verflochten, dass es unmöglich ist, diese eindeutig abzugrenzen. Darüber hinaus ist eine Besonderheit dieses Gebietes (bzw. der ganzen westukrainischen Region, die mehrere Gebiete umfasst), dass Kräfte des Wandels vorhanden sind, dass diese sich offen betätigen und dass sie sich politisch einbringen. Unter den regionalen Eliten, aber auch in Teilen der Gesellschaft, sind Akteure zu identifizieren, welche im Gegensatz zu Akteuren auf zentralstaatlicher Ebene oder in anderen Gebieten der Ukraine an reformfähigeren Strukturen interessiert sind (auch Kapitel 6.3.1). Das Gebiet Lemberg und grosse Teile der Westukraine haben den politischen Wandel unterstützt und wesentlich dazu beigetragen, dass auf zentraler Ebene im Winter 2004/2005 ein Machtwechsel stattfinden konnte. Die Kräfte des Wandels müssen sich aber dem Wettbewerb mit restaurativen Kräften, sowohl auf regionaler als auch auf zentralstaatlicher Ebene, stellen. Die Reformkräfte sind tendenziell im Nachteil, da sie nicht auf Machtinstrumente zurückgreifen können, die institutionell verankert sind. Das Kapitel 6.3.2 konzentriert sich auf so ein informelles Mittel zur Machtdurchsetzung der Macht-eliten: den Einsatz der Steuerbehörde. Schliesslich werden in Kapitel 6.3.3 die Wahlen als Instrument im Machtwettbewerb und der gesellschaftliche Indifferenz thematisiert.

In der Schlussfolgerung (Kapitel sieben) werden die wichtigsten Ergebnisse und die sich daraus ergebenden Erkenntnisse zusammengefasst. Es wird überdies danach gefragt, inwieweit das Gebiet Lemberg für den ukrainischen Staat wegweisend sein kann (und im Hinblick auf den politischen Wandel des Winters 2004/2005 wegweisend sein konnte). Zudem werden Ratschläge für eine verbesserte Funktionsfähigkeit des ukrainischen Staates gegeben und ein Katalog von Anforderungen an die Leistungsfähigkeit des ukrainischen Staates aufgestellt. Das Nachwort vergleicht den Zustand des Staates vor dem politischen Wandel im Winter 2004/2005 mit dem ersten Jahr danach.

2. Staatstheoretische Grundlagen

2.1 Neuere Entwicklungen in der Staatstheorie

Seit Ende der 70er Jahre entstanden, insbesondere im englischen Sprachraum, zahlreiche sozialwissenschaftliche Publikationen, die auf die Rolle des Staates in der Entwicklung eines Landes abzielten. Nach einer Phase der relativen Gesellschaftszentriertheit wandte sich die Forschung somit wieder vermehrt der Rolle und den Aufgaben des Staates zu.[1] Der autonome, starke Staat sollte unabhängig von mächtigen sozialen Gruppen sein, um sozialen und wirtschaftlichen Wandel nach seinen Vorstellungen durchzusetzen. Dementsprechend sollten sich auch die staatlichen Fähigkeiten und Anforderungen ausrichten.

Das Entscheidende an der staatszentrierten Perspektive ist das hohe Mass an Autonomie und Steuerungsmacht, das der Politik im Allgemeinen und den Akteuren des politisch-administrativen Systems im Besonderen zuerkannt wird (Nohlen/Schultze 2002: 910). Der Staat ist unabhängig von Einflüssen aus der Gesellschaft, und die Staatsautonomie sollte ausreichen, um die Handlungsfähigkeit des Staates zu garantieren (Skocpol 1979). Der zuvor vorherrschenden gesellschaftszentrierten Perspektive hielt man vor, dass sie den Staat nur als von der Gesellschaft abhängig begriffen hatte (Nohlen/Schultze 2002: 909).

1 Zu früheren Phasen einer staatszentrierten Auffassung, vgl. Nohlen/Schultze (2002: 907f.). Nohlen/Schultze fassen auch gut die Unterschiede der sozialwissenschaftlichen Diskussion in den Vereinigten Staaten und in Europa zusammen. Im Zusammenhang mit der theoretischen Entwicklung ist auch Scharpf (1991: 621f.) zu berücksichtigen, der die stärkere Berücksichtigung der Wechselbeziehungen zwischen hierarchischen und nichthierarchischen Politikformen fordert.

Komplementär beschäftigte sich die Staatssoziologie vermehrt mit dem Aufbau von funktions- und leistungsfähigen Staaten[2] – dem *State Building.*[3] Die Autonomie des Staates per se reichte nicht mehr zur Machtdurchsetzung des Staates aus. Der Staat sollte sich konkret in Politikformulierung und -umsetzung engagieren, um seine Vorstellungen von Autonomie voll einbringen zu können (Evans et al. 1985). Von einigen Autoren wird die konzeptuelle Entwicklung der Autonomie des Staates auch als erster Schritt zu einer Weiterentwicklung staatszentrierter Ansätze gesehen.[4] Sie führte zu dem Entwurf von Konzepten staatlicher Leistungsfähigkeit. Ausdifferenziertere Ansätze stellen einen Katalog von Staatsfunktionen auf, welche Bestandteil eines autonomen Staates sind (Evans et al. 1985, Weiss 1998).

Die Überlegungen zum Aufbau von funktionsfähigen Staaten integrierten aber trotz ihres staatszentrischen Ansatzes die Interaktion des Staates mit der Gesellschaft. Während zuerst eher der Gegensatz und die Unterschiedlichkeit von Gesellschaft und Staat betont wurden (dies wurde mit dem Schlagwort Dichotomie von Staat und Gesellschaft konzeptualisiert), so rückte ein wenig später die positive Interaktion von Staat und Gesellschaft sowie die Autonomie des Staates im Verhältnis zur Autonomie der Gesellschaft in den Vordergrund. Wichtig wurde, unter welchen Bedingungen der Staat Gesellschaft strukturiert, aber auch wie Gesellschaft den Staat beeinflusst (Migdal 1998, 2001; Hobson 2000). Der Einfluss des historischen Institutionalismus trug zusätzlich

2 Autoren wie z. B. Huntington (1968) setzten sich schon früher mit diesen Aspekten der Staatssoziologie auseinander und wiesen auf die Fähigkeiten des politischen Systems hin.

3 In der vorliegenden Arbeit wird in der Regel der englische Begriff State Building verwendet, der treffender als jegliche deutsche Bezeichnung vom Auf- oder Umbau des Staates ist. Jedoch wird gelegentlich anstelle von State Building auch auf die Bezeichnung „der Aufbau eines funktionsfähigen (leistungsfähigen) Staates“ zurückgegriffen. Der Begriff State Building stammt aus der klassischen Staatssoziologie und drückt den Aufbau des modernen (National)Staates aus.

4 Siehe Evans et al. (1985: 353) zu einer genaueren Abgrenzung von *autonomy* und *capacity*.

dazu bei, dass institutionelle Stärken und Schwächen des Staates in das Forschungsinteresse rückten.[5]

Ein einfaches Konzept zur Analyse und Bewertung der Leistungsfähigkeit des Staates teilt die untersuchten Staaten in starke oder schwache Staaten ein. Der Begriff des schwachen bzw. starken Staates wurde eingeführt, um die Durchsetzungsfähigkeit des Staates (gegenüber der Gesellschaft) in westlichen Demokratien zu beschreiben, wobei sich die Durchsetzungsfähigkeit an bestimmten institutionellen Faktoren festmacht. Die beiden Begriffe werden generell zusammen gebraucht und zueinander in Bezug gesetzt.

Nach dem Zusammenbruch der Sowjetunion wurde das Konzept des starken/schwachen Staates oftmals in seiner ursprünglichen Dichotomie auf den Kontext von Transformationsstaaten angewendet. In der staatstheoretischen Diskussion wurde aber schnell klar, dass ein Staat auf einem bestimmten Aufgabengebiet über sehr grosse Fähigkeiten verfügen kann, in anderen hingegen über wenige. Somit ging eine Weiterentwicklung der Begriffe starker/schwacher Staat in eine ausdifferenziertere Betrachtung des Staates über.

Das Konzept der *State Capacity* wurde schon relativ früh zur strukturellen Untersuchung und Benennung der Leistungsfähigkeit des Staates allgemein entworfen (Almond/Powell 1966). Es handelte sich um eine Präzisierung der Grobauffassungen von Fähigkeiten, über die ein Staat verfügen sollte, noch bevor von State Capacities im heutigen Sinne und mit der heutigen Begrifflichkeit gesprochen worden ist. State Capacity wird nun als die Funktionsfähigkeit bzw. Leistungsfähigkeit des Staates allgemein, aber auch als Leistungsfähigkeit in bestimmten Bereichen (zum Beispiel als *administrative capacity*) verstanden.

Mann (1986: 5f.) erwies sich als Vorreiter, der frühzeitig verschiedene Capacities unterschied und den Begriff der staatlichen Ent-

5 Der historische Institutionalismus betont die Rolle des institutionellen Wandels bei der Entwicklung von politischen Systemen. Dieser Ansatz ist eine spezifische Ausprägung des neuen Institutionalismus, der vor allem auf Strukturen und Organisationen thematisiert und in der neoklassischen Ökonomie eine wichtige Rolle bei der Bildung interdisziplinärer Theorien und bei der Entwicklung des *rational choice* Ansatzes spielt.

wicklung immer mehr auf die Leistungsfähigkeit des Staates ausgedehnte. In einem aufsehenderregenden Artikel subsumierte er 1986 die wichtigsten Fähigkeiten des Staates unter *infrastructural* and *despotic power*. Eigentlich handelte es sich um ein Konzept von Staatsmacht. Es drückt aber genauso die Fähigkeiten des Staates aus. *Infrastructural power* (is) „the capacity of the state actually to penetrate civil society, and to implement logistically political decisions throughout the realm" (Mann 1986: 113). Unter *despotic power* fällt: „The range of actions which the elite is empowered to undertake without routine, institutionalized negotiation with civil society groups" (Mann 1986: 113). Die erste Variante beinhaltet die Fähigkeit, Entscheidungen mit der Billigung der Gesellschaft umzusetzen, die zweite Variante drückt die Fähigkeit aus, Entscheidungen auch ohne den Rückhalt der Gesellschaft und notfalls mit Gewalt zu treffen.

Während unter Staatsfunktionen im frühen modernen Staat hauptsächlich territorialverwaltende, militärische Fähigkeiten oder staatliche Zwangsmittel wie Steuereintreibung verstanden wurden (Migdal 1988), weitete sich der Anspruch an die Leistungen, welcher der Staat zu erbringen hatte, in der folgenden Diskussion auch auf sozioökonomische Faktoren aus und zielte auch immer mehr auf die Interaktion verschiedener gesellschaftlicher und staatlicher Akteure ab.

Weiss (1998) und Mann (1986) verbinden die Funktionsfähigkeit des Staates mit seiner Macht. Weiss (1988: 15) fasst State Capacity als abgeschwächte Staatsmacht auf. Staatsmacht bedeutet einerseits einen starken Staat, andererseits ist sie ein flexibles politisches Instrument. Der Einsatz von Staatsmacht hängt stark von den Strukturen und der Autonomie eines Staates ab (Weiss 1998: 24f.). Für viele Autoren ist die Umsetzung von Staatsmacht aber auch von der Organisation von Akteuren bzw. Gruppen in einem Staat abhängig (Evans et al. 1985).

Die Berücksichtigung von State Capacity und Staatsmacht im Kontext des Aufbaus leistungsfähiger Staaten betont nicht nur die verschiedenen Staatsfunktionen, sondern auch die bedeutende Rolle von Staatsinstitutionen. Mit ihrer Hilfe kann man die geforderten Leistungen realisieren.[6] Konzeptuelle und empirische Fortschritte haben dazu geführt, dass State Capacity immer mehr im Rahmen eines bestimmten institutionellen Kontextes analysiert wird (Weiss 1988: 12).

Aufgrund der Annahme, dass weder der ökonomische Sektor noch das zivilgesellschaftlich-politische System ohne effiziente institutionelle Strukturen funktionsfähig sein können (Grindle 1997, World Bank 1997, 2001), ist seit Mitte der 90er Jahre das Problem der mangelnden institutionellen Leistungsfähigkeit des Staates zunehmend als kritische Grösse in die entwicklungspolitische Agenda aufgenommen worden.[7]

Das Konzept der State Capacities wurde zunächst herangezogen, um den Entwicklungsstand von Entwicklungsländern zu bewerten (vgl. Migdal 1988). Erst ab Ende der 90er Jahre wurden Transformationsstaaten in die Überlegungen mit einbezogen (vor allem durch Grzymala-Busse et al. 2002). Gegenwärtig erfreut sich der State-Capacity-Ansatz einer steigenden Beliebtheit, um die Leistungsfähigkeit von Transformationsstaaten einzuschätzen (World Bank 2000, Sakwa 2000, Grzymala-Busse et al. 2002).[8]

Eine weitere Entwicklung und ein weiterer qualitativer Schritt zum Management des Staates, stellt die Regierungsführung eines Staates, die *Governance* dar. Governance ist ein Konzept, durch das unterschiedliche Strukturen in Staat und Gesellschaft zum Zweck der politischen Steuerung verbunden werden sollen. Dieser Ansatz ist mit dem Funktionswandel des modernen, westlichen Staates in Mode gekommen. Er betont die dynamische Seite der Leistungs- und Managementfähigkeit und die Prozessfunktion des Staates sowie Deregulierung und

6 Vgl. überdies die ähnlichen Annahmen des (historischen) Institutionalismus bzw. der neueren Institutionentheorie, welche auf die Interaktion von institutionellen und nichtinstitutionellen Akteuren und auf ihren Einfluss auf staatliche Funktionsfähigkeit hinweisen.

7 Bei der Weltbank dominiert aber trotzdem ein technokratischer Ansatz: „Capacity is the ability to perform appropriate tasks effectively, efficiently and sustainably" (Grindle/Hilderbrand 1995: 144).

8 Obwohl abweichende Ergebnisse des State Building bei Transformationsstaaten nicht abschliessend geklärt werden können. Die gleichen State-Building-Massnahmen schlagen bei einigen Staaten fehl, bei anderen wiederum nicht (Easter 2000: 4).

Privatisierung (Heywood 2002: 100). Governance im Staat beinhaltet insbesondere strukturelle Faktoren, welche als eine Art Leistungskatalog aufzufassen sind, wie Politik zu entwerfen und umzusetzen ist (Peters/ Pierre 2000). Der Beziehung zwischen Staat und Gesellschaft kommt eine hohe Bedeutung zu. Die Autonomie des Staates zeigt sich dadurch, dass sie dieses Verhältnis gestaltet und anführt. In neueren Arbeiten wird die Interaktion zwischen Staat, (Zivil-)Gesellschaft und Wirtschaft sowie die staatliche Vermittlungsrolle hervorgehoben. Dabei verschwimmen die Grenzen zwischen diesen Bereichen immer mehr.

Governance wird insoweit mit Transformationsländern und ihren Staatsreformen in Verbindung gebracht, als dass ihnen eine Privatisierung von Staatsleistungen nahegelegt wird, um ihre Leistungsfähigkeit zu verbessern. Die Defizite dieser Staaten im Bereich der Governance, d. h. ihre unzureichende staatliche Lenkungs- und Steuerungsfunktion, werden mit einem Katalog von Anforderungen an Governance abgeglichen. Dies geschieht meist normativ in Form von *Good-Governance-Kriterien* (Ahrens 2001).

Alle diese staatssoziologischen Ansätze haben gemeinsam, dass sie auf eine gewisse Anwendungstradition in einem anderen Kontext zurückblicken bzw. für einen anderen Zusammenhang staatlicher Entwicklung entworfen worden sind, als demjenigen von Transformationsstaaten. Vor der Übertragung auf diesen Kontext bedürfen sie daher einer gewissen Modifikation und auch einer ausführlicheren Diskussion.[9] Zunächst ist es aber angebracht, das dieser Arbeit zugrundeliegende Staatsverständnis genauer zu beleuchten.

9 Sicher stellt sich dabei die grundsätzliche Frage, inwieweit diese Konzepte für die Untersuchung von Transformationsländern taugen und inwieweit man sie an andere Zusammenhänge anpassen kann.

2.2 Staat, institutioneller Wandel und State Building

Im Inneren stellt sich der Staat als hochkomplexe Matrix von Institutionen dar, die von unterschiedlichen Aufgabenstellungen und Funktionserwartungen bestimmt sind.[10] Staaten unterscheiden sich dabei von anderen Organisationen oder informellen sozialen Gruppen, indem gerade der formelle, institutionelle Aspekt sie von anderen sozialen Verbindungen abgrenzt. Der Staat ist die organisierte Entscheidungs- und Wirkungseinheit (Heller (1934) 1983: 259) einer Gesellschaft und verfügt trotz aller Handlungsrestriktionen immer noch über ein beachtliches Mass an relativer Autonomie und Steuerungsfähigkeit, da er der einzig legitime Ort ist, an dem gesamtgesellschaftliche und verbindliche Entscheidungen fallen können; überdies kann er sich auf die unterschiedlichsten Machtquellen stützen (Nohlen/Schultze 2002: 911).

Für den Bestand der Herrschaft und der Wirksamkeit der Zwangsgewalt eines Staates ist entscheidend, dass er es versteht, seine Herrschaft zu legitimieren. Die Legitimität des Staates kann sowohl durch Verfahren als auch durch Ergebnisse garantiert werden. Die gewöhnliche Staatstätigkeit konzentriert sich darauf, die Macht des Staates im Sinne von legitimer Herrschaft durchzusetzen.[11] Einerseits

10 Die institutionelle Perspektive stellt die Staatsinstitutionen in den Vordergrund. Zu diesen Institutionen gehört der Regierungsapparat im weitesten Sinne: die Regierung, das Parlament, die Bürokratie, das Militär, die Polizei, das Gerichtswesen, lokale und regionale Institutionen. Dieser Ansatz unterscheidet klar zwischen öffentlichem Staat (mit seinen internen Differenzierungen) und privater Zivilgesellschaft. Zu den funktionalen Staatsauffassungen siehe unter anderem Poggi (1978).

11 Dies folgt dem Argument von Max Weber ((1921)1976: 822), nach dem der Staat ein auf Legitimität gestütztes – aber zweckbedingtes – Herrschaftsverhältnis von Menschen über Menschen ist. Der Staat ist durchsetzungsfähig, weil er die dafür erforderlichen Mittel besitzt. Zu diesen rechnet Weber ((1921) 1976: 29) vor allem das legitime Gewaltmonopol und die Bürokratie. Der moderne Staat ist „ein anstaltsmässiger Herrschaftsverband, der innerhalb eines Gebietes die legitime physische Gewaltsamkeit als Mittel der Herrschaft zu monopolisieren mit Erfolg getrachtet hat [...]“ (Weber (1921)1976: 822).

muss der Staat den Anspruch verteidigen, die letzte Entscheidungsinstanz gesellschaftlicher Zielfindung und Steuerung zu sein, andererseits beharren gesellschaftliche Teilsysteme auf ihren Mitspracherechten und ihrer Unabhängigkeit und setzen dem Staat Grenzen in seiner Handlungsautonomie (Benz 2001).

Das Staatsmonopol zur Herrschafts- und Gewaltausübung legt die Grundlagen für umfassende Staatsmacht. Der Begriff der Macht spielt im Sinne einer asymmetrischen Beziehung zwischen dem Staat und gesellschaftlichen Akteuren eine zentrale Rolle (vgl. Mann 1986). Im Gegensatz zum sozialistischen Staatsverständnis wird der Staat allgemein nicht als reiner Machtapparat verstanden. Im modernen Staat stellt das Recht als Grundlage der Herrschaftsausübung eine wesentliche Voraussetzung für die Berechenbarkeit des Staates dar.[12]

Sanktions- und Machtmittel des Staates werden nicht um ihrer selbst Willen eingesetzt, auch der Staat hat Eigeninteressen, z. B. die territoriale Selbsterhaltung oder die Mehrung seiner Machtressourcen. Die politischen Einrichtungen des Staates, die Institutionen, übernehmen die politischen Funktionen des Staates, dienen in diesem Rahmen als Herrschaftsinstrumente, als Voraussetzung zur Machtausübung. Tilly (1975: 10) betont in diesem Sinn, dass die Macht des Staates seine Existenz gewährleisten soll. Dabei muss der Staat autonom, zentralisiert und koordiniert sein. Mann (1986: 3) bestätigt diese Anforderungen und ergänzt weitere Aspekte von Staatsmacht wie die Institutionalisierung

Nach dem Weberschen Verständnis von Legitimität ist weniger das Verhalten der politischen Führung und der politischen Institutionen bedeutend, als die Perzeption der Vertretenen. Ein Regime ist legitim, wenn die Bevölkerung der Auffassung ist, dass keine Alternative eine bessere Lösung bietet. Die meisten Staatsdefinitionen lehnen sich sehr an die Definitionen von Max Weber an. Sie betonen im Allgemeinen den institutionellen Charakter des Staates und seine Funktionen wie Regelsetzung und Legitimation zum Zwecke der Gewaltausübung.

12 Die Legitimation des Staates beruht auf dem Glauben an die Geltung des Rechts (Weber (1921) 1976, Benz 2001). Diese wird zusätzlich durch die Bürokratie gesichert, die Weber als unpolitischen, rein sachlich orientierten, aufgrund von Gesetzen entscheidenden und von äusseren Einflüssen freien Beamtenstab beschreibt (Weber (1921)1976: 825).

von Gesellschaftsbeziehungen, die er zu den wichtigsten Faktoren von Staatsmacht zählt.

Der Staat, und damit explizit auch der Transformationsstaat, wird in dieser Arbeit als eine politische Organisation mit institutionellem Charakter verstanden. In einem engen Sinn handelt es sich dabei um Regierung und Verwaltung eines Staates. Der Staat sollte der Prozessor sein, der Interessen durch das Ausüben allgemeinverbindlicher Steuerungs-, Regulierungs- und Koordinierungsfunktionen in Politik und politische Funktionen umsetzt.

Institutionen sind nicht nur Ordnungsrahmen des Staates, sondern wirken gestaltend im Staat mit. Gesellschaftspolitische Prozesse und Strukturen werden gleichermassen von formellen wie von informellen Institutionen bestimmt. Diese werden aber wiederum auch von früheren Konstellationen des Staates bzw. institutionellen *legacies* beeinflusst. Entscheidend für die Funktionsfähigkeit und Beschaffenheit eines Staates ist, in welchem Masse Institutionen Akteurspräferenzen beeinflussen und wie Akteure mit ihren eigenen Regeln die institutionelle Ordnung interpretieren oder vielleicht sogar ausser Kraft setzen.

Die Weltbank (World Bank 1997: 27) hat Kriterien für minimale Staatsfunktionen aufgestellt, um Staatsmacht durchzusetzen und die Funktionsfähigkeit des Staates zu garantieren: Verteidigung, Recht und Ordnung, Eigentumsrechte, makroökonomische Steuerung, öffentliche Gesundheit.[13] Viele Studien zu staatlicher Leistungsfähigkeit orientieren sich an dem obigen Katalog. Jedoch werden selbst diese minimalen Anforderungen von postkommunistischen Staaten nur sehr unzureichend erfüllt; ganz abgesehen von darüber hinaus gehenden, intermediären (z.

13 Siehe dazu vergleichend Bova (1999: 20–23), der Staatsaufgaben auf drei Ebenen klassifiziert. Deren Erfüllung hängt von den Fähigkeiten des Staates und seiner Handlungsbereitschaft ab. Auf der ersten Ebene befindet sich die Wohlfahrtsverteilung und die Koordination des Privatsektors, welche einen hohen Einsatz vom Staat verlangen; auf der zweiten Ebene sind die staatliche Sozialversicherung und die Regulierung von wirtschaftlichen Externalitäten (Bildung/Umwelt) angesiedelt; auf der dritten, untersten, Ebene platziert Bova die Grundfunktionen des Staates. Dieser minimalistische Staat kümmert sich nur um die Gewährleistung von Sicherheit und rechtsstaatlicher Prinzipien.

B. Verbraucherschutz) und aktiven Staatsfunktionen (z. B. umverteilende Funktionen). Die Ukraine bildet da keine Ausnahme.

In Situationen des gesellschaftlichen oder strukturellen Wandels wie sie in Transformationsstaaten gegeben sind, kommen den Macht- und Vertrauensverhältnissen[14] im Staat noch grössere Bedeutung und Relevanz zu, als unter „Normalbedingungen". Der Blick auf den Prozess des Wandels von Staaten in Mittelosteuropa zeigt, dass es einen Graben zwischen Ost und West gibt, was die Schaffung von effizienten Staatszentren betrifft. Dies kommt auch in Studien zum Ausdruck, die sich mit dem Phänomen Staat beschäftigen: je mehr man nach Osten geht, desto mehr wird die Variable Staat problematisch (Goehrke/Gilly 2000, Lane 2002: 24f.). Hinsichtlich strukturellen Änderungen und institutionellem Wandelmuss der Staat einerseits die Veränderungen erfassen und flexibel seine Aufgaben anpassen (Huntington 1968: 12f.), andererseits gewisse, grundlegende Funktionen gewährleisten, die andere Organisationen der Gesellschaft nicht erfüllen können (Benz 2001: 223).[15] Besonders wichtig sind unter diesen Bedingungen klare, strukturierte Vorgaben bzw. Ziele und dementsprechend orientierte Akteure. Der Autonomie des Staates im Sinne einer effizienten Machtdurchsetzung kommt eine zentrale, wenn nicht sogar die ausschlaggebende Rolle für den Verlauf und das Ergebnis des strukturellen Wandels zu. Evans (1992: 140) betont in diesem Sinne, dass es der Staat sei, dem eine unverzichtbare Rolle in Wandlungsprozessen zukommt: „the state remains central to the process of structural change".

Der Staat, der eine bedeutende Rolle in Macht- und Vertrauensverhältnissen einer Gesellschaft spielt, darf nicht isoliert betrachtet werden. Das soziale Umfeld und seine Akteure sind insbesondere wichtig, wenn es um den Wandel des Staates geht, der im Kontext einer unzureichenden Institutionalisierung sowohl von Staats-, aber auch von

14 Macht- und Elitestrukturen sowie informelle Strukturen gehen über den Institutionenbegriff hinaus, da ihre Interaktionen oftmals sehr beweglich und kaum formalisiert sind.

15 Struktureller Wandel bedeutet hier den Wandel von Aufgaben und Funktionen der Staatsinstitutionen.

Gesellschaftsstrukturen stattfindet. Dies ist gerade bei Transformationsstaaten der Fall. Hierbei ist zu berücksichtigen, dass der Wandel und die Reform des Staates in einem völlig anderen Kontext, als beispielsweise in westlichen Industriestaaten, erfolgt.[16]

Bei beiden Veränderungsprozessen ist aber letztendlich die Position des Staates und seine regulierende Funktion neu zu bestimmen. Für westliche Wohlfahrtsstaaten ist relevant wie man den Staat einschränkt, um ihn auf die wirklich dringenden Aufgaben auszurichten. Die Probleme von Transformationsstaaten, wie der Ukraine, sind grundlegenderer Natur. Sie sind dem Dilemma der Gleichzeitigkeit ausgesetzt: Sie müssen sich mit funktionellen und strukturellen Änderungen und dem institutionellen Aufbau des Staates auseinandersetzen; während historische Altlasten und Einflüsse aus der Gesellschaft behindernd wirken. Die Ukraine ist sogar mit einer vierfachen Transformation konfrontiert: einer staatlichen, einer nationalen, einer ökonomischen sowie einer ethnischen (vgl. Kuzio 2001: 168).

Der Wandel des Staates geht in der Staatstheorie fast nahtlos in das Konzept des State Building, dem Aufbau eines funktionsfähigen Staates, über. In seiner ursprünglichen Bedeutung umreisst der Begriff des State Building den Prozess der Bildung und der Konsolidierung eines Staates.[17] In den letzten Jahren wird mit State Building immer mehr das

16 Westliche Industriestaaten haben eher mit Problemen zu kämpfen, die Grimm als „decomposition of state power by increase of functions" charakterisiert (in: Offe 1996: 63). Zu der Problematik der westlichen Wohlfahrtsstaaten gibt auch Benz (2001) wertvolle Hinweise. Die Diffusion des westlichen, modernen Staatsmodells nach Osten trifft in vielen Fällen auf spezielle Formen der politischen Zentralisierung oder auf (traditionelle) gesellschaftliche Strukturen, die einer Staats- und Verfassungsentwicklung im modernen Sinne entgegenstehen.

17 Dieser Terminus fand seine erste weitere Verbreitung im Zusammenhang mit der Ausbildung von europäischen Staaten. Tilly (1975: 70f.) beschreibt die Segnungen des State Building folgendermassen: „State building provided for the emergence of specialized personnel, control over consolidated territory, loyalty, and durability, permanent institutions with a centralized and autonomous state that held the monopoly of violence over a given population". Ein Staat kann sich dabei nur entwickeln, wenn ein Regime für längere Zeit an der Macht bleibt und unter politischer Rückendeckung einen institutionalisierten Rahmen für Interessenartikulation bereitstellt (Nettl 1968: 589).

„Staaten bauen" (Fukuyama 2004a) umrissen, welches bedeutet, dass die Unzulänglichkeiten von schwachen Staaten abgebaut und ihre Funktionsfähigkeit aufgebaut werden. Dabei handelt es sich um Staaten, in denen ein Prozess der „Degeneration" stattfindet, sei es durch den Zusammenbruch übergeordneter (Grossmacht)Strukturen oder durch kriegerische Auseinandersetzungen.

State Building kann natürlich nur mit der entsprechenden Staatsmacht geschehen. Institutioneller Wandel und der Aufbau eines funktionsfähigen Staates erfordern überdies Klarheit über die wesentlichen Komponenten von Staatlichkeit. Das State Building beinhaltet, dass Minimalanforderungen an einen funktionsfähigen Staat aufgestellt werden. Gleichzeitig werden die Grundbausteine zur Leistungs- und Funktionsfähigkeit des Staates gelegt. Behindernd wirkt sich die Tatsache aus, dass State Building häufig in einem unsicheren Umfeld erfolgt, in dem die alten Regeln ihre Gültigkeit verloren haben.

Die umfangreiche Literatur zu State Building, welche in den letzten Jahrzehnten aufgelegt wurde, befasst sich im Allgemeinen mit dem Grad des Staates, der nötig ist, um die Beziehungen zwischen dem Staat und der Gesellschaft zu regeln. Genannt seinen hier die Autoren Charles Tilly, Theda Skopcol, Gabriel Almond, Joel Midgal und Stephen Krasner. Vordergründig werden zwar die Beziehungen von Akteuren aus Staat und Gesellschaft betont. Oftmals stehen aber auch institutionelle Aspekte dieser Interaktionen im Vordergrund.[18] Einerseits kann man so den Wandel des Staates und den Aufbau von Leistungsfähigkeit unter einem institutionellen Aspekt der Machtdurchsetzung des Staates thematisieren. Andererseits kann man den Schwerpunkt auf die Interaktion und die Beziehungen der Akteure eines Staates legen.

Beim State Building handelt es sich nach Tilly (1985: 169) um einen Prozess der Machtdurchsetzung des Staates gegenüber der Gesellschaft und anderen nichtstaatlichen Akteuren. Im Vordergrund der theoretischen Betrachtungen zum State Building steht generell die

18 Kjær et al. (2002: 4) zeigen die dynamische Seite des State Building auf, um sowohl Strukturen als auch Akteure mit einbeziehen zu können. Sie gehen weiter davon aus, dass die gewählten Akteursstrategien zum grossen Teil von den strukturellen Bedingungen abhängen.

Durchsetzung von Staatsmacht unter Bedingungen des staatlichen Wandels. Darüber hinaus müssen sich Staaten im Umbruchsprozessen oder Staaten mit schwachen Staatsstrukturen den Herausforderung stellen, welche der (Neu-)Aufbau von Staatsstrukturen und -aufgaben mit sich bringt. Dies beinhaltet unter anderem den Aufbau von Institutionen, die Institutionalisierung von Abläufen. State Building kann man auch mit der Herausbildung eines staatlichen Zentrums und der Integration der Peripherie in zentralstaatliche Strukturen gleichsetzen (Shils 1975: 68f.).

Autoren, welche mit dem Begriff des State Building operieren, stellen keinen standardisierten Katalog von Faktoren auf, welche den Aufbau von staatlicher Leistungsfähigkeit fördern oder behindern, sondern verweisen eher auf die klassischen Staatstheoretiker und funktionale Aspekte (z. B. Tilly 1975). Bestandteile des State Building variieren von Autor zu Autor. Kuzio et al. (1999) betonen den Einfluss von Eliten und Institutionen, Fukuyama (2004a und 2004b) Institutionen, Migdal (2001) Eliten und gesellschaftliche Aspekte. Zu den komplexen Wechselverhältnissen der einzelnen Komponenten existieren keine umfassenden Studien.

Trotzdem ist der State-Building-Ansatz ein guter Ausgangspunkt für die Analyse von Staatlichkeit, da er in der Tradition der klassischen Staatstheoretiker Bedingungen und Grundvoraussetzungen von Funktionsfähigkeit wie die Legitimität und Macht eines Staates identifiziert. Erst wenn diese garantiert werden können, kann über dic Qualität und Leistungsfähigkeit eines Staates gesprochen werden. Politischen Institutionen kommt hier eine wesentliche Funktion als Instrument der Machtdurchsetzung eines Staates zu. Ihre Entstehungs- und Wandlungsbedingungen sind ein zentrales Thema des State Building. Ausgehend von der essentiellen Rolle von Institutionen im Staat, wagt der Verfasser der vorliegenden Arbeit eine Aufstellung von Komponenten, die nach der intensiven Auswertung der gängigen Literatur zum State Building als ausschlaggebend für den Aufbau eines funktionsfähigen Staates identifiziert worden sind. Ohne sie kann die Leistungsfähigkeit eines Staates nicht garantiert werden.

2.3 Einflüsse auf die Funktionsfähigkeit des Staates

2.3.1 Durchsetzung von Staatsmacht mittels Institutionen

Die Durchsetzung von Staatsmacht hat normalerweise die Institutionalisierung von gesellschaftlicher Konfliktlösung und Entscheidungsfindung sowie den Aufbau von formellen Institutionen zur Folge. In westlichen Industriestaaten sind formelle Foren (= Institutionen) für die transparente gesellschaftspolitische Konfliktlösung und Entscheidungsfindung essentiell.[19]

Der institutionelle Aspekt des State Building setzt sich in den letzten Jahren immer mehr durch (vgl. Fukuyama 2004a und 2004b, Weltbank 1997, aber auch schon Krasner 1984). Die Rolle von Staatsinstitutionen war bis zum Zusammenbruch der Sowjetunion etwas in den Hintergrund getreten. Erst nach dieser Zäsur wuchs das Interesse für dieses Thema wieder. Seit Mitte der 90er Jahre haben auch Ökonomen und politische Entscheidungsträger erkannt, dass Entwicklung einen effektiven Staat mit entsprechenden Institutionen voraussetzt. So umfasst das State Building zunächst den Aufbau von leistungsfähigen Institutionen im Staat. Badie/Birnbaum (1983: 35) stellen anlehnend an Almond/Powell (1966) fest, dass der Fortschritt des State Building am Entwicklungsstand und der Effizienz bestimmter formeller Staatsinstrumente gemessen werden kann.[20] Zum Beispiel anhand der Entwicklung von Bürokratie, Gerichtswesen oder Militär.[21] Mit der Anerkennung der entscheidenden Rolle von Institutionen im Staat ist ein wesentlicher Schritt zu der Entwicklung eines leistungsfähigen Staates gemacht.

19 Dies schliesst nicht aus, dass wichtige Vorentscheidungen bzw. Entscheidungen auch auf informeller Ebene getroffen werden.

20 Hiermit wird auch schon State Capacity gemessen. Die Literatur ist manchmal verwirrend, da die State-Building-Diskussion oft nahtlos in die State-Capacity-Diskussion übergeht. Prinzipiell geht es nicht ohne Capacity, um Staaten überhaupt aufbauen zu können. Tilly (1975, 1990) betont beispielsweise die Relevanz von *coercive power/capacity* beim State Building.

21 Auf diese Annahme stützen sich auch einige der Autoren, die zu State Building in Transformationsstaaten forschen (Sakwa 2000).

Zusätzlich folgt diese Arbeit der Ansicht von North (1990: 3f.), welcher deutliche Anforderungen an die Institutionen eines Staates aufstellt. Nach North (1993: 35f.) sind Institutionen: „A set of rules, compliance procedures, and moral and ethical behavioral norms designed to constrain the behavior of individuals“.[22] North betont sowohl formelle als auch informelle Aspekte: Institutionen seinen „sets of formal and informal rules, distinct from the public organizations that may administer and enforce the rules“. Institutionen dienen dazu, Regeln aufzustellen und das Verhältnis zwischen Staat und Gesellschaft festzulegen. Der Aufbau von entsprechenden formellen Institutionen soll die Staatsautorität gewährleisten.[23] Institutionen sind ein wesentliches Element des Staates und kennzeichnen eine politisch entwickelte Gesellschaft.

Institutionen selbst werden durch Strukturen und Organisationen bestimmt.[24] Indem Institutionen strukturieren und anweisen, verringern sie Unsicherheit. Sie umreissen die Beschränkungen, die sich Menschen in ihren Beziehungen auferlegen und stellen die Spielregeln in einer Gesellschaft auf und regulieren damit die Gesellschaft. Institutionen sind essentiell, um Recht und Ordnung durchzusetzen, um öffentliche Gesundheit zu gewährleisten, Infrastruktur bereitzustellen sowie die Akteure des politischen Systems zu legitimieren. Alle Staaten, egal wie sie konzipiert sind, stützen sich auf formelle staatliche Institutionen: auf eine Staatsverwaltung, auf einen Sicherheitsapparat und auf ein

22 Siehe auch World Bank (1998: 11): Institutionen sind „formal and informal rules and their enforcement mechanisms that shape the behavior of individuals and organizations in society“.

23 Damit wird auch einem prinzipiellen Problem etwas von seiner Schlagkraft genommen, nämlich das weder die Politikwissenschaft noch die Soziologie oder die Ökonomie einen einheitlichen Institutionenbegriff kennen. Siehe Croissant (2002: 48) zu einer ausführlicheren Diskussion der unterschiedlichen Auffassungen von Institutionen.

24 Als Organisation bezeichnet man eine Struktur, in der Menschen im Hinblick auf die Erfüllung bestimmter Zwecke handeln. Organisationen werden zu Institutionen, wenn sie auf gesellschaftlich anerkannten Normen beruhen. Institutionen bezeichnen sowohl die formellen als auch die informellen Regeln, welche das Verhalten von Organisationen beeinflussen (Göhler 1994).

Gerichtswesen. Es handelt sich um Einrichtungen, die von allen grösseren gesellschaftlichen Kräften akzeptiert werden und deshalb imstande sind, kontroverse Entscheidungen zu treffen.

Die Machtdurchsetzung des Staates mittels Institutionen und die Institutionalisierung von Konfliktlösung ist der Ausgangspunkt für ein erfolgreiches State Building. Der Aufbau von formellen Institutionen soll die Autorität des Staates vor der Gesellschaft gewährleisten. Damit hängt das State Building eng mit dem Aufbau von Institutionen, dem *institution building*, zusammen. Wenn man den Aufbau von Institutionen thematisiert, ist es sinnvoll, zwischen zwei Richtungen der institutionellen Analyse zu unterscheiden. Eine erste Richtung untersucht das formelle institutionelle Design. Eine zweite Richtung setzt sich mit der Institutionalisierung von Strukturen auseinander (wie z. B. Huntington 1965: 394). Im letzteren Ansatz, der auch im historischen Institutionalismus betont wird, stellen sich grundsätzlichere Fragen. Zum Beispiel wie staatliche Stabilität erreicht werden kann. Hier ist die Frage nicht so sehr, wie Institutionen konzipiert sind, sondern wie Regeln und Prozesse Verhalten beeinflussen (u. a. North 1990, 1993). Der Wert von formellen Regeln wird am aktuellen Verhalten gemessen, also auch an Macht- und Vertrauensbeziehungen. Hierarchien und individuelle Transaktionen stehen im Vordergrund. Dies sind Aspekte, die bei der Bewertung der staatlichen Leistungsfähigkeit in Osteuropa berücksichtigt werden müssen, die aber in staatssoziologischen Konzepten oft vernachlässigt werden.

In der Praxis ändern Staatsreformen oft nur formelle institutionelle Strukturen. Diese Strukturen sind meist nur auf dem Papier existent, und das Problem der Institutionalisierung, also das Problem ihrer Verankerung und ihrer Akzeptanz in der Gesellschaft, bleibt bestehen (Way 2002). Ein Bericht des Weltwährungsfonds zu Transformationsländern kommt zu dem Schluss, dass die Länder, welche bei Policy-Reformen erfolgreich waren, auch bessere Ergebnisse bei der Umsetzung von Struktur- oder Institutionenreformen gemacht haben. Dabei kann es durchaus zu einer allgemeinen Kodifizierung von Normen kommen, die Umsetzung dieser Kodifizierung aber problematisch sein (Fischer/Sahay 2004). Genau dies ist auch in der Ukraine der Fall. Den Institutionen des Staates gelingt es so nicht, eine Schlüsselrolle in der erneuten

Institutionalisierung von politischen Prozessen einzunehmen. Informelle Strukturen nutzen überdies das formell-institutionelle Vakuum aus und agieren anstelle von formellen Institutionen. Daher sind sie ein entscheidender Einflussfaktor auf die Leistungsfähigkeit des Staates und werden im nächsten Abschnitt genauer betrachtet.

2.3.2 Die Rolle von informellen Strukturen

Beim State Building spielen informelle Arrangements eine wesentliche Rolle. Vor allem der Prozess der Institutionalisierung von Strukturen wird durch informelle Abmachungen geprägt (Tilly 1975). Verzögert sich der Versuch der Institutionalisierung von Staatsstrukturen, oder scheitert gar, dann übernehmen informelle Institutionen die Hauptrolle in der politischen Entwicklung. Ein politisches System oder der Aufbau eines solchen wird so aus dem Zusammenspiel bzw. dem Gegeneinander von formell und informell bestimmt (O'Donnell 1997: 41).

Das Konzept der informellen Institutionen, dessen Ursprung auf die Institutionenökonomik und Douglass C. North zurückgeht, wurde aufgrund der Erkenntnis entwickelt, dass formelle Regeln, selbst in hochentwickelten Ökonomien, nur einen Teil der Anreize und Restriktionen umfassen, welche auf die politischen und wirtschaftlichen Akteure einwirken (North 1990: 43). Vielmehr bestehen in Ergänzung oder im Konflikt zu offiziellen Institutionen vielfältige informelle Regeln. Man kann sie auch als Komponenten auffassen, ohne die Politik nicht möglich ist.[25]

Informelle Institutionen umfassen Traditionen, Bräuche, Netzwerke, Macht- oder Vertrauensstrukturen, darunter auch *patron-client networks* und *old-boy networks*. Diese Regeln entstehen aufgrund der selbstorganisierenden Dynamik von sozialen Interaktionen; sie werden sozial generiert und sanktioniert. Informelle Institutionen bestehen ohne zwingende formale Regelsetzung; sie können, wie das meist in Trans-

25 Zur grundsätzlichen Abgrenzung von formalen und informalen Institutionen siehe Croissant (2002: 50) und Lauth (2004). Misztal (2000) weist auf die Problematik der Gegenüberstellung von formell und informell hin.

formationsstaaten der Fall ist, auch aus einem früheren System fortwirken. Das Spektrum der informellen Regeln reicht so von allgemeinen ethischen Normen bis hin zu detaillierten Verhaltenskodizes, die sich durch wiederkehrende Interaktion zwischen den Akteuren herausgebildet haben und für Erwartungssicherheit bei Interaktionen sorgen. North (1990: 40) schätzt die Bedeutung von informellen Regeln sogar noch weiter ein: „In order for formal rules to function effectively, they need to be reinforced by informal norms to legitimate them".

Staatliche und nichtstaatliche Institutionen fangen die Unsicherheiten des politischen Prozesses durch ihre formellen Regeln und Strukturen auf, sie können sie aber nicht vollkommen ausschliessen. Deswegen greifen Akteure im politischen Prozess auf informelle Mechanismen zurück. Dies gilt noch mehr bei mangelnder politischer Institutionalisierung. Informelle Institutionen sind aufgrund ihrer Verankerung im gesellschaftlichen Alltagsleben und ihrer potenziellen Anpassungsfähigkeit sowie Flexibilität durch politische Eingriffe viel weniger zu beeinflussen als formell-legale Regeln.

Voigt/Kiwit (1995: 10) weisen auf die unterschiedlichen Wechselwirkungen zwischen formellen und informellen Institutionen hin. Sie können in einem Konfliktverhältnis zueinander stehen oder komplementär wirken. Komplementär ist das Verhältnis, wenn menschliches Verhalten sowohl durch formelle als auch durch informelle Institutionen geregelt wird. Beispielsweise, wenn Korruption nicht nur formal verboten, sondern auch sozial geächtet ist. Ein Konfliktverhältnis besteht dann, wenn die Einhaltung einer informellen Regel damit verbunden ist, gegen eine formelle Regel zu verstossen und umgekehrt. Dieser Konflikt ist besonders in Umbruchsituationen verbreitet, wenn neue, formelle Institutionen geschaffen werden, die informelle Institutionen nicht abstützen. Treten informelle Institutionen in Konkurrenz zu formellen Regeln oder beginnen, diese zu dominieren, können sich Prozesse aus offiziellen Gremien in parallele Strukturen, Instanzen oder Verhandlungssysteme verlagern. Informelle Elemente können dabei genauso stark institutionalisiert sein wie formelle Elemente. O'Donnell (1997: 41) spricht in diesem Zusammenhang von einer „informellen Institutionalisierung".

Betz et al. (2001) stellen zusätzlich einen guten Überblick zu Elementen und Erscheinungsformen informeller Politik auf. Unter informelle Mechanismen fallen auch individuelle gegenseitige politische Beziehungen, die in Netzwerken gipfeln. Sie sollen den Mitgliedern zusätzliche Sicherheit bieten (Willerton 1992: 6), haben aber zusätzlich Machterlangung und Machtsicherung zum Ziel (Betz 2001: 94f.). Netzwerke sind in diesem Sinne ein informelles Element und als informelle Variante der Selbstorganisation zu verstehen. Dabei handelt es sich um Zusammenschlüsse mit lockerem, aber auch langfristigem Charakter. Netzwerke kennzeichnen regelmässige Interaktion, komplementäre Interessen, gegenseitiges Vertrauen sowie Ressourcenallokation zum Vorteil des Bündnisses. Sie erbringen exklusive Dienstleistungen für die in ihnen involvierten Akteure. In Patronagenetzwerken wird zum Beispiel politische Protektion gegen politische Loyalität getauscht.[26] Netzwerke entstehen aber nicht unter beliebigen Bedingungen. Bestimmte Voraussetzungen wie *asset specifity*, *demand uncertainty*, *task complexity* und *frequency* müssen erfüllt sein, damit sie sich bilden können (Jones et al. 1997). Besonders in einem von Rechtsunsicherheit und laufender Regeländerung gekennzeichneten Umfeld wie es in postkommunistischen Staaten gegeben ist, mindert das Netzwerk die Transaktionskosten der beteiligten Akteure. Diese Strukturen operieren trotzdem nicht in einem Vakuum. Ihre Führer versuchen Anhänger zu mobilisieren und sich innerhalb eines Bereiches in Konkurrenz zu anderen Organisationen zu positionieren (Migal 2001: 107). Es gelingt einer sozialen Kraft kaum, und sei es auch der Staat, ohne Allianzen, Koalitionen, Netzwerken oder Aushandlungen zu ihren Zielen zu kommen.

Da informelle Institutionen typischerweise nur partikulare Geltung haben und weite Teile der Gesellschaft ausschliessen, bringen sie grundsätzlich nur ihren Mitgliedern Vorteile. Die gesamte Qualität eines politischen Systems leidet darunter, und es entstehen Transaktionskosten, der Rechtsstaat wird untergraben u. ä. Generell ziehen informelle

26 Patronage kommt besonders bei der Rekrutierung und der Mobilität von Eliten, der Regimeformation und Regimeerhaltung zur Geltung – auch können bestimmte Governance-Strukturen damit erklärt werden (Willerton 1992: 16).

Institutionen Einschränkungen für die Handlungsfreiheit aller von ihnen betroffenen Akteure nach sich. Jedoch können informelle Institutionen auch Leerräume füllen, die formelle Institutionen nicht im Stande wären zu besetzen. Way (2002) argumentiert, dass auch institutionelle Formen wie informelle Strukturen zugelassen werden sollten, die auf den ersten Blick als ineffizient oder nicht geeignet erscheinen, aber doch wichtige Steuerungsfunktionen in einem schwachen institutionellen Kontext erfüllen können. Für ihn ist nicht ausgeschlossen, dass sich auch ein unsicherer Handlungsrahmen als fruchtbar erweist. Darüber hinaus kann eine komplementäre Wirkung von informellen zu formellen Regeln beobachtet werden. Überdies beschränken informelle Institutionen die Handlungsfreiheit auch nur in dem Masse wie es formelle Institutionen vermögen.

Die Interaktion des Staates mit sozialen Kräften bzw. mit informellen Strukturen kann unterschiedliche Auswirkungen haben. Dies reicht von der Transformation der sozialen Kräfte, über ihre Einbeziehung in die Entscheidungsfindung des Staates, bis zu einer Unterwanderung oder einem völligen Versagen des Staates. Vor allem die Unterwanderung des Staates, das *state-capture*,[27] durch bestimmte Elitengruppen führt dazu, dass Gesellschaft und Staat nebeneinander bestehen und es dem Staat nicht mehr gelingt, die Gesellschaft zu regulieren.[28] Der Staat und seine Staatspolitik sind aber immer ein Mix von verschiedenen Einflüssen aus der Gesellschaft: Migdal (2001: 116) identifiziert beispielsweise fünf Arten von sozialen Kräften, welche direkt auf staatliche Akteure Einfluss haben: „Supervisors, state employees, staff in other agencies, domestic social forces, foreign social forces". Es ist daher verwundernswert, dass in staatssoziologischen Konzepten, welche das State Building thematisieren, der Aspekt informeller Strukturen und Netzwerke immer ein wenig vernachlässigt worden ist. Dies liegt unter anderem daran, dass das State Building viel einfacher anhand formeller Strukturen und Prozesse nachvollzogen werden kann (vgl. Tilly 1990).

27 Zur ausführlichen Definition des Begriffs siehe Kapitel 2.4.1.

28 Migdal (2001: 126f.) behandelt diese Thema genauer, verwendet den Begriff *state-capture* aber nicht explizit.

In westeuropäischen Staaten werden Aspekte der Informalisierung des Staates tendenziell positiv betrachtet und mit Schlagwörtern wie kooperativer Staat oder Politikverflechtung bezeichnet. Dies liegt daran, dass formelle Institutionen im Vergleich zu informellen stark ausgeprägt sind. Im Gegensatz zu den Transformationsstaaten Osteuropas hat die Informalität formelle Institutionen nicht untergraben. Oftmals ist in Transformationsstaaten auch festzustellen, das informelle Institutionen den formellen vorausgehen, das heisst sie nutzen die Schwäche formeller Strukturen aus und umgehen sie einfach. Daher wird Informalität in diesen Ländern meist durch negativ besetzte Begriffe wie Seilschaften oder Clanstrukturen umschrieben.[29]

Gesellschaften, welche kein ausgeprägtes Staatsverständnis haben, tendieren eher dazu, ihre Interaktionen auf informelleren Wegen abzuwickeln (Nettl 1968: 578). Diese Aussage kann auch für die Transformationsstaaten gelten, in denen informelle Regelungen oft alltäglicher sind als formelle. Es liegt insbesondere an den informellen Regeln einer Gesellschaft, dass institutioneller Wandel eher schleichend als sprunghaft vor sich geht. Ein Grund dafür ist, dass informelle Regeln, die sich als behindernd erweisen können oder behindernd sind, durch Traditionen und Verhaltensnormen in Strukturen fest verankert sind und sich nicht von heute auf morgen verändern lassen, selbst wenn dies bei formellen Institutionen der Fall ist (North 1990: 6). Der Einfluss von Informalität auf den Aufbau des Staates ist somit eine wichtige Komponente, die bei Studien zum State Building mitberücksichtigt werden muss. Hier stellt sich aber die Frage, welche Akteure diese Strukturen bedingen und tragen – und damit auch die Frage nach dem Einfluss und der Rolle von Eliten im Staat.

29 Oder durch den Begriff „negatives Sozialkapital". Dieser umfasst informelle Strukturen wie mafiöse Netzwerke und Clans. Das bedeutet im ukrainischen und postkommunistischen Kontext nicht unbedingt positive Auswirkungen auf die gesamtstaatliche Entwicklung, dafür aber u. U. zweckmässige.

2.3.3 Der Einfluss von Eliten auf den Staat

Eliten sind ein wesentlicher Einflussfaktor für das State Building. Neben den formellen und informellen Strukturen betonen Migdal (1988, 2001) oder Easter (2000, 1996) das Wirken von Eliten im Staat. Unter eine Elite versteht man allgemein die herausragendsten Vertreter von gesellschaftlichen Teilbereichen. Darunter fallen auch die wichtigsten institutionellen Akteure (Ministerien, Regierung, Lokalregierung, aber auch von Staatsunternehmen). Durch den Einfluss von Machteliten, d. h. von Eliten, welche über politische Macht verfügen, ändert sich der Staat und seine Aufgaben. Dies kann für den Aufbau des Staates negative oder positive Folgen haben.

Reine Elitentheoretiker beziehen sich weniger auf den Staat als auf die Beziehung von Eliten zu anderen gesellschaftlichen Gruppen oder auf innerelitäre Beziehungen.[30] Autoren wie Lijphart (1968) weisen darauf hin, wie wichtig der Elitenkonsens zur demokratischen Entwicklung des Staates nötig ist. Michels (1959) belegt, dass hochgradig integrierte Eliten kontraproduktiv wirken und sich in oligarchische Gruppen verwandeln. Generell fördert Elitenzusammenarbeit Demokratie nicht, wie auch das Beispiel der postkommunistischen Länder beweist. Zur Analyse von staats-sozialistischen Ländern sind Elitentheorien verbreitet, auch wenn diese mit der klassischen Elitentheorie nicht viel gemeinsam haben.[31] Wenn auf den Staat Bezug

30 Gaetano Mosca und Vilfredo Pareto brachten den Begriff der Elite mit politischer Macht in Verbindung; Pareto betont die Unterschiede zwischen der regierungsführenden Elite und der Nichtelite, während Mosca sich auf die Zusammensetzung der Elite in demokratischen Gesellschaften konzentriert. So führt Mosca beispielsweise den Begriff der Subelite ein. Jene stellt mit ihren Vertretern (Angestellten, Beamten) ein Bindeglied zwischen der politischen Elite an sich und dem Rest der Gesellschaft dar (Bottomore 1964: 7f.). Generell wird in der Elitentheorie das Verhältnis zwischen Gesellschaft und Elite untersucht. Ein weiteres Thema ist, inwiefern Demokratie mit Eliten vereinbar ist, bzw. inwieweit sich Elitenhandeln auf demokratische Staatssysteme auswirkt.

31 Siehe Bunce (1981), Gill (1998), Lane (1988) oder Linz/Stepan (1996) zur Popularität und Weiterverwendung des Ansatzes nach dem Zusammenbruch der Sowjetunion.

genommen wird, dann meist als eine Organisation zur Machtausübung, die sich in den Händen einer Elite befindet (Mills 1956).

So ist es auch eher die Staatssoziologie, die spezifische Fragen nach dem Einfluss von Eliten auf den Staat und Staatsstrukturen stellt, z. B. wie die Staatstätigkeit von den Interessen der im Staat dominierenden Machtelite bestimmt und beeinflusst wird (Benz 2001: 200). Ein Problem der Staatstheorie ist aber, dass Eliten oft nicht explizit benannt werden, sondern unter den Akteur Staat fallen.[32]

In der Regel wird der Elitenaspekt im Zusammenhang mit dem State Building vernachlässigt. Eine Ausnahme bilden Grzymala-Busse et al. (2002), die das State Building als Elitenwettbewerb verstehen.[33] Der Elitenwettbewerb bestimmt den Zustand und die Handhabe von formellen Institutionen und informellen Praktiken. Eliten, die eng in den Aufbau von Staatsstrukturen eingebunden sind, werden auch ein Interesse daran haben, in das spätere Wirken des Staates involviert zu sein, bzw. von den zukünftigen Staatsstrukturen zu profitieren. Ihr Handeln hat somit nicht den Zusammenbruch des Staates zum Ziel, sondern eine maximale Einflussnahme auf die Entscheidungen des Staates, indem sowohl die formellen Möglichkeiten als auch die informellen Potenziale ausgenutzt werden. Auch Tilly (1975) bemerkt, dass in der Anfangsphase des State Building Kompromisse eingegangen werden müssen. Eigennütziges Elitenhandeln kann nicht immer unterbunden werden. Erst im Verlauf des State Building kann es gelingen, die Elite in den Staatsapparat mittels Durchdringung, Standardisierung, Umverteilung und Anteilnahmen einzubinden.

Higley/Lengyel (2000) liefern wertvolle Informationen zum Verhältnis zwischen Eliten und Institutionen in Umbruchsituationen. Der Grad der Elitenkooperation ist essentiell für institutionelle Strukturen.

32 Interessant ist, dass die Institutionentheorie, ähnlich wie die Staatstheorie, den Ausdruck Eliten vermeidet. Sie spricht von dem Einfluss von Individuen auf den Institutionenwandel, meint damit aber eigentlich die (Macht)Eliten eines Staates (vgl. McFaul 1999: 108f.).

33 „[...] we develop a dynamic model of state formation as elite competition over the authority to create policy and polity making institutions“ (Grzymala-Busse et al. 2002: 537). Die Autoren integrieren in dieses Modell vor allem Transformationsstaaten, obwohl es potenziell auch andere Staatengruppen umfassen kann.

Wenn das Verhältnis von Misstrauen gekennzeichnet ist, so können stabile institutionelle Strukturen nur schwer herausgebildet werden. Die Einflussnahme von Eliten findet unter instabilen institutionellen Bedingungen meist auf informeller Ebene statt. Die Instabilität des formellen Rahmens im Staat wirkt sich einerseits wenig positiv auf den Zusammenhalt von bestimmten Eliten und Netzwerken aus, andererseits fördert gerade diese Instabilität Netzwerke und Seilschaften.

Für Grzymala-Busse et al. (2002: 537) sind Strukturen und Institutionen eines Staates das Produkt von Elitenwettbewerb, an dem so unterschiedliche Akteure wie Oligarchen, Parteien, Interessengruppen oder Netzwerke aus der Gesellschaft beteiligt sind. Erfolgreiches State Building ist das Ergebnis eines produktiven Wettbewerbs unter den Eliten des betreffenden Staates. Wer in dieser Auseinandersetzung die Oberhand gewinnt, hängt von der jeweiligen Ressourcenausstattung einer Elitengruppe ab.

Die Vorgaben des Staates können nicht immer umgangen werden. Der Staat setzt mit seinen administrativen und politischen Strukturen und Prozessen die wichtigsten formalen Parameter, unter deren Bedingungen auch eine Elite handelt (Willerton 1992: 5). Wenn sich Eliten auf bestehende formelle Strukturen verlassen können, kommen informelle Machtstrukturen weniger zum Tragen und Elitenkonflikte werden eher im Rahmen formeller Mechanismen ausgetragen. Auch Grzymala-Busse et al. (2002: 539) stellen fest, dass der institutionelle Kontext die Strategien der zueinander im Wettbewerb stehenden Eliten bestimmt. Die Eliten, welche das State Building dominieren, sind oftmals die gleichen, welche vormalige Machtzentren besetzt haben. In einer Situation schnellen Wandels werden sich Eliten eher auf schon bestehende Kanäle verlassen, und Machteliten greifen tendenziell auf informelle Kanäle zurück. In diesem Sinne ist ein langsames State Building der Ausbildung einer heterogenen Machtelite und einer Stärkung des Fundaments des Staates förderlich.[34] Wie Grzymala-Busse

34 „Gradual state-building provides the opportunity for not one set of elites but several different sets of elites over time to have an impact on this process. The faster the process of state-building, the more powerful the legacies of the previous regime and state-structures (Grzymala-Busse et al. 2002: 542)". Grzymala-Busse et

et al. (2002) bemerken, sind die Eliten die dominanten Akteure des State Building, dabei darf aber die Rolle anderer gesellschaftlicher Akteure, insbesondere der Bürger und der Zivilgesellschaft nicht aus den Augen verloren werden.

2.3.4 Eigenarten der Interaktion des Staates mit der Gesellschaft

Das Verhältnis des Staates zur Gesellschaft ist eines der wichtigsten Themen der Staatstheorie und der Staatssoziologie. Schultze (2002: 907f.), Heywood (2002: 95) oder Peters/Pierre (2000: 12) fassen verschiedenen Formen des Verhältnisses vom Staat zur Gesellschaft zusammen und äussern sich zu unterschiedlichen theoretischen Ansätzen. Die Rolle, welche der Staat in der Gesellschaft spielt und was seine konkreten Aufgaben sind, wird im Allgemeinen sehr unterschiedlich eingeschätzt. Diese Vorstellungen werden oft von ideologischen Annahmen beeinflusst. Zum Beispiel die Ansicht, dass der Staat nur Interessen einer bestimmten Gruppe vertritt; oder dass der Staat zugunsten des Marktes zurücktreten soll. Der Staat muss aber immer über gewisse Macht verfügen, um sich gegenüber der Gesellschaft durchzusetzen.

Der Aufbau und die Konsolidierung eines Staates, aber auch sein Umbau, hat immer mit Verpflichtungen und Ansprüchen des Staates gegenüber der Gesellschaft zu tun (dies zeigt unter anderem Migdal 2001). Ohne einen Rückhalt in der Bevölkerung, kann ein State Building nicht von Dauer sein. Das Verhältnis des Staates als Institution zu gesellschaftlichen Akteuren ist ein wichtiger Faktor des State Building.

Das State Building hängt in der Folge mit der relativen Macht oder mit der relativen Autonomie des Staates gegenüber der Gesellschaft zusammen (Tilly 1985: 169).[35] Effektive Staatlichkeit eines Systems setzt voraus, dass der Staat eine relative Autonomie gegenüber

al. (2002: 543f.) präsentieren im Rahmen ihrer Studie vier Idealtypen von State Building, welche Folge eines unterschiedlichen Elitenwettbewerbs sind.

35 Vgl. Mann (1986: 5) zu Ausprägungen von relativer Macht. Zur Definition des Begriffs der Staatsautonomie siehe Evans (1985: 5).

gesellschaftlichen Gruppen und gegenüber den Eliten eines Staates besitzt.

Wenn es um Leistungen des Staates im Zusammenhang mit dem Staatsaufbau geht, setzen viele Staatstheoretiker an der Unabhängigkeit oder Autonomie des Staates an und sehen diese als Vorbedingung für die staatliche Funktionsfähigkeit. In diesem Sinne kann nur eine relative Autonomie zu relativen Fähigkeiten des Staates führen (Parsons 1969: 70). Für einige Theoretiker ist der Staat von der Gesellschaft getrennt. Er muss diese Trennung sogar anstreben und seine Durchsetzungsfähigkeit mittels dieser Abgrenzung beweisen (Skocpol 1979, Evans et al. 1985). Krasner (1988: 76) argumentiert, dass nur ein zentralisierter, zusammenhängender und unabhängiger Staat wichtige Entscheidungen zustande bringt und diese auch durchsetzen kann. Nur Staaten dieses Typus verfügen über Durchdringungs- und Staatsmacht.

Neuere Arbeiten zielen eher auf das Wechselverhältnis zwischen Staat und Gesellschaft (Evans 1995, Migdal 1997 und 2001).[36] Weiss (1988) verweist explizit auf das spezielle Verhältnis des Staates zu Wirtschaftsakteuren, das umso wichtiger wird, je höher der Grad der wirtschaftlichen Technologisierung ist. Generell gilt aber: Ein Staat muss über ein Minimum an Autonomie und damit auch an Staatsmacht verfügen, ob in Zusammenarbeit mit der Gesellschaft oder ohne, sonst ist keine eigenständige Politik möglich (Kjær et al. 2002: 6).

Wenn der Staat der Autonomie bedarf, um zu seinen Zielen zu kommen, sind es auf der Seite der Gesellschaft zwei Faktoren, die in den letzten Jahren in der staatstheoretischen Diskussion recht populär geworden sind: Sozialkapital und Vertrauen.[37] „[Generalized] trust arises from norms and networks of civic engagement“ (Putnam 1993: 171). Fehlen diese eng miteinander zusammenhängen Komponenten, erfolgt

36 Insbesondere, da die Interaktion des Staates mit der Gesellschaft auch den Staat verändert hat (Migdal 1997: 231).

37 Einen guten Überblick zu verschiedenen Konzepten und Ansätzen gibt Jackman (1998). Sozialkapital wird am Passendsten von Putnam (1995: 4) definiert: „Networks, norms and social trust that facilitate coordination and cooperation“. Diese Netzwerke fördern auch das Entstehen von Vertrauen. Zur terminologischen Abgrenzung von Sozialkapital und Vertrauen siehe Uslaner (2002).

ein einseitiger Staatsaufbau. Um ein ausgeglichenes Verhältnis zwischen Staat und Gesellschaft, insbesondere zwischen Staat und Bürgern zu erreichen, ist Sozialkapital ein wichtiger Faktor (Putnam 1993, 1995, 2002). Die institutionelle Herangehensweise zeigt überdies, dass die Leistungsfähigkeit von Staatsinstitutionen eng mit Sozialkapital verbunden ist: „The more universal, uncorrupted and impartial the government institutions responsible for the implemention of laws and policies are, the more social capital you will get" (Rothstein 2002).

Narayan/Woolcock (2000: 8f.) verweisen darauf, dass Sozialkapital nicht immer positiv sein muss. Als Bestandteil von Sozialkapital können Netzwerke beispielsweise nur den Netzwerksmitgliedern zugute kommen und andere Personen ausschliessen. Eine weitere wichtige Bemerkung ist, dass informelle Verbindungen sich unter diesen Umständen als wirksamer erweisen können als formelle, um bestimmte Ziele zu erreichen. Inwieweit der Staat die Entstehung von Sozialkapital begünstigen kann, bleibt theoretisch unterbelichtet.[38] Eine wenig vertrauenswürdige Regierung kann negatives Sozialkapital durch ihre Politik fördern, genauso wie eine vertrauenswürdige Regierung das soziale Vertrauen durch ihre politische Aktivitäten erhöht.

Eine zusätzliche, wichtige Rolle beim State Building kommt dem Vertrauensaspekt zu. Vertrauen bezeichnet ein System, in dem sich die Beteiligten gegenseitig die Verlässlichkeit ihrer Handlungen versichern.[39] Um Vertrauen in öffentliche Institutionen herzustellen, müssen die Bedingungen für alle Bewohner eines Staates gleich sein. Es darf nicht der Eindruck erweckt werden, dass bestimmte Gesellschaftsgruppen bevorzugt werden oder grössere Beteiligungsrechte haben (Misztal 1996: 219). Darüber hinaus steigt das Vertrauen in andere, wenn den entsprechenden Institutionen Sanktionsmacht bei regelwidrigem Verhalten zugestanden wird (Uslaner 2002). Jedoch gibt es einen grossen Unterschied zwischen politischem und persönlichem Vertrauen. Politisches Vertrauen hängt davon ab, inwieweit man

38 Das ist mit dem „Teufelskreis des Sozialkapitals" erklärbar: „one builds social capital through successful organizing, but successful organizing is built on social capital" (Putnam 1993).

39 Colemann (1990) beschreibt unterschiedliche Vertrauenssysteme.

politischen Institutionen als formellen Organisationen mit den dazugehörigen Strukturen und Prozessen trauen kann.[40] Die problematische Stellung des Staates und die Dominanz von bestimmten Strukturen ist unter anderem auf mangelndes politisches Vertrauen in die Institutionen des Staates zurückzuführen. Das unzureichende politische Vertrauen ist im Allgemeinen Folge unterschiedlicher „Vertrauenskulturen". Die Institutionalisierung von Vertrauensstrukturen erweist sich besonders in den *low trust societies* des postkommunistischen Raums als schwierig.[41] Die Folge von unzureichendem Vertrauen ist generell, dass die Institutionen des Staates sowohl politisch als auch administrativ von anderen gesellschaftlichen Sphären isoliert sind. Problematisch wird dies, wenn einflussreiche informelle Verbindungen ihre Vertrauensbeziehungen ausserhalb von Staatsstrukturen realisieren. State Building ist unter diesen Umständen sehr schwer umzusetzen.

Wie das Kapitel 2.3 gezeigt hat, kann man unter dem Oberbegriff des State Building unterschiedliche Komponenten identifizieren, welche den Aufbau eines funktionsfähigen Staates entscheidend bedingen. Die Qualität des Staates wird grundsätzlich mit seiner Durchsetzungsmacht und Autonomie in Verbindung gebracht. Im Allgemeinen wird aber auf normative Bewertungen von Staatsaufgaben und -leistungen verzichtet. Wenn man sich mit den theoretischen Grundlagen der Leistungsfähigkeit von Staaten auseinandersetzt, muss man sich aber weitergehende Fragen in diese Richtung stellen und mit Konzepten beschäftigen, welche den Anspruch haben, die Leistungs- und Funktionsfähigkeit von Staaten zu bewerten und zu klassifizieren. Die Arbeiten von Tilly (1975) oder Grzymala-Busse et al. (2002) sind ein guter Ansatzpunkt, da sie zuerst Faktoren identifizieren, welche Staatshandeln beeinflussen und diese in einem weiteren Schritt auch bewerten.

40 Diese Gesellschaften werden von Hayoz (2003) auch als *cold societies* bezeichnet. Vertrauen wird sich in diesen Staaten nur entwickeln, wenn es reproduzierbar ist (Ruisco 1999: 651).

41 Nach Johannsen/Nørgaard (2001: 8, 18) kann Vertrauen in neue, formelle Institutionen nur dann entstehen, wenn die formellen mit informellen Strukturen übereinstimmen.

Es gibt verschiedene Konzepte, welche die Leistungsfähigkeit von Staaten thematisieren. Im folgenden Kapitel 2.4 werden die gängigsten vorgestellt, und es wird geprüft, ob sie für die Analyse von Leistungsfähigkeit tauglich sind. Zu den entscheidenden Fragen gehört, auf welchen Annahmen diese Konzepte aufbauen, inwieweit die Komponenten des State Building in diesen Konzepten zur Leistungsfähigkeit wiederzufinden sind und was für eine Rolle man ihnen in der Entwicklung der Fähigkeiten des Staates zugesteht.

2.4 Konzeptualisierung der Leistungsfähigkeit von Staaten

2.4.1 Die Zweiteilung in starke und schwache Staaten

Während Untersuchungen im Rahmen von State Building vorsichtig mit normativen Kategorisierungen und Klassifizierungen umgeht, geben verschiedene Konzepte zur Leistungs- und Funktionsfähigkeit des Staates eine Antwort auf die Qualität des Ablaufs von State Building oder bewerten die Situation eines Staates in einem Umbruchprozess.

Die Leistungsfähigkeit von Staaten kann zuerst mit den Kategorien starker/schwacher Staat bewertet werden. In seiner verbreiteten einfachen Anwendung dient die Dichotomie starker Staat und schwacher Staat der klaren Abgrenzung von Staaten, die „versagt“ und die ihre Funktionsfähigkeit unter Beweis gestellt haben.[42] Es sind zwei grundsätzliche Einteilungen zu unterscheiden. Ein erstes Konzept geht von modernen westlichen Demokratien aus und legt den Schwerpunkt auf den Zustand von Institutionen.[43] Ein zweites Konzept geht von weniger

42 Zu den Autoren, welche diese Unterscheidung verwenden, gehören u. a. Nettl (1968), Krasner (1984) oder Migdal (1988). Studien zum State Building beinhalten oft normative Konzepte von Staatlichkeit (siehe beispielsweise bei Migdal).

43 Wichtig ist, dass das Konzept eigentlich dazu dient, die Autonomie und Stärke des Staates zu zeigen, vor allem in seiner ursprünglichen Variante (z. B. bei Kriesi 1994).

entwickelten Staaten aus und konzentriert sich auf soziale Faktoren und gesellschaftliche Akteure (z. B. Myrdal 1968, Nordlinger 1987, Migdal 2001). Die Konzentration auf diese Aspekte erfolgt aufgrund der Überlegung, dass deren Rolle für die Funktionsfähigkeit weniger entwickelter Staaten eine andere ist als beispielsweise für westliche Industriestaaten.

Die Kategorien starker/schwacher Staat haben in diesen Konzepten eine unterschiedliche Bedeutung. Während im ersten Konzept ein Staat als schwach bezeichnet wird, der über stark dezentralisierte Strukturen und eine unabhängige Zivilgesellschaft mit geringem Vertrauen in Staatsstrukturen verfügt (z. B. die Vereinigten Staaten von Amerika oder Grossbritannien), drückt sich im zweiten Konzept die Schwäche des Staates als informelle Einflussnahme auf den Staat durch relativ unorganisierte, oder anders als in westlichen Zivilgesellschaften organisierte, gesellschaftliche Akteure aus.

Die traditionelle, stark institutionenzentrierte, Einteilung der ersten Richtung definiert starke Staaten als solche mit geschlossenen Institutionen, einem starken politischen Zentrum und zentralisierten (Verwaltungs-)Strukturen, wie z. B. in Frankreich (Evans et al. 1985, Skocpol 1979, Weiss 1998). Starke Staaten setzen dabei auch auf eine starke Einbindung, fast eine Integration, und auf das Vertrauen des Bürgers in Staatsinstitutionen. Im starken Staat wird die Einheit zwischen der politischen Identität der Bürger und kollektiven Institutionen betont (Badie/Birnbaum 1983). Schwache Staaten verfügen im Gegensatz dazu über zersplitterte Institutionen und dezentralisierte Strukturen. Das moralische Zentrum stellt, im Unterschied zum starken Staat, die auf der Individualität der Bürger basierende Zivilgesellschaft dar. In dem zweiten Konzept kontrollieren starke Staaten soziale Kräfte und informelle Beziehungen zu ihren Gunsten.

Verschiedene Staatstheoretiker betonen, dass die Stärke des Staates, und somit auch seine Leistungsfähigkeit, nur durch die Autonomie des Staates gewährleistet werden kann (Evans et al. 1985: 6). Ein starker Staat verstünde es, eine ausreichende Unabhängigkeit bzw. Autonomie zu garantieren, um sich nicht von gesellschaftlichen oder wirtschaftlichen Strömungen instrumentalisieren zu lassen (Weiss 1998, Easter 2000).[44] Das Ausmass an realisierter Staatsmacht richtet sich nach der Autonomie und der Art der Machtdurchsetzung eines Staates. Easter (2000) warnt in diesem Zusammenhang davor, die formellen Aspekte von Stärke wie die formelle Organisation des Staates und seine Durchsetzungskraft zu sehr zu betonen.

Die meisten Autoren trennen strikt zwischen einem starken und einem schwachen Staat. Dadurch wird es unter anderem schwierig, die Verflechtungen des Staates und der Gesellschaft auf unterschiedlichen Ebenen sowie die verschiedenen und sich ändernden Rollen beider Akteure zur Sprache zu bringen. Weiss (1988: 28f.) kritisiert diese undifferenzierte Einteilung, da das eine Einteilung in einen starken und einen schwachen Staat keine Aussagen darüber macht, mit welchen Fähigkeiten der Staat seine politischen Ziele erreicht. Problematisch ist darüber hinaus, dass die Autonomie des Staates oft mit den effektiven Fähigkeiten des Staates gleichgesetzt wird. Staatsmacht erscheint schliesslich als willkürliche Machtbeziehung zwischen Staat und Gesellschaft und als ein Nullsummenspiel.

Somit handelt es sich um ein wenig relativierten, strukturierten und systematisierten Einteilungsversuch von Leistungsfähigkeit.[45] Dieser Eindruck verstärkt sich noch, wenn man nach relativierenden bzw. systematischen Klassifizierungen oder nach Komponenten forscht, welche formelle und informelle Beziehungen eines Staates zu seiner Gesellschaft thematisieren.[46] Sinnvoll erscheint es daher, Konzepte

44 Weiss (1998: 26) stellt drei Kernbedingungen für die Stärke eines Staates auf: „[...] the ability to formulate policy goals and evolve strategies for implementing them independent of societal pressures; the ability to alter the behaviour of important domestic groups in order to further its policies; and the ability to restructure the domestic environment [...]“.

45 Eine ausführliche Kritik findet man in Weiss (1998: 29).

46 Myrdal (1968: 896) führte die Unterscheidung *soft* und *hard state* ein. In die Kategorie schwacher Staat fällt ein Staat, in welchem die Regierung sehr wenig von seinen Bürgern verlangt und seine Verpflichtungen unzureichend, wenn überhaupt, umsetzt. Diese Einteilung verwenden auch einige Autoren, um Staatsmacht in Entwicklungsländern zu umschreiben, z. B. Hydén (1992), Hartmann (1998: 202) oder Remington (1997: 116). Sakwa (2000: 208) charakterisiert

weiterzuverfolgen, in denen staatlich-gesellschaftliche Beziehungen ein grösseres Gewicht haben. Damit würden auch informelle Strukturen und Eliten in die Analyse einbezogen. Die zweiten Variante der obigen Forschungsrichtungen, welche die informelle Einflussnahme auf den Staat betont, würde diesen Anforderungen mehr entsprechen, als die erste. Dieser Ansatz entspricht auch eher der Realität von Staaten, die sich ausserhalb der westeuropäischen Staatengruppe befinden.

In die gleiche Richtung gehen auch die Erkenntnisse der nachstehenden Autoren. White (1984: 17f.) unterstrich schon zu jenem Zeitpunkt die Bedeutung der politischen Soziologie sozialistischer Staaten für ihre staatliche Leistungsfähigkeit sowie die Relevanz ihrer politischen, administrativen und technischen Fähigkeiten. Easter (2000: xii f.) betont komplementär dazu, dass informelle Elemente wie z. B. persönliche Netzwerke und Elitenidentität die Leistungsfähigkeit entscheidend beeinflussen.

Leftwich (2000: 156f.) versteht starke Staaten als Entwicklungsstaaten (*developmental state*). Er bringt zusätzlich die Eliten eines Staates zur Sprache. Die Stärken von Entwicklungsstaaten beruhen unter anderem auf der Autonomie, der Macht und den Capacities der Elitenbürokratie. Darüber hinaus sind für den Aufbau eines starken Staates die Schwäche der Zivilgesellschaft und die Kontrolle von lokalen Interessen ausschlaggebend. Die Beziehungen des Staates zu gesellschaftlichen Subsystemen sind zentral, wenn es um die Gewährleistung von Leistungsfähigkeit geht.

Migdal (1988, 2001) anerkennt zwar auch, dass der Staat und seine Autonomie sehr wichtig für den Aufbau eines starken Staates sind. Er

Staaten mit weniger ausgeprägter Staatlichkeit als *mediatory state*; Migdal (2001: 232) als *limited state*. Diese Einteilungen stützen sich implizit auf frühere Arbeiten des französischen politischen Soziologen Birnbaum (1985), der die Kategorien *state societies* (= starke Staaten) und *stateless societies* (= schwache Staaten) unterscheidet. Auch Nordlinger (1987) untersucht die Eigenschaften eines Staates und die Beziehungen zwischen Staat und Gesellschaft. Er unterscheidet zwischen *autonomen* (d. h. starken) Staaten, die politische Vorhaben auch ohne gesellschaftliche Zustimmung verwirklichen, und *responsiven* Staaten, die gesellschaftliche Forderungen berücksichtigen. *Schwache* Staaten sind lediglich Instrumente klar erkennbarer gesellschaftlicher Interessen.

konzentriert sich aber zum grossen Teil auf das Verhältnis des Staates zu seiner Gesellschaft und darauf wie wichtig Mechanismen sind, welche zum Ziel haben die Gesellschaft zu kontrollieren. Die Interaktionen zwischen Staat und Gesellschaft sind entscheidend für die Handlungsgrenzen eines Staates. Ein Staat kann nur stark sein, wenn er über die entsprechende soziale Kontrolle verfügt.[47] Er stellt seine Macht durch die Regulierungsfähigkeit der Gesellschaft und durch seine Dominanz über sie unter Beweis; aber auch durch das institutionelle Vertrauen, welches er zu generieren weiss.[48] Staatsmacht muss nicht nur durch formelle, sondern kann auch durch informelle Strukturen realisiert werden. Probleme entstehen, wenn die Vernetzung dieser Strukturen misslingt. Das Ergebnis ist eine fragmentierte Gesellschaft, welche für Migdal die Ursache aller Staatsprobleme ist.

Der *state-in-society* Ansatz (Migdal 1994, Kjaer 2002) ist eine Weiterentwicklung dieser Überlegungen. Er thematisiert den Staat in seinem gesellschaftlichen Umfeld. Das Verhältnis des Staates zur Gesellschaft ist einerseits von Kontrolle, politischer Mobilisierung und Einbindung, andererseits von Konsens sowie Vertrauen geprägt.[49] Informelle Strukturen spielen dabei eine wichtige Rolle. Die Sphären von Staat und Gesellschaft sind durchmischt. Wenn man die Fähigkeiten des Staates einschätzen möchte, dann ist es wichtig, die Interaktionen zwischen sozialen Organisationen und dem Staat zu untersuchen. Eine

47 Midgal (2001: 83) setzt den modernen Staat mit sozialer Kontrolle gleich: „What distinguishes the state, at least in the modern era, is that state officals seek predominance over those myriad other organizations."

48 Migdal (1988: 35) präsentiert eine Matrix, in der verschiedene Gesellschaftstypen aufgrund der vom Staat und der Gesellschaft ausgeübten sozialen Kontrolle unterschieden werden. Sie soll die Machtverteilung in der Gesellschaft und das Ausmass der Staatskontrolle über das konfliktträchtige soziale Umfeld aufzeigen. Ein starker Staat kann, gemäss diesem Modell, in einer schwachen Gesellschaft mehr soziale Kontrolle ausüben als in einer starken Gesellschaft.

49 Nettl (1967: 123) definiert den Begriff der politischen Mobilisierung näher: „the collective and structural expression of commitment and support within society. Such expression may take the form of political parties or quasi-parties – interest groups, movements, etc. anything that has a well-articulated structure." Migdal (2001: 54, 68) weist darauf hin, wie fundamental die Mobilisierung der Bürger für einen starken Staat ist.

Machtbalance zwischen Staat und Gesellschaft mittels *integrated domination* garantiert einen erfolgreichen Staat, den Migdal als *cohesive state* bezeichnet.[50] Der Staat versagt völlig, wenn Staat und Gesellschaft nebeneinander bestehen (Migdal 2001: 126f.).

Gemäss McFaul (1997: 6) sind es drei Faktoren, welche die intervenierende Rolle des Staates beeinflussen: als erstes der interne Zusammenhalt des Staates, sowohl institutionell als auch ideologisch; als zweites die relative Autonomie des Staates im Hinblick auf die Gesellschaft; als drittes die relative Fähigkeit des Staates seine exekutiven und regulierenden Aufgaben zu erfüllen. Erfüllt ein Staat diese Anforderungen nicht, handelt es sich um einen schwachen Staat.

Der schwache Staat befindet sich am unteren Ende einer gedachten Skala, die Regulierungsfähigkeit und Staatsmacht bewertet. Dies bedeutet, dass ein schwacher Staat einen unsicheren Handlungskontext durch schwache Institutionen schafft.[51] Das Zwangsmonopol des Staates sowie die Entscheidungs- und Umsetzungsunfähigkeit nehmen bei institutioneller Schwäche rapide ab. Ekiert (2001: 6) nennt als Beispiel für institutionelle Schwäche das Fehlen eines Rechtsstaates.[52] Als Folge eines schwachen Staates entstehen auch Schwierigkeiten, wenn es um die Steuererhebung oder die Integration von sozialen Kräften (z. B. von Wirtschaftseliten) geht. Soziale Kräfte mischen sich direkt und oft unkontrolliert ein, wenn dem Staat die Entscheidungsautonomie fehlt (Migdal 2001: 55).

Institutionelle Schwächen des Staates können formeller oder auch informeller Art sein. Meist werden schwache formelle Institutionen von

50 Migdal (2001: 129) verwendet den Begriff *integrative domination* für Staatsmacht. Im Gegensatz dazu steht *dispersed domination*, wenn sich weder Staat noch Gesellschaft durchsetzen können.

51 Der schwache Staat kann sich dadurch legitimieren, dass er nominell seine Autorität wahrt. Im Grunde ist er aber unfähig, Macht mittels Staatsinstitutionen in der Gesellschaft durchzusetzen (Sakwa 2000: 200).

52 Die Problematik des starken Staates kann auch unter dem Aspekt des effizienten Rechtsstaates gesehen werden, der individuelle Rechte ausreichend garantiert und Gesetze auf legale Weise implementiert. Migdal (2000: 157) spricht ebenfalls von der wachsenden Bedeutung des Rechtsstaates, um einen Wandel des Staates herbeizuführen.

Gesellschaftsinteressen der informellen Art ausgenutzt. Man muss aber bedenken, dass ein schwacher Staat nicht bedeutet, dass das politische Zentrum handlungs- oder koordinationsunfähig ist. Auch schwache Staaten haben eine nicht zu vernachlässigende Wirkung auf viele Seiten des sozialen Lebens. Evans et al. (1985) haben zu Recht davor gewarnt, dass die Idee des schwachen Staates nicht falsch aufgefasst werden soll, und dass man den Staat keinesfalls in absoluten und monopolistischen Kategorien betrachten sollte. Das gilt auch für das State Building.[53] Die unterschiedlichen Begriffe, welche um die Kategorien starker/schwacher Staat entstanden sind, beweisen, dass dieser Einwand berücksichtigt worden ist.

Weitere Kategorien im Zusammenhang mit der Durchsetzungsfähigkeit des Staates sind auf der Seite des starken Staates *embedded autonomy*, *state embededdness*, *governed interdependence* und auf der Seite des schwachen Staates *state-capture* oder *state failure*. (u. a. Rose-Ackerman 1999, Evans 1992). Am Einfachsten kann man sich diese Kategorien auf einer Skala aneinandergereiht vorstellen, wobei Embededded Autonomy die Durchsetzungsfähigkeit des Staates hoch ansiedelt, aber nicht nur positiv beurteilt; State Capture hingegen einen Staat mit sehr wenig Autonomie sowie unzureichenden eigenen Fähigkeiten bezeichnet und State Failure schliesslich einen gescheiterten Staat charakterisiert und sich ganz am Ende dieser Skala befindet.

State Embededdness benennt eher die positiven Auswirkungen der Verflechtung des Staates mit der Gesellschaft. Dieser Ansatz schlägt eine alternative Bewertung der Autonomie des Staates vor. Staatsmacht leitet sich gemäss dieser Denkweise von dem Grad der Einbettung der Gesellschaft in den Staat ab und ist davon abhängig (Mann 1993, Evans 1995). Evans (1995: 12) drückt mittels dieses Begriffs gleichzeitig die Staatsautonomie und den Verbund mit der Gesellschaft aus.[54] Der Ansatz

53 Samuel Huntington (1968) warnte schon zu jenem Zeitpunkt: „State Building is assessed in degrees, not absolutes." Vgl. in diesem Sinn auch das *degree of stateness* Konzept von Nettl (1968), welches die relative Macht und die relative Autorität eines Staates bewertet.

54 Weiss (1998: 35) verweist auf die von Evans implizierten positiven Auswirkungen eines solchen starken Staates.

konzentriert sich auf die Verflechtung von Staat und Wirtschaft und ist explizit ökonomisch ausgerichtet. Er kann aber auch auf politische Zusammenhänge übertragen werden. Der analytische Schwerpunkt wechselt von der Struktur und der Autonomie auf die Effektivität des Staates. Idealerweise erfolgt eine gegenseitige Einbettung zwischen Staat und Gesellschaft (*mutual embededdness*). Die gegenseitigen Beziehungen werden nicht als Nullsummenspiel verstanden, sondern als für beide Seiten fruchtbar wahrgenommen. Im Zusammenspiel mit der Zivilgesellschaft kann der Staat eine angemessenere Politik formulieren und seine Leistungsfähigkeit erhöhen. Auch Easter (2000: 6) betont, dass die Funktionsfähigkeit des Staates durch einen autonomen Staat erhöht wird, der durch soziale Netzwerke in die Gesellschaft eingebettet ist.

Staat und Gesellschaft sind auch in der Embedded Autonomy miteinander verwoben. Embedded Autonomy lehnt sich mehr an die Autonomie des Staates an, impliziert aber auch, dass diese Autonomie nur im Zusammenspiel mit der Gesellschaft verwirklicht werden kann; dieser Ansatz hat dadurch grosse Ähnlichkeiten mit dem State-in-Society-Konzept. Weiss (1998) versteht Embedded Autonomy als Weiterentwicklung des Governance-Ansatzes. Sie kritisiert aber, dass kein signifikanter Unterschied zum System des Staatskorporatismus zu entdecken ist.[55] Ein Konzept, welches sowohl einen starken Staat als auch eine starke Gesellschaft umfasst, würde am besten mit *governed interdependence* umschrieben werden. Die Einbindung von Staat und sozialen Gruppen kann sich jedoch negativ auswirken und bewirken, dass der Staat durch Partikularinteressen eingenommen wird (Shleifer/Vishny 1998).

Es gibt Konzepte, die in der Bewertung unzureichender Staatlichkeit noch weiter gehen und nicht mehr nur von schwachem Staat, sondern von *state-capture* (Easter 2002) oder sogar *state failure* (Zartman 1995) sprechen. Ein Zustand der State Capture, also der „Gefangennahme des Staates“ ist erreicht, wenn Organisationen oder Akteure die Machtstrukturen des Staates ausnutzen und die Gesellschaft nicht mehr gemäss übergeordneten, ethischen Zielen, sondern nach ihren

55 Siehe auch Weiss (1998: 35f.) zu einer ausführlichen Kritik dieses Begriffs.

eigenen Vorstellungen verändern und entsprechende Machtpositionen einnehmen (Migdal 2001: 68). State Capture stellt eine ernstzunehmende Bedrohung für die Autonomie, das Vertrauen, die Legitimität und die Leistungsfähigkeit des Staates dar.[56] State Capture umfasst die Umwandlung von grundlegenden Spielregeln des Staates, sowohl durch öffentliche Bedienstete als auch durch Akteure, die öffentliche Leistungen in Anspruch nehmen (Hellman et al. 2000).

Politische Korruption ist ein Resultat der ungenügenden Staatsstrukturen (Hessel/Murphy 2003).[57] Kaufman (1997) zeigt, dass weitverbreitete Korruption dazu führt, dass Regeln ignoriert werden und dadurch Gelegenheiten zum *rent-seeking* geschaffen werden.[58] Wenn es zu einer Selbstbedienungsmentalität von Seiten des Staates zu Lasten der Entwicklung der Gesellschaft kommt, dann ist es auch zulässig, von einem *predatory state* zu sprechen. Peter Evans (1992) verwendet den Begriff *predatory regime*, um Staaten zu charakterisieren, in denen das Rent Seeking der politischen Klasse die Gesellschaft (und damit auch die Institution Staat) zum Opfer gemacht hat. Gruppeninteressen und Rentenabschöpfung sind ein wichtiger Pfeiler dieses Systems. Grundsätzlich handelt es sich hier um einen schwachen Staat, da sich die Verbindung vom Staat mit sozialen Gruppen (in diesem Fall mit politischen Eliten) negativ auswirkt.

Easter (2002: 602f.) zieht ähnliche Schlussfolgerungen: Er betont die negativen Auswirkungen von Staatshandeln (bzw. des Handelns der politischen Elite) mit der Bezeichnung *state as grabbing hand*. So ein

56 Siehe World Bank (2000) zur ökonomischen Definition von State Capture, welche die Infiltrierung politischer Prozesse durch Wirtschaftsakteure bedeutet. Johannsen/Nørgaard (2001: 10) verstehen unter Capture und deren Akteuren: „ […] groups, firms or institutions that come to dominate political and administrative institutions, the state thus ceasing to represent national concerns. Captured states endow these groups with special advantages and benfits.“

57 Rose-Ackerman (1999) zur Definition von politischer Korruption, die auch private Bereicherung umfasst.

58 Formen der manipulativen Rentenabschöpfung. Renten werden unter anderem dadurch erzielt, dass sich administrative oder sonstige Akteure die Verfügungsgewalt über Ressourcen aneignen, deren Eigentumszuordnung nicht klar oder nicht genau kontrolliert wird (World Bank 1996: viii).

Staat verfügt über ausreichend Macht, um Regeln und Politik an bestimmten Gruppen vorbei durchzusetzen. Es handelt sich dabei meistens um sozial und politisch benachteiligte Gruppen, die über unzureichend Durchsetzungsmacht verfügen und von dem Staat ausgeschlossen werden. Das Problem dieses Staates ist, dass er seine Macht nicht für die gesellschaftliche Wohlfahrt, sondern zur Wahrung von Partikularinteressen einsetzt. Phänomene des Staatsversagens und des Zusammenbruchs der Autorität des Staates werden auch unter dem Begriff *failed states* diskutiert. Das Versagen steht am Ende eines Degradierungsprozesses des Staates, welcher mit Legitimitätsverlust, Desintegration der Gesellschaft und dem Zerfall der Wirtschaft einhergeht.[59]

Die Vielfalt der Ausprägungen von Staatsschwächen mit Begriffen zu belegen, hilft bei der Konzeptualisierung eines schwachen Staates nicht viel weiter. Ein Erkenntnisgewinn, den diese Reichhaltigkeit von Kategorien des schwachen Staates bringt, ist, dass die Schwächen des Staates so viele Facetten und Ausprägungen haben können, dass es schwierig ist, ein allgemeines Konzept von Staatsschwäche anzubieten. Es gibt keine einheitlichen Kriterien, um eine Einordnung in einen starken oder einen schwachen Staat vorzunehmen. Daher kann auch kein umfassendes Konzept aufgestellt werden. Aus der konzeptionellen Vielfalt wird bequemerweiser je nach Bedarf das Passende ausgewählt.

Eine generelle Unzulänglichkeit dieser Herangehensweise ist, dass die meisten Autoren Schwächen von Institutionen benennen, um dann im Umkehrschluss auf die Erfordernisse für starke Staaten zu schliessen und sich im Weiteren auf die Aufzählung von formellen Kriterien effizienter Staatlichkeit zu beschränken. Wie sich hier zeigt, bleibt dieser Ansatz zu starr und zu rigide, als dass er Feinheiten von staatlicher Realität und Funktionsweise ausdrücken könnte. Es werden zwar die Interaktion und die Verflechtung von Staat und Gesellschaft thematisiert und auch die Relevanz von Macht- und Vertrauensbeziehungen angesprochen. Ferner verweisen einige Autoren in ihren Besprechungen von schwachen Staaten auch auf die Bedeutung informeller Faktoren und den Einfluss von Gesellschaftsinteressen auf den Staat. Der Ansatz

59 Zartman (1995: 5) listet verschiedene Eigenschaften des Staatsversagens auf.

bleibt aber auf einer viel zu allgemeinen Ebene. Er taugt nicht so sehr als Analyseinstrument auf Mikro- oder Mesoebene, sondern eignet sich vielmehr als Oberkategorie für einen differenzierteren Katalog oder eine differenziertere Darstellung der Leistungsfähigkeit eines Staates. In den bereits angesprochenen Konzepten wird überdies generell ein wesentlicher Punkt vernachlässigt – die Rolle von Individuen bzw. Eliten auf die Funktionsfähigkeit des Staates und das Zusammenspiel zwischen Akteuren und Institutionen. Auch wenn neuere Ansätze, wie z. B. derjenige von Grzymala-Busse et al. (2002), der sich aber explizit auf das State Building bezieht, diesen Mangel beheben.

Ein Modell, welches Staatsversagen und den Aufbau von staatlicher Leistungsfähigkeit untersucht, muss sämtliche soziale Organisationsformen berücksichtigen, also die ganze Bandbreite formeller und informeller Strukturen. Dies umfasst auch die vernachlässigten Eliteneinflüsse und Elitenstrukturen, denen gerade in Umbruchsituationen grosse Bedeutung zukommt. Absolute Kategorien sind nur sinnvoll, wenn sie auf differenziertere Einheiten heruntergebrochen werden. Das reicht aber nicht aus, zusätzlich ist eine Analyse der Funktionsfähigkeit des Staates nötig.

So können die Ausführungen zu starken und schwachen Staaten mit Weiss (1998: 29) geschlossen werden: Sie findet diese Einteilungen nur nützlich, wenn sie auch gleichzeitig die Funktionsfähigkeit bzw. die Reichweite des betreffenden Staates bewerten und klassifizieren. In diese Richtung kann der State-Capacity-Ansatz einen Beitrag leisten.

2.4.2 Das Konzept der State Capacity

Das State-Capacity-Konzept stellt die konkreten, organisatorischen bzw. institutionellen Fähigkeiten des Staates dar. State Capacities bedingen die Leistungsfähigkeit eines Staates.[60] State Capacity leitet sich von der

60 In der Literatur tauchen die Begriffe *capacity* oder *capability* (Migdal 1988: 4) auf. Viele Autoren machen sich nicht die Mühe diese beiden Begriffe zu unterscheiden. Eine Begriffsabgrenzung findet sich beispielsweise im Weltentwicklungsbericht *The State in a Changing World* der Weltbank (World Bank 1997: 3). Im Gegensatz

Autonomie des Staates ab, das bedeutet: Je autonomer der Staat ist, desto höher sind seine Fähigkeiten (Kjær et al. 2002: 6). Die wesentliche Annahme des Konzepts ist also, dass State Capacity zu einer gesteigerten Autonomie und Handlungsfähigkeit des Staates führt (Grindle/Hilderbrand 1995: 441). State Capacity beinhaltet überdies die Fähigkeit, sich an gesellschaftlichen und politischen Wandel anzupassen.[61] Diese Fähigkeiten des Staates werden normalerweise im Hinblick auf generelle Fähigkeiten diskutiert (Weiss 1998: 4). Das bringt aber oft nur die Erkenntnis, dass Staaten nicht in allen Politikbereichen gleich stark bzw. gleich schwach sind.

Die Diskussion von State Capacities überschneidet sich oft mit dem Konzept starker/schwacher Staat. Eine vollständige Abtrennung der beiden Konzepte ist schwierig, auch aufgrund konzeptioneller Unklarheiten. Analog zu schwachen oder starken Ausprägungen von State Capacities werden die untersuchten Staaten im Umkehrschluss oft in starke oder schwache Staaten eingeteilt, diese Einteilung dient somit als Oberkategorie. Wenn es um die Funktionsfähigkeit des Staates geht, dann rücken zunächst institutionelle Faktoren in den Vordergrund. Damit ergibt sich eine Parallele zum State Building, welches ebenfalls institutionellen Faktoren einen grossen Stellenwert zugesteht. Das State Building benennt auch konkrete State Capacities. Es zielt von seiner ursprünglichen Konzeption aber expliziter auf die Machtdurchsetzung und die Autonomie des Staates ab. Überdies thematisiert das State Building die Interaktion zwischen Staat und Gesellschaft, um einen

zu den „klassischen" Autoren unterscheidet die Weltbank zwischen *capacity* (Effektivität der staatlich-gesellschaftlichen Beziehungen) und *capability* (Effizienz kollektiver Aktionen). Ein weiteres Beispiel für diese Unterscheidung ist Nørgaard (2000: 3). Im folgenden werden sowohl der englische Begriff State Capacity als auch Leistungsfähigkeit oder Funktionsfähigkeit des Staates verwendet.

61 Für Entwicklungsorganisationen bedeutet Capacity Entwicklungsaufgaben zu meistern (Cukrowski et al. 2002). Dabei sind verschiedene Ebenen zu unterscheiden: die individuelle, die organisatorische und die institutionelle Ebene. Um die Leistungsfähigkeit des Staates zu untersuchen, sollte die institutionell-organisatorische Ebene im Vordergrund stehen.

Wandel des Staates anzustossen und seine Funktionsfähigkeit zu erreichen.

Definition und Zuweisung der detaillierten und angemessenen State Capacities richten sich generell danach, was für eine Rolle man dem Staat zuweist. Interessant an diesem Konzept ist, dass es die ungleichen Fähigkeiten von Staaten differenziert darzustellen vermag. Daraus können entsprechende Folgerungen aus dem Abschneiden des Staates in unterschiedlichen (Politik-)Bereichen gezogen werden.[62]

Eine erste Richtung der Analyse von Leistungsfähigkeit betont institutionelle Aspekte wie die Fähigkeit von Staatsinstitutionen auf Forderungen aus der Gesellschaft zu reagieren und sich dadurch zu legitimieren, ohne aber gleichzeitig an Autonomie zu verlieren. Dieser Ansatz baut auf solchen Arbeiten auf, die weiter oben im Zusammenhang mit der Einteilung starker/schwacher Staat und im Zusammenhang mit dem State Building besprochen worden sind (Weiss 1998, Evans 1995, Migdal 1988, Krasner 1984 und Skocpol 1979). Die Legitimitätsaspekte umfassen ebenso die normativen Instrumente von Legitimität (Symbole, nationale Kultur). Es geht also vorrangig darum, wie die institutionelle Konzipierung das Verhältnis zwischen Staat und Gesellschaft und staatliche Leistungs- und Entwicklungsaufgaben beeinflusst.

Ein weiterer Ansatz konzentriert sich auf die verminderte Fähigkeit des Staates, Dienstleistungen zu erbringen, etwa aufgrund unzureichender Finanzmittel, einer ineffizienten Steuererhebung oder weitverbreiteter Korruption. Diese Richtung bringt interne Probleme der Entwicklungsfähigkeit des Staates zur Sprache. Oft wird davon ausgegangen, dass diese Probleme aufgrund persönlicher Vorteilnahme politischer Akteure und ihrer Interessenmaximierung entstehen (Shleifer/Vishny 1998: 14). Deswegen fragen die Autoren danach wie unter diesen Bedingungen Staatsfunktionen effizienter erfüllt werden können (Solnick 1998, Shleifer/Vishny 1998).

62 Eine überblicksartige Zusammenfassung über die verschiedenen Formen der Konzeptualisierung von State Capacity fehlt nach dem Wissen der Autorin, daher wird an dieser Stelle ausführlicher darauf eingegangen.

Schliesslich ist noch eine Strömung zu nennen, welche externe Probleme des Staates, z. B. seine mangelnde Anpassungsfähigkeit, an sozialen Wandel untersucht. Institutioneller und gesellschaftlicher Wandel können ein wesentlicher Grund für verminderte Leistungsfähigkeit sein (Agh 1998, Nunberg 1999 und World Bank 1997, 2001).

Die beiden letzteren Ansätze sind beide als eine Folge fehlgeschlagener Reaktionen des Staates auf gesellschaftliche und soziale Forderungen bzw. Entwicklungen zu sehen. Wie diese Aufstellung zeigt, kann eine Einteilung in unterschiedliche Kategorien eine konzeptionelle Verwirrung mit sich bringen, da eine scharfe Abgrenzung nicht möglich ist. Autoren wie Easter (2001: 298; 2000: 4) oder Kjaer et al. (2002: 7) verweisen daher auf die Abgrenzung von Michael Mann (1986: 5) in *despotic* und *infrastructural power*, wenn es ihnen um eine Einteilung von State Capacities geht. Staaten mit niedriger Kapazität verlassen sich dabei mehr auf die *despotic powers*, d. h. auf die Macht, Entscheidungen zu treffen als auf die *infrastructural power* und Entscheidungsumsetzung (Kjaer et al. 2002).

Die Ziele und Mittel von Staatspolitik stehen meist im Vordergrund, wenn es um die Analyse der Leistungsfähigkeit eines Staates geht.[63] State-Capacity-Konzepte setzen sich überdies implizit mit der Beziehung zwischen Staat und Gesellschaft auseinander. Schon Huntington (1965: 388) wies darauf hin, dass ein aktiver Bürger zu einer Stimulation der *government capabilities* führt. Vertreter der staatszentrierten Richtung der Staatstheorie (z. B. Migdal 2001, Cummings/Nørgaard 2002a) untersuchen, welcher Fähigkeiten es bedarf, um Leistungs- bzw. Durchsetzungsmacht gegenüber gesell-

63 Weaver/Rockman (1993: 6) stellen beispielsweise einen relativ losen Katalog auf wie Leistungsfähigkeit zu erreichen ist. Unter anderem sollen Prioritäten gesetzt werden, innovative Konzepte entworfen, widerstreitende Bereiche koordiniert, starke gesellschaftliche Gruppen einschränkt, politische Gräben überbrückt werden. Diese Liste trägt aber nicht viel zur Systematisierung des Konzepts bei. Für eine tiefergreifende Analyse der Leistungsfähigkeit des Staates sollten vor allem politische und institutionelle Rahmenbedingungen berücksichtigt werden.

schaftlichen Kräften zu erreichen. Sie lehnen sich stark an klassische Auffassungen über Funktionen und Inhalte politischer Systeme an.[64]

Neben Ansätzen, die eher das Verhältnis zwischen Staat und Gesellschaft thematisieren, kann man auch Überlegungen ausmachen, die konkrete Staatsfunktionen ansprechen und klassifizieren. Sie berufen sich explizit (oder implizit) auf die Arbeiten von Tilly (1975) und Almond (1988). Diese klassische Diskussion konkreter State Capacities betont im Allgemeinen die funktionalen Aspekte des Staates. Almond/Powell (1966: 29f.) verfassten schon vor Jahrzehnten konzeptionelle Überlegungen zu diesen Aspekten, dies wären im heutigen Sinn Überlegungen zur Leistungsfähigkeit des Staates.[65] Charles Tilly (1975: 32f.), der sich auf den Aufbau und die Entwicklung moderner westeuropäischer Nationalstaaten konzentriert, beschreibt *extractive*, *repressive* bzw. *coercive* und *control capacities* als wichtigste Staatsfunktionen, welche die Entwicklung des Staates lenken. Er verweist allerdings auf das *degree of stateness* von Nettl (1968), um den Staat einzuordnen. Der Grad an Staatlichkeit wird unter anderem daran gemessen, über welche Instrumente die Regierung bzw. der Staat verfügen oder ob sie unabhängig von der Gesellschaft handeln können.

64 Migdal (1988) teilt State Capacities folgendermassen auf: in die Fähigkeiten die Gesellschaft zu durchdringen, soziale Beziehungen zu regulieren und Ressourcen abzuschöpfen. Die Fähigkeiten eines Staates beziehen sich immer auch auf die Funktionen, welche man einem modernen Staat zuschreibt. Cummings et al. (2002) konzeptualisieren State Capacity als politische (Effektivität), technische und administrative (Effizienz) sowie als ideelle Fähigkeiten. Wenn man diese Konzepte mit der klassischen Darstellung des politischen Systems von Almond/Powell abgleicht (1966), dann kann man nicht wirklich neue Erkenntnisse feststellen.

65 Almond (1988: 871) betont den grossen Einfluss der Arbeit von Lowi (1964) wegen der Typologisierung von öffentlicher Politik in *regulative*, *distributive* und *redistributive politics*. Huntington (1965: 393) leht sich an Almond an: „The specific capabilities he has in mind are those for national integration, international accomodation, political participation, and welfare distribution." Almond (1988: 859) verweist in seiner Abhandlung über neuere Staatstheorien wiederum auf diese klassischen, funktionalen Machtinstrumente des Staates (*coercive*, *extractive*, *regulative*, *allocative powers*), welche gleichzeitig Kategorien für State Capacity sind.

Der State-Capacity-Ansatz teilt die Leistungsfähigkeit des Staates in relative Staatsfunktionen, in *coercive*, *extractive*, *regulative*, *allocative capacities*, ein. Der institutionelle Aspekt steht im Vordergrund, da es hauptsächlich die Institutionen des Staates sind, mit denen beispielsweise *extractive capacities* (wie Steuerinspektionen oder eine funktionierende Finanzverwaltung) garantiert werden können. Auch Evans et al. (1985) verweisen auf die Bedeutung von administrativen und finanziellen Staatsfunktionen. Überlegenswert wäre zusätzlich, ob es nicht auch eine *civic capacity* geben sollte, welche die Fähigkeiten der Bürger bewertet, sich eine entsprechende Regierung zu geben. Zu bedenken ist, dass die State-Capacity-Diskussion viel mehr den formellen Aspekt thematisiert als den informellen. Der informelle Aspekt kommt eher in den Beziehungen des Staates zur Gesellschaft zum Tragen, obwohl auch hier messbare, formelle Interaktionsformen im Vordergrund stehen.

Analog zu der Diskussion starke/schwache Staaten, ist für einige Autoren (Krasner 1988, McFaul 1995 und Kjær et al. 2002) die Handlungsautonomie des Staates bedeutend. Autonomie bedeutet, dass der Staat unabhängig und von äusseren Einflüssen über seine Präferenzen entscheiden kann.[66] Der Grad der Durchsetzungsfähigkeit eines Staates mittels formeller oder informeller Strukturen bestimmt seine Handlungsautonomie in den unterschiedlichen Politikbereichen und in seiner Beziehung zur Gesellschaft. Damit sind Staatsfunktionen und Staatsautonomie integrale Bestandteile von Staatsmacht. Von Staatsmacht sprechen die Autoren, welche zu State Capacities forschen, jedoch nur implizit.[67] Das mag auch daran liegen, dass sie die Leistungsfähigkeit des Staates immer mit Machtdurchsetzung verbinden.

State Capacity ist nicht nur ein Mass dafür, inwieweit der Staat fähig ist, seine Macht absolut durchzusetzen, sondern vor allem ein Mass

66 Die meisten Autoren haben unterschiedliche Ansichten darüber, wie Autonomie und Capacity verbunden sind und was zuerst kommt; Kriesi (1994) oder (Weiss) 1998 argumentieren, dass Autonomie nichts mit Capacity zu tun hat.

67 Wenn man von den Klassikern wie Almond absieht, der die Machtinstrumente des Staates thematisiert hat – im Grunde deckte er damit die funktionalen State Capacities ab, auf die heutige Autoren verweisen.

für relative Autonomie und relative Machtdurchsetzung. Für Kjær et al. (2002: 14) gibt es einen bestimmten Grad an Autonomie, den man nicht über- aber auch nicht unterschreiten sollte. State Capacity hängt ihrer Meinung nach von relativer Autonomie ab, welche sich der Staat durch die Interaktion mit der Gesellschaft aneignen kann. State Capacities sind somit ein Spiegelbild staatlich-gesellschaftlicher Interaktion (Kjær et al. 2002: 15f.).[68] Bestimmte Interaktionsformen führen dabei zu höherer Capacity. Es ginge also darum, den Grad der Autonomie des untersuchten Staates mittels der Qualität staatlich-gesellschaftlicher Interaktion einzuordnen, wenn man Aussagen über seine staatliche Leistungsfähigkeit treffen will.

Die staatstheoretische Literatur diskutiert die relative Bedeutung von verschiedenen Fähigkeiten des Staates nur sporadisch (Kjær et al. 2002: 15). Um diese Lücke aufzufüllen entwerfen Kjær et al. eine hierarchische Abstufung von State Capacities. Ihre Arbeit zeichnet sich durch ihre systematische Herangehensweise an die Leistungsfähigkeit eines Staates aus. Sie verstehen State Capacity grundsätzlich als „the ability of states to formulate and implement politics" (ibid. 2002: 14). Dies beinhaltet Strukturen, Institutionen, aber auch die Akteure, welche innerhalb dieses formalen Rahmens und darüber hinaus handeln. Nicht nur Staatsstrukturen legitimieren den Staat, auch seine Akteure. Damit sind insbesondere Staatseliten gemeint.

An erster Stelle ihrer Abstufung von State Capacities stehen die wichtigsten funktionalen Capacities, um die Autonomie des Staates durchzusetzen. Ohne diese Fähigkeiten ist ein Staat nicht funktionsfähig, sie gilt es als erstes aufzubauen. Die funktionalen Capacities legen die Grundlage für einen starken Staat. Dazu gehören eine ausdifferenzierte

68 Im Zusammenhang mit relativer Autonomie weisen neuere Arbeiten auf das Dilemma der Verflechtung von Staat und Gesellschaft hin: „The central issue is the depiction of state-society relationships as involving a trade-off between an insulated but not necessarily effective state and a less insulated but perhaps more effective state, thus incurring the risk of capture and corruption" (Kjær et al. 2002: 7). Verflechtung kann nicht nur in postkommunistischen Staaten ziemlich schnell umkippen und dazu führen, dass der Staat in bestimmten Bereichen gar nichts mehr zu sagen hat.

und spezialisierte Verwaltung und ein etabliertes Rechtssystem.[69] In einer zweiten Kategorie folgen Mechanismen, welche die Leistungsfähigkeit des Staates fördern. Hierzu zählen insbesondere die Verflechtungen zwischen dem Staat und der Gesellschaft oder korporatistische Verbindungen sowie die Führungsfähigkeit von Eliten. Mit diesen Instrumenten sind bereits bestehende State Capacities entwicklungs- und ausbaufähig. Einen dritten Bereich bilden Faktoren wie Legitimität, Vertrauen oder Sozialkapital. Governance zählt übrigens zu beiden Bereichen, d. h. sowohl zu den Mechanismen als auch zu den Faktoren, welche State Capacity fördern.

Kjær et al. entwickeln zuerst ein eher statisches Modell mit den wichtigsten Fähigkeiten, Mechanismen und Faktoren des Staates. In diesem Modell beeinflussen die Leistungen des Staates die Präferenzen von Akteuren im Staat. Darauf präsentieren die Autoren zwei dynamischere Modelle von State Capacity. In diesen sind die Akteure dynamischer Beziehungsfaktor im Verhältnis zwischen Staat und Gesellschaft, in dem Vertrauen und Legitimität eine wichtige Rolle einnehmen. Kjær et al. (2002: 14) betonen in ihrem State-Capacity-Konzept neben formellen und strukturellen Faktoren auch die Strategien von Akteuren im Staat. Sie weisen jedoch nicht explizit darauf hin, ob diese Strategien formell oder informell sein sollen. Sie flüchten sie hingegen in das Governance-Konzept, welches einen Blick hinter die Fassade der formalen Regeln und die Integration von Netzwerken erlaubt.[70] Governance vernetzt Staat und Gesellschaft, zum Beispiel durch korporatistische Verbindungen, und baut institutionelles Vertrauen

69 Jene entscheidenden Fähigkeiten des Staates lehnen sich stark an Almond/Powell an – im Vordergrund stehen *extractive capacities* (z. B. Steuereinnahmen), *coercive capacities* und rechtliche Aspekte (Rechtsstaat). Jedoch wird diese Terminologie funktionaler Merkmale staatlicher Leistungsfähigkeit nicht verwendet.

70 Hier sei nochmals auf Migdal (2001: 93) verwiesen, dessen Leistung vor allem darin besteht, explizit die erreichbaren State Capacities mit sozialen Strukturen zu verbinden und damit (informelle) Einflüsse der Gesellschaft zu berücksichtigen.

auf.[71] Ein Problem, welches ein wesentliches Problem der allgemeinen staatstheoretischen Diskussion ist, und welches sich auch den obigen Verfassern stellt, ist, dass die Kausalitäten zwischen den unterschiedlichen State-Capacity-Faktoren und Mechanismen nicht geklärt sind.

Wenn man sich nun fragt, was das Konzept von Kjær et al. (2002) zur Verbesserung des State-Capacity-Ansatzes beitragen kann, dann sicher die Abstufung bzw. die Klassifizierung von unterschiedlichen Fähigkeiten des Staates. Eine genauere Analyse von Politikbereichen würde gemäss dieser Einteilung zeigen, welche der als zentral identifizierten Fähigkeiten sich als relevant für die Leistungsbilanz des Staates erweisen, welche Leistungsstufe ein Staat erreicht hat und welche konkreten Mechanismen Leistungsfähigkeit fördern oder behindern. Diese Analyse würde es erlauben, „multiple centers of authority building, each with different sectoral capabilities and degrees of influence" (Kjær et al. 2002: 537f.) zu identifizieren. Ein Vorteil dieser Systematisierung ist, dass die Autoren Funktionen, Prozesse, Akteure und Strukturen in ihren Modellen integrieren können. So werden nicht nur die Beziehungen zwischen dem Staat und der Gesellschaft, sondern auch zwischen unterschiedlichen Akteursgruppen, z. B. Eliten, abgebildet. Das Konzept von Kjær et al. (2002) stellt den diskussionswürdigen Versuch einer Präzisierung des State-Capacity-Ansatzes dar, da die Verfasser verschiedene Kategorien von State-Capacities präsentieren und diese Capacities auch klassifizieren .

Eine allgemeine Bewertung von State Capacities bleibt aber schwierig, da die Bereiche, in denen der Staat aktiv ist, sehr unterschiedlich sind. Die Bewertungen können je nach Handlungszusammenhang eines Staates unterschiedlich ausfallen.[72] Beispielsweise kann ein Staat effizient sein, wenn es darum geht, seine Steuern

71 Weiss (1988) und Evans (1995) sprechen diesen Punkt in ihren Arbeiten an. Ein Problem ist aber der Transfer der oft lokalen Beispiele von kooperativem Verhalten zwischen Staat und Gesellschaft auf die Makroebene.

72 Ein Versuch einer allgemeinen Bewertung sind die Governance-Indikatoren der Weltbank. Hilfreich für eine allgemeine Einschätzung ist auch der *Corruption Perception Index* von Transparency International.

einzutreiben, aber unzuverlässig, wenn er Mitarbeitern Löhne und Gehälter auszahlen muss. Ein anderer Staat treibt seine Steuern nicht effizient ein, zahlt aber seine Löhne und Gehälter pünktlich aus (da diese andere Einkommensgrundlagen haben).

So ist es durchaus richtig, dass die Autoren für Fallstudien Sektoranalysen empfehlen, die unterschiedliche Dimensionen von Leistungsfähigkeit berücksichtigen (Grindle 1996) oder sich auf Politikbereiche mit ihren spezifischen Institutionen, Strukturen und Akteuren konzentrieren (Nørgaard/Møller 2001). Dabei kann einerseits ein Bereich dargestellt werden, in dem der Staat seine Leistungsfähigkeit verliert und in der Folge auch in anderen Bereichen an Leistungsfähigkeit einbüsst. Andererseits wäre denkbar, einen Bereich auszuwählen, in dem der Staat unter Druck gesetzt wird, diese Herausforderung aber meistert und daraufhin auch in anderen Bereichen an Capacity gewinnt. Man sollte auf jeden Fall beachten wie Politik auf politischer und administrativer Ebene zustande gebracht wird und was davon am Ende wirklich in der Gesellschaft umgesetzt wird.

Ein generelles Problem ist, dass viele Autoren unter State Capacity einen schlichten Anforderungskatalog an die Leistungsfähigkeit eines Staates verstehen. Sie streben weniger eine Klassifizierung dieser Leistungen an. Wenn man in letztere Richtung weitergehen möchte, um das State-Capacity-Konzept weiter zu konzeptualisieren, so ist das zuletzt dargestellte Konzept von Kjær et al. (2002) ein guter Ansatzpunkt.

Zusammenfassend kennzeichnen State Capacities die Durchsetzung von Staatsmacht auf institutionellem, rechtlich legitimierten, Weg. Staatliche Leistungsfähigkeit im Rahmen von State Capacity hat zum Ziel, genau konzipierte Staatsinstrumente einzusetzen. Sie sollen das Verhalten und die Macht des Staates vorhersehbarer machen und damit einen unsicheren Handlungskontext ausschliessen. Die meisten Modelle oder Vorstellungen von Leistungsfähigkeit erwähnen hintergründige Arrangements leider nur am Rand. Wenn informelle Strukturen genannt werden, dann meist die negativen Auswirkungen. Painter (2001: 5) oder Nørgaard et al. (2000: 4) fragen sich beispielsweise ob der informellen Einfluss des Staates auf die Gesellschaft zur Leistungsfähigkeit des Staates beitragen kann. Die positiven informellen Beziehungen haben idealerweise eine korporatistische Struktur. Kjær et al. (2002: 16) sprechen von *close ties or corporatist arrangements i.e. institutionalized bargaining*, welche ein Mechanismus seien, um die Funktionsfähigkeit des Staates zu fördern.

Ein Punkt, der meist vernachlässigt wird, wenn es um die Funktionsfähigkeit des Staates geht, ist der Einfluss von Eliten und Elitenstrukturen auf State Capacity. Interessant ist in diesem Zusammenhang, dass schon der Staatstheoretiker Nordlinger (1981, 1987) die Bedeutung von Eliten für State Capacity gezeigt und darauf verwiesen hat, dass es gravierende Auswirkungen auf die Machtdurchsetzung des Staates haben kann, wenn wichtige Akteure des Staates mit bestimmten Gesellschaftsgruppen oder Eliten identisch sind. Nur einige wenige Autoren setzen sich mit diesem Aspekt auseinander. Nørgaard et al. (2000, 2002) beispielsweise bezeichnen neue Eliten und geänderte Elitenbeziehungen als wesentlichen Einflussfaktor auf die Leistungsfähigkeit des Staates.[73]

Im Moment ist es nicht möglich, unterschiedliche Ausprägungen von State Capacity aufgrund eines konkreten, standardisierten Staatsvergleiches zu diskutieren. Die Systematisierung und Theoretisierung ist noch nicht ausreichend fortgeschritten, und es fehlt ein generalisierbarer Ansatz wie State Capacity untersucht werden soll.[74] Der State-Capacity-Ansatz kann aber wertvolle Hinweise zum Aufbau von Staaten liefern, indem er verschiedene Ebenen der Funktionsfähigkeit des Staates wie zentrale, fördernde und unterstützende Capacities feststellt. Die Institutionalisierung der Durchsetzungsmacht des Staates muss an erster Stelle stehen um Funktionsfähigkeit zu erreichen. Erst dann folgen Aspekte, welche der Governance-Ansatz thematisiert. Dieser wird im folgenden Kapitel näher besprochen.

73 Grzymala-Busse et al. (2002) sprechen im Rahmen des State-Building von Elitenwettbewerb, der eine entscheidende Wirkung auf die Funktionsfähigkeit des Staates haben kann.

74 Wie unschwer festzustellen ist, kann in der State-Capacity-Diskussion kein roter Faden erkannt werden.

2.4.3 Erhöhung der Leistungsfähigkeit des Staates durch Governance

Governance ist ein zusätzliches Instrument, um die Leistungsfähigkeit des Staates zu analysieren, da dieses Konzept zwischen Staat und Gesellschaft, zwischen Struktur und Akteuren angesiedelt ist.[75] Dabei wird aber eine fruchtbare Beziehung zwischen Staat und Gesellschaft vorausgesetzt. In der staats- und steuerungstheoretisch ausgerichteten Diskussion über Governance stehen Koordinationsformen an der Schnittstelle zwischen Staat und Gesellschaft im Vordergrund. Politische Spielregeln und Akteure spielen eine wesentliche Rolle.

Dieser Ansatz hat seine Ursprünge in der westlichen Welt und wurde im Zuge der Diskussion von Staats- und Verwaltungsreformen in den 80er Jahren populär. Er sollte dabei helfen, das Verhältnis von Staat und Gesellschaft auf eine neue Grundlage zu stellen und Staatsaufgaben umzudefinieren. Die meisten Definitionen von Governance deuten an, dass ein reger Austausch zwischen Gesellschaft und Staat, sogar sämtlicher sozialer Sphären, angestrebt wird. Beispielsweise diejenige von Johannsen/Nørgaard (2001: 1f.): „The point where society, politics and institutions meet designates what can be termed Governance". Die bewusste Verbindung und Interaktion von Staat und Umwelt macht die Attraktivität des Konzepts aus.[76]

Vereinfacht kann man sagen, dass Governance sich darauf bezieht, wie und mit welchen Ergebnissen Macht ausgeübt wird. Es gibt aber keine allgemein anerkannte Definition dieses Konzepts. Unterschiedliche Auffassungen von Governance tendieren überdies dazu, sich zu überlappen. Die meisten Auslegeformen beinhalten eine Prozesskomponente, welche die Interaktion zwischen Staat und Bevölkerung bzw. zwischen Staat und Gesellschaft betonen. Governance bedeutet generell eine Neudefinition des Verhältnisses des Staates zu Wirtschaft und Gesellschaft. Im Allgemeinen kann man Governance als das

75 Analog zu oben wird wiederum der englische Begriff bevorzugt. Eine deutsche Entsprechung wäre Gouvernanz oder Regierungsführung.

76 Dies ist aber schon seit der klassischen Systemtheorie nichts Neues mehr und auch ein klassisches Thema der Staatstheorie.

Konzept eines „beweglichen“ Staates auffassen, in welchem dem Staat die Mittlerrolle zwischen Wirtschaft und Zivilgesellschaft zukommt.

Rhodes (1995: 2–10) versucht sich in der Zusammenfassung der unterschiedlichen Auffassungen von Governance. Einmal ist Governance Ausdruck von minimalistischen Anforderungen an den Staat, und privatwirtschaftliche Aktivitäten sollen das Vakuum füllen, welches der Staat zurückgelassen hat. Dann wird Governance als Bestandteil des *New Public Management* verstanden, welches Instrumente aus der Privatwirtschaft im öffentlichen Sektor anwendet. *Corporate Governance* thematisiert allgemeine Prinzipien systemischer Organisation wie etwa Integrität und Rechenschaftspflicht. Zusätzlich können unter Governance auch Interventionen des Staates und der Wirtschaft in der Gesellschaft verstanden werden. Schliesslich umfasst Governance sich selbstorganisierende soziale Netzwerke zwischen öffentlichen und privaten Institutionen oder Dienstleistungsorganisationen.[77] Governance beinhaltet nicht nur die Kompetenzverlagerung in privatwirtschaftliche Organisationen, sondern auch eine Abgabe von Verantwortung an untere Staatsebenen. Governance und Dezentralisierung gehen so Hand in Hand. Während Governance das Zusammenspiel der verschiedenen Regierungs- und Verwaltungsebenen festschreibt, werden mit einer Dezentralisierung die Kompetenzen jeder einzelnen Ebene unterstrichen.

Trotz der Vielfalt und einigen Überschneidungen kann Governance in zwei wesentliche Strömungen aufgeteilt werden. Einerseits wird Governance als *catch-all category* konzeptualisiert, die Regierung, Regieren, Herrschaft sowie Ordnung mittels formellen und informellen Regeln in gesamtgesellschaftlichen Zusammenhängen begreift. Zum Beispiel bei Rosenau (1995: 13): „A collectivity's steering, coordination,

77 Heywood (2002: 100) fasst es folgendermassen zusammen: „The 'governance turn' in politics has been evident in a variety of tendencies. These inculde the growing trend to finance public programmes through private investment, the 'reinvention' of government through a move away from direct service provision to an 'enabling' or 'regulating' role, the increased use of quasi-governmental and private organizations to deliver public services, and the advent of the 'new public management', which has seen private-sector management techinques more widely adpoted within government.“

and control mechanisms". Governance gerät bei diesem Verständnis leicht zum Selbstzweck.

Andererseits wird Governance als Steuerungsinstrument des politischen Prozesses eines Landes verstanden: „Governance is the capacity of government to make and implement policy, in other words, to steer society" (Peters/Pierre 2000: 1).[78] Dieser Steuerungsaspekt ist insbesondere in Bezug auf Osteuropa interessant. Hydén (1992: 7) begreift diese institutionelle Steuerung als ein Mittel, um die Legitimität des Staates zur erhöhen. Governance umschreibt den Rahmen, in dem eine Entwicklung des Staates möglich ist, unter anderem die Fähigkeit der Regierung Ressourcen zu verwenden und zu mobilisieren und betrifft die Politikformulierung und -implementierung. Ein wichtiger Aspekt in diesem Rahmen ist die Korruptionskontrolle des Staates.

Peters/Pierre (2000: 28f.) fragen im Kontext von Governance zusätzlich nach der Rolle der Regierung als Bestandteil des Staates und nach den Kräften, welche von der Zivilgesellschaft ausgehen.[79] Es geht nicht nur darum, über welche Regierungsfähigkeiten der Staat verfügt, sondern auch darum wie er die Gesellschaft kontrolliert. Im Zusammenhang mit weniger entwickelten Staaten wird oft argumentiert, dass Governance von der Entwicklung der Gesellschaft abhängt (Putnam 1993). Somit müsste erst ein gewisser Entwicklungsstand des Staates erreicht werden, um Governance überhaupt realisieren zu können. Damit

78 Siehe auch die an die Weltbank angelehnte Definition von Ahrens (2001: 58): „Governance is defined as the capacity of the formal and informal institutional environment (in which individual actors, social groups, civic organisations and policy makers interact with one another) to implement and enforce public policies and to improve private sector co-ordination." Eine, diese beiden Aspekte beinhaltende, Definition stellen Knill et al. (2002: 43) auf: „the formal and factual capability of public or private actors to define the content of public goods and to shape the social, economic, and political processes by which these goods are provided."

79 Governance geht über den Regierungsbegriff hinaus und beinhaltet zusätzlich eine breitere Macht- und Ressourcenverteilung. Vgl. Fritschak (1994: 4): „Governance denotes the structures of political and crucially, economic principles and relationships and rules by which the total productive and distributive life of a society is governed."

würde es schwierig werden in Transformationsländern Governance im originären Sinne zu realisieren.

Eine breite Definition des Begriffs Governance umfasst nicht nur die politische Steuerung, sondern auch entsprechende Aktionen von sozialen Akteuren (Knill 2002, Mayntz 1998). Gerade der Prozess der Entscheidungsfindung und die Umsetzung dieser Entscheidungen setzt entschlossenes Akteurshandeln voraus. Die Umsetzung der Entscheidungen sollte, im Gegensatz zur Entscheidungsfindung, die durchaus mit der Gesellschaft stattfinden kann, unter der Kontrolle des Staates bleiben. Der Staat verliert seine Monopolstellung, spielt aber trotzdem eine wichtige Rolle im sozialen Leben und im sozialen Wandel. Dieses Handeln muss dabei nicht immer formell sein und kann sich durchaus auf informelle Strukturen stützen. So ist Governance nicht nur mit universellen Regeln und Prinzipien verbunden, sondern auch mit Wertesystemen und Verhaltensweisen.

Wie die konkrete Machtdurchsetzung des Staates oder mit anderen Worten die konkrete Regierungsführung erfolgt ist ein Gegenstand theoretischer Auseinandersetzungen. Governance ist in der obigen Konstellation als Machtinstrument sehr unterschiedlich vorstellbar.[80] Grundsätzlich gilt bei dieser Vielfalt von Gouvernanzinstrumenten die Aussage von Peters/Pierre (2000: 14): „There is a tendency to confuse Governance as an empirical phenomenon with theories about how this phenomenon operates and can be unterstood."

Im Kontext von Governance ist klar, dass der Staat bereit sein muss, auf einen allumfassenden Machtanspruch zu verzichten. Jedoch ist die Autonomie des Staates auch hier wesentlich, denn ohne Autonomie ist ein Staat nicht regierbar. Governance soll Leitlinien vorgeben und falls nötig mittels Macht- und Vertrauensbeziehungen zum gewünschten Ziel führen. Die Macht liegt somit bei dem Träger von

80 Man kann auf informelle Machtdurchsetzung und politische Netzwerke (*policy networks*) abheben wie Rhodes (1997), auf *public-private partnership* (Pierre 2000), auf *corporate governance* (Williamson 1996) oder auf *good governance* (World Bank 1989, 1992, 1997).

Governance, und das ist im Normalfall der Staat.[81] Da Governance aber bedeutet, dass Staat und Gesellschaft untrennbar sind, kann in gewissen Bereichen eine Machtbalance nicht ausgeschlossen werden, manchmal wird ein gleichberechtigtes Miteinander auch angestrebt (Peters/Pierre 2000: 49). Eine funktionierende Zivilgesellschaft soll die Interaktion zwischen Staat und Gesellschaft erleichtern.

Ein wichtiger Beitrag von Governance ist schliesslich, dass es einen Blick hinter die Fassade der formalen Regeln erlaubt. „The term includes all modes of coordinating individual action, such as hierarchies, networks, associations, or markets“ (Knill et al. 20002: 43).[82] Der gesamtgesellschaftlichen Vernetzung kommt grosse Bedeutung zu. Daraus ergibt sich die interessante Frage, inwieweit man das Governance-Konzept für die Analyse von Machtnetzwerken in Anspruch nehmen kann. Ein Blick auf die gängige Literatur zeigt, dass sich diese Anwendung noch nicht durchgesetzt hat.

Eine Variante des Governance-Konzepts ist die demokratische Governance (*democratic governance*). Sie geht einen Schritt weiter in die normative Richtung und stellt Leitlinien für die richtige Regierungsführung auf, welche auch als *good governance* bekannt ist.[83] Scholte (2002: 281) definiert Democractic Governance als „participatory, consultative, transparent, and publicly accountable“, umschreibt damit aber eigentlich nur die Eigenschaften von Good Governance.

Das Konzept der Good Governance kam Ende der 80er Jahre als Vergabekriterium für Kredite an Entwicklungsländer der südlichen

81 Das Design und die Funktion von staatlichen Institutionen hat eine grosse Auswirkung auf die Art der Governance, auch wenn sie von rational handelnden Akteuren ausgeübt wird (March/Olsen 1989: 4).

82 Siehe auch Peters/Pierre (2000: 199): „The overall emphasis is on closer, more continuous and more informal contacts between political institutions and their environment.“

83 Der Begriff wird in das Deutsche generell mit „guter Regierungsführung“ übersetzt. Im folgenden wird erneut der englische Begriff bevorzugt. Die Weltbank (World Bank 1992: 1) definiert Good Governance folgendermassen: „the manner in which power is exercised in the management of a country’s economic and social resources for development. Good governance […] is synonymous with sound development management.“

Hemisphäre auf, erhielt aber einen zusätzlichen Schub durch den Zusammenbruch der kommunistischen Systeme in Osteuropa.[84] Hauptbestandteil ist die Liberalisierung von Politik und Wirtschaft; Good Governance umfasst daneben auch normative Anforderungen an die Leistungsfähigkeit des Staates. Die Qualität der Regierungsführung ist ein Schlüsselfaktor, um nachhaltige wirtschaftliche und soziale Entwicklung zu erreichen, so die gängige Literatur (Ahrens 2001, World Bank 1997). Vor allem die Weltbank fasst Good Governance als Instrument auf, um nachhaltige Entwicklung zu erreichen (World Bank 1997, 1998).

Good Governance betont die Legitimität des Staates, funktionierende Regeln und formelle Institutionen, Unabhängigkeit, Transparenz sowie die Eindämmung von Korruption. Implizit wird damit auch auf die Rolle von Sozialkapital und von informellen Beziehungen abgehoben. Wenn man unter Governance gleichzeitig Good Governance versteht, wie dies oftmals geschieht, dann ergibt sich ein Redundanzproblem. (Good) Governance kann dann leicht zum Selbstzweck werden und ist dann als analytisches Instrument nicht mehr tauglich. Weitere Probleme ergeben sich dadurch, dass der Ansatz von seiner Anlage her nicht explizit in der Staatstheorie angesiedelt ist.

Organisationen und Autoren, welche mit dem Governance-Begriff operieren haben eine recht unterschiedliche Vorstellung davon wie man die Beziehungen zwischen Governance, Staat und Entwicklung am besten umschreiben sollte (siehe World Bank 1997, 1998 im Vergleich zu Peters 2000). Ein Problem ist nicht nur die Definition von entsprechenden Institutionen (*good institutions*) oder die Abgrenzung des Begriffs, sondern auch die erfolgreiche Einbettung von Good-Governance-Kriterien in politische (Reform-)Programme. Anders als der State-Capacity-Ansatz, der sich auf konkrete Aufgabenbereiche des Staates bezieht, wie beispielsweise die Steuererhebungsfähigkeit oder die

84 Katalysator dieses Konzepts war die Weltbank. Der Weltbankreport 1989 zu Afrika sprach zum ersten Mal von *poor governance* als Ursache der Staatskrise und stellte als Entwicklungsbedingung einen Wandel zur Good Governance auf. Jedoch ging es der Weltbank weniger um den Staat und Staatsreformen, sondern um technische Aspekte der Regierungsführung (siehe auch World Bank 1992).

Umsetzung von Politik in bestimmten Politikbereichen, bleibt das Good-Governance-Konzept sehr schwammig und hat generell keine detaillierten Vorstellungen, welche Staatsinstrumente oder -bereiche zu mehr Leistungsfähigkeit in einer konkreten Situation oder in einem konkreten Entwicklungsstadium verhelfen. Bisher bieten nur die Weltbank (World Bank 1997, 1998) oder Ahrens (2001) einige allgemeine Ansätze in diese Richtung.

Hinzu kommt noch, dass es bisher keinen Konsens darüber gibt, in welchem Rahmen Good Governance stattfinden kann. Einige Autoren sehen Demokratie als die nötige Klammer zwischen dem Anspruch an gute Regierungsführung und den politischen Rahmenbedingungen eines Landes: „Democracy therefore came to be seen as the political process that would institute and sustain good governance [...]" (Leftwich 2000: 126).

Um die Leistungsfähigkeit des Staates zu bewerten und die Konzeptualisierung von Leistungsfähigkeit voranzubringen, ist das Konzept von Good Governance keine wahre Hilfe. Ahrens (2001: 59) spricht zwar indirekt die Kontrolle der Eliten durch diverse Massnahmen im Rahmen von Accountability-Massnahmen an, genauso wie Massnahmen im Bereich der Partizipation von Staatsbürgern, die zu einer veränderten Einstellung der Bürger führen sollen. Wichtige Faktoren, die einen Einfluss auf die Funktionsfähigkeit des Staates haben, wie etwa Eliten oder institutionelles Vertrauen, werden aber nicht ausreichend thematisiert. Das Good-Governance-Konzept setzt meist nur Messlatten oder Ziele fest (vgl. Scholte 2002 oder auch Ahrens 2001), die mit dem aktuellen Kontext von Entwicklungs- oder Transformationsstaaten nicht viel zu tun haben.

In einem Versuch, diesem Problem entgegenzukommen, konstruieren Kaufmann und Kraay (2004: 302) sechs aggregierte Governance-Indikatoren: „Voice and accountability, political instability and violence, government effectiveness, regulatory burden, rule of law, and control of corruption".[85] Mit Hilfe dieser Indikatoren werden

85 Siehe auch den Artikel von Kaufmann et al. (2002), der einen systematischen Überblick über unterschiedliche Methoden und analytische Governance-Ressourcen bietet, und die Diskussion von Berg-Schlosser (2004).

länderübergreifende Studien zum jeweiligen Governance-Status durchgeführt.[86] Die Weltbank stellt dazu eine breite elektronische Datenbasis bereit, die es erlaubt, den *state of the state* einzuschätzen. Unter anderem sind Zeitreihenanalysen zu Korruption oder zu State Capture möglich.[87] Aufgrund methodischer Probleme kann diese Art von Daten aber qualitative, länder- und fallspezifische Governance-Analysen mit entsprechenden Experteninterviews nicht ersetzen (ibid. 2004: 304). Normative Indikatoren weisen zudem immer das Problem auf, dass ihnen eine bestimmte Denkweise oder Ideologie zugrunde liegt. Grundsätzlich erscheint es sinnvoller, bei konkreten Fähigkeiten oder Instrumenten des Staates anzusetzen und deren Funktionsfähigkeit zu verbessern als sich an normativen Kategorien des Staatshandelns festzuhalten.

Wie die vorangehenden Ausführungen gezeigt haben, ist es oft schwierig die Konzepte starker/schwacher Staat, State Capacity, aber auch den Governance-Ansatz voneinander abzugrenzen, da alle diese diskutierten Ansätze gemeinsame Schnittpunkte aufweisen. Aus diesem Grund wird im folgenden Abschnitt explizit auf Gemeinsamkeiten, aber auch auf wichtige Unterschiede eingegangen.

86 Für 199 Länder und vier Zeiträume: 1996, 1998, 2000 und 2002. Siehe auch: <http://www.worldbank.org/wbi/Governance/capacitybuild/index.html> (20.5.2004). Die generierten Daten sind aber hochgradig aggregiert und dadurch in ihrer Aussagekraft beschränkt.

87 Die Datensätze sind unter <http://info.worldbank.org/Governance/beeps/> (20.5.2004) abrufbar.

2.4.4 *Der Zusammenhang zwischen Governance, starkem Staat und State Capacity*

Erfolgreiche Governance führt zu einem starken Staat. Damit stellt Governance zugleich Faktoren auf, die für die Stärke eines Staates verantwortlich sind. Peters/Pierre (2000:162) zeigen exemplarisch den Zusammenhang zwischen einem starken Staat und Governance auf. Jedoch ist der starke Staat nur eingeschränkt wirksam: Ein Staat ist stark, wenn er seine Politik effizient konzipieren und mit den entsprechenden Institutionen umsetzen kann, aber diese Stärke wird durch Rechenschaftspflicht und Transparenz eingeschränkt. Ein starker Staat unter Governance-Bedingungen ist ein *strong, but limited government* (Ahrens et al. 2000: 14). Die Stärke des Staates hängt besonders von zwei Faktoren ab, welche mit der Funktionsfähigkeit des Staates verbunden sind und die wiederum ein wichtiger Bestandteil von Governance sind: als erstes von der Fähigkeit, sich Änderungen von aussen anzupassen, als zweites, die interne Handlungsfähigkeit zu gewährleisten (Peters/ Pierre 2000: 164). Diese Fähigkeiten garantieren Handlungsautonomie und Durchsetzungsmacht des Staates.

Ohne Capacity, die sowohl von öffentlichen als auch von privaten Akteuren abhängt, kann es auch keine Governance geben (Hall 2002: 24). Gerade Governance zielt auf *capacity-building* ab. Viele der Definitionen von Governance sind identisch mit der Definition von State Capacity, da sie die Anforderung beinhalten, Politik zu formulieren und umzusetzen (Kjær et al. 2002: 12). Durch den Aufbau von State Capacity sollen verschiedene Anforderungen an (gute) Regierungsführung wie *accountability*, *participation*, *predictabiliy* und *transparency* erreicht werden (vgl. World Bank 2000: 48, Ahrens 2001: 59, Ahrens et al. 2000: 11). Diese Anforderungen sind die Vorbedingungen für ein seriöses (und effizientes) Management der öffentlichen Ressourcen (ibid.). Grundsätzlich ist Governance ohne Capacity nicht denkbar (vgl. auch Painter 2001: 4), und jede *governance activity* sollte Massnahmen zum *capacity-building* umfassen (Ahrens 2001: 59).

State-Capacity-Konzepte haben der Governance voraus, dass sie durch die Nennung von funktionalen Messlatten viel konkreter und greifbarer sind. Das reine Governance-Konzept besticht aber durch seine

Integration von wesentlichen Interaktionsformen zwischen Staat und Gesellschaft und der Betonung von Macht- und Vertrauensstrukturen. Ein Problem der Breite ist aber wie so oft, der Mangel an Tiefe. Dieser Mangel kann allerdings durch die Integration von State-Capacity-Elementen behoben werden. Die Steuerung des Staates im Rahmen von Governance ist beispielsweise mittels funktionaler Capacities gut vorstellbar.

Der Unterschied zwischen Governance und State Capacity liegt überdies in der Qualität. Beide Ansätze verneinen eine strikte Trennung zwischen Staat und Gesellschaft und betonen den grundsätzlichen Einfluss von Netzwerken und Individuen auf Politik. Der Governance-Ansatz thematisiert eher Regeln und Strukturen, im Unterschied zu dem State-Capacity-Konzept, das mehr auf Staatsinstitutionen und ihre Fähigkeiten abzielt. Governance propagiert dabei hauptsächlich neue Formen von öffentlich-privaten Beziehungen. Teilweise sind jene aber schon von anderen Autoren in ihren staatssoziologischen Ausführungen unter anderen Begriffen angesprochen worden (dazu Peters/Pierre 2000: 164). Da Governance Interaktion und Prozesse betont, kommen die Akteure selbst etwas zu kurz. Unter Netzwerkhandeln, welches positiv (korporatistische Strukturen) oder negativ (korrupte Praktiken) sein kann, fallen implizit auch die involvierten Eliten. Hier sind neuere Entwicklungen des Capacity-Ansatzes fruchtbarer, welche explizit die einzelnen Akteure und ihre Interessen thematisieren.

Die Betonung von informellen Aspekten im Rahmen von Governance geht über den Bereich des State-Capacity-Ansatzes hinaus, der weniger konkrete Aussagen über informelle Beziehungen wagt. Im Zusammenhang mit Governance dominiert der positive Aspekt von informellen Beziehungen. Sie stützen den Staat und verhelfen zu besserer Regierungsführung und fördern das Allgemeinwohl. Wenn informelle Strukturen negative Auswirkungen haben, dann werden diese als Korruption und *bad governance* thematisiert. Governance umfasst dann die erfolgreiche Konzeption und Umsetzung von Antikorruptionsmassnahmen (vgl. Ahrens 2001).

Obwohl Governance die Interaktion von Strukturen betont, bleiben institutionelle Arrangements ein wichtiges Thema.[88] Dem Staat, d. h. der Regierung und ihren exekutiven Körperschaften und damit den klassischen, formellen politischen Institutionen werden die meisten Chancen zugesprochen, normativ und juristisch Governance zu realisieren (z. B. Peters/Pierre 2000: 26). Der formelle, institutionelle Rahmen muss stimmen, sonst kann der Staat keine Leistungsfähigkeit erreichen. Zu den Eckpfeilern gehören ein funktionierendes Rechtssystem, eine stimmige Gesetzgebung, eine Verfassung, welche die fundamentalen Rechte der Bürger festlegt und eine Bürokratie im Weberschen Sinne (Johannsen/Nørgaard 2001: 1f., Ahrens et al. 2000: 10). Die Funktionsfähigkeit der Institutionen ist eine wichtige Bedingung für das Funktionieren des politischen Systems und für politische Reformen (Kaufman 1997, Peters/Pierre 2000 oder Ahrens 2001). Ein unsicherer formeller Handlungskontext schafft keine Governance.

Annahmen zum State Building und zu den Konzepten der Leistungsfähigkeit des Staates können miteinander verbunden werden, um einen höheren Erkenntnisgrad über die Möglichkeiten einer Konzeptualisierung des Aufbaus von Transformationsstaaten zu erreichen. Hilfreich zur Konzeptualisierung von Staatlichkeit sind gerade Elemente des State Building. Sie stellen die Grundlage für ein Modell der Funktionsfähigkeit des Staates dar und sind auch potenziell für osteuropäische Staaten relevant.

State Building thematisiert die Leistungsfähigkeit des Staates, und unter diesem Oberbegriff werden unterschiedliche Komponenten zusammengefasst, welche den Aufbau eines funktionsfähigen, qualitativen Staates bedingen. Grundsätzlich wird auf normative Einteilungen und Klassifizierungen der Qualität des Staates verzichtet. Im Gegensatz dazu werden unter Konzepten der staatlichen Leistungsfähigkeit alle Ansätze zusammengefasst, welche die Funktionsfähigkeit des Staates bewerten. Darunter fallen die Klassifizierung der

88 „[...] institutional arrangements remain important not least because they determine much of what roles the state can actually play in governance“ (Peters/Pierre 2000: 22).

Leistungserbringung des Staates oder des Verantwortungsbewusstseins des Staates für die Gesellschaft. Oftmals sind die oben definierten Determinanten des State Building in diesen Konzepten enthalten, ohne jedoch alle Faktoren zu berücksichtigen. Der Wandel des Staates steht dabei nicht im Zentrum der theoretischen Betrachtungen dieser Konzepte.

Während das State Building den (Wieder-)Aufbau und die Konsolidierung von Staaten thematisiert und im Kontext des staatlichen und institutionellen Wandels die Interaktion zwischen Staat und Gesellschaft und institutionelle Beziehungen betrachtet, zielen die analytischen Konzepte staatlicher Leistungsfähigkeit, wie z. B. starker/schwacher Staat, State Capacity oder Governance, darauf ab, Besonderheiten oder Zustände von existenten Staatsstrukturen zu klassifizieren und die Fähigkeiten des Staates gemäss unterschiedlicher Kriterien zu bewerten. Letztendlich behandeln aber beide Richtungen Fragen der Machtdurchsetzung und der Konzeption des Staates: Ob und in welchem Ausmass, bzw. mit welchen Machtmitteln der Staat seine Funktionen erfüllen kann und wie das Verhältnis zwischen Staat und Gesellschaft zu gestalten ist, um eine optimale Funktionsfähigkeit des Staates zu gewährleisten. Daher können Erkenntnisse beider Richtungen wertvolle Hinweise auf Bedingungen des State Building liefern und die Bewertung von State-Building-Prozessen erleichtern.

Jedoch gelten Annahmen, welche in einem Kontext aufgestellt werden, grundsätzlich nicht immer in einem anderen Zusammenhang. Beispielsweise sind Annahmen, die im Rahmen der Konzepte zur staatlichen Leistungsfähigkeit in Bezug auf die Staatlichkeit von westlichen Ländern erfolgen, nicht immer auf andere Staatengruppen übertragbar. Um die Leistungsfähigkeit eines Staates oder einer Staatengruppe angemessen bewerten zu können, müssen daher zuerst seine Besonderheiten genau untersucht werden.

Das Kapitel 3.1 unterstreicht zunächst die Eigenarten von osteuropäischen Transformationsstaaten, welche zum grossen Teil eine Folge ihres Institutionengefüges sind. Dies zieht eine Betrachtung der Staats- und Transformationstheorie nach sich (Kapitel 3.2). Darauf werden Determinanten der Staatlichkeit von Transformationsstaaten aufgestellt (Kapitel 3.3) und im Weiteren Aussagen zu der Analyse der

Leistungsfähigkeit dieser Staatengruppe getroffen (Kapitel 3.4). Ziel ist es, eine modifizierte staatstheoretische Betrachtungsweise des Transformationsstaates vorzuschlagen (Kapitel 3.5).

3. Der Staat in der Transformation

3.1 Eigenarten des Institutionengefüges sozialistischer Staaten

Die Sowjetunion war kein Modellfall von Leistungsfähigkeit. Ein Grund für ihren Zusammenbruch war die mangelnde Anpassungsfähigkeit an den institutionellen und politischen Wandel.[1] Der sowjetische Staat fiel in sich zusammen, da er den wachsenden Ansprüchen aus Politik und Gesellschaft nicht mehr gerecht wurde (Dawisha/Parrot 1997, Lane 2002: 10).[2]

Jedoch funktionierte das Institutionengefüge im grossen und ganzen. Das lag wesentlich an der Rolle der Kommunistischen Partei der Sowjetunion (KPdSU). Von 1917 bis 1990 war die KPdSU die einzige legitime politische Macht in der Sowjetunion, sie war die Staats- und Machtpartei im sowjetischen Einparteiensystem. In diesem System war der Staat untrennbar mit der Partei und die politischen Strukturen untrennbar mit den wirtschaftsadministrativen verbunden.[3] Die Parteihierarchie war einer der wichtigsten Pfeiler der Sowjetunion. Das

1 Manche Autoren nehmen implizit an, dass das kommunistische System die grundlegenden Staatsfunktionen gewährleistet hat (z. B. Huntington 1968), oder dass es sich um einen starken Staat gehandelt hat (Evangelista 1995). Dem ist aber nicht so, wie z. B. Sakwa betont (2000: 194): „In practice, the late communist state exhibited the classic feature of a weak state, succumbing to societal and clientelisitc pressures, and increasingly unable to impose its autority on public and private actors. Ulitmately, the Soviet state lacked capacity." Auch Cirtautas (1995: 381) weist auf die Schwächen des Staates hin: „The late Leninist state, especially in Eastern Europe, was not strong, but undergoing a rapid diminishment of both despotic and infrastructural power."

2 Eine überblicksartige Zusammenfassung analytischer Erklärungskonzepte für staatssozialistische Regime findet man in Leggewie/Münch (2001: 143f.).

3 Ausführlich zu sowjetischer Institutionen- und Gesellschaftsstruktur: Elster et al. (1998) und Lane (2002).

bedeutete konkret die Führungsrolle der Kommunistischen Partei in allen wichtigen sozialen Bereichen: in der Politik, in der Gesellschaft und in der Wirtschaft. Die wesentlichen Staatsfunktionen wurden von der Partei ausgefüllt, und der Staat konnte in der Regel mit der Partei gleichgesetzt werden. Bereiche, die vom Staat auf die Partei „übertragen" wurden, umfassten beispielsweise die Personalpolitik, institutionelle Änderungen und Neuformierungen, Ressourcenplanung und -verwaltung oder generell die Ausarbeitung von Entwicklungsplänen.

Die Hierarchie der Kommunistischen Partei spielte in sozialistischen Staaten eine fundamentale Rolle im politischen Leben. Mit ihrer Hilfe gelang es dem Staat, seinen Machtanspruch jahrzehntelang durchzusetzen und sämtliche Lebensbereiche zu beeinflussen. Die Gesellschaft befand sich unter einer fast totalen Kontrolle der Partei – von der Partei nicht legitimierte öffentliche Aktivitäten waren undenkbar. In diesem Sinne kann man auch die Klassifizierung der sowjetischen Institutionenlandschaft von Bunce (1999: 21) als *strong regime, weak society* verstehen. Die sowjetische Gesellschaft wurde von institutionellen Arrangements kontrolliert und liess keine Spielräume für autonomes Handeln zu.

Der Partei kam überdies eine wesentliche Rolle zu, um wirtschaftliche Übereinkünfte zwischen dem Staat und den Unternehmen durchzusetzen, etwa Ressourcenzuteilung und Lieferabsprachen oder um Konflikte zwischen den Organisationen des Staates, etwa zwischen Branchenbehörden und Staatsunternehmen, zu schlichten. Die Partei stellte eine institutionelle Vetomacht zur Kontrolle ihrer Umwelt dar. Der Staatsapparat im institutionellen Sinn war nie ganz entscheidungs- und handlungsfrei. Mit der Desintegration dieses von einer Partei dominierten Staatssystems entfiel die entscheidende, integrierende und kontrollierende Institution. Es entstand ein Vakuum, das in der Ukraine unter Kučma, aber auch in anderen postkommunistischen Staaten, von keiner neu institutionalisierten formalen Struktur aufgefüllt werden konnte (siehe Lane 2002).

Die formellen Institutionen der Partei- und Planungshierarchie, die politische Steuerung und die administrative Wirtschaftsplanung durch die Partei bildeten nur die sichtbare Struktur des Staates. Aus diesen institutionellen Grundlagen leiteten sich Autoritäts- und Abhängigkeitsbeziehungen zwischen den Organisationen aus Wirtschaft und Politik ab, zum Beispiel Kompetenzen und Verfügungsrechte von Planungs- und Branchenbehörden, Staatsunternehmen oder regionalen Wirtschaftsbehörden. Diese Struktur gab implizit Anreize und Restriktionen vor. Sie beeinflusste die wirtschaftspolitische Willensbildung in der Regierungsbürokratie sowie die informellen Nomenklaturanetzwerke und die Entscheidungsregeln (wie das Konsensprinzip, welches zu langwierigen Entscheidungsprozessen führte).[4] Informelle Koordinations- und Transaktionsregeln bestimmten die politischen und wirtschaftlichen Beziehungen im sozialistischen Institutionengefüge.[5]

Brie (1996: 1–4) sieht den Staatssozialismus prinzipiell durch die Vorherrschaft informell-willkürlicher Regeln gekennzeichnet. Unter der kommunistischen Herrschaft unterlag das Institutionensystem partikularistischer und willkürlicher Regelsetzung der Machthaber. Die offiziellen Formen waren zu Scheinformen degradiert. Nur durch eine Fülle von informellen Sonderregelungen konnte das erstarrte System aufrechterhalten werden. Als die Parteikontrolle und damit auch der Einfluss des Staates schwächer wurden, füllten vermehrt informelle Arrangements die entstandenen Lücken.[6]

Die Auflösung von Staatsstrukturen und die Entstehung von neuen politischen Systemen und Institutionen ist kein neues Phänomen. In dieser Hinsicht ist die Auflösung der Sowjetunion kein geschichtlicher Sonderfall. Auch die Nachfolgestaaten der Sowjetunion waren gezwungen, das institutionelle Erbe der Sowjetunion den veränderten Begebenheiten anzupassen und sich dem Druck aus den unterschiedlichsten Richtungen der Gesellschaft zu stellen.

4 Van Zon (2000: 14) beschreibt das sozialistische Abhängigkeitssytem und seine Folgen gut: „[...] networks corrected failures of the centrally planned economic system. However, this also led to the feudalization of the political system, the gradual political privatization of the state as well as the extraction of resources from the state sector for non-productive use.“

5 Willerton (1992) bespricht die Auswirkungen dieser Regeln und die Art der Abhängigkeitsbeziehungen.

6 Siehe auch Nørgaard et al. (2000: 2).

In den postkommunistischen Staaten ist es gerade dieser Wandel des Staates und seiner Institutionen, der einen entscheidenden Einfluss auf die Entwicklung der Leistungsfähigkeit des Staates hat. Im Wesentlichen sind es folgende Punkte, welche den Wandel osteuropäischer Staaten so anders machen: Es wird auf bereits bestehenden Staatsstrukturen aufgebaut, und historische Altlasten spielen dabei eine entscheidende Rolle.[7] Neben den formellen Strukturen wird dieser Prozess insbesondere von informellen Institutionen, Akteurskonstellationen und -verflechtungen beeinflusst (Linz/Stepan 1996, Sakwa 2000, Lane 2002). Diese Strukturen werden zu unterschiedlichen Anteilen von Eliten aus Wirtschaft und Politik in Anspruch genommen, welche ihre Autorität im Staat durchsetzen wollen. Schliesslich wird der Prozess des Wandels auch von internationalen Akteuren und Prozessen beeinflusst (wie der Europäischen Union oder dem IWF) (Grzymala-Busse et al. 2002: 531). Internationale Organisationen haben die Transformationsstaaten unter anderem zu einer Reduzierung ihrer Staatstätigkeit gebracht.[8]

Angesichts dieser Herausforderungen bestanden die Prioritäten der neuen Machthaber zunächst darin, die Stabilität des Systems zu gewährleisten und vordergründig den neuen Anforderungen an ein demokratisches und marktwirtschaftlich orientiertes System gerecht zu werden. Diesen Ambitionen stellten sich aber die alten Strukturen in den Weg, die sich langlebiger als gedacht erwiesen haben. Denn nur scheinbar wurden alte, formelle Strukturen, durch neue, demokratischere ersetzt. Es ist ein Mythos, dass sich nach dem Zusammenbruch der Sowjetunion alle wirtschaftlichen und sozialen Strukturen auflösten. Die sozialistischen Institutionen verschwanden nicht einfach, es wurde

7 Andere Autoren verweisen in diesem Zusammenhang auf die Bedeutung von *path dependency*: Lane (2002: 9, 91) argumentiert zum Beispiel, dass Menschen und Institutionen in der Gesellschaft eingebettet sind. Werte und Normen haben eine soziale Grundlage und können unabhängig von Institutionen- oder Elitenwandel weiterbestehen. Während formelle Strukturen ersetzt werden können, sind überkommene Erwartungen und Prozesse schwieriger zur erneuern.

8 Ein UNDP-Bericht aus dem Jahr 1997 zählt die negativen Auswirkungen auf, welche dieser Staatsabbau mit sich gebracht hat.

vielmehr auf ihnen aufgebaut.[9] Die informellen Strukturen unter der formellen Oberfläche, welche schon zur Zeiten der Sowjetunion bestanden hatten und oftmals viel wichtiger waren als die formellen, änderten sich dabei nicht grundlegend.

Andrej Melwil charakterisiert die neue, politische Ordnung von postkommunistischen Staaten in einem Beitrag für Schulze/Spanger (2000: 13) als „pluralistische Oligarchie korporativer Gruppen und Interessen". Seine Analyse konzentriert sich zwar auf Russland, dennoch lässt sich auch für die Ukraine als ehemaligem Bestandteil der Sowjetunion ein traditioneller Etatismus mit einem voluntaristischen Herrschaftsstil feststellen. Ebenso ist es eine Tatsache, dass auf der einen Seite Schlüsselgruppen der einst herrschenden Klasse in ihren Positionen belassen werden, auf der anderen Seite aber durch Partei- bzw. Medienverbote sowie durch Kooperationsverweigerung ein bedeutender Teil der Gesellschaft aus dem politischen Prozess ausgeschlossen wird.

Die Besonderheiten des postkommunistischen Staates manifestieren sich in der Kontinuität ihrer informellen Strukturen, in der unzureichenden Institutionalisierung der neuen Staatsstrukturen und in der Dominanz bestimmter Gesellschaftsgruppen, die unter den Begriff „Machtelite" fallen. Betrachtet man die Transformationsstaaten innerhalb eines staatstheoretischen Rahmens, müssen diese Besonderheiten ausreichend berücksichtigt werden.

9 Bunce (1999: 147) betont diese Tatsache: „It was not that socialist institutions collapsed, and new ones emerged from the rubble. It was rather that the new institutions were built by the old ones and represented a melding of new and old."

3.2 Staatstheorie und die Analyse osteuropäischer Staaten

Es gibt verschiedene Wege den Staat in Transformationsländern zu analysieren.[10] Der erste beinhaltet die Untersuchung der Fähigkeiten von Staatsinstitutionen; beispielsweise wie diese Institutionen auf politische Forderungen aus der Gesellschaft zu reagieren, diese integrieren und doch selbstständig und autonom zu bleiben (Leftwich 2000). Eine weitere institutionenzentrierte Perspektive untersucht den Wandel und die Fähigkeit von Institutionen, sich neuen Herausforderungen anzupassen (Agh 1998, Nunberg 1999, Sakwa 2000). Eine dritte Perspektive zielt darauf ab, die Unzulänglichkeiten des Staates herauszuheben, z. B. abnehmende Grundversorgung, aufgrund unzureichender Steuererhebung; oder mafiöse Tendenzen des Staates (Solnick 1998, Shleifer/Vishny 1998).[11]

Wie dieser Abschnitt zeigt, erfolgt die Analyse von osteuropäischen Staatsstrukturen fast analog zu der klassischen staatstheoretischen Betrachtung eines Staates. Einerseits kann man den Schwerpunkt auf die Interaktion zwischen Staat und Gesellschaft und auf die Auswirkungen dieser Beziehungen für die Funktionsfähigkeit des Staates und seiner Institutionen legen, andererseits den institutionellen Aspekt der Machtdurchsetzung des Staates thematisieren. Hinzu kommt eine analytische Perspektive, welche die Unzulänglichkeiten des Transformationsstaates unterstreicht und die Folgen der schwachen Strukturen des Staates, beispielsweise State Capture, thematisiert.

Formelle Strukturen, informelle Institutionen, Eliten und die Art der Partizipation der Gesellschaft sind entscheidend für die Wirkung und die Handlungsfähigkeit des Staates. Es handelt sich um Faktoren, denen eine besondere Rolle beim State Building und bei dem Erreichen von

10 Normative Bewertungen des Staates bzw. des politischen Systems in *demokratisch* und *nicht-demokratisch* werden im Abschnitt zur Transformationstheorie in diesem Kapitel behandelt.

11 Die genannten Autoren überschneiden sich teilweise mit denjenigen, welche als Beispiele für verschiedene Strömungen der State-Capacity-Analyse aufgeführt werden.

staatlicher Leistungsfähigkeit zukommt, denn ohne sie kann kein funktionsfähiger Staat garantiert werden. Je nach der Situation und dem Konsolidierungsgrad sowie der Entwicklung eines Staates haben die einzelnen Faktoren aber eine unterschiedliche Bedeutung. Im Rahmen einer State-Building-Analyse kommen diese Faktoren zur Geltung.

Die Transformationstheorie ist ein Beispiel für eine weitere Möglichkeit, den Aufbau eines Staates zu betrachten. Während sich die staatszentrierte Literatur darauf konzentriert, was der Staat und seine Aufgaben, auch unter veränderten Bedingungen, sind, steht bei der Transformationstheorie die Staatsentwicklung unter demokratietheoretischen Gesichtspunkten im Vordergrund. Die Kriterien, die auch auf Druck von aussen an den Aufbau von Transformationsländern angelegt werden, sind in der Regel mit denen an ein demokratisches, rechtsstaatliches politisches System identisch.[12]

Es wird also vorausgesetzt, dass der Aufbau eines leistungs- und funktionsfähigen Staates nur erfolgen kann, wenn sich das politische System einem Katalog von demokratischen Prinzipien unterwirft. Dazu gehören Rechtsstaatlichkeit, Transparenz oder Partizipation der Bürger. Die Prozesse, z. B. bestimmte Macht- und Vertrauensbeziehungen, die zu einer Leistungssteigerung oder auch zu einer Demokratisierung des Systems führen, werden hingegen kaum problematisiert. Beachtenswert sind postkommunistische Systeme wie die Ukraine oder Georgien, die sich formell demokratischen Prinzipien unterworfen haben, in denen es aber trotzdem zu keiner Leistungsverbesserung gekommen ist. Da der Wandel des Staates von unterschiedlichen formellen, informellen Institutionen und Akteurskonstellationen beeinflusst wird, die eine politische Steuerung gemäss formeller Zielvorgaben erschweren, wird den Ansprüchen an Rechtsstaatlichkeit, Partizipation und Transparenz nicht immer entsprochen.

12 Das institutionelle Design (Elster et al. 1998, Lijphart/Waisman 1996) und die sozialen und politischen Voraussetzungen in Form von Sozialkapital oder Vertrauen (Rothstein 2000, Mishler / Rose 2001) werden oft als Bedingungen für die Demokratisierung von mittel- und osteuropäischen Staaten genannt. Ein Überblick über Institutionalisierung und Demokratisierung ist bei Hall et al. (1998) oder Nørgaard (2000) zu finden.

In der Transformationsforschung werden die Demokratisierungsfortschritte von postkommunistischen Staaten (Elster/Offe/Preuss 1998) und der Wandel des Staates unter dem Gesichtspunkt der Demokratisierung untersucht. Der (Transformations-)Staat an sich und die Analyse von Staatlichkeit gemäss den Prämissen der Staatstheorie stehen nicht im Vordergrund, jedoch thematisiert die Transformationstheorie wie sich das politische System in mittelosteuropäischen Staaten entwickelt.[13] Ein Schwerpunkt der Analyse ist die Frage, zu was für einem politischen System der Wandel des Staates führt (Grzymala-Busse et al. 2002: 530) und wie eine Demokratie konsolidiert werden kann (Merkel 1995). Dabei wird zumeist auf eine formelle Klassifizierung der politischen Systeme in Regimetypen und in entsprechende Schemata abgezielt (Diamond 2002, Karatnycky 2002, Merkel 2003 et al.). Das State Building jener Staaten wird unter dem Demokratisierungsparadigma analysiert; insbesondere wird der Aufbau von politischen Institutionen und das Thema der Pfadabhängigkeit angesprochen. Dabei werden die Staaten Osteuropas als defekte, illiberale Demokratien klassifiziert (Merkel/Croissant 2000, Croissant 2002, Merkel et al. 2003). Diamond (2002) spricht von hybriden Regimen, wenn autoritäre mit demokratischen Elementen kombiniert werden.[14] Im Allgemeinen sind alle diese hybriden Regime pseudodemokratisch (ibid. 2002: 24), da formelle Institutionen die Bedeutung von demokratiebeschränkenden informellen Strukturen und Akteuren maskieren.

Die politikwissenschaftliche Transformationsforschung hat sich erst auf konventionelle Institutionen und Organisationen sowie auf deren Beitrag zur Konsolidierung neuer demokratischer Ordnungen konzentriert (Merkel 1994, Merkel et al. 1996, Müller 1998).[15] Sie

13 Der Zusammenhang von Staatsbildung, Nationsbildung und Demokratisierung ist vor allem von Holmes (1997), Offe (1994) und Linz/Stephan (1996) untersucht worden.

14 Noch weiter geht der Begriff der delegativen Demokratie. In einer delegativen Demokratie wird der politische Prozess vom Präsidenten und einem autoritären Regierungsstil dominiert. Vgl. O'Donnell (1994) zu den Grundsätzen des Begriffs.

15 Diese Forschungsrichtung untersucht Makrostrukturen, z. B. Wirtschaftsstrukturen und ökonomische Kennzahlen, und vernachlässigt dabei die mikrokausalen (oder auch regionalen) Prozesse (Linz / Stepan 1996, Karatnycky 2002).

unterschätzte zunächst die Andersartigkeit des Transformationsprozesses und des State Building beispielsweise die verbreiteten informellen und extra-legalen Antriebskräfte, die in postsowjetischen Staaten viel stärker ausgeprägt sind als in anderen Staaten. Neuere Ansätze versuchen diese Aspekte zu integrieren (Merkel/Croissant 2000). Die Transformationstheorie bespricht nun auch die Besonderheiten von osteuropäischen Transformationsstaaten. Thematisiert werden das Fehlen von leistungsfähigen Institutionen und die sich daraus ergebenden Folgen (Lewis 2004), und eine Strömung setzt sich verstärkt mit Elitenstrukturen und Elitenwandel auseinander (Lane 2002: 6).

Kuzio (1999: 1) wirft der Transformationsforschung Ignoranz im Hinblick auf Fragen der Staatlichkeit vor. Cirtautas (1995: 380) bemerkt, dass sich die analytische Transformationsliteratur viel zu wenig mit dem State Building als Machtdurchsetzung des Staates auseinandersetzt; auch Linz/Stepan (1996: 366) äussern sich kritisch in diese Richtung. Bunce (1999) und Cirtautas (1995) sprechen jedoch in ihren Arbeiten über Transformationsstaaten diese Probleme an.

Beide Strömungen, die Transformationstheorie und die Staatstheorie, hatten unabhängig von ihren unterschiedlichen Annahmen zunächst grosse Schwierigkeiten, die Besonderheiten von postkommunistischen Staaten in ihre Überlegungen einzubeziehen. Sie akzeptierten beispielsweise erst spät, dass die Institutionen Osteuropas anders funktionierten als die westlichen: Regeln für Politik und Gesellschaft werden viel stärker informell festlegt und kollektiv bindende Entscheidungen informell durchgesetzt.

Grzymala-Busse et al. (2002) stellen zum Verhältnis von Staatstheorie und Transformationstheorie fest, dass ein produktiver Dialog zwischen den Theoretikern beider Richtungen noch aussteht. Problematisch ist, dass eine parallele Abhandlung von Staatstheorie und Transformationstheorie ehemals sozialistischer Staaten erfolgt. Das Nebeneinander ist hauptsächlich durch die Besonderheiten der Transformationsstaaten erklärbar, die oft nur schwer zu verallgemeinern sind nicht einfach in theoretische Konzepte integriert werden können. So bestehen zwei Theoriestränge nebeneinander, die aber durch gegenseitigen Austausch viel mehr gewinnen könnten. Ein Zusammengehen beider Richtung könnte sehr fruchtbar sein. Die

Transformationstheorie kann dabei die Klassifizierung von Regimetypen, eine Analyse unter demokratietheoretischen Aspekten oder regionalspezifische Kenntnisse (die zum Beispiel die Pfadabhängigkeit von politischen und institutionellen Entwicklungen betonen) einbringen (Merkel et al. 2003).

Die Staatstheoretiker stellen mit ihren allgemeinen Aussagen zum Staat, der Analyse von Einflüssen auf den Aufbau des Staates, der Untersuchung seiner Funktionsfähigkeit und ihren Konzeptualisierungsversuchen zur Leistungsfähigkeit des Staates ein potenziell sehr wirksames Instrumentarium bereit, um die Staatlichkeit osteuropäischer Staaten zu umschreiben.[16] Die Analyse von Staatlichkeit kann aufgrund dieses Instrumentariums tiefgründiger erfolgen und ist vielversprechender als die Analyse im Rahmen der Transformationstheorie (Grzymala-Busse et al. 2002).[17] Jedoch müssen auch einige staatstheoretische Aussagen korrigiert werden. Eine fundamentale Fehlannahme der Staatstheoretiker war zunächst, die Rahmenbedingungen von Transformationsstaaten auf die gleiche Stufe zu stellen wie jene von „westlichen" Staaten. Viele der bestehenden Staatstheorien gingen von der westeuropäischen Erfahrung aus, deren Annahmen sich auf andere Zusammenhänge nur schwer übertragen lassen.

In der Staatstheorie kommt überdies der Einfluss von Elitenstrukturen und von Informalität auf den Wandel und den Aufbau der Funktionsfähigkeit eines Staates zu kurz. Um in diesem Rahmen Staatlichkeit allgemein und die Staatlichkeit der Transformationsstaaten Osteuropas im Besonderen zu behandeln, müssen einige Bedingungen

16 Der konsequente Bezug auf institutionelle Arrangements, die auf der Mesoebene zwischen der Makroebene der sozioökonomischen Strukturen und der Mikroebene der Akteure (O'Donnell 1994: 59) angesiedelt sind, vermag zwar nicht den Gegensatz zwischen den beiden sozialwissenschaftlichen Paradigmen Struktur und Handlung aufzuheben, er könnte aber einen Beitrag zur Überwindung der Schwächen von makro- und mikrofundierten Theorien leisten (Merkel 1996).

17 Obwohl sich in der politikwissenschaftlichen Transformationsforschung in den letzten 15 Jahren zunehmend die Einsicht durchgesetzt hat, dass den politisch-institutionellen Arrangements eine sehr wichtige Bedeutung zukommt – allerdings immer in Bezug auf die Konsolidierungschancen von jungen Demokratien und nicht explizit in Bezug auf den Staatsaufbau.

und Annahmen korrigiert werden. Die Besonderheiten dieser Staatengruppe müssen in einem analytischen Modell berücksichtigt werden, wenn ihre Leistungsfähigkeit anhand staatstheoretischer Konzepte untersucht wird.

Im Kontrast zu früheren westeuropäischen Staaten fusst die Staatsbildung in Transformationsstaaten auf bereits bestehenden Staatsstrukturen, die aber nicht perfekt und in der Realität nicht allumfassend waren. Es handelt sich bei dieser Staatengruppe auch nicht um schon konsolidierte Staaten wie oft angenommen wurde.[18] Eine weitverbreitete Annahme von Staatstheoretikern war schon zu Zeiten der Sowjetunion, dass diese Staaten über hinreichend Staatsstrukturen verfügten (vgl. Huntington 1968). Diese etablierte Sichtweise des kommunistischen Staates als allmächtig führte nach seinem Zusammenbruch zu Forderungen nach einem minimalistischen Staat mit geringeren sozialen Einflüssen. Dabei wurde übersehen, dass mit der Entmachtung der Kommunistischen Partei und dem Zusammenbruch des Parteistaats die alles verbindende Struktur weggebrochen war. Der Schwerpunkt verschob sich vom State-Building auf ein *state-dismantling* (Shleifer/Vishny 1998, Holmes 1996), obwohl sich die Staatsstrukturen bereits in Auflösung befanden.

In der ersten Phase der Transformation des kommunistischen Systems gingen in- und ausländische Entscheidungsträger (und Staatstheoretiker) davon aus, dass man die Gesellschaft von allen Leistungen des Staates befreien und die Rolle des Staates und seiner Institutionen wesentlich einschränken sollte (Przeworski 1991, Gupta et al. 2001). Die mangelhafte Institutionalisierung von Staatsstrukturen in den Nachfolgestaaten der Sowjetunion wurde im Allgemeinen übergangen. Der Staat sollte nur den rechtlichen und institutionellen Rahmen – der gar nicht mehr vorhanden war – bieten und die restlichen Aufgaben dem freien Markt überlassen. Idealbild war ein minimaler Staat mit minimalem institutionellem Ballast, der die Grundlagen für den zukünftigen Erfolg

18 Hier hat die „Transformationsliteratur“ der „Staatsliteratur“ einiges voraus, da sie postkommunistische Staaten nie als konsolidiert betrachtet hat, sondern immer von einer Transformation des Staates ausgegangen ist. Zu einer ausführlichen Kritik an dem Transitionsparadigma siehe Carothers (2002).

legen sollte. Der Markt allein war aber genauso wenig fähig wie der Staat allein, Entwicklung und Leistungsfähigkeit zu garantieren. Gerade in Transformationsstaaten hätten der Staat und seine Institutionen weit mehr als die Rolle des Nachtwächters einnehmen müssen (Weiss 1998).

Aufgrund der offensichtlich mangelhaften Institutionalisierung des Staates wäre eine neue Betrachtungsweise und eine Stärkung der Institutionen des Staates nötig gewesen. Die Staatstheoretiker haben die Auswirkungen des Wegfalls der alles verbindenden Struktur der Kommunistischen Partei unterschätzt und den fundamentalen Wandel der Staatsstrukturen postkommunistischer Staaten vernachlässigt – und somit die Auswirkungen dieses Wandels falsch eingeschätzt. Der Wandel des Staates ging überdies wesentlich schneller und dynamischer vonstatten als zunächst angenommen, war jedoch nicht evolutionär, sondern instabil und oft von Rückschritten begleitet; er konnte auch in eine komplett entgegengesetzte Richtung gehen (z. B. in Kirgisien, Belarus und seit dem Amtsantritt von Präsident Vladimir Putin auch in Russland).

Der Staat wird in der Staatsliteratur in der Regel danach bewertet, zu welchem Grad er fähig ist, Entscheidungen selbständig und autonom, d. h. ohne grössere Einflussnahme der Gesellschaft, zu treffen (Evans 1995 et al.). Die Staatstheorie zieht eine klare analytische Grenze zwischen dem Staat und der Gesellschaft.[19] Der Staat wird in der einschlägigen Literatur als geschlossener Akteur betrachtet und der gesellschaftliche Aspekt der osteuropäischen Realität zu wenig beachtet – die strikte analytische Trennung von Staat und Gesellschaft wird der postkommunistischen Situation aber überhaupt nicht gerecht.

Einerseits zielte der kommunistische Staatsaufbau darauf ab, einen Staatsapparat aufzubauen, der klar von der Gesellschaft getrennt und ihr übergeordnet war, andererseits war das Konzept des sozialistischen Staates darauf ausgelegt, die Trennung zwischen Staat und Gesellschaft mittels der Kommunistischen Partei aufzuheben. In der Sowjetunion gab es somit keine effektive Grenze zwischen Staat und Gesellschaft, dies gilt auch für die Nachfolgestaaten der Sowjetunion (Ekiert 1996). Es ist

19 Das *embedded autonomy* Konzept von Evans (1992) oder der *state-in-society approach* von Migdal (1994 f.) heben hingegen diese Trennung auf.

somit in den osteuropäischen Transformationsstaaten sehr schwierig, einen unabhängigen gesellschaftlichen Raum, bis auf den engsten persönlichen Rahmen, zu organisieren. Ob und wie eine Gesellschaft in autonomen Einheiten organisiert ist, hat Auswirkungen auf die Entwicklung der Staatsstrukturen und auf die Kontrolle der Gesellschaft durch den Staat – gelingt es, autonome Einheiten zu organisieren und ihnen politische Geltungskraft zu verschaffen, so ist auch ein Wandel des Staates möglich.

Schliesslich gibt es noch das Problem, dass formale Aspekte wie die Rolle des Parlaments oder der Verwaltung in der Staatsliteratur generell überbetont werden. Die bestehende Literatur setzt sich zwar auch mit informellen Strukturen bzw. Prozessen auseinander, aber der Schwerpunkt liegt auf die formellen Arrangements und Ergebnissen. Die Informalität einer grossen Zahl von Interaktionen wird bei vielen Staatstheoretikern ausgeblendet. Ohne dass informelle Aspekte berücksichtigt werden, bleibt eine Analyse der Realität von Transformationsstaaten aber unzureichend und einseitig.[20]

Viel mehr als die Konzeption von neuen formellen Strukturen charakterisiert den Wandel in postkommunistischen Staaten die Umverteilung von formell zu informell. Diese Staaten haben ganze Bündel von informellen Strukturen und Praktiken „geerbt“, welche von allen Akteuren der Gesellschaft – vom Unternehmer bis zum Normalbürger – in Anspruch genommen werden. Gerade die Schnelligkeit des formellen Wandels und die Dynamik des Prozesses haben zur Folge, dass die Akteure auf bestehende informelle Strukturen zurückgreifen. Bestimmte Akteursgruppen machen überdies von diesen Strukturen Gebrauch, um politische und wirtschaftliche Macht zu erlangen. Sie fallen generell unter den Oberbegriff „Eliten“. Ihrer Zusammensetzung und Rolle widmete die Staatstheorie noch nicht die nötige Aufmerksamkeit.

20 Vgl. für Russland Sakwa (2000) und Schulze/Spanger (2000) und für die Ukraine Kuzio et al. (1999), Dyczok (2000) oder Simon (2002). Eine „Ausnahme“ stellt Stoner-Weiss (2002) dar, welche sich explizit auf informelle Strukturen konzentriert.

Zusammenfassend kann man feststellen, dass die staatstheoretische Literatur anfangs die Besonderheiten der postkommunistischen Staatsstrukturen wie die mangelnde Institutionalisierung, das ambivalente Verhältnis von Staat und Gesellschaft oder die personalisierten Macht- und Vertrauensstrukturen nicht ausreichend zur Kenntnis nahm; obwohl zu einzelnen Aspekten durchaus Studien vorhanden sind und die Eigenarten dieser Staatengruppe im Rahmen des State-Building-Ansatzes auch angesprochen worden sind. Wenn auch viele Schritte zu einer Adaption dieser Konzepte gemacht worden sind, gibt es immer noch konzeptionelle Mängel.

Diese Unzulänglichkeiten sind auch in den Ansätzen der Staatstheorie zur Leistungsfähigkeit des Staates auszumachen. Entsprechende Konzepte haben viele der obigen allgemeinen staatstheoretischen Annahmen in ihre Konzepte integriert, aber wenn jene auf Transformationsstaaten angewendet werden sollen, dann müssen sie an die besonderen Bedingungen dieser Staaten angepasst werden. Darunter fällt insbesondere, dass die für Transformationsländer spezifischen Einflüsse auf die Leistungsfähigkeit von Staat und Gesellschaft berücksichtigt werden.

Die folgende dichte Beschreibung des Defektprofils von postkommunistischen Staaten in Kapitel 3.3 enthält die wichtigsten analytischen Kategorien, derer eine Analyse postkommunistischer Staatlichkeit bedarf. Es handelt sich dabei um die vier wichtigsten Besonderheiten, deren Ursachen und Einflüsse auf den Zustand des Staates.[21] Diese Kategorien werden in Kapitel 3.4 um einen theoretischen Bezugsrahmen ergänzt, der auf den Annahmen aus Kapitel 2.4 aufbaut.

21 Nach dem Kenntnisstand der Autorin ist so eine Aufstellung noch nicht gemacht worden.

3.3 Eigenschaften des postkommunistischen Staates

3.3.1 Probleme mit der Institutionalisierung von Strukturen und Prozessen

Der Zerfall der Sowjetunion hatte einerseits die Konzipierung von neuen Institutionen, andererseits eine „Re-Institutionalisierung" von alten Strukturen zur Folge. Diese erfolgte aber fehlerhaft. Die Konsequenz einer mangelnden Re-Institutionalisierung war die fehlende Institutionalisierung von Staatsstrukturen. Dieses Versäumnis wurde zum grössten Hindernis des Staatsaufbaus in der Ukraine, aber auch in Russland. Die mangelnde Institutionalisierung beruht darauf, dass sich die meisten bestehenden Institutionen auf die neue Situation einstellen mussten, dies aber ohne ihre grundlegende Reform geschah.[22] Reformen wären als Anpassungsleistung an den Umbruch dieser Staaten durchaus nötig gewesen. Das wurde zum grossen Teil verpasst, und als Folge ist es den Institutionen des Staates nicht gelungen, eine Führungsrolle in dem Wandlungsprozess einzunehmen und die Richtung des Wandels von Staat und Gesellschaft zu bestimmen.[23] Der Staat ist den Anforderungen, welche durch den Wandel hervorgerufen worden sind, nicht oder nur unzureichend gerecht geworden.[24] Ob der Institutionenwandel oder Staatsaufbau im Sinne eines State Building als abgeschlossen gelten kann, hängt von der jeweiligen Auffassung dieser Begriffe ab.

22 Stoner-Weiss (2002: 54) nennt Probleme, die mit der Neukonzipierung von Institutionen einhergehen.

23 Autoren wie Shevtsova (2002) verweisen auf die Durchsetzungskraft einer autoritär-bürokratischen Staatsstruktur wie sie beispielsweise in Russland seit dem Amtsantritt von Vladimir Putin im Januar 2000 besteht. Hier wird der Machtanspruch des Staates nicht nur postuliert, sondern auch durchgesetzt.

24 Diese Aussage trifft vor allem für die ersten zehn Jahre nach dem Zerfall der Sowjetunion zu. Mittlerweile gibt es einige Entwicklungen, welche eine Institutionalisierung von bestimmten Bereichen vorantreiben. Mehrheitlich findet die Institutionalisierung im Wirtschafts- und Finanzbereich statt. Ein Beispiel ist die Einführung eines einheitlichen Einkommensteuersatzes von 13% in Russland im Jahr 2001 und in der Ukraine im Jahr 2004.

Wenn man am Ende des Prozesses die Machtdurchsetzung und Autonomie des Staates im Sinne von Elitenkontrolle stellt, dann können Staaten wie die Ukraine und Russland nicht als konsolidiert gelten.

Der weite Institutionenbegriff von Migdal (2001: 215), der sich nicht nur auf den formellen Aspekt beschränkt, charakterisiert die Institutionen der osteuropäischen Staaten ganz gut: „Institutions are simply the established systems of rules within which people deal with one another". Das Hauptproblem ist, dass als Folge der mangelnden Re-Institutionalisierung ausserinstitutionelle Regeln und Prozesse das Verhalten der Akteure in den Transformationsstaaten beeinflussen. Das formelle Design der Institutionen bleibt dadurch oft nur Fassade. Kjær (2002: 4) spricht allgemein von *institutional contstraints* die zu bewältigen seien, um die Funktionsfähigkeit der Staaten zu fördern.

Einige (formelle) Regeln und Institutionen sind mit dem Zusammenbruch des alten Systems ungültig geworden; das betrifft zuerst die Kommunistische Partei der Sowjetunion und insbesondere die Strukturen, welche eng mit denjenigen der Sowjetunion verbunden waren. Institutionen wurden unter anderem überflüssig, da die Aufgabenbereiche, die sie regeln sollten weggefallen sind oder sich fundamental geändert haben. Wo alte formelle Institutionen hinfällig wurden, bildete man durchaus neue. Zum Beispiel Institutionen auf zentralstaatlicher politischer Ebene wie das Präsidentenamt, die Regierung, das Verfassungsgericht oder Institutionen im Wirtschaftsbereich. Sie haben sich bis auf Ausnahmen (z. B. das Präsidentenamt in der Ukraine) aber nicht durchgesetzt und kämpfen mit konzeptionellen Schwierigkeiten. Sie verfügen darüber hinaus nicht über genügend Durchsetzungskraft und Eigendynamik – ein gutes Beispiel ist die Vielzahl der Regierungen in der Ukraine nach der Unabhängigkeit.

Aber auch die Beziehungen der Institutionen untereinander bleiben in Transformationsländern problematisch. Das beruht zum grossen Teil darauf, dass alte und neue institutionelle Formen miteinander auskommen müssen. Es kommt dabei zu Konflikten zwischen den Akteuren, die sich über den institutionellen Rahmen nicht klar sind (Przeworski 1995: 49). In der Ukraine sind das beispielsweise die ständigen Auseinandersetzungen zwischen dem Präsidenten und dem

Parlament.[25] Hier fehlt vor allem der politische Wille zur Zusammenarbeit.

Nach aussen existieren Institutionen in vielen osteuropäischen Ländern formell, die ihnen zukommenden Aufgaben erfüllen sie aber nicht oder nur scheinbar – das betrifft zum grossen Teil Wirtschaftsbehörden, aber auch wichtige Staatsinstitutionen wie das Parlament oder das Verfassungsgericht. Problematisch ist auch, dass die Anforderungen an Institutionen mit ihren reellen Kompetenzen oft nicht zur Deckung gebracht werden können, beispielsweise bei den Institutionen auf subnationaler Ebene in der Ukraine.[26]

North (1990: 3f.) zeigt, dass einige Gesellschaften Institutionen aufbauen, welche die gesamtgesellschaftliche Wohlfahrt fördern; andere Gesellschaften versäumen dies oder schlagen eine entgegengesetzte Richtung ein. Ein möglicher Grund sind Verlaufs- oder Pfadabhängigkeiten. Einmal eingeschlagene, unproduktive Entwicklungspfade werden weiterverfolgt. Obwohl North strukturelle Bruchsituationen vernachlässigt, kann man seine Aussagen durchaus auf Transformationsländer beziehen. Institutionen in Transformationsländern sind demzufolge ein Beispiel für verpasste Möglichkeiten, Wohlfahrt zu fördern. Sie sind nicht besonders stabil und schaffen es nicht, gesamtgesellschaftlichen Konsens zu erzeugen.[27]

Unfähige Institutionen stellen letztendlich die Existenz des Staates, auch des Transformationsstaates, in Frage. Insbesondere, wenn sie sich wie in den postkommunistischen Staaten aus vielen Bereichen und explizit aus dem sozialen Bereich des gesellschaftlichen Lebens

25 In Russland besteht dieses Problem durch die verstärkte Zentralisierung und die autoritäre Machtdurchsetzung des Präsidenten Putin vordergründig nicht mehr, da den Handlungsrahmen nun der Präsident vorgibt.

26 Diese Arbeit geht am Beispiel der subnationalen Körperschaften und Kompetenzen in der Ukraine näher auf dieses Thema ein (Kapitel 5.3).

27 Die eingeschränkte Rolle und Effizienz dieser Institutionen wirft die Frage nach den Gründen für ihr Versagen auf. Möglich ist, dass Transformationsstaaten es nicht schaffen, sich an strukturelle Änderungen anzupassen und so der jeweiligen Situation nicht gerecht werden. Der Machtanspruch des Staates wird nicht nur durch die Neuausrichtung von Institutionen in Frage gestellt, sondern auch durch eine veränderte Aufgabenstellung an den Staat.

zurückgezogen haben und wenn Institutionen die Einflussnahme und die Partizipation der Zivilgesellschaft erschweren. Die Schwäche der offiziellen Institutionen hat Brie (1996: 13f.) als eine der folgenreichsten Hinterlassenschaften des Sozialismus gekennzeichnet. Sie erschwert die Konsolidierung der neuen politischen und wirtschaftlichen Ordnung, da viele etablierten informellen Interaktionsregeln gültig bleiben. Die Schwäche formeller Institutionen ist zudem ein Einfallstor für informelle Strukturen.

3.3.2 Die negative Auswirkung von Informalität

Sicherheit kann man in einem System, das durch mangelnde formelle Institutionalisierung gekennzeichnet ist, nur durch informelle und extralegale Mechanismen erreichen.[28] Informelle Lösungen und Netzwerke werden durch einen schwachen Staat geradezu herausgefordert. Interessen werden daher im Rahmen von interpersonellen und interorganisatorischen Netzwerken oder durch exklusive Gewaltmonopole durchgesetzt.

Sowjetische Beamte haben sich auf klientelistische und informelle Strukturen verlassen, um ihre Interessen in einem unsicheren Umfeld durchzusetzen. Unter anderem ist dies auf die Tradition einer starken zentralstaatlichen, hierarchisch strukturierten Führung zurückzuführen, die stets unter Zuhilfenahme von mächtigen regionalen „Fürsten" regiert hat. Diese informellen Strukturen hatten meist die Form von informellen Netzwerken und haben die Art der Regierungsführung und des Regimes entscheidend beeinflusst (Willerton 1992: 9).[29]

28 North weist in diesem Zusammenhang ebenfalls auf die Relevanz von informellen Strukturen hin (1990: 40).

29 Willerton (1992: 1) stellte zu Anfang der 90er Jahre fest: „The policy making implications of these ties and networks have remained essentially unexplored." Mittlerweile existieren einige Studien zu dem Thema, z. B. von Stoner-Weiss (1999, 2002); Merkel et al. (2000) besprechen den Zusammenhang zwischen informellen Strukturen und demokratischem Regime und geben Hinweise auf den Einfluss von Informalität auf das politische Regime. Generell gilt, dass genügend Forschungsbedarf zum Einfluss informeller Strukturen auf die Verfasstheit eines

Diese informellen Netzwerke haben den Zerfall der Sowjetunion zum grossen Teil unbeschadet überstanden und sind auch ein Kennzeichen des postkommunistischen Systems.[30] Sie operieren in unterschiedlichen politischen und wirtschaftlichen Bereichen und überlappen sich teilweise. Sie sind multidimensional und integrieren Akteure mit differenzierenden Loyalitätsverpflichtungen. Informelle Netzwerke entfalten ihre Wirkungskraft vor allem dann, wenn es zu einem Wandel von Einflussstrukturen kommt, zum Beispiel, wenn die Grenze von öffentlich und privat verschoben wird. Sie bergen aber auch das Risiko, dass sie auf die falschen Personen setzen und damit unnütz werden.[31] Knoke (1990) unterscheidet *influence networks* von *domination networks*. Der erste Typ ist durch die relative Gleichheit der Mitglieder gekennzeichnet, der zweite durch die Dominanz von einzelnen Mitgliedern. In der Sowjetunion gab es beide Arten dieser Netzwerkstrukturen – sowohl auf zentralstaatlicher als auch auf regionaler Ebene. Auch in den Nachfolgestaaten der Sowjetunion sind beide Typen zu beobachten.[32] Hayoz (2003) et al. bemerken, dass die personalisierten Machtnetzwerke in den postkommunistischen Staaten dominieren, da Vertrauen nicht in formellen Strukturen institutionalisiert ist.

Die tatsächliche Zuteilung und Verteilung von Macht in Staaten wie der Ukraine erfolgt in einem nicht transparenten, unkontrollierbaren korporativen System. Einzelne Gruppeninteressen und die daraus folgende Abschöpfung von Renten sind ein Pfeiler der Politik (Simon

Staates sowie zur Instrumentalisierung informeller politischer Strukturen durch Eliten besteht.

30 Dabei muss man zwischen (Vertrauens-)Netzwerken innerhalb des politischen Systems und Vertrauensbeziehungen zwischen dem staatlichen und dem gesellschaftlichen System unterscheiden. Die letzteren generieren im Idealfall *public trust*.

31 Easter (2000: 173) beobachtet in diesem Kontext die Wandlungsfähigkeit von informellen Strukturen im sowjetischen Russland der 20er Jahre: „Rather, the Soviet Russian case was an early model of a process in which personalistic pattern of political authority and organization were adapted to new formal-legalistic structures […]".

32 Unterschiedliche Netzwerkstrukturen identifiziert auch Solioz (2004) am Beispiel der informellen Strukturen auf dem Balkan.

2002: 23). Patronage, Klientelismus und informelle Regelungen sind wichtige politische Instrumente.[33] Insbesondere die Korruption ist in postkommunistischen Staaten weit verbreitet. Kuzio et al. (1999: 297) zeigen am Beispiel der Ukraine, dass hohe Korruption eine weitere Schwächung des Staates zur Folge hat. Sie behindert den institutionellen Aufbau und hat einen negativen Einfluss auf das Verhältnis zwischen Staat und Gesellschaft

Patronage verbindet im Allgemeinen unterschiedliche Interessen miteinander. Dabei kann politische Patronage als ein informelles, asymmetrisches aber interdependentes Netzwerk von persönlichen politischen Beziehungen verstanden werden. Dieser informelle Mechanismus sichert politische Positionen und minimiert Unsicherheit durch Koalitionsbildung und Abhängigkeitsbeziehungen. Es handelt sich um eine Art von Klientelismus, welcher zur Verbindung von nationalen und regionalen bzw. lokalen Eliten beitragen kann. In der Sowjetunion war die starke Zentralregierung, im Gegensatz zu den Regierungen ihrer Nachfolgestaaten, zum grossen Teil in der Lage, lokale und regionale Patronage-Netzwerke zu kontrollieren und als ein Instrument für den Machterhalt einzusetzen (Willerton 1992: 7f). Klientelismus und die entsprechende Vergabe von Ämtern ist auch ein gängiges Mittel von Politik in der Ukraine und auf zentralstaatlicher Ebene in der Regel unter Kontrolle des Präsidenten.[34]

Die herausragende Rolle von informellen Institutionen in Transformationsländern zeigt sich nach Brie (1996: 13f.) dadurch, dass der Unterschied zwischen legitimen und illegitimen Verhaltensweisen und Interaktionsmustern teilweise aufgehoben ist. Der Autor schlägt zu Recht vor, diese Gesellschaften als Laboratorium zu verstehen, da die politischen und gesellschaftlichen Akteure aufgrund institutioneller Unsicherheiten gezwungen sind, mit wechselnden Kombinationen aus

33 Patronage wird oft als eine Form von Korruption bezeichnet, welche den Bedürfnissen von Individuen entgegenkommt, während es den allgemeinen Governance-Prozess behindert. Willerton (1992: 8) zeigt aber auch, dass diese Beziehungen nicht nur den involvierten Akteuren zugute kommen, sondern den ganzen politischen Prozess effizienter machen können.

34 Beispiele siehe in Freedom House (ed.) (2004a: 9f.).

alten, neuen, formellen, informellen, kompatiblen und inkompatiblen Interaktionsformen zu experimentieren.

Die Konzeption der informellen Institutionen und Beziehungen hat nicht nur Konsequenzen für die Privatisierung und die Zuteilung von Wirtschaftsgütern, sondern auch auf viele andere Politikbereiche, in denen (Macht-)Ressourcen verteilt werden. Brie (1996: 19f.) geht davon aus, dass in Transformationsstaaten informelle Strukturen durchaus nützlich sind und die Transaktionskosten informeller institutioneller Arrangements grundsätzlich niedriger sind als die der meist unzuverlässigen und ineffektiven formell-legalen Institutionen.[35] Easter (2000: 172) zeigt in seiner Untersuchung zu Netzwerkstrukturen, dass die Struktur dieser informellen Verbindungen und die Art wie mit formellen Regeln interagiert wird die Leistungsfähigkeit des Staates beeinflusst.

Hilfreich ist in diesem Fall das sowjetische Beispiel. Nachdem formelle Regeln in der Anfangsphase der Sowjetunion ausser Kraft gesetzt worden waren, waren es einzig die informellen Strukturen, welche noch Bestand hatten und auf die Verlass war. Stark et al. (1989) und Easter (2000) weisen auf die staatsbildende Rolle von persönlichen, informellen Beziehungen der kommunistischen Nomenklatura hin. Bei einer nach aussen gerichteten Struktur der informellen Beziehungen wurde die Funktionsfähigkeit des Staates gestärkt. Wenn diese Beziehungen nach innen gerichtet, d. h. nicht öffentlich und versteckt, waren, dann hatte dies die Schwächung von Staatsstrukturen zur Folge.[36] Somit müssten die nach innen gerichteten Netzwerkstrukturen der Ukraine eine negative gesamtgesellschaftliche Auswirkungen haben.

Johannsen/Nørgaard (2001: 3) stellen den Konflikt zwischen formell und informell im osteuropäischen Kontext als Konflikt zwischen neuen und alten Institutionen dar. Alte Institutionen umfassen Werte und Normen, neue Institutionen formale Arrangements, etwa Gesetze und

35 Auch Hayoz (2003) et al. verweisen darauf, dass diese Strukturen Reformen voranbringen können.

36 Die Art der informellen Beziehung wird von der organisatorischen Reichweite der Netzwerkbeziehungen und der Position von Schlüsselmitgliedern bestimmt (Kirkow 1995).

rechtliche Bestimmungen. Dabei müssen die alten Institutionen nicht nur negative Folgen haben. Zu beachten ist bei diesem Denkansatz allerdings, dass alte Institutionen auch auf formeller Ebene weiterbestehen, und neue Institutionen sich von formell zu informell gewandelt haben. So kann es auch passieren, dass neue formelle Arrangements durch neue informelle Arrangements ausgehebelt werden.

Für Aussenstehende ist es nicht einfach, das Funktionieren dieser Systeme nachzuvollziehen und ihren Aufbau zu durchschauen. Die Schwäche formeller Regeln erschwert die systemische Einordnung und die Bewertung systemischer Funktionsfähigkeit. Way (2002: 581f.) geht sogar so weit, darauf hinzuweisen, dass man den Einfluss formeller Regeln nur abschätzen kann, wenn die völlige Bandbreite informeller Praktiken bekannt ist. Unter informellen Bedingungen dominieren aber in der Regel Akteure, die sich primär auf interpersonelle Netzwerke, informelle institutionelle Arrangements und extralegale Ressourcen stützen. Dass sie eine staatsbildende und tragende Rolle spielen ist unbestritten, daher ist es im Weiteren sinnvoll, diese Akteure näher zu betrachten.

3.3.3 Eigennütziges Handeln der Eliten

Eliten bestimmen die nachsozialistische Ordnung in osteuropäischen Transformationsstaaten.[37] Frühere Funktionäre konnten im Rahmen einer „Nomenklatura-Demokratisierung“ (Birch 1997: 43) in post-kommunistischen Staaten nicht nur ihre politische Macht behalten, sondern diese auch in ökonomische Macht umwandeln.[38] Die Umverteilung von Machtressourcen während der Umbruchsphase hat sich stark auf die gegenwärtigen Machteliten ausgewirkt. Auch Easter (1997:

37 Sakwa (2000: 198) beschreibt die Degeneration der sowjetischen Eliten, die im Endeffekt den Systemzusammenbruch zu verantworten hatten.

38 In den Anfangsjahren der Sowjetunion wurde für Amtslisten, zu denen die Zustimmung des jeweiligen Parteikomitees nötig war, der Begriff Nomenklatura eingeführt. Bald darauf wurde dieser Begriff als Synonym für die politische Elite verwendet (Volensky 1987: 20–21).

184f.) vertritt die Ansicht, dass es im Wesentlichen die Struktur der alten politischen Eliten war, welche das institutionelle Design nach der systemischen Wende bestimmt hat. Die Ukraine (aber auch Russland oder Belarus) gehören nach Easter zu den Ländern mit „reformierten politischen Eliten“, die aus dem Systemzusammenbruch intakt hervorgegangen sind. In diesem Ländern haben nur geringe innere Spaltungen stattgefunden, und nur ein kleiner Teil der Eliten wurde aus den Machtpositionen entfernt.[39]

Die Grundlage dieses Systems bildet ein informelles Bündnis aus alter sowjetischer Nomenklatura, neuer herrschender Eigentümerklasse – mit den Grossunternehmern des Finanz- und Rohstoffsektors an der Spitze – und regionaler Eliten. Studien sprechen von 40% der ukrainischen Elite, welche ihren Ursprung in der Nomenklatura hat – verglichen zu 75% in Russland (Boyko 1997). Diese Elite bildet einen politisch-wirtschaftlichen Komplex, der die wichtigsten Staatsstrukturen fest im Griff hat. Die Dynamik und Schnelligkeit des Wandlungsprozesses begünstigt diese Entwicklung. Eliten haben kein Interesse daran, ihre Energien in neue Strukturen zu investieren, sondern bauen eher auf bestehenden Strukturen auf und versuchen allenfalls neue Strukturen zu integrieren und so alt mit neu zu kombinieren (vgl. Grzymala-Busse et al. 2002: 535).

Diese Kombination aus sowjetischen Nomenklatura- und Wirtschaftseliten hat den Staat faktisch privatisiert. Es handelt sich um ein wirtschaftlich-politisches Machtsystem, das aus mehreren, voneinander relativ unabhängigen Bestandteilen existiert, die sich darüber hinaus meist gegenseitig misstrauen oder bekämpfen (und dann als fragmentierte Elitenstrukturen bezeichnet werden). Seilschaften und Kartelle treten aktiv hervor und greifen unmittelbar in die Politik ein, indem sie Interessenvertreter delegieren oder selbst tätig werden. Die einflussreichsten Netzwerke bestehen oft aus oligarchischen Gruppen,

39 Kryshtanovskaya/White (1998) fanden für Russland heraus, dass unter El’tsin nur 10 Prozent der politischen Elite neu in die politische Machtgruppe aufgenommen worden war. 90 Prozent der Elite hatte noch vor dem Zusammenbruch der Sowjetunion 1991 durchschnittlich 11,4 Jahre in Nomenklaturakreisen verbracht.

und ihre wichtigsten Vertreter werden „Oligarchen" genannt.[40] Evans (1995: 35) weist auf die Fruchtbarkeit dieser Elitenverflechtung hin. Sowohl Wirtschafts- als auch Staatseliten sind an einer Transformation interessiert, jedoch kann diese keine von ihnen im Alleingang durchsetzen. Daher ist eine Verflechtung der Eliten unumgänglich, um Handlungsfähigkeit zu erreichen. Stoner-Weiss (2002: 27) argumentiert, dass Elitenkoalitionen in der ersten Transformationsphase „higher levels of institutional performance" zur Folge haben, sich aber langfristig negativ auswirken. Hoffmann (1998: 92) geht noch weiter und thematisiert die Auseinandersetzungen zwischen Eliten und die negativen Auswirkungen dieser Konflikte auf den Staat: „The only thing keeping the most powerful clans from replacing the state is their intense and sometimes violent competition with one another. As a result of this competition, the state is being inflitrated, manipulated, and enervated."

Diese Herrschaftsstruktur ist politisch weder kontrolliert noch legitimiert. Sie ist informell und nutzt die mangelnde gesellschaftlich-politische Kontrolle zu ihren Gunsten aus. Die oligarchische Struktur der Machtbeziehungen stützt sich nicht selten auf kriminelle Netze und Korruption und stellt sich grundlegenden ökonomischen und politischen Reformen in den Weg. Das eng verflochtene Netzwerk aus privaten und öffentlichen Interessen verfügt über genügend Macht, um die Autonomie des Staates zu hinterfragen. Manche Autoren gehen so weit und führen die Existenz politischer Institutionen nur darauf zurück, dass sie als Mittel der formalen Legitimierung von partikularen, in der Regel ökonomischen, Interessen dienen.

Die Schlüsselgruppen des alten herrschenden Systems, die in der Regel nach ideologischen Gesichtspunkten und nicht wegen ihres Fachwissens und ihrer Leistungen ausgewählt wurden, nehmen weiterhin politische und wirtschaftliche Führungspositionen ein. Die Repräsentanten des alten Systems sind heute legitime Vertreter des neuen politischen Systems und wichtige Träger der neuen Macht. Man

40 Der Begriff drückt die Vermischung von politischer und wirtschaftlicher Elite aus. Er bezeichnet überdies das System informeller Beziehungen zwischen der politischen Exekutive und den Vorsitzenden oder den wichtigen Mitgliedern von Wirtschaftskartellen.

findet sie wieder als Regierungsmitglieder, Führungsfiguren von Parteien und in der Staatsverwaltung (Kuzio et al. 1999).[41] Politische Eliten, Staatsverwaltung und Wirtschaftsakteure sind aufeinander angewiesen, da in dem staatlich angebundenen Wirtschaftssystem erfolgreiche Aktivitäten ohne den Schutz des Staates und ohne informelle Regelungen nicht möglich sind. Hier kann Patronage auch positiv wirken (Kuzio 1998). Alte Kader aus der Partei- und Wirtschaftsführung haben sich in osteuropäischen Transformationsstaaten aber auch mit neu aufgestiegenen Machtstrategen, zum Beispiel aus dem Wirtschaftsbereich, verbündet – diese Tatsache traf besonders auf Russland unter El'tsin zu; dieser informelle Pakt wurde jedoch mit dem Amtsantritt von Präsident Putin von diesem einseitig aufgelöst.

Akteure, welche ihr Netzwerkkapital am besten umgesetzt haben, haben die Oberhand im postkommunistischen Staat gewonnen. Die nur partiell erneuerte herrschende Klasse sichert sich dadurch politische Macht und privates Eigentum. Die Bedürfnisse der herrschenden Eliten richten sich generell auf den Zugang zur Staatsmacht, die Verteidigung künstlicher Monopole und die Abschöpfung von Subventionen. Vor allem in Russland wurde diese Elite unter dem Deckmantel der Massenprivatisierung zum Nutzniesser der Überführung von Staats- in Privateigentum (Shevtsova 2002, Brown 2001). Eine Gegenelite im Sinne einer gesellschaftlich verankerten Elite konnte sich in Russland nicht und in der Ukraine unter Kučma nur teilweise etablieren.

Neben dem Netzwerkkapital ist das Finanzkapital das ausschlaggebendste Machtinstrument. Die Durchsetzung von individuellen (und Gruppen-)Interessen hängt ganz entscheidend von diesem Einfluss ab. Entweder ist eine Eingriffsmöglichkeit auf die Ressourcen des Staates sicherzustellen oder es muss ein Zugang zu politischen Entscheidungsträgern geschaffen werden, um ein kooperatives (und finanzgünstiges) Verhalten der Verwaltung zu garantieren. Die einfachste Lösung ist, selbst über politische Entscheidungsprozesse mitzubestimmen. Sie ist in der Ukraine verbreitet, und Unternehmer übernehmen Mandate im Parlament (ausführlicher in Kapitel 4.3.4). Abhängigkeiten und Interdepen-

41 Kuzio (1999: 12) verweist zusätzlich auf das Abhängigkeitsverhältnis zwischen den politischen Eliten und der Staatsverwaltung.

denzen auf persönlichen Machtebenen führen zu personalisierten Kommunikationsstrukturen und geben den Ausschlag bei der Mobilisierung von Ressourcen oder bei Auseinandersetzungen darüber, wer das Recht und die Fähigkeit hat, über die Regeln der Gesellschaft zu bestimmen. Die Eliten sind letztendlich nur daran interessiert, ihre Macht zu behalten, Regierungsleistungen für sich zu beanspruchen und diese zu kontrollieren. Das setzt natürlich voraus, dass die Regierung bzw. der Staat der Hauptdienstleister bleibt.

In diesem Handlungsrahmen haben es andere gesellschaftliche Akteure schwer, Einfluss zu realisieren und ihre Interessen zu artikulieren. So bleibt auch die Rolle des Bürgers gering, und der Einfluss von zivilgesellschaftlichen Organisationen auf das politische Tagesgeschäft kann vernachlässigt werden.

3.3.4 Mangelnde Kontrolle des Staates durch die Gesellschaft

Neben der unzureichenden Institutionalisierung und der daraus resultierenden Informalität machen den osteuropäischen Staaten die Beziehungen zwischen dem Staat und der Gesellschaft zu schaffen. Staat und Gesellschaft sind in Transformationsstaaten auf der Ebene der Machtelite hochgradig miteinander verflochten. Dies betrifft in erster Linie die Beziehung zwischen dem Staat und der Nomenklatura bzw. zwischen dem Staat und den Eliten. Diese extreme Verflechtung drückt sich durch personalisierte Kommunikations-, Macht-, und Vertrauensstrukturen aus und schränkt die Handlungsfähigkeit des Staates wesentlich ein. Die Nomenklatura-Macht ist ein Erbe des sowjetischen Systems; aber auch der Wegfall der allumfassenden Strukturen der Kommunistischen Partei hat zu einer verstärkten informellen Verflechtung der Machtelite geführt. Die fehlende gesamtstaatliche Steuerung bewirkt, dass vereinzelte gesellschaftliche Akteure, z. B. Wirtschaftsgruppen, erhebliche Macht über andere Teilsysteme des Staates gewonnen haben. Die Beziehungen zwischen dem Staat und der Gesellschaft sind hochgradig polarisiert – vereinfacht dargestellt stehen sich die Machtelite und der Rest der Gesellschaft in zwei Lagern gegenüber.

Damit sind die Beziehungen des Staates zu anderen sozialen Akteuren, hauptsächlich zu den Bürgern und zu zivilgesellschaftlichen Organisationen, hoch problematisch. Oft entsteht der Eindruck, dass diese nicht in den Staat eingebunden sind und dass das Verhältnis keine gemeinsame Basis hat (Dolženkov 2002, Sahm 2001). Diese Beobachtung ist interessant, denn auch in den Transformationsländern definiert sich der Staat über sein Verhältnis zu anderen sozialen Systemen.[42] Die Position des Staates zur Gesellschaft und der Charakter der gegenseitigen Beziehungen sind besonders wichtig für das Selbstverständnis des Staates und für das State Building (Åberg 2000, Kubicek 1999/2002, Pirie 1996).

Wie in allen postkommunistischen Staaten übt das zerfallene sowjetische System immer noch einen grossen Einfluss aus (Kappeler 1994). Der Graben zwischen dem Staat und der Gesellschaft, der schon zu Zeiten der Sowjetunion bestanden hat, ist durch die politischen Entwicklungen der letzten Jahre nicht kleiner geworden. Wirtschaftsabschwung, weitverbreitete Korruption, nicht ausgezahlte Löhne oder Sozialleistungen haben beispielsweise in der Ukraine unter Kučma dazu beigetragen, dass die Gesellschaft in Gestalt der einzelnen Bürger nichts mit dem Staat zu tun haben möchte und nur ein äusserst geringes Vertrauen in seine Strukturen hat.[43] Der Rückzug des Staates aus vielen sozialen Bereichen der Gesellschaft hat zur Folge, dass Teile davon aus dem Staatssystem herausfallen.[44] Der Staat weist als Folge eine beträchtliche Distanz zu den realen Bedürfnissen der Gesellschaft auf, und die Gesellschaft reagiert mit wenig Vertrauen zum Staat. Eine Annäherung dieser beiden Bereiche hat bisher nur unzureichend stattgefunden.

42 Die klassische Staatswerdung ist nur im Zusammenspiel mit der Gesellschaft möglich. Der Staat ist allgemein das Ergebnis eines Ablösungsprozesses von der Gesellschaft, welcher durch Ausdifferenzierung und Institutionalisierung gekennzeichnet ist (Badie/Birnbaum 1983: 44).

43 Vertrauens-Ratings sind in Wolchik (2000: 207) zu finden; bzw. in Kapitel 4.3.5.

44 Zu den sozialen Auswirkungen des Transformationsprozesses äussert sich recht plastisch Cox (2003: 234f.).

Howard (2002: 161f.) stellt fest, dass der Durchschnittsbürger eines postkommunistischen Staates signifikant geringere Mitglieds- und Partizipationsquoten als der Durchschnittsbürger eines anderen, demokratischen Staates aufweist. Die niedrigen Organisationsgrade erklärt Howard mit dem Erbe des Postkommunismus. Das mangelnde Vertrauen der Bevölkerung in Organisationen des Staates, eigentlich eine Eigenschaft des kommunistischen Systems, besteht noch heute. Persönliche Netzwerke im Freundes- und Bekanntenkreis sind viel wichtiger als politische und ökonomische Verbindungen. Das gesellschaftliche Subsystem wird in der Regel durch soziale und nicht politische Netzwerke charakterisiert.[45] Eine Zivilgesellschaft im westlichen Sinne besteht nicht.

Gesellschaftliche Interessen sind wenig ausdifferenziert und werden in postkommunistischen Staaten selten durch institutionalisierte Interessenvertretung artikuliert. Die Gesellschaft ist im Allgemeinen noch nicht ausreichend organisiert, um ihre Interessen so zur Sprache zu bringen, dass sie auch politisch berücksichtigt werden (vgl. Sakwa 2000, d'Anieri 1999). Die Ukraine stellt hier eine Ausnahme dar, da es in diesem Land zu regelmässigen Protestäusserungen der Bevölkerung kommt, was als Ausdifferenzierung der Interessen der Gesellschaft interpretiert werden kann. Allerdings stossen diese Proteste unter dem Präsidenten Kučma auf wenig Resonanz und ändern nichts an dem gespannten Verhältnis zum Staat bzw. verschlechtern es noch zusätzlich.[46]

Die Schwäche der Zivilgesellschaft – oder der Mangel an Sozialkapital – in Transformationsstaaten sind ein Ausdruck dieses qualitativ

45 Zu dem Charakter von postsowjetischen sozialen Netzwerken siehe die interessante Studie von Gibson (2003).

46 Gemäss Kuzio (1999: 232) ist politische Mobilisierung jedoch nur entlang von nationalen oder ethnischen Linien möglich. In der Ukraine kam es zu einem kurzen, sehr starken Engagement der Gesellschaft in der nationalen Bewegung Ruch (Details siehe <http://www.nru.org.ua/en/> (20.05.2003), um die nationale Unabhängigkeit zu erreichen. Die Ereignisse des Winters 2004/2005 in der Ukraine beweisen jedoch, dass politische Mobilisierung auch aufgrund von Frustration erfolgen kann.

anderen Verhältnisses des Bürgers zum Staat.[47] Das russische und ukrainische Konzept von Gesellschaft basiert auf einem anderen Verständnis als das westliche. Parteien und Verbände werden als Organisationen des Staates aufgefasst, und mit diesen wird so wenig Kontakt wie möglich gewünscht (Howard 2002: 164). Dementsprechend ist die Scheu vor Involvierung und gesellschaftlicher Organisation gross. Das Bewusstsein, dass Verbesserungen auch auf der Eigeninitiative der Bürger basieren und Interessen dort gebündelt und organisiert werden, hat sich erst ansatzweise entwickelt. Das stark verbreitete staatszentristische Denken der Bürger impliziert, dass der Staat Organisationen schafft, welche die Funktion von gesellschaftlichen Interessengruppen einnehmen.

Der Bürger erhofft sich nichts vom Staat, da offensichtlich ist, dass die Machthaber nur ihre eigenen Interessen und nicht die ihrer Bevölkerung vertreten. Das daraus resultierende passive Verhalten ist Aus-

47 Das Konzept der Zivilgesellschaft, das gerne zur Bewertung gesellschaftlicher Aktivitäten in postkommunistischen Staaten verwendet wird, kann in den breiten Rahmen des Sozialkapitals eingebettet und als dessen Bestandteil verstanden werden (zu dieser Sicht Putnam 2002: 6).

Die Zivilgesellschaft zeigt die Grenzen der Einflussmacht des Staates auf (Scholte 2002: 284). Eine Zivilgesellschaft kann nur in einem Raum existieren, den ein effizienter Staat für sie geschaffen hat (d'Anieri 1999: 329). Autoren, welche zu postkommunistischen Staaten forschen, greifen eher auf den Begriff der Zivilgesellschaft, der mit der Transformation sozialistischer Systeme sehr populär wurde, als auf Sozialkapital zurück. Genauso wie das Sozialkapital ist die Zivilgesellschaft im Zwischenbereich von Staat und Privatsphäre angesiedelt. Analysen der Zivilgesellschaft berücksichtigen meist nicht das Konzept des Sozialkapitals. Das ist problematisch, denn das westliche Konzept von Zivilgesellschaft lässt sich nur mit Problemen auf andere, insbesondere postkommunistische, Realitäten übertragen. Der Begriff Sozialkapital erscheint hier passender, breiter und ideologisch nicht so vorbelastet. Hier ist die Gesellschaft nicht per se der Gegenpart zum Staat.

Wenn man Sozialkapital nicht auf die Gesellschaftsebene reduziert, dann kann man beobachten, dass es auf Elitenebene in manchen Gebieten durchaus vorhanden ist. Stoner-Weiss (2002: 198) identifiziert es z. B. in Nižnij Novgorod. Man kann auch das Beispiel Donec'k (und den Donec'ker Clan) für die Ukraine nennen. Allerdings äussert sich das Sozialkapital dort negativ durch Clanverflechtungen mit dem Staatsapparat auf regionaler und auf nationaler Ebene.

druck von Vertrauensmangel; gleichzeitig ist eine sehr starke Gleichgültigkeit den politischen Institutionen des Staates und den politischen Prozessen gegenüber zu beobachten (Sakwa 2000: 194). Die Folge ist ein Rückzug ins Privatleben. Man glaubt im Allgemeinen nicht, dass eigene Initiativen zu einer Änderung der Situation führen. Jedoch erwartet man sich andererseits immer noch viel mehr vom Staat als er überhaupt leisten kann. Man kann dies auch als Paradoxie des kommunistischen Staatsverständnisses auffassen.

Im Umkehrschlusss wäre zu folgern, dass zufriedene Bürger institutionelles und politisches Vertrauen haben, das System als legitim betrachten und es unterstützen. Przeworski (1991: 169) bemerkte schon zu Beginn der Transformation, dass bei einem Vertrauensverlust die Unterstützung für radikale Reformprogramme sinkt und diese unter demokratischen Bedingungen nicht durchgeführt werden können. Rose et al. (1997: 30) zeigen zusätzlich, dass niedriges Vertrauen in Institutionen auch zu einer geringen Regimeunterstützung führt.[48] Die Folge des schleichenden Legitimitätsverlustes kann nicht nur eine Entfremdung vom System, sondern auch ein Systemzusammenbruch sein.

Diese Beschreibung des Zustandes des postkommunistischen Staates zeigt, dass es noch wesentliche Hindernisse für eine Verbesserung der Funktionsfähigkeit des Staates gibt. Da in dem Analysemodell auch die Konzepte staatlicher Leistungsfähigkeit berücksichtigt werden sollen, prüft das folgende Kapitel 3.4, inwieweit diese ein Anwendungspotenzial auf Transformationsstaaten haben.

48 Rose stellt mit seinen Kollegen im *New Europe Barometer Survey* (NEBS) fest, dass das Vertrauen in zivile und politische Institutionen in postkommunistischen Ländern generell niedrig ist.

3.4 Leistungsfähigkeit in osteuropäischen Transformationsstaaten

3.4.1 Der Transformationsstaat als schwacher Staat

Die Aufstellung der wichtigsten Besonderheiten von Transformationsstaaten zeigt, dass die Konzepte zur Leistungsfähigkeit des Staates einiger Modifizierung bedürfen. Als erstes ist die staatstheoretische Annahme eines starken Staates unter der Gewährleistung von Staatsautonomie in osteuropäischen Staaten nur ausnahmsweise richtig. Das Konzept der Autonomie des Staates als Bedingung für einen starken Staat ist bei der direkten Übertragung auf die Realität osteuropäischer Staaten sehr problematisch, da die Autonomie des Staates von der Gesellschaft eine Illusion ist (und früher auch nie erreicht worden ist). Gleichzeitig ist die Zivilgesellschaft nur schlecht entwickelt und eine politische Einheit oder Identifikation mit kollektiven, öffentlichen Institutionen nicht gegeben. Der Indikator für einen postkommunistischen, starken Staat sollte anstatt Staatsautonomie, Elitenautonomie lauten. Eine Einbindung von Machteliten in den Staat im positiven Sinne hätte einen starken Staat zur Folge.

Auf der Ebene der Osteuropaspezialisten drehen sich die wichtigsten Debatten um die Identifikation von Eigenschaften, welche einen starken Staat bedingen. Eine Seite lokalisiert sie in den formalen Institutionen, z. B. in Form von bürokratischer Kontrolle, eine andere Seite sieht eher gesellschaftliche Unterstützung oder den Rückhalt bei Eliten als Ursache für die Stärke des Staates (Easter 2000: 1f.). Diese Debatten sind vergleichbar mit denjenigen, welche in der Staatstheorie stattfinden.

Eine formal institutionenorientierte Sichtweise macht keinen Sinn, wenn man Transformationsstaaten anhand der Kategorien starker/schwacher Staat bewerten will. Es muss berücksichtigt werden, dass sich diese Staaten in einem Prozess des Institutionenwandels befinden, in dem das institutionelle Gefüge noch nicht gefestigt ist und informelle Strukturen einen starken Einfluss ausüben. Überdies ist das Phänomen zu beobachten, dass der Staat in osteuropäischen Transformationsländern nicht nur über ausgesprochene Unzulänglichkeiten verfügt, sondern gleichzeitig stark und schwach ist. Der Staat kann beispielsweise auf der organisatorischen Ebene stark, aber gleichzeitig auf der institutionellen Ebene völlig abwesend sein (Easter et al. 2000).[49]

Wenn man die obige Klassifizierung dennoch anwenden möchte, so wäre das ausschlaggebende Argument für einen schwachen Staat eine mangelnde Autonomie gegenüber den Eliten. Der Staat ist nicht fähig, Entscheidungen zu treffen, diese umzusetzen und seinen Machtanspruch in der Gesellschaft zu manifestieren, da bestimmte Eliten über funktionsfähigere Machtinstrumente und Einflusskanäle verfügen.[50] Die Grenzen zwischen dem Staat und Einzelgruppen sind aber meist nicht erkennbar oder so verschwommen, dass klare Aussagen über Machtanspruch und Machtdurchdringung des Staates nur schwer gemacht werden können. Durch diese Verflechtungen und durch die unklaren Abgrenzungen kann der Staat ohne grosse Schwierigkeiten von partikularen und oligarchischen Interessen für ihre jeweiligen Zwecke vereinnahmt werden. Im schwachen Staat nehmen informelle Strukturen den Raum ein, der ihnen durch unsichere institutionelle Bestimmungen zur Verfügung steht. Die Ziele der einzelnen Eliten stimmen oft nicht mit den allgemeinen Zielen der Gesellschaft und des Staates überein. Diese Situation führt zu einer „Gefangennahme des Staates". Diese State Capture ist in postkommunistischen Staaten vielerorts Alltag, die Ukraine ist keine Ausnahme.[51] Das bedeutet zum Beispiel, dass regionale Clans Machtpositionen in der Staatszentrale einnehmen, um ihr Gefolge zu begünstigen.

49 Easter et al. (2000: 12) verdeutlichen dies am Beispiel Russland.

50 Das bedeutet auch, dass der Staat über unzureichende Capacities verfügt, um seinen Machtanspruch durchzusetzen.

51 Hellman (2000) und die Welt Bank bringen Details. Die World Bank *Business Environment and Enterprise Perfomance Survey* (BEEPS) generiert Indikatoren für State Capture postkommunistischer Staaten (<http://www.worldbank.org/wbi/ governance/govdata/beeps_charts.xls> oder <http://info.worldbank.org/govern ance/beeps2002/>). Nur Moldawien und Azerbajdžan erreichen höhere Werte als die Ukraine (sogar Russland liegt leicht darunter). Weitere Weltbank-Publikationen zu State Capture unter <http://www.csd.bg/publications/infecon seeaccession/ content.htm> (16.11.2003).

Remington (1997: 110) summiert einige Eigenschaften des schwachen Staates, unter anderem mangelnde Implementierung und unzusammenhängende Staatspolitik am Beispiel Russlands. Das Resultat dieser institutionellen Schwächen und des unsicheren Handlungskontextes ist, dass die organisierte Kriminalität sehr hoch und das System extrem korrupt ist. Informelle Strukturen haben den unsicheren Handlungskontext für ihre Bedürfnisse ausgenutzt.[52] Easter (2000: xii f.) verweist auf die informellen Strukturen in Form von Elitennetzwerken und persönlichen Beziehungen, welche bewirkten, dass der russische Staat schwach ist. Er zeigt darüber hinaus die negative Verflechtung von informellen und formellen Staatsstrukturen. McFaul (cit. in Tompson 2002: 935) baut auf diesen Aussagen auf und berücksichtigt in seiner Bewertung russischer Staatlichkeit den unsicheren Handlungskontext und den Einfluss von Einzelinteressen in Form von informellen Strukturen.[53]

Schwache Staaten haben aber noch nicht ein Stadium des Staatszerfalls erreicht. Auch Transformationsstaaten kann man generell nicht als Versagerstaaten bezeichnen, da der Staat noch über Autorität verfügt und nur in bestimmten Bereichen nicht voll handlungsfähig ist. Partielles Staatsversagen (Schulze/Spanger 2000: 24) trifft allerdings auf die Situation postkommunistischer Staaten zu.[54] Sie ist gegeben, wenn, wie in Russland oder in der Ukraine, die Exekutive oder Legislative

52 Für Migdal (2001) bleibt der russische Staat auch deshalb schwach, da „soziale Enklaven" eine bedeutende soziale Kontrolle über den Staat ausüben.

53 McFaul konzentriert sich auf drei Kriterien, um den Staat als stark oder schwach zu klassifizieren: auf den internen Zusammenhalt des Staates, auf die relative Autonomie des Staates gegenüber der Gesellschaft und auf die Fähigkeit des Staates, Politik effizient umzusetzen.

54 Die Perspektive von Schulze/Spanger (2000: 12) verdeutlicht nochmals die Machtlosigkeit des Staates in einem kontraproduktiven gesellschaftlichen Umfeld. Unterschiedliche Interessen nutzen die Schwäche des Staates aus. Dem Staat gelingt es nicht, seine Gesellschaft unter Kontrolle zu bringen: „Es ist die Schwäche des Staates, gleich, ob es sich um seine Institutionen oder seine Repräsentanten handelt, und es sind die mangelnde Differenzierung, Organisierung und Artikulation der Gesellschaft, die in einer fatalen Synergie wesentlich begründen, warum Russland aussen- wie auch wirtschaftspolitisch unstet reagiert [...]."

zeitweilig politisch gelähmt sind oder Zahlungen an das Staatspersonal und soziale Transfers nicht erfolgen.

Jedoch dürfte die Befindlichkeit postkommunistischer Staaten umfassender mit der Kategorie des schwachen Staates beschrieben sein, da hier die Situation des Staates nicht so radikal bewertet wird und die Möglichkeit besteht, seine Durchsetzungskraft zu erhöhen. Hinzu kommt, dass Einzelinteressen oder einzelne Institutionen durchaus durchsetzungsfähig bleiben. Dies wird ansprechend von Tompson (2002: 937, 938) durch die Bezeichnungen *weak state but strong officials* oder *weak state with strong components* (für das Beispiel Russland) ausgedrückt. Der Autor zählt zu diesen starken Komponenten des Staates die Zentralbank, Privatisierungsagenturen und einige Regionalregierungen. Das Konzept des starken und schwachen Staates integriert implizit wichtige Aspekte postkommunistischer Staaten, etwa informelle Strukturen, den unsicheren institutionellen Handlungskontext oder die Verflechtung von Staat und Gesellschaft.

Dennoch sind die Kategorien zu starr, um die paradoxe Situation einiger postkommunistischer Staaten auszudrücken. Es handelt sich um eine paradoxe Situation, weil diese Staaten über mächtige Bürokratien verfügen und formell institutionell einiges aufbieten, um nach aussen das Bild starker Institutionen zu vermitteln – dennoch bleibt der Staat schwach. Dies hat nicht nur mit Strukturen zu tun, die den Staat unterwandern, diese Schwäche ist auch auf institutionelle Defizite zurückzuführen. Eine bedeutende Schwäche des Konzepts starker/schwacher Staat ist, dass die Auswirkungen von Elitenhandeln und Elitenstrukturen, zum Beispiel die Unterwanderung von Interessen der Gesellschaft oder die Selbstlähmung des Staates, nur unzureichend angesprochen werden. Die Einteilung in starker/schwacher Staat kann daher nur modifiziert auf die Situation der Transformationsländer übertragen werden.

Das State-Capacity-Konzept zeichnet sich im Gegensatz dazu durch seine Funktionalität und Ausdifferenziertheit aus. Die Frage ist, ob es dadurch geeigneter ist, die Leistungsfähigkeit von Transformationsstaaten zu untersuchen.

3.4.2 *Unzureichende State Capacity osteuropäischer Transformationsstaaten*

Es gibt mittlerweile eine ganze Reihe von Systematisierungsversuchen des State-Capacity-Konzepts. Einerseits beziehen sie sich auf westliche Industriestaaten, vor allem auf die USA (Honadle 1982 oder Gargan 1981), andererseits zielen sie auf ehemals kommunistisch oder sozialistisch geprägte Länder Mittel- und Osteuropas ab. Da State Capacity hauptsächlich auf die Politikformulierung und -durchsetzung durch den Staat abzielt, ist es entscheidend, welche Rolle und welche Funktionen der untersuchte Staat einnimmt. Hier ist der Entwicklungsstand des Staates wichtig. Um bestimmte State Capacities wie z. B. die Steuererhebungskompetenz voll zu erfüllen, muss eine gewisse Stufe in der Entwicklung oder Transformation erreicht worden sein.

Die funktionale Einteilung von State Capacities umfasst die wichtigsten Bereiche von Staatsaktivitäten. Insbesondere auch die Kategorien, die im Hinblick auf die Leistungsfähigkeit von Transformationsstaaten interessant sind. Obwohl der Kontext von osteuropäischen Staaten ein anderer ist, sind die von Tilly beschrieben State Capacities auch bei diesen Ländern essentiell. Herauszuheben wären vor allem die Fähigkeit, Kontrollfunktionen auszuüben (*control capacity*), Entscheidungen gegenüber der Gesellschaft durchzusetzen (*coercive capacity*) sowie die Fähigkeit Ressourcen abzuschöpfen und aufzuteilen (*extractive capacity*). Przeworski (1995: 13) hat als einer der ersten eine entsprechende funktionale Aufteilung für Transformationsstaaten vorgenommen, diese jedoch mit den Anforderungen an einen demokratischen Staat verbunden. Abgesehen von solchen Legitimitätsaspekten von State Capacity handelt es sich um ein Konzept, das untersucht, ob der Staat im Sinne einer effizienten Aufgabenerfüllung seinen Anforderungen gerecht wird.

Smith (1999) bewertet, aufbauend auf Almond/Powell (1966) und Tilly (1975), die Leistungsfähigkeit des russischen Staates mittels *extractive, coercive, incorporative/integrative, decision-making* und *adjudicative capacities*. Smith gelingt es dabei, relativ umfassende Aussagen zu der Leistungsfähigkeit des russischen politischen Systems zu machen. Dabei stehen die formellen Strukturen und Ergebnisse im

Vordergrund. Easter (1996: 552) ist ein weiteres Beispiel für diese Art von Einteilung von State Capacity. Der Autor bleibt in der Tradition von Charles Tilly und betont die Kontrollfunktionen des Staates und seine Fähigkeit, Ressourcen zu extrahieren.[55] Nach Easter (2000: 1f.) verstehen Russlandforscher unter „russischen" State Capacities hauptsächlich den uneingeschränkten Einsatz von Zwangsmitteln des Staates, Ressourcenmobilisierung und die Gestaltung der Gesellschaft.[56] Hoffmann (1998: 90) bringt die mangelnden funktionalen Fähigkeiten des Staates unter El'cin als originäres Problem Russlands zur Sprache: „[...] the Russian state's extractive, regulatory, and distributive capacities are woefully inadequate to maintain the legal boundaries between big business and government and to resist the former's throughgoing manipulation or cooptation of the latter".

Easter (2003: 4f.) stuft am Beispiel von Russland Capacities nach ihrer Bedeutung ab. So ist seiner Meinung nach die *rule-making capacity*, also die Fähigkeit Gesetze und Dekrete zu formulieren, aufgrund der historischen Relevanz bzw. aufgrund der Bedeutung der Exekutive in der Sowjetunion entsprechend stark und ausgeprägt. Was das *rule enforcement,* also die Durchsetzung der Bestimmungen und Regeln des Staates angeht, so variiert die Capacity von sehr hoch im Fall eines Monopols der Staatsgewalt, bis zu sehr niedrig. Eine niedrige Ausprägung geht einher mit dem Anspruch des Staates, sämtlichen gesellschaftlichen Belange regulieren zu wollen und dies nicht erreichen zu können. Die politische Fähigkeit, die *political capacity*, diese Bestimmungen zu erfüllen, folgt als Schlusslicht, da normative Gesetze als Disziplinierungsmittel für die Gesellschaft immer noch nicht ausreichen.

Kuzio (1999: 8) stellt einen Anforderungskatalog an einen effektiven ukrainischen Staat auf und lehnt sich indirekt an die funktionalen

55 Zur Einteilung von Leistungsfähigkeit verwendet er zusätzlich Machtkonzepte von Mann und unterscheidet zwischen *despotic* und *infrastrucutural power.*

56 Diese Elemente von State Capacity sind auch im Kontext eines postkommunistischen State Building relevant (vgl. auch Almond/Powell 1966). Generell taucht das Problem auf, State Building von State Capacity abzugrenzen.

Kriterien von Leistungsfähigkeit an.[57] Er bemerkt dabei, dass die Fähigkeit Steuern zu erheben und einzuziehen die Quelle von Staatsmacht darstellt (1999: 326) und betont gleichzeitig die Notwendigkeit von *coercive*, *extractive* und *control capacities*, bietet aber selber keine umfassende Analyse anhand dieser Kriterien an. D'Anieri et al. (1999: 96f.) unterstreichen wie bedeutend für das *capacity-building* des ukrainischen Staates die Institutionalisierung von Institutionen, z. B. der Bürokratie und der Regierung, ist. Nur durch diese kann eine den Problemen angemessene State Capacity bezüglich Politikformulierung und -umsetzung erreicht werden.

Generell wird die institutionelle und formelle Komponente hoch gewichtet. Es wäre aber auch angebracht, den Einfluss einzelner Gruppen, etwa der Wirtschaftselite, und ihre Interaktionen mit dem Staat herauszustellen. Die politischen Prozesse, die hinter den formalen Kriterien an die Leistungsfähigkeit des Staates stehen, lassen sich aber nicht einfach ausdrücken. Vertrauen, Gegenseitigkeit, Kooperation oder Konsens, die Bestandteil dieser Prozesse sind, spielen neben formellen oder monetären Kategorien (*extractive capacities*) eine grosse Rolle für die Funktions- und Leistungsfähigkeit. Dies gilt besonders bezüglich *decision-making* oder *integrative capacities*. Eine wichtige Komponente von *integrative capacities*, die von den Autoren jedoch nicht explizit thematisiert wird, ist Vertrauen.[58]

57 Die funktionalen Kriterien (*extractive, coercive, integrative, adjudicative* und *decision-making capacity*) haben entweder mit dem Verhältnis des Staates zur Gesellschaft oder mit interinstitutionellen Verhältnissen zu tun. Diese Kriterien sind durch ihre inhaltliche Breite gut geeignet, Leistungsfähigkeit abzubilden. Genau diese Aspekte untersuchen auch Autoren, um Staaten in stark oder schwach einzuteilen.

58 Es lässt sich keine klare Grenze zwischen formellen und informellen Komponenten ziehen, jede Kategorie von Capacity umfasst mehr oder weniger formelle oder informelle Arrangements. State Capacity ist so trotz seiner formellen Konzeption sehr gut auf informelle Strukturen und Arrangements anwendbar. Eine Eigenschaft, die mehr genutzt werden sollte, da informelle Strukturen im postkommunistischen Kontext eine erhebliche Rolle spielen und die Leistungsfähigkeit des Staates oftmals mehr beeinflussen als formale Komponenten des Systems.

Neuere Ansätze operieren viel mehr mit dem Capacity Begriff an sich – darunter auch einige Studien, die sich mit State Capacity in den Nachfolgestaaten der Sowjetunion auseinandersetzen.[59] Nørgaard et al. (2000: 2f.) greifen auf beispielsweise auf Konzepte der Weltbankzurück, um zu Aussagen über die Leistungsfähigkeit des lettischen Staates zu gelangen.[60] Messlatte für die Fähigkeiten des lettischen Staates sind für die Autoren letztendlich die Beitrittsanforderungen zur Europäischen Union. Cummings/Nørgaard (2002a und 2002b) präsentieren Studien, welche die Fähigkeiten von postkommunistischen Staaten thematisieren. Sie stützten sich bei der Konkretisierung des Capacity-Begriffs zunächst auf ein institutionelles Verständnis, verbinden es aber mit gesellschaftlichen Anforderungen und der Prozessfunktion des Staates. Staatsinstitutionen sollen auf politische Forderungen aus der Gesellschaft reagieren, diese aufnehmen und integrieren, in Konflikten vermitteln und sich dadurch legitimieren. Zusätzlich sollen sie ihre Unabhängigkeit und Fähigkeit zum Regieren aufrechterhalten und letztendlich damit ihre Autonomie unter Beweis stellen (ibid. 2002b: 6). Sie unterscheiden zwischen *political capacity*, die es ermöglicht Politik gemäss den Bedürfnissen der Gesellschaft zu entwerfen und umzusetzen (ohne explizit die Eliten zu nennen); t*echnical capacity (efficiency)*, den Verwaltungsfähigkeiten; a*dministrative capacity (efficiency)*, der Umsetzung von politischen Beschlüssen sowie *ideational capacity*, welche die institutionellen Dimensionen um Ideen bzw. Vorstellungen

59 Zu Russland und zur Ukraine liegen nach dem Kenntnisstand der Autorin keine expliziten Capacity-Studien vor. Das Kapitel 4.4 bringt eine kurze Einteilung der Capacities in der Ukraine nach Almond/Powell (1966) und Tilly (1975). Im folgenden werden Systematisierungsversuche zum Baltikum vorgestellt – dabei kann die Begriffsvielfalt im Zusammenhang mit State Capacities durchaus etwas Verwirrung erzeugen.

60 Unter Capacity versteht die Weltbank (World Bank 1997: 3) die Fähigkeit des Staates, den Bedürfnissen der Gesellschaft effizient zu begegnen. Nørgaard et al. (2000: 4), die vor allem zu Leistungsfähigkeit des Baltikums forschen, stellen vier Determinanten von State Capacity auf, darunter den Staatstyp und das Regierungssystem – unterscheiden also auch nach Herrschaftsmodellen. Ferner hängt Leistungsfähigkeit von der Art der Regierungsführung und von kontextuellen Faktoren, z. B. von dem Zusammenhalt von Eliten, wirtschaftlich-sozialer Entwicklung oder Bruchlinien in der Gesellschaft ab.

ergänzt.[61] In weiteren Publikationen verwenden sie nur *ideational, operational* und *effective capacity*.[62] Interessant ist der Ansatz von Cummings/Nørgaard (2002b: 23) deswegen, weil in ihrer Analyse der State Capacites explizit die Auswirkungen informeller Strukturen untersucht werden. Sie kommen zum Ergebnis, dass informelle Beziehungen in Kirgisien eine negative, in Kasachstan aber eine positive Wirkung haben.

Diese Aufteilungs- und Systematisierungsversuche reichen aber nicht aus, um die Fähigkeiten von Transformationsstaaten schematisch darzustellen. Zum grossen Teil liegt es daran, dass es sich um Länderstudien handelt und eine Verallgemeinerung daher schwierig ist. Die neuen Systematisierungsversuche erinnern auch stark an frühere

61 Auch Easter (2001) spricht von *political capacity*, um den Grad der staatlich-gesellschaftlichen Überlappung von Interessen bzw. das Entgegenkommen von Interessen zu kennzeichnen. Bei ihm kommen die Eliten aber ebenfalls zu kurz. Cummings/Nørgaard versuchen mit der *political capacity* der gesellschaftlichen Komponente eine eigene Kategorie zu geben. Es wird nicht ganz klar, warum sie zwischen *political capacity* auf der einen Seite und *technical* und *administrative capacity* auf der anderen Seite unterscheiden, da diese jeweils die Fähigkeit beinhalten, Politik zu entwerfen und umzusetzen.

62 Die Autoren stellen zusätzlich eine Matrix auf, die nach politischen Kategorien (totalitärer Staat, liberaler Staat und Entwicklungsstaat) und nach Kategorien von State Capacity aufgeteilt ist. Sie wollen eher auf das Ziel hinaus, verschiedene Capacity-Formen unterschiedlichen Staatstypen zuzuordnen als generell Aussagen über Fähigkeiten von Staaten zu treffen.
Diese Einordnung erinnert stark an Klassifizierungsversuche von Grindle (1996: 8), welche die gleichen Kriterien für ihre Analyse von State Capacity in Lateinamerika und Afrika aufstellt (nur dass sie *institutional capacity* als regulativen Faktor bestimmt und auf eine *ideational capacity* verzichtet). Grindle weist auch darauf hin, dass die Fähigkeiten des Staates in einem Bereich gut entwickelt sein können, während in anderen Bereichen fast keine festzustellbar sind.
Painter (2001: 2), der sich auf Ostasien konzentriert, unterscheidet zwischen *administrative capacity* (die Arbeit der Verwaltung), *policy capacity* (den Beziehungen zwischen Staatsinstitutionen) und *state capacity* (den Beziehungen zwischen Staat und Gesellschaft), durch deren Zusammenspiel Leistungsfähigkeit erreicht werden kann. Bunce (1999: 6) bringt zusätzlich *economic capacity* ins Spiel.

funktionale Klassifizierungsansätze. Im Grunde kann man diese Kategorien auf das Modell von Almond/Powell herunterbrechen, in dem *policy capacity* die Prozessfunktionen des Staates beinhaltet, *administrative capacity* die politischen Funktionen und *state capacity* die Systemfunktionen. Man muss sich fragen, ob es der Ausdruckskraft und Präzisierung wegen nicht mehr Sinn macht, eher diese konkreteren Kategorien den aktuellen Einteilungsversuchen vorzuziehen.

Durch die generellen Anforderungen an State Capacity kommen aber auch erhebliche Anforderungen an den Staat zum Ausdruck. Anforderungen, die Staaten wie die Ukraine nicht erfüllen können: Formeller und informeller Vermittler, Mediator, Schmelztiegel finanzieller, organisatorischer und menschlicher Ressourcen. Wichtige Charaktereigenschaften postkommunistischer Staaten, etwa die Verflechtung des Staates mit der Gesellschaft oder die institutionellen Rahmenbedingen, werden im State-Capacity-Konzept berücksichtigt. Generell hat aber auch dieser Ansatz Schwierigkeiten damit, die unsicheren Handlungsbedingungen und die informellen Beziehungen postkommunistischer Staaten mit ihren speziellen Konstellationen und sozialen Kräften abzubilden.

Die Hierarchisierung von State Capacities und ihre relative Darstellung ist sehr sinnvoll, da in Transformationsländern nicht alle Capacities gleichviel bedeuten und bestimmte Akteure einige Capacities bevorzugen und andere weniger (Weiss 1988). Trotz der unsicheren Handlungsbedingungen und der Dominanz informeller Strukturen und der damit einhergehenden eingeschränkten Handlungsautonomie des Staates kann es durchaus dazu kommen, dass in einigen Bereichen die Fähigkeiten des Staates hoch sind.

Das Schema, das Kjær et al. (2002) zur Klassifizierung von State Capacities anbieten und welches ausführlich in Kapitel 2.4.2 diskutiert worden ist, stellt einen guten Ansatz dar, um die Leistungsfähigkeit von Tansformationsstaaten zu analysieren. Ausschlaggebend ist die Realisierung zentraler State Capcities. Erst wenn diese garantiert werden können, sollten andere ins Auge gefasst werden. Wichtig ist auch, dass State Capacity nach der Meinung der Autoren von einem bestimmten Grad an relativer Autonomie abhängt – dies schliesst den Einfluss von Elitengruppen auf den Staat mit ein. Als einzigen der bisher diskutierten neueren Ansätze kann man diesen als seriösen Systematisierungsversuch bezeichnen, da er neben Prozessen und Strukturen Akteure und institutionelle Komponenten thematisiert. Seine Stärke liegt auch darin, dass er eine Brücke zwischen dem Staat und anderen sozialen Systemen zu schlagen versucht. Diese Ambitionen hat ebenso der Governance-Ansatz, der Thema des nächsten Kapitels ist.

3.4.3 Governance in Transformationsstaaten?

Governance beinhaltet fruchtbare, unvoreingenommene Beziehungen zwischen Staat, Wirtschaft und Gesellschaft. Der Governance-Ansatz stellt damit schon eine zu hohe Anforderung an das Entwicklungsstadium und die Realität von postkommunistischen Staaten. Governance geht über die Staatlichkeit von Transformationsstaaten hinaus, weil es vom Staat angeleitete, erfolgreiche Problemlösung mittels funktionierender Strukturen und Regeln bedeutet. Die Bedingung erfüllen diese Länder nicht.

Easter (2003: 3) stellt in aller Klarheit fest, dass Russland die grundlegenden Anforderungen an Governance nicht erfüllt. In Russland hat die autoritäre Anleitung durch die politische Führung in einigen Bereichen zu erfolgreicher politischer Problemlösung geführt. Jedoch fehlt dort ein wesentlicher Bestanteil von Governance, nämlich der rege Austausch und die gegenseitige Befruchtung zwischen Staat und Gesellschaft. Auch in der Ukraine ist es bisher zu keiner Governance in diesem Sinne gekommen. Das Verhältnis zwischen dem Staat und seinen gesellschaftlichen Subsystemen ist immer noch problematisch. Die Ansprüche des Governance-Ansatzes an die Qualität des Verhältnisses zwischen Staat und Gesellschaft sind für diese Staaten zu hoch.

Die Bedeutung von Governance in der politischen Entwicklung von Transformationsstaaten liegt im Aspekt der politischen Steuerung. Die politische Steuerung in postkommunistischen Staaten lässt aber sehr zu wünschen übrig. Institutionelle Steuerung ist, wenn sie überhaupt stattfindet, oft fragmentarisch und konzeptionslos. In allen Bereichen der politischen Steuerung, z. B. bei der Ressourcenverwendung und -mobilisierung oder in der Politikformulierung und -implementierung, sind schwere Defizite feststellbar, und eine langfristige Ausrichtung von politischer Steuerung ist nicht vorhanden (siehe insbesondere das Kapitel 5.3.3 zur fiskalischen Steuerung in der Ukraine).

Diese Mängel haben in den seltensten Fällen politische Konsequenzen. Die politischen Machteliten verhalten sich in postkommunistischen Staaten im Gegenteil so, als ob der Staat über sämtliche Machtressourcen voll verfügen würde. Diese Tendenz ist ebenfalls in der Ukraine vorhanden. Hinzu kommt die mangelnden Bereitschaft von Machtträgern, diese Situation zu ändern.

Staaten der postkommunistischen Ländergruppe verfügen über unzureichende State Capacities und müssen sich zunächst mit dem Aufbau von zentralen Capacities auseinandersetzen, mit denen sie eine erste Grundstufe staatlicher Leistungsfähigkeit erreichen können. Erst dann sollte es um die Diskussion von Governance gehen (vgl. Tabelle 4.1 in Ahrens 2001: 59). In Transformationsstaaten muss in erster Linie der Aufbau von Grundfunktionen des Staates und nicht die Governance diskutiert werden. Diese Staaten sollten sich hauptsächlich mit institutionellen Fragen beschäftigen. Das würde beispielsweise bedeuten, Probleme zu lösen, die mit schwacher Verwaltung, halbherziger Reformpolitik, weitverbreiteter Korruption oder schwacher Zivilgesellschaft verbunden sind. Fragen, die mit Governance zusammenhängen, etwa die fruchtbare Gestaltung der komplexen Beziehungen zwischen Subsystemen innerhalb des Staates, sind vor diesem Hintergrund nicht essentiell. Governance kann somit erst ab einem bestimmten Grad an politischer Entwicklung realisiert werden.

Jedoch sind einige Komponenten des Governance-Konzepts auch integraler Bestandteil von Transformationsstaaten. Das betrifft bestimmte Formen von öffentlich-privaten Beziehungen oder Netzwerkstrukturen. Diese wirken aber nicht im Sinne einer *democratic governance*, die nach Freedom House (ed.) (2004a) bürgerliche Freiheiten respektiert, Rechtsstaatlichkeit garantiert und Transparenz, Rechenschaftspflicht, Antikorruptionsmassnahmen sowie *public voice* beinhaltet. Diese informellen Strukturen wirken sich nachteilig für den Staat aus und haben seine eingeschränkte Funktionsfähigkeit zur Folge.

Die Weltbank stellt trotz der nur eingeschränkten Tauglichkeit dieses Konzepts Kriterien und Governance-Bewertungen für Transformationsstaaten auf.[63] Die Transformation eines politischen Systems oder der Grad seiner Demokratisierung werden als Problemfaktoren aufgefasst, welche Governance erschweren. Zum einen sind die Machtverhältnisse und -hierarchien volatil oder intransparent und führen zu negativen informellen Strukturen. Zum anderen sind institutionelles Vertrauen und eine Zivilgesellschaft faktisch nicht existent. In der Weltbankstudie zeigt sich die Schwäche des Governance-Konzepts deutlich: viele seiner Prämissen, z. B. die Mittlerrolle des Staates, die Interaktion sämtlicher sozialer Sphären oder der Austausch von gesellschaftlichen Kräften, sind in Transformationsländern nicht vorhanden.

Im Rahmen der Good Governance bestehen Programme von Entwicklungsorganisationen, um postkommunistischen Staaten zu guter Regierungsführung zu verhelfen.[64] Allerdings haben die Anforderungen dieser Programme nicht viel mit der Realität dieser Staaten zu tun. Die Anforderungen an Good Governance, etwa effizientes Management, sind zwar für die Hilfsorganisationen als Vergabekriterien interessant; sie taugen aber nicht viel, um die Relevanz von staatlichen oder gesellschaftlichen Rahmenbedingungen einzuschätzen, die eine bessere Regierungsführung verhindern. Good Governance trifft keine Aussagen über Wechselwirkungen und Handlungsgrundlagen des Staates. Es ist so zum Beispiel klar, dass die meisten postkommunistischen Staaten die Anforderungen an Transparenz und Rechenschaftspflicht nicht erfüllen. Viel wichtiger erscheint daher die Frage nach dem warum der Staatsschwäche und eine Analyse der zugrundeliegenden Prozesse. Eine genauere Untersuchung der aktuellen Situation postkommunistischer Staaten wäre somit sinnvoller (gerade dies sieht das State-Capacity-Konzept schon vor) sowie die Konzentration auf die Rolle von Eliten

63 Die Governance-Bewertungen der Weltbank für Transformationsländer sind an folgender Adresse abrufbar: <http://www.worldbank.org/wbi/governance/> (14.04. 2004).

64 Die UNDP hat so ein *Good Governance Participation Program* mit öffentlichen Anhörungen und Entwicklungsberichten ins Leben gerufen. In diesem Sinne können regionale Entwicklungsprogramme, die in den unterschiedlichsten Gemeinden und Städten mit öffentlicher Hilfe und Anhörung entworfen werden als ein erster Schritt in Richtung Good Governance aufgefasst werden (vgl. UNDP 2003).

oder auf institutionelles Vertrauen. Good Governance ist aber keine grosse Hilfe, um die Leistungsfähigkeit des Staates relativ zu bewerten und die Konzeptualisierung von Leistungsfähigkeit voranzubringen.

Auch wenn das Governance-Konzept höhere Ansprüche an Regierungsführung und Leistungsfähigkeit eines Staates stellt, können einige seiner Komponenten für eine Analyse der Leistungsfähigkeit postkommunistischer Staaten herausgegriffen werden. Dies versuchen zum Beispiel Ahrens (2000) und Kjær et al. (2002). Die Konzeptualisierung befindet sich jedoch noch in den Anfängen. Fruchtbar ist neben der positiven Vernetzung zwischen Gesellschaft und Staat insbesondere die Idee des politischen Steuerungsprozesses; Staatssteuerung findet trotz Schwächen in post-kommunistischen Staaten trotzdem statt. Wie tragen aber nun die Erkenntnisse des State Building und die Analyse der staatstheoretischen Konzepte zur Konzeptualisierung postkommunistischer Staatlichkeit bei?

3.5 Anforderungen an die Konzeptualisierung postkommunistischer Staatlichkeit

Keines der vorgestellten Konzepte umfasst die Problematik postkommunistischer Staatlichkeit und die Hindernisse für Leistungsfähigkeit zufriedenstellend. An den staatstheoretischen Konzepten, welche die Leistungsfähigkeit von Staaten behandeln, ist allgemein zu kritisieren, dass die Anwendung auf nicht-westliche Staatengruppen Probleme mit sich bringt. Viele der Ansätze bleiben entweder zu vage oder zu grob (zum Beispiel starker/schwacher Staat) und sind daher ungeeignet, um Feinheiten auszudrücken; oder sie gehen über die Leistungsfähigkeit von Transformationsstaaten hinaus wie einige Aspekte von State Capacity oder das Governance-Konzept. Es gibt keinen Ansatz, der in seiner ursprünglichen Form gleichermassen formelle und informelle Einflüsse in seine Überlegungen einbezieht – dies sollte aber geschehen, um die Situation dieser Staaten hinreichend zu berücksichtigen. Wenn die behandelten Ansätze auf die Realität von

Transformationsstaaten bezogen werden, dann wird in den meisten Fällen versucht, die heiklen Bereiche, z. B. den unsicheren formalen Rahmen, die Informalität der Beziehungen oder auch die Rolle von Eliten, zu integrieren. Inwieweit informelle Aspekte die mangelnde Funktionsfähigkeit osteuropäischer Staaten zu verantworten haben, kann aber nur unzureichend geklärt werden. In der Regel kommen Prozesse oder informelle Macht- und Vertrauensbeziehungen und die dabei involvierten Akteure zu kurz.[65]

Unabhängig vom Herrschaftsmodell und von anderen funktionalen Messlatten für die Leistungsfähigkeit von Staaten wird in allen Konzepten die grundsätzliche Frage gestellt wie das Verhältnis zwischen Staat und Gesellschaft gestaltet werden muss, um die Voraussetzungen für einen funktionsfähigen Staat zu schaffen. Die Staatstheorie postuliert, dass Unabhängigkeit und gleichzeitige Gesellschaftsverbundenheit des Staates anzustreben sind. Weiss (1998: 38) nennt es *governed independence*. In dieser Beziehung behält jede Seite ihre Autonomie bei, ordnet sich aber doch gemeinsamen Zielen unter. Weiss betont mit diesem Begriff, dass Koordination und Kooperation vital für die Beziehungen zwischen dem Staat und der Gesellschaft sind. Die Bereitschaft zu diesem Austausch muss von beiden Seiten da sein, sukzessiv aufgebaut und weiterentwickelt werden. Treffend ist auch die Bezeichnung *embedded state* (vgl. Evans 1995: 12, Kjær 2002: 10). Dieser Begriff drückt gleichzeitig Staatsautonomie und Verbindung mit der Gesellschaft aus.[66] Verbindungen mit der Gesellschaft können sich durchaus auf Teilbereiche beschränken. Die asiatische Erfahrung, welche z. B. von Weiss oder von Leftwich thematisiert wird, zeigt wie positive Bindungen oder Capacities zwischen Staat und Gesellschaft aufgebaut werden können.[67]

65 Erschwerend kommt hinzu, dass die Konzepte staatlicher Leistungsfähigkeit auf postkommunistische Staaten nicht sehr häufig angewendet werden.

66 Ein weiterer Anknüpfungspunkt sind *state society synergies* (Kjær 2002: 9f.): „In a situation of governed independence, states in effect gain power because of the synergistic links with industry, which make the implementation of transformative measures easier to accomplish."

67 Staatsdruck war aber ein entscheidender Katalysator für diese Entwicklung.

Prinzipiell sind alle Konzepte staatlicher Leistungsfähigkeit problematisch. Es wird nicht nur zu sehr auf formelle Strukturen des Staates abgestellt, sondern auch zu sehr auf das Verhältnis zwischen Staat und Gesellschaft. Dabei bleiben die Eliten als wesentliche Akteure unterbelichtet. Beliebt ist auch die Präsentation eines statischen Anforderungskataloges an die Leistungsfähigkeit des Staates. Ob diese Anforderungen realistisch sind, erscheint nebensächlich. Das heisst, dass die Staatlichkeit zu allgemein untersucht wird, ohne die besonderen Merkmale eines Staates oder einer Staatengruppe zu berücksichtigen. So bleibt die Frage unberücksichtigt, ob überhaupt die Voraussetzungen gegeben sind, die hohen Anforderungen an staatliche Leistungsfähigkeit zu erreichen. Das beste Beispiel für einen derartigen überzogenen Anforderungskatalog ist die Voraussetzung, dass der Aufbau von Leistungsfähigkeit mit Demokratie zusammenhängen muss. Die Bedingungen, die an einen starken Staat oder an Governance gestellt werden, sind meist mit denjenigen an ein demokratisches, rechtsstaatliches politisches System identisch. Dass dies aber keine notwendige, sondern nur eine hinreichende Bedingung für staatliche Leistungsfähigkeit ist, zeigt das Beispiel der ostasiatischen Entwicklungsstaaten.

Eine Analyse des postkommunistischen Staates ist nur unter dem Gesichtspunkt der aktuellen Verfasstheit des Staates sinnvoll. Somit wäre ein theoretischer Rahmen aufzustellen, der die aktuelle Situation des Staates möglichst objektiv analysiert und dabei politische Prozesse, Strukturen, Regeln und Akteure integriert. Die Integration der Dynamik des Wandels eines Staates in ein theoretisches Konzept bleibt dabei problematisch. Sinnvollerweise werden zuerst die Hindernisse für das Funktionieren eines Staates thematisiert und danach analytische Ansätze (wie der State-Capacity-Ansatz) eingesetzt, welche die (informelle) Realität der Transformationsstaaten abbilden.

Erwähnenswert ist die Ansicht von Grzymala-Busse et al. (2002: 537f.), welche keinen Anforderungskatalog an den Staatsaufbau präsentieren, sondern ihr Konzept von den Besonderheiten der Transformationsstaaten ableiten. Für besonders relevant erachten sie den Einfluss von Eliten und verstehen State Building demnach als einen Elitenwettbewerb.[68] Idealerweise wird diese Kategorie ergänzt, da der Elitenwettbewerb nicht der einzige Faktor ist, der den Staat und seinen Aufbau beeinflusst. Eliten benutzen dabei sowohl formelle als auch informelle Kanäle, um zu ihren Zielen zu kommen. Den Autoren geht es dabei nicht um eine Einteilung in formell (gute) und informell (schlechte) Institutionen. Neue und alte Institutionen sind auf verschiedenen Staatsebenen so miteinander verwoben, dass eine Differenzierung schwer möglich ist. Informelle und formelle Arrangements unterstützen sich mitunter auch gegenseitig (siehe North 1990). Das State Building eines Transformationsstaates erfolgt unter dem Einfluss von unterschiedlichen Machtzentren und Capacities.[69]

Im Zusammenhang mit dem State Building sind institutionelle Ressourcen essentiell. Das beinhaltet die Fähigkeit der Gesellschaft, sich selbst zu organisieren und die Existenz eines Staatsapparats. Einige Autoren legen aufgrund der Bedeutung von institutionellen Grundlagen den Begriff des State Building rein formal-funktionell aus (Sakwa 2000: 195, Easter 2001).[70] Ein wesentliches Element bildet dabei der

68 „In shifting the analytical focus from the outcomes to the processes of state formation, we define these processes as elite competition over the authority to create the structured framework of policy creation and implementation. The structures of the state are thus the product of elite competition […]" (Grzymala-Busse et al. 2002: 537).

69 Grzymala-Busse et al. typologisieren überdies den Prozess des State Building: Ein autokratisches State Building erfolgt, wenn die Eliten relativ eigenständig und mittels formeller Kanäle agieren; handeln sie informell, dann ist dieser Prozess persönlichkeitsbezogen (Grzymala-Busse et al. 2002: 544). Die Autoren platzieren Russland in die erste und die Ukraine in die zweite Kategorie. In Russland handeln Eliten eher unter Ausnutzen von formellen Institutionen, in der Ukraine greifen sie mehr auf informelle Netzwerke und informelle Bindungen zurück.

70 Für Sakwa umfasst das State Building fünf Schlüsselelemente: territorial-juristische, welche den Staat und seine Grenzen festlegen; administrativ-gouvernementale wie die Institutionen des Staates; konstitutionelle Elemente wie die verfassungsrechtliche Aufteilung von Staatsaufgaben; operational-legale wie ein universelles Rechtssystem und ethische Elemente wie nationaler Zusammenhalt. Eine psychologische Dimension beinhaltet, dass die Bürger die Legitimität des Staates anerkennen, sich auf dessen Funktionen verlassen können und seine Entscheidungen anerkennen (das ist auch Sozialkapital im Sinne von Putnam (1993). Easter (2001: 3) bleibt in der Tradition von Almond/Powell (1966)

institutionelle Aspekt von Staatsmacht, ohne den beispielsweise die Universalisierung des Rechtssystems nicht denkbar ist. Die Übertragung von Anforderungen des State Building auf Transformationsstaaten gelingt leider nicht ganz, da der Anforderungskatalog einige wichtige Besonderheiten dieser Staatengruppen ausklammert, von denen die Informalität ganz besonders heraussticht. Grzymala-Busse et al. (2002: 535) kritisieren insbesondere den Fokus auf die Formalität. Dadurch wird ein entscheidender Punkt ausgeblendet, nämlich die informelle Interaktion zwischen Staat und Gesellschaft; sowohl im positiven wie auch im negativen Sinn. Da die Verflechtungen zwischen Staat und Gesellschaft unzureichend abgebildet werden, erscheint der Staat als geschlossener und autonomer Akteur, und die Träger dieser Autonomie, die Eliten, sind kein Thema. Ohne die Integration dieser Punkte kann kein umfassender State-Building-Katalog aufgestellt werden.

Der Prozess des Wandels von osteuropäischen Transformationsstaaten ist immer noch sehr dynamisch und hat bisher zu keinem fixen Endergebnis geführt. Da sich die Staatsstrukturen noch nicht gefestigt haben, kann sich auch die Richtung der Staatsentwicklung ziemlich schnell ändern.[71] Transformationsstaaten charakterisiert demnach eine Offenheit für gesellschaftliche und politische Einflüsse. Dabei findet der Aufbau des osteuropäischen Staates unter den Bedingungen von Informalität, einem unzureichenden institutionellen Rahmen, subversivem Elitenhandeln und mangelnder gesellschaftlich-politischer Kontrolle statt. Über diese vier Untersuchungskategorien legt sich die Frage nach der Autonomie und nach der Macht des Staates sowie nach der Macht von lokalen und zentralstaatlichen Elitengruppen.

Eine neo-institutionelle Analyse von Transformationsstaaten, die das Wirken von informellen Strukturen nicht ausblendet, sondern explizit berücksichtigt und den Schwerpunkt auf die unzureichende Institutionalisierung von Staatsstrukturen legt hat den Vorteil, dass

und präsentiert als drei wesentliche Elemente des State Building *rule-making*, *rule-enforcement* und *rule compliance*.

71 So kann es relativ unvermittelt zu einer Festigung des autoritären Regimes wie in Russland oder zu einem politischen Umsturz wie in der Ukraine im Winter 2004/2005 kommen.

treffende Aussagen zum Zustand von Transformationsstaaten gemacht werden können. Denn gerade die Berücksichtigung der spezifischen Merkmale dieser Staaten erlaubt es relativ einfach Schwächen, aber auch Stärken des Staates freizulegen. Das Einbeziehen von mangelnder Institutionalisierung, Informalität, destruktivem Elitenhandeln und unzureichender gesellschaftlich-politischer Kontrolle beinhaltet aber auch, dass der allgemeine Zustand des Staates mittels negativer Faktoren bestimmt wird.

Ein Nachteil dieser Herangehensweise ist, dass sie die Quantifizierung von Leistungsfähigkeit zum grossen Teil ausblendet. Diese qualitative Herangehensweise erlaubt aber mittels quantitativen Aussagen zu einzelnen Bereichen des Staatshandelns (z. B. zu der Höhe der Steuern oder zum Anteil der Schattenwirtschaft) eine durchaus brauchbare Einschätzung der Leistungsfähigkeit postkommunistischer Staaten. Dafür werden wesentliche Aussagen über Faktoren getroffen, welche Einfluss auf den Staatsaufbau und die Funktionsfähigkeit des Staates haben. Eine Integration rein funktionaler, konkreter Aspekte staatlicher Leistungsfähigkeit erscheint darüber hinaus als komplementäre Analysekategorie sehr sinnvoll. Easter (2000) oder Kjær et al. (2002: 16) bezeichnen die entsprechenden *extractive* oder *coercive capacities* als zentrale formale Capacities, ohne die ein Staat nicht funktionsfähig ist.

Die neo-institutionelle Analyse betont wie Institutionen konzipiert sind, aber den Regeln und Prozessen, die das Verhalten von Akteuren beeinflussen (und den Akteuren selbst!), kommt ebenso Bedeutung zu. Es sind oft die politischen und gesellschaftlichen Regeln und Prozesse, die Institutionen ausser Kraft setzen oder diese entsprechend ihren Bedürfnissen umwandeln. Postkommunistische Staatlichkeit unterliegt einem Wettbewerb über Politikformulierung und institutionelle Konzipierung. State Capacity kann unter diesen Bedingungen gar nicht als starr aufgefasst werden, sondern ist wandelbar und flexibel und fällt in jedem Bereich wieder anders aus. Diese Dynamik wird von Kjær et al. (2002: 16f.) in den Rahmen staatlicher Leistungsfähigkeit einbezogen: *capacity enhancing mechanisms* (in Form von *corporate arrangements* wie Netzwerkbeziehungen und Verflechtung) oder *capacity enabling factors* (Vertrauensbildung und Legitimität) sind wesentliche Elemente eines State Building und müssen bei der Analyse von Staatlichkeit berücksichtigt werden. Letztendlich beinhalten sie aber auch nur die Faktoren, die in dieser Arbeit unter der Bezeichnung Institutionalisierung und Informalität eingeführt worden sind. Ihre negative Ausprägung behindert meist die Funktionsfähigkeit postkommunistischer Staaten.

Auf abstrakterer Ebene und analog zu Governance ist staatliche Leistungsfähigkeit das Ergebnis eines Steuerungsprozesses mittels formeller und informeller Institutionen. Dieser Steuerungsprozess beinhaltet per se alle Strukturen, Mechanismen und Akteure, die notwendig sind, um staatliche Leistungsfähigkeit (sei es in ihrer positiven oder in ihrer negativen Ausprägung) auszudrücken. Hohe Leistungsfähigkeit des Staates kann prinzipiell durch ein Wechselspiel von formellen, zentralen Fähigkeiten und den sie beeinflussenden und generierenden Faktoren (z. B. Eliten) erreicht werden. Die Bewertung zentraler Fähigkeiten oder des Ausmasses von Governancestrukturen erlaubt es, Leistungsfähigkeit genauer einzuschätzen oder gar zu quantifizieren.

Ein Konzept von Staatlichkeit, welches die wichtigsten Aspekte postkommunistischer Staaten abdeckt, etwa den unsicheren Handlungskontext oder die Elitendominanz, thematisiert nicht nur die bedeutendsten Einflüsse auf den Staat, sie ermöglicht auch Aussagen über deren Auswirkungen und über das Ausmass von staatlicher Leistungsfähigkeit.[72] Der folgende zweite Teil der Arbeit behandelt daher ausführlich die Defizite von staatlicher Funktionsfähigkeit in einem ausgewählten Transformationsstaat, der Ukraine. Bevor in Kapitel 4.3 näher auf die Konstruktionsfehler des ukrainischen Zentralstaates eingegangen wird, müssen einige historische Ereignisse auf ukrainisch besiedelten Gebieten (Kapitel 4.1) und der Verlauf des ukrainischen State Building nach der Unabhängigkeit 1991 beschrieben werden.

72 Ein Schwachpunkt ist, dass die Kausalitäten – selbst durch die Analyse von konkreten Abläufen – nicht geklärt werden können.

4. Der Staat in der Ukraine

4.1 Historischer Rückblick

Die Ukraine befand sich in ihrer Geschichte lange im Einfluss- und Machtbereich bedeutender Reiche.[1] Keines davon hatte Interesse an eigenständigen, autonomen Entwicklungen ukrainisch besiedelter Gebiete.[2] Das Gebiet der heutigen Ukraine war bis zum Zweiten Weltkrieg immer auf mehrere Herrschaftsgebiete und Staaten aufgeteilt. Das Territorium, welches heute den unabhängigen Staat Ukraine bildet, hat bis 1991 nie als ein Staat zusammengewirkt (Hughes et al. 2002: 69, Simon 2002: 5f.).

Die unterschiedlichen Machthaber über die ukrainisch besiedelten Gebiete strebten generell eine Assimilation der Ukrainer in den eigenen Herrschaftsbereich an. Nachdem das Kiewer Reich im 13. Jahrhundert unterging, gehörte das Gebiet der Ukraine bis in die Mitte des 17. Jahrhunderts zum Herrschaftsverband des Königreiches Polen-Litauen.[3] Ab 1667 wurden grosse Teile, etwa Poltava und Kiew, 1793–1795 das Gebiet westlich des Dnipro, in das Russische Reich eingegliedert.[4]

1 Ausführlich zur ukrainischen Geschichte: Kappeler (1994), Hrytsak (1996, 2000).

2 Das ostslawische Reich des Kiewer Rus im 10. Jahrhundert wird als erster ukrainischer Staatsbildungsversuch interpretiert. Diesen Anspruch erhebt Russland aber auch für sich (Details in Simon 2002 und Kappeler 1994).

3 Das Kiewer Reich entstand im 9. Jahrhundert auf der Basis ostslawischer Stammesverbände. Zur Struktur dieses Reiches siehe Kappeler (1994: 29f.). Zum bedeutendsten Nachfolger des Kiewer Reiches wurde im 14. Jahrhundert das Grossfürstentum Litauen, ein locker organisiertes Vielvölkerreich. 1385/1386 entstand die Union zwischen Litauen und Polen, die alle wichtigen Teile der heutigen Ukraine umfasste.

4 Galizien blieb von 1772 bis nach dem Ersten Weltkrieg 1918 Bestandteil der Habsburger Monarchie. Es fiel nach einem kurzen Intermezzo als „Westukrainische Volksrepublik" (1918–1919) bis zum Zweiten Weltkrieg an den neu entstandenen polnischen Nationalstaat, um daraufhin sowjetisch zu werden (Details zu Galizien in Wendland 2000).

Einige Gebiete der heutigen Ukraine wurden erst relativ spät Bestandteil der Sowjetunion, die Zakarpattja (Transkarpatien) das erste Mal überhaupt 1945. Alle politischen und national-ukrainischen Ansprüche mussten stets gegen polnische oder russische nationale Ansprüche durchgesetzt werden (vgl. Simon 2002 und Kappeler 1994). Die wichtigsten Ansätze einer originär ukrainischen Staatsbildung waren das Hetmantat der Kosaken im 17. Jahrhundert und am Ende des Ersten Weltkriegs die Proklamierung der „Ukrainischen Volksrepublik" in Kiew sowie der „Westukrainischen Volksrepublik" in Lemberg. Beide Staatsbildungen scheiterten jedoch an der militärischen und politischen Entschlossenheit polnischer und russischer Eliten (Simon 2002: 6).

Die lange Zugehörigkeit ukrainisch besiedelter Gebiete zu Imperien mit Zentren ausserhalb der Ukraine und einer anderssprachigen Elite führte dazu, dass sich die ukrainischen Eliten an die jeweiligen Zentren anpassten und sich relativ erfolgreich in den jeweiligen nationalen Kontext einbetten, aber dadurch regelrecht deethnisiert wurden (Kappeler 2003: 21). Hier liegt auch ein Grund für Unfähigkeit eine übergreifende, nationale Bewegung zu entwickeln, obwohl der Gedanke an eine geeinte Ukraine schon im 18. Jahrhundert aufkam.

Der Zusammenschluss aller ukrainischen Territorien im Rahmen der Sowjetunion machte das Entstehen eines eigenen ukrainischen Staates unmöglich. Die Ukraine war seit 1922 als Verwaltungseinheit „Ukrainische Sowjetrepublik" in die übergreifenden institutionellen Strukturen der Sowjetunion eingebettet und somit Teil der „Föderation". Innerhalb der Sowjetunion verfügte die Ukraine neben Russland über die am weitesten entwickelten Strukturen und ähnelte einem Staat. Diese Strukturen waren aber untrennbar mit den Unionsstrukturen verbunden. In den institutionellen Strukturen der Sowjetunion genoss die Ukraine eine gewisse institutionelle Autonomie und verfügte über einen entsprechenden Verwaltungsapparat. Die ukrainische Republik hatte eigene Grenzen, ein gewähltes Gesetzgebungsorgan (Verchovna Rada), eine Regierung, eine Verfassung; sogar einen Sitz bei den Vereinten Nationen (d'Anieri 1999: 92).

Die Sowjetunion gewährte der ukrainischen Unionsrepublik zwar Staatsorgane, sie hatten aber aufgrund des zentralistischen Steuerungsmodells und aufgrund der Vorherrschaft der Kommunistischen Partei der

Sowjetunion keine wirklichen Handlungskompetenzen. In der Ukraine existierten die wichtigsten administrativen Institutionen nur als Ableger der zentralstaatlichen sowjetischen Verwaltung (vgl. Kappeler 1994). Ähnliches lässt sich über Parteien und Verbände sagen. Einen ukrainischen Staat gab es zur sowjetischen Zeit somit nur als „Quasistaat" (Sahm 2001: 110).

Die autoritäre Struktur des politischen Prozesses und die zahlenmässige Übermacht des sowjetischen Russlands behinderten die Ukraine lange an eigenständigen Entwicklungen. Es traten in der Geschichte der Sowjetunion zwar immer wieder Machtkämpfe zwischen dem Zentrum und den Subjekten auf, sie wurden aber immer erfolgreich vom Zentrum für sich entschieden.[5] Eine wünschenswerte, positive Entwicklung aus der Sicht Moskaus war eine immer grössere Zentralisierung der Sowjetunion und die Konzentration der politischen Macht im russischen Kernbereich der Union.

Jedoch war die ukrainische Nationalstaatsbildung am Ende des 20. Jahrhunderts so weit fortgeschritten wie zu keinem anderen Zeitpunkt. Dazu trug paradoxerweise auch die sowjetische Nationalitätenpolitik bei. Indem sie nicht nur alle ukrainischen Gebiete in einer Sowjetrepublik vereinigte, sondern auch die Urbanisierung vorantrieb, die Industrialisierung durchsetzte, eine implizite Ukrainisierung einleitete und immer mehr einheimische Führungskader die Möglichkeit erhielten in Schlüsselpositionen von Partei, Staat und Wirtschaft aufzusteigen,

5 Die intensivsten Auseinandersetzungen wurden in den 20er Jahren ausgetragen, als sich die Ukraine in eine eigenständige Richtung entwickelte. Bis 1923 konnte die Ukraine eigene internationale Beziehungen aufrechterhalten, jedoch wurde diese Autonomie immer mehr eingeschränkt und kam mit der Machtergreifung Stalins zum Erliegen. Vergleichbare Anstrengungen gab es im Zweiten Weltkrieg und nach seinem Ende. Die Geschichte der Ukraine als Teil der Sowjetunion war stets die eines Kampfes um regionale Eigenständigkeit und nationale Selbstbestimmung. In den 50er Jahren wurde unter der Leitung von Petro Šelest erneut versucht, die Beziehungen der Ukraine zu Moskau auf eine neue Grundlage zu stellen und eine Autonomie in wirtschaftlichen, kulturellen und politischen Fragen zu erreichen. Die Folgen dieser Bestrebungen waren jeweils eine forcierte Russifizierung und Zentralisierung des Landes (Simon 2002, Dyczok 2000 und Kappeler 1994).

wurde es möglich eigene Entwicklungen (auch politische) zu realisieren (Kappeler 1994: 191f).[6]

Mit dem Amtsantritt von Generalsekretär Michail Gorbačev 1985 wurde die politische Entwicklung definitiv in eine andere Richtung gelenkt. Die Reformbestrebungen des russischen Zentrums Ende der 1980er Jahre brachten die Chance zu einer längerfristigen nationalen Eigenständigkeit, die 1991 endlich erreicht wurde.[7] Die überwältigende Mehrheit der Ukrainer stimmte für die Unabhängigkeit des Landes.[8] Ein staatsnationaler Konsens konnte sich aber erst richtig nach der Unabhängigkeit 1991 ausbilden.[9] Das lag unter anderem daran, dass die „Ukrainische Sowjetrepublik" zwar die ukrainischen Territorien in einem quasistaatlichen Gebilde zusammenfasste, dieses halbe Jahrhundert in der Sowjetunion aber nicht ausreichte, um die historischen Unterschiede innerhalb dieses Gebildes auszulöschen und ein gesamtukrainisches Nationalgefühl auszubilden (welches Voraussetzung für eine Staatsbildung ist, wenn man von einer Staatsbildung auf Grundlage einer nationalen Bewegung und einer Nation ausgeht).[10] Obwohl die

6 Eine ukrainische Elite etablierte sich erst zwischen 1917 und 1934, worauf deren Bedeutung wieder zurückging (Kappeler 2003: 21). Im Jahrzehnt der Staatsführung von Chruščev (1953–1964) stiegen zahlreiche Ukrainer in die obersten Führungspositionen der Sowjetunion auf. Besondere Förderung erfuhr die Ukrainisierung durch den Kiewer Parteichef Šelest (1963–1972) (Simon 2002: 9).

7 Dyczok (2000: 44f.) schildert ausführlich die politischen Entwicklungen kurz vor der Unabhängigkeit der Ukraine.

8 Beim entsprechenden Referendum am 1. Dezember 1991 wurden über 90% Ja-Stimmen für die Unabhängigkeit der Ukraine erzielt. Am selben Tag fanden die ersten Wahlen für das Amt des Staatspräsidenten statt, die Leonid Kravčuk überlegen gewann.

9 Wittkowsky (1997: 54) interpretiert den staatsnationalen Konsens als einen in den Jahren 1990 und 1991 entstandenen historischen Kompromiss zwischen kulturnational und wirtschaftlich orientierten Bevölkerungsteilen. Ein staatsnationaler ukrainischer Konsens bildet sich trotz regionaler Unterschiede und der signifikanten russischen Minderheit immer mehr heraus.

10 Grob gesprochen können die ukrainischen Gebiete in drei Grossregionen eingeteilt werden: in den Westteil, der traditionell „ukrainisch" und eher westlich geprägt ist; in den Südostteil, in dem die Identifikation mit der Ukraine schwach und die Loyalität zu Russland am stärksten ausgeprägt ist (was auch mit der Rand- und

nationale Mobilisierung einen entscheidenden Beitrag zur Unabhängigkeit leistete, ging sie danach stark zurück. Der heutige ukrainische Staat kann somit weniger im Rückgriff auf historische Staatsbildungsversuche interpretiert werden, denn als Nachfolger der ukrainischen Sowjetrepublik, seiner Eliten, Netzwerke und politischen Kultur (Kappeler 2003: 25).

4.2 Das ukrainische State Building nach der Unabhängigkeit 1991

Die Ukraine „erbte“ ein System, welches darauf ausgelegt war, die Ziele einer Sowjetregierung zu erfüllen.[11] Nach dem Zerfall der Sowjetunion und der Unabhängigkeit der Ukraine 1991 wurden zwar zunächst sämtliche überkommenen sowjetischen politischen Institutionen in Frage gestellt (das betraf v.a. die Kommunistische Partei), es gelang trotzdem nicht ganz, die Politik an die Infrastruktur anzupassen und umgekehrt. So existieren in der unabhängigen Ukraine weiterhin alle Institutionen der vormaligen „Ukrainischen Sowjetrepublik“ – teilweise mit geänderten Namen, praktisch aber ohne grössere personelle Veränderungen (Haiduk 1996).

Als Reaktion auf den Kollaps der Sowjetunion räumte die Ukraine der Entwicklung ihrer *nezaležnist*, der formalen Unabhängigkeit, Priorität ein. Das ist verständlich, weil die Ukraine die letzten Jahrhunderte nie als ganzes selbständig und immer Bestandteil verschiedener Reiche gewesen war. Dabei kam aber die Entwicklung der *samostijnost*, oder die Entwicklung der staatlichen Fähigkeiten, zu kurz.[12] Was ziemlich

Grenzlage zu Russland zu tun hat) sowie in das Zentrum des Landes, welches als Puffer dienen mag, da es in keines der beiden „Extreme“ verfällt.

11 Einen Überblick über sowjetische Altlasten findet man z. B. in Rakowska-Harmstone (2000).

12 Die Bildung einer nationalen und kulturellen Identität, um den Staat auf Dauer zu konsolidieren und sein Existenzrecht zu sichern, wird an dieser Stelle nicht weiter vertieft (vgl. zu dem Komplex ukrainischer Staat und Nation: Wittkowsky 1997, Wolchik 1999 und Kuzio 1998). Riabchuk (2002), der das Konzept der *two*

problematisch ist, da sich die Ukraine in einem vierfachen Transformationsprozess befindet wie Kuzio (2001) richtig festgestellt hat. In diesem Prozess geht es um den gleichzeitigen Aufbau von Staat und Nation sowie von Wirtschaft und Gesellschaft.[13] Dabei muss zusätzlich die Transformation von informell zu formell und von nicht institutionalisiert zu institutionalisiert betont werden. Als besonders vehementer Advokat des „bringing the state back in post-communist transition" erweist sich für den ukrainischen Fall Taras Kuzio (1999: 1). Für ihn ist der Staat die wichtigste Institution, wenn es um post-kommunistischen Staatswandel und State Building geht.[14]

Nach aussen und auf internationalem Parkett schaffte es die Ukraine, dass die Integrität ihres Staates nicht offen hinterfragt wird. Nach innen erreichte der Staat aber keine eigenständige Handlungsfähigkeit. Der ukrainische Staat brach zwar nicht zusammen, er „franste" aber aus und ist seitdem nur eingeschränkt handlungsfähig, obwohl viele wichtigen Strukturen durchaus vorhanden sind.

Die politische Führung war sich des Problems bewusst und räumte dem Aufbau des eigenständigen Staates formell oberste Priorität ein (vgl. Kuzio 2001, d'Anieri 1999).[15] Der Aufbau staatlicher Eigenständigkeit erfolgte zuerst vordergründig durch den Verfassungs-

Ukraines eingeführt hat, das die Unterschiede zwischen Westen und Osten plastisch ausdrückt, sieht das Problem weniger in den unterschiedlichen Nationalismen und Befindlichkeiten dieser beiden Landesteile. Vielmehr sei das Fehlen von jeglicher Ideologie das Hauptproblem. Der grösste Widerspruch ist aber, das niemand mit Bestimmtheit sagen kann, wo der zweite Teil anfängt und der erste aufhört. Obwohl „Osten" und „Westen" am stärksten heraustreten, gibt es tatsächlich so viele Ausprägungen der Ukraine, dass diese Klassifizierung zu wenig weit geht. Die Mehrheit der Ukrainer bildet eine amorphe Gruppe und viele Gebiete passen nicht in dieses starre Schema, sondern erscheinen beweglich und heterogen.

13 Dahrendorf (1990) und Offe (1991) beobachteten schon zu Anfang der 90er Jahre das Dilemma der gleichzeitigen Transformation.

14 Neben Taras Kuzio thematisiert auch Simon (2002: 11f.) das State Building der Ukraine. Dieser stellt auch fest, dass die inneren Strukturen von Staat und Gesellschaft noch nicht gefestigt sind.

15 Zu den Versuchen des State Building des ersten Präsidenten Leonid Kravčuk siehe Harasymiv (2002: 80f.).

gebungsprozess.[16] Er stand am Anfang des Aufbaus des ukrainischen Staates und ist ein zentrales Element des ukrainischen State Building (Wolczuk 2001). Dieser Prozess und seine Ergebnisse werfen ein prägnantes Licht auf die Art und Weise des ganzen ukrainischen State Building.

In der Ukraine fiel die Wahl nicht auf ein rein parlamentarisches oder ein präsidentielles System, sondern auf eine „hybride" Form, da sich die ukrainischen Verfassungsgeber im Verfassungsgebungsprozess nicht auf eine eindeutige Regierungsform einigen konnten.

Die Grundzüge dieses Systems wurden endgültig in der Verfassung von 1996 festgelegt.[17] Die Ukraine war der letzte der Nachfolgestaaten der Sowjetunion, der eine neue demokratische Verfassung in Kraft setzte. Der verfassungsgebende Prozess begann zwar schon 1990, fand aber erst im Juni 1996 seinen Abschluss. Bis dahin wurden verschiedene Verfassungsentwürfe vorgelegt, die aber wegen der Mehrheitsverhältnisse im Parlament und aufgrund der Auseinandersetzungen zwischen Präsident und Parlament nicht verabschiedet werden konnten. Das nun in der ukrainischen Verfassung verankerte Regierungssystem ist das Ergebnis von unterschiedlichen Vorstellungen, von denen sich in endlosen Verhandlungen schliesslich weder die parlamentarische noch die präsidielle durchsetzen konnte. Sie verkörpert nur den kurzzeitigen Kompromiss zwischen Präsident und Parlament.

Das politische System der Ukraine basiert auf einem gemischten präsidial-parlamentarischen System (auch Haran et al. 2003: 607). Treffender könnte man es als „Parlamentarisches Regierungssystem mit Präsidialdominanz" klassifizieren. Dies ist unter anderem darauf zurückzuführen, dass die Ukraine formell ein Präsidialsystem darstellen sollte. Dennoch räumt die ukrainische Verfassung dem Parlament erhebliche Befugnisse ein, und der Präsident verfügt formell nicht über die Machtfülle wie seine Kollegen in den reinen Präsidialsystemen der Nachfolge-

16 In der unabhängigen Ukraine galt zunächst die alte Verfassung der „Ukrainischen Sowjetrepublik" von 1978 weiter. Unter dieser entwickelte sich das Land von 1991–1994 zu einer präsidial-parlamentarischen Republik (Arabs'kyj 2003: 37).

17 Vgl. <http://www.rada.kiev.ua/const/conengl.htm#r0> (10.10.2002).

staaten der Sowjetunion.[18] Die obige Klassifizierung trifft allerdings nur zu, wenn es um die schematische Einordnung des Regierungssystems geht. Auf einer normativen Ebene wird das politische System oft als hybrides Regime oder als *ambiguous regime* (Diamond 2002) bezeichnet. Andere Autoren gehen weiter und stufen die Ukraine als Wahldemokratie (*electoral democracy* oder auch *electoral authoritarianism*, d'Anieri 2001) oder als illiberale Demokratie ein.[19]

Die bisher grösste Errungenschaft des State-Building der Ukraine ist demnach die Verabschiedung einer neuen Verfassung. Die ukrainische Verfassung enthält den Kern der Regeln, die den Staat als Institution kennzeichnen und legt die Art und Weise der Institutionalisierung der Herrschaftsordnung fest.[20] Der Präsident wird direkt vom Volk gewählt, genauso wie das Parlament. Das hat zu regelmässigen Auseinandersetzungen zwischen diesen beiden Institutionen geführt, wer das wirkliche Mandat vom Volk und das Sagen hat (Wilson 2002: 41 und Kuzio 1999: 28).

Die Ausarbeitung und die Verabschiedung der Verfassung waren von einem Machkampf zwischen Präsident und Parlament geprägt.[21] Der

18 Dies betrifft vor allem das Recht, das Parlament aufzulösen, welches nur eingefordert werden kann, wenn keine Plenarsitzung des Parlaments innerhalb von 30 Tagen zustande kommt. Der Präsident der Ukraine verfügt aber auch über eigenständige gesetzgebende Kompetenzen mittels Dekreten (Ausnahmen in Art. 92 der Verfassung), dazu ernennt und entlässt er die Regierung.

19 Weitere Bewertungen des ukrainischen Transformationsprozesses hinsichtlich des erreichten Demokratiegrades findet man bei Freedomhouse <http://www.freedomhouse.org/research/nattransit.htm> (20.03.2003), in d'Anieri (2001, 2003) oder in Kuzio (2002, 2003).

20 Gemäss der sowjetischen Rechtstradition wurde die Verfassung als umfassender und rigider Code konzipiert.

21 Der Höhepunkt wurde Mitte der 90er Jahre erreicht. Anfang Dezember 1994 brachte Kučma den Entwurf eines „Verfassungsgesetzes über die Staatsgewalt und die örtliche Selbstverwaltung" ein. Der Staatspräsident wird darin de facto zum Leiter der zentralstaatlichen und regionalen Exekutive berufen, erhält weitreichende Ernennungsrechte und die Befugnis, das Parlament aufzulösen (vgl. Golovatij 1995). Nach erheblichen Auseinandersetzungen wurde am 8. Juni 1995 endlich eine quasi-präsidentielle Interimsverfassung angenommen. Im Frühjahr 1996 entbrannte nochmals ein Kampf um die endgültige Version des Verfassungstextes.

Streit endete zwar nach zwei Jahren in einem Kompromiss, da die von Kučma initiierte Übergangsverfassung von 1994 nach zwei Jahren ungültig und dringend ein Nachfolgedokument benötigt wurde. Der präsidentielle Druck und die darauf folgende Hektik von Seiten des Parlamentes kurz vor Ablauf der Frist hatten aber zur Folge, dass kein optimales Ergebnis hinsichtlich der verfassungsrechtlichen Kodierung der institutionellen Beziehungen erreicht werden konnte (Wolczuk 2001: 241). Das Ergebnis des informellen und unstrukturierten State-Building-Prozesses ist eine Verfassung mit mangelnden institutionellen Bestimmungen. Dessen sind sich die wichtigsten Akteure auch bewusst. Die Tatsache einer unzulänglichen Verfassung führt immer wieder zu Forderungen nach Nachbesserungen. Vor allem Präsident Kučma forderte zu verschiedenen Anlässen von nationaler Bedeutung wie der Präsidentschaftswahl 1999 oder den Parlamentswahlen 2002 eine Aufwertung der Stellung des Präsidenten und die Aufteilung des Einkammerparlamentes in zwei Kammern.[22]

Da die Institutionalisierung der Beziehungen der ukrainischen Institutionen untereinander nicht gelingen wollte, bemühten sich die Verfassungsgeber feste Werte zu institutionalisieren. Die verfassungsrechtliche Kodierung von gemeinsamen Werten und Normen wie das

Die wichtigsten Diskussionen gab es über die Form und die Funktion des Parlaments, vor allem über die Frage, ob das Parlament aus einer oder aus zwei Kammern bestehen sollte. Diese Diskussion sollte allerdings mit der Verabschiedung der Verfassung nicht beendet sein. Überdies war die Rolle des Präsidenten sehr umstritten. Die Definition des „Volkes der Ukraine", der Status der russischen Sprache sowie die Frage nach dem Ausmass der verfassungsrechtlichen Verankerung von sozialen Grundrechten hatten weitere Konflikte zur Folge (Wolczuk 2001).

22 Nach seiner Wiederwahl 1999 liess er im April 2000 ein Referendum abhalten, welches den Stimmbürgern vier Fragen zur Schaffung einer zweiten Parlamentskammer, zu Aufhebung der Immunität der Parlamentsabgeordneten, zur Reduzierung der Zahl der Abgeordneten des Parlamentes von 450 auf 300 und zum Recht des Präsidenten das Parlament bei Nichterfüllung von bestimmten Aufgaben aufzulösen, vorlegte. Obwohl etwa 80% der Abstimmenden alle vier Fragen bejahten, wurden die Ergebnisse des Referendums nicht umgesetzt (Arabs'kyj 2003: 37f.).

Recht auf Arbeitsollte integrierend wirken.[23] Das Nebenprodukt der Versuche universelle Verfassungsprinzipien mit den einzelnen Interessen des postkommunistischen State Building zu verbinden, beinhaltet nicht nur eine konstitutionelle Vielfalt, sondern auch eine konstitutionelle Verwirrung. Die mangelnde Integration von verschiedenen Vorstellungen schaffte Intransparenz und Unstimmigkeiten. Wichtige Punkte wie die Zentrum-Peripherie Beziehungen blieben in diesen Prozess relativ unbeachtet und wurden nur unzureichend formalisiert. Daher bedeutet in der Ukraine State Building vor allem die Ausbildung eines staatlichen Zentrums und die Einbindung der „Peripherie". Die Ukraine wurde dabei immer als Einheitsstaat verstanden, in dem die Gebiete (Oblasti) und die Gemeinden das Recht auf Selbstverwaltung, aber nicht auf eigenständige politische Funktionen und regionale Entwicklungen haben (Verfasungsartikel zwei, sieben und 132–133). Der oft nur unter Zwang zustande kommende ad-hoc Konsens, die unklare Kompetenz- und Gewaltenteilung waren ein Einfallstor für Unstimmigkeiten, und die Spannungen entluden sich in heftigen Disputen zwischen der Exekutive und der Legislative.

Die Spannung zwischen dem alten und neuen System ist für Nemiria (2000: 195) die Hauptquelle für Konflikte: „The contradiction between the hierarchical system of the Soviet era and the new system of division of powers is one of the basic components of conflict in Ukraine, just as in many other post-Soviet states". Dieses Konfliktpotenzial wird erheblich dadurch verstärkt, dass die Gewalten nicht eindeutig von einander getrennt sind und formale Lücken in den institutionellen Beziehungen bestehen.

Kuzio (1999) setzt beim ukrainischen State Building einen anderen Schwerpunkt, indem er den ukrainischen State-Building-Prozess aus der Perspektive Staat-Gesellschaft analysiert und die wichtige Rolle der ukrainischen Eliten für das State Building berücksichtigt.[24] Darüber

23 Verfassungsartikel eins bis sechs. In Artikel zehn ist das Recht auf den Gebrauch der russischen Sprache festgeschrieben, in Artikel 43 das Recht auf Arbeit, in Artikel 45 das Recht auf Erholung und in Artikel 47 das Recht auf Wohnung.

24 Für Kuzio (1999: 213f.) ist das ukrainische State Building eng mit dem Nation Building verknüpft. Er betont unterschiedliche Auffassungen von State und Nation

hinaus nimmt er auch Bezug auf die Zersplitterung der Gesellschaft und die Informalität von Strukturen. Er kommt zum Schluss, dass die Anstrengungen zum Aufbau eines funktionsfähigen Staates nicht von grossem Erfolg gekrönt waren (Kuzio et al. 1999: 329). Kuzio (1999: 10) sieht in der Ukraine alte mit neuen Elementen kombiniert, jedoch befruchten sich diese nicht gegenseitig. Der Staat hat den bereits bestehenden und neu entstehenden Unzulänglichkeiten von Staat und Gesellschaft nichts entgegenzusetzen. Dolženkov (2002) zeigt überdies für die Elitenebene, dass sich die alten Elemente gegenüber den neuen erfolgreich durchgesetzt haben (vgl. auch mit Kapitel 3.3.3).

Diese Ausführungen beweisen, dass der Prozess des Umbaus des Staates durch fehlende formelle Rahmenbedingungen, Volatilität und Informalität sowie durch eine problematische Beziehung des Staates zu seiner Gesellschaft gekennzeichnet sind. Die fehlende institutionelle und legislative Konsolidierung wirkt sich nicht nur negativ auf die politisch-institutionelle Ebene, sondern auch auf den Reformverlauf im Wirtschaftsbereich aus.[25] Möchte man die Schlüsselelemente des ukrainischen State Building mit Schlagwörtern belegen, so sind die zunehmenden autoritären Tendenzen des Staates, das Untergraben von Verfassungsregeln und Gesetzen, Korruption, Misstrauen, eine „Kultur des Lügens“ und unterschiedliche Allianzen zwischen Oligarchen und exekutiven Organen seit den Jahren 1998/1999 herauszuheben.[26] Die Gründe für die Unzulänglichkeiten des Staates bringt Kuzio (1998: 164) auf den Punkt: „Not only does Ukraine not possess strong traditions of state-hood, but state and nation building is being conducted at a time of socio-economic crisis“. Die nun folgende Staatsanalyse konzentriert sich allerdings auf institutionelle und politische Aspekte. Im Vordergrund

Building im Ost- bzw. im Westteil des Landes. Seiner Meinung nach ist die Phase des ukrainischen Nation Building weitgehend abgeschlossen.

25 Semenjuk (2003) bietet in der Zeitschrift *Viče* einen aktuellen kritischen Überblick über den Stand und die Folgen der Wirtschaftsreformen in der Ukraine, insbesondere der Privatisierung.

26 Ein Beispiel sind die Auseinandersetzung aus den Jahren 2003 und 2004 darüber, ob der Präsident weiterhin vom Volk gewählt werden oder ob zukünftig das Parlament dafür zuständig sein sollte.

steht zunächst die mangelhafte Institutionalisierung der zentralstaatlichen Gewalten des Staates.

4.3 Konstruktionsfehler des ukrainischen Zentralstaates

4.3.1 Mangelhafte Institutionalisierung der Zentralgewalten

Die schwache Institutionalisierung ist in der Ukraine gut an den wichtigsten Institutionen des Staates beobachtbar. An erster Stelle steht die Unfähigkeit, eine Verfassung zu verabschieden. Der Verfassungsgebungsprozess legt das Fundament für einen institutionellen Aufbau des Staates. Dieser Prozess wurde in der Ukraine zu lange hingezogen und regelrecht verschleppt. Dadurch hat das Land eine besonders lange Zeitspanne des institutionellen Niedergangs erfahren (Fritz 2000: 2). Mangelhafte Institutionalisierung ist ein Grund dafür, dass formellen Strukturen nicht die Bedeutung wie in anderen Staaten zukommen. Es wird auf Mechanismen zurückgegriffen, die eine informelle Grundlage haben, beispielsweise stark personalisierte Kommunikations-, Vertrauens- und Machtstrukturen.[27] Die ukrainischen Institutionen kann man auf dieser Grundlage zunächst einfach nur als schwach einstufen. Daraus lässt sich aber auch folgern, dass ein Staat mit schwachen oder kaum existenten institutionellen Strukturen andere Handlungsgrundlagen benötigt als ein gefestigter Staat.

Das gesamte institutionelle Gefüge der Ukraine wird seit der Unabhängigkeit von institutionellen Spannungen und Auseinandersetzungen bestimmt.[28] Im Vordergrund standen meist die Streitigkeiten

27 In diesem Zustand wurde Macht an sich nicht institutionalisiert: „Institutionalization of power means the limitation of power which might otherwise be wielded personally and arbitrarily“ (Huntington 1965: 423).

28 Vasyl'/Tomenko (1997) fassen diese zusammen. Die institutionellen Auseinandersetzungen werden von Wolczuk (2001) gut am Beispiel des Verfassungsgebungsprozesses beschrieben.

zwischen dem Präsidenten und dem Parlament. Ein Grund dafür ist die von Anfang an unzureichende Institutionalisierung dieser politischen Organe. Die Situation wurde auch nicht durch die 1996 neu verabschiedete Verfassung verbessert, da sie keine eindeutige Machtzuweisung und Abgrenzung zwischen Exekutive und Legislative vorsah und die instabile institutionelle Situation zementierte. Permanente Auseinandersetzungen zwischen der Legislative und Exekutive, welche das politische System lähmten, waren die Folge.

Das ukrainische System wird eindeutig vom Präsidenten geprägt. War das Parlament zeitweise dem Präsidenten ebenbürtig, haben sich in der zweiten Amtszeit von Präsident Kučma die Kräfte zugunsten des Präsidenten verschoben – auch aufgrund einer präsidentiellen Mehrheit im Parlament. Überdies hat die Präsidialadministration die Funktionen einer Parallelregierung inne und übt erheblichen Einfluss auf Politikformulierung und Kaderbesetzung aus.[29] Die politische Einflussnahme ist zum grossen Teil patrimonial-klientelistisch geprägt, d. h., dass Kader aufgrund von Loyalitäten ausgesucht werden und paternalistische öffentliche Strukturen dominieren.

Der nachstehende strukturelle Teil behandelt die wichtigsten Institutionen der ukrainischen Zentralmacht. Genauer betrachtet werden der Präsident (Kapitel 4.3.1.1), das Parlament (Kapitel 4.3.1.2), die Regierung (Kapitel 4.3.1.3), das Rechtssystem (Kapitel 4.3.1.4) und die Verwaltung (Kapitel 4.3.1.5). Zum einen werden die unzureichende Institutionalisierung dieser wichtigen Strukturen und die daraus entstehende Folgen unterstrichen, darüber hinaus werden die politischen Mittel und Verhaltensweisen der Akteure in diesen Schlüsselinstitutionen genauer untersucht.

29 Siehe auch Wilson (2003: 106): „In practice, however, the presidential administration sits at the head of a dense network of post-Soviet clientelism […], and Ukraine, like Russia, inclines towards hyper-presidentialism.“

4.3.1.1 Der allmächtige Präsident

Das Amt des Präsidenten wurde erst nach der Unabhängigkeit am 5. Juli 1991 eingeführt.[30] Es entstand zunächst eine Institution, deren Machtkompetenzen nicht besonders ausgeprägt oder deutlich definiert waren.[31] Die Institution des Präsidenten und die Präsidialverwaltung ersetzten schnell die Strukturen des Zentralkomitees der Kommunistischen Partei.

Der erste Präsident der Ukraine, Leonid Kravčuk (1991–1994) konnte mit dem unklaren Handlungsrahmen nicht gut umgehen.[32] Dieser Handlungsrahmen beruhte einerseits noch auf der alten, sowjetischen Verfassung, die für das ukrainische Parlament erhebliche exekutive Kompetenzen vorsah, andererseits standen dem Präsidenten der unabhängigen Ukraine aber ebensolche Kompetenzen zu. Die Institutionalisierung eines Präsidentenamtes mit ebenfalls starken exekutiven Kompetenzen hatte ständige institutionelle Konflikte zur Folge, da sich die Funktionen von Parlament und Präsident oft überschnitten oder unklar voneinander abgegrenzt waren. Die Befugnisse des Präsidenten reichten aber nicht aus, um im Alleingang ohne das Parlament den Regierungschef zu ernennen oder entscheidende Reformen zu initiieren. Provisorische Entscheidungen zwischen Präsident, Regierung und Parlament charakterisierten diese Zeit. Der Präsident Leonid Kravčuk war aber auch nicht an einer lückenlosen Umsetzung seiner Vorstel-

30 Es basiert auf dem Gesetz „Über den Präsidenten der Ukrainischen Sozialistischen Republik“. Artikel 6/7 des Gesetzes sprechen dem Präsidenten das Recht zu, notwendige administrative Strukturen zu errichten und im Rahmen seiner Kompetenzen Dekrete zu erlassen (Wilson 1997: 69f.). Präsidentschaftswahlen in der Ukraine fanden im Dezember 1991, 1994, 1999 und 2004 statt (Bos 2002: 455 zu Details).

31 Die Kompetenzen des Präsidenten wurden erst mit der Verfassung 1996 näher definiert. Im Verfassungsartikel 106 werden 31 verschiedene Kompetenzen aufgeführt. Der Präsident wird gemäss Präsidentenwahlgesetz in allgemeinen, direkten und geheimen Wahlen für eine Amtszeit von fünf Jahren gewählt, die auf zwei Amtsperioden beschränkt ist. Der Kandidat für das Präsidentenamt muss kein Mitglied der ihn nominierenden Partei oder des Wahlblocks sein.

32 Er war ein Vertreter der linken Kräfte, und damit der alten Nomenklatura, die durch ihn ihre alten Machtpositionen zunächst sichern konnte. Dadurch blieben in der ersten Zeit der Unabhängigkeit tiefgreifendere Reformen aus.

lungen interessiert, und es kam nicht zu einem offenen Machtkampf. Eine Folge dieses institutionellen Stillstandes war, dass keine Wirtschaftsreformen eingeleitet wurden (z. B. um die Hyperinflation einzudämmen, welche die wirtschaftlichen Aktivitäten lähmte) (Wittkowsky 1997, Ott 1999, d'Anieri et al. 1999).[33]

Unter dem ersten Präsidenten blieb die Präsidialmacht schwach und unausgeprägt. Dies änderte sich mit dem Machtantritt von Präsident Kučma, der 1994 als Reformpräsident gewählt wurde.[34] Während in den ersten vier Jahren nach der Unabhängigkeit das Parlament dominierte, strebte der neue Präsident Kučma danach, diese Vormachtstellung zu seinen Gunsten einzuschränken. Mehrmals gelang es dem Präsidenten ausserordentliche Vollmachten zu erhalten.[35] Sein Machtstreben machte das Präsidentenamt zu einer zentralen und entscheidenden Institution im politischen System. Darüber hinaus erreichte er eine institutionelle Verankerung dieses Anspruchs in der neuen Verfassung, die 1996 verabschiedet wurde.[36] Obwohl diese Verfassung mit Zustimmung des

33 Der Lebensstandard sank in den ersten Jahren der Unabhängigkeit kontinuierlich und das BSP halbierte sich bis in die Mitte der 90er Jahre (Wittkowsky 1997).

34 Leonid Kučma war von 1992 bis 1993 Premierminister. In diesem Zeitraum versuchte er, eine starke Regierung zu bilden, scheiterte aber an dem Präsidenten und dem Parlament. Er leitete von 1986 an den grössten ukrainischen Rüstungskonzern in Dnipropetrovs'k und etablierte sich entsprechend in der lokalen und regionalen Führungsebene (von 1993 bis 1994 war er zusätzlich Vorsitzender der „Union der Industriellen und Unternehmer"). Er wurde als Vertreter der industriellen Eliten an die Staatsspitze gewählt (ausführlich Kowall/ Zimmer 2002).

35 1992 wurden ihm noch als Regierungschef Sondervollmachten vom Parlament übertragen, 1995 erlangte er die alleinige Kontrolle über die Exekutive für ein Jahr, und 1996 sicherte er sich das Recht zu, für drei Jahre nach Annahme der Verfassung in Wirtschaftsfragen per Dekret zu regieren (Ott 2002: 77).

36 Die ukrainische Verfassung überträgt dem Staatspräsidenten wichtige Machtbefugnisse: Er ernennt das Ministerkabinett (die Regierung), bestimmt den Ministerpräsident, vertritt das Land nach aussen, hat den Oberbefehl über die Streitkräfte inne, leitet den Nationalen Sicherheits- und Verteidigungsrat der Ukraine, bestimmt dessen Vorsitzenden, den Chef des Geheimdienstes, den Generalstaatsanwalt und weitere wichtige wirtschaftspolitische Vertreter wie den Vorsitzenden des Fonds für Staatsvermögen oder des Fernseh- und Radiokomitees der Ukraine (Artikel 106 der Verfassung).

Präsidenten verabschiedet worden war und ihm zunächst als Instrument der präsidiellen Machtdurchsetzung genehm war, fand er in der Folge immer weniger Gefallen an ihr. Das lag hauptsächlich an der Unabhängigkeit und Renitenz des Parlamentes. Da der Präsident keine Befugnis hatte, das Parlament aufzulösen, musste er zu anderen Mitteln greifen, um das Parlament zu kontrollieren. Präsidialdekrete erwiesen sich als flexible politische Instrumente. Mit ihnen gelang es dem Präsidenten, den politischen Prozess zu dominieren und dem Parlament in wichtigen politischen Entscheidungen zuvorzukommen.[37] Ein weiteres Mittel der Machtdemonstration des Präsidenten war die Androhung von Referenden, aber auch ihre Durchführung. Dieses Mittel benutzte er mehrere Male, um das Parlament in seine Schranken zu weisen.[38]

Um seine Macht zu sichern, stützte sich der Präsident zusätzlich auf eine Verfassungsbestimmung, welche ihm das Recht gibt, Organe und Dienste zu schaffen, um die Ausübung seiner verfassungsmässigen Rechte und Pflichten garantieren (vgl. Verfassungsartikel 106, Absatz 28). In der Folge baute er institutionelle Instrumente aus, um seine Interessen besser durchsetzen zu können. Zwei Institutionen waren ihm besonders bei seiner Machtdurchsetzung nützlich: die Präsidialadministration und der Rat für Nationale Sicherheit und Verteidigung.

37 Der ukrainische Präsident erlässt über 1000 Dekrete jährlich, im Gegensatz zum Parlament mit durchschnittlich 300 parlamentarischen Gesetzen. Genauere Informationen findet man bei Protsyk (2004) und (Bos 2002: 458).

38 1995 beschleunigte ein angedrohtes Referendum die Annahme eines zeitweiligen Verfassungsvertrages. Dieser Vertrag sicherte dem Präsidenten bis zur Annahme der neuen Verfassung 1996 weitreichende Vollmachten. Das gleiche Mittel wurde eingesetzt, um die Verfassungsannahme zu beschleunigen. Im April 2000 wurde dann tatsächlich das erste Referendum durchgeführt und mehrheitlich angenommen (mit mehr als 80% der abgegebenen Stimmen, Ott 2000a: 11). Es sollte die Struktur des Parlamentes erheblich ändern (Zweikammerparlament, Reduzierung der Abgeordneten auf 300) und die Hürden zu seiner Auflösung senken. Jedoch verhinderte das ukrainische Verfassungsgericht die Umsetzung dieser Bestimmungen (NZZ, 5. April 2000 und Tagesanzeiger, 27. Januar 2000).

Der Präsident Kučma verstärkte die Präsidialadministration erheblich, welche bereits zu Beginn der Amtszeit von Kravčuk gegründet worden war, und machte sie zu einer Art zweiter Regierung.[39]

Die Präsidialverwaltung steht über der Regierung und dem Parlament und kann öffentlich kaum kontrolliert werden. Ein wesentliches Kennzeichen des ukrainischen politischen Systems ist die Verlagerung von institutionellen Kompetenzen in dieses Machtorgan. Die Präsidialverwaltung nimmt nicht nur analytische, organisatorische, rechtliche und beratende Aufgaben wahr, sondern bereitet auch Gesetzentwürfe und Dekrete des Präsidenten vor. Sie mischt sich überdies in parlamentarische Verantwortlichkeiten ein und erarbeitet Gutachten über Gesetze, die vom Parlament verabschiedet werden. Die Administration übernimmt die Rolle des Koordinators zwischen den wichtigsten Verfassungsinstitutionen Parlament, Regierung und Präsident. Faktisch steht sie in ihrer Entscheidungsgewalt über dem Parlament und der Regierung. Durch zahlreiche Kontakte zu Abgeordnetengruppen und Fraktionen im Parlament nimmt sie Einfluss auf parlamentarische Entscheidungen. Darüber hinaus sammelt der Präsident in der Präsidialadministration eine loyale Gefolgschaft.

Schon unter Kučma bestand eine erhebliche Tendenz zur Ausweitung dieses Verwaltungsapparats – und die Kompetenzüberschneidungen mit der Regierung und anderen Verwaltungsstrukturen wurden dadurch noch grösser (Zerkalo Nedeli, No. 44 (469), 15–21 nojabrja, 2003). Diese Institution wurde unter Kučma so stark, dass sie die Arbeit der gesamten Zentralexekutive beeinflusste und kontrollierte.[40]

39 Im Dezember 1996 wurden mit dem Dekret „Über die Administration des Präsidenten der Ukraine“ alle Organe der Exekutive und alle Amtspersonen darauf verpflichtet, die Anordnungen der Präsidialadministration zu befolgen (Ott 1999: 45). Dieses Dekret legt auch fest, dass die Präsidialadministration die Zusammenarbeit zwischen Präsident, Regierung und Parlament gewährleistet. Viktor Medvečuk, der Leiter der „Vereinigten Sozialdemokratischen Partei“ (SDPU(o)), war von 2002–2005 der Leiter der Präsidialadministration und hatte einen entscheidenden Anteil an dieser Entwicklung.

40 Ein Merkmal war aurch das Entsenden von Präsidentenvertretern in die Regierung, das Verfassungsgericht, Ministerien, Staatskomitees und das Parlament (Ott 1999).

Der Rat für Nationale Sicherheit und Verteidigung ist die zweite, legale und formelle Stütze der Präsidialmacht. Der Rat, dessen Vorsitzender der Präsident selber ist, koordiniert und kontrolliert die Tätigkeit aller Machtstrukturen, insbesondere der Machtministerien.[41] Alle wichtigen Minister gehören diesem Rat an.[42]

Auch dieses Organ zog unter Kučma immer mehr Kompetenzen an sich und war massgeblich an der Gestaltung der Präsidialpolitik beteiligt; es diskutierte nicht nur über Sicherheitsfragen, sondern auch über Wirtschaftsprobleme wie die den Verlauf der Privatisierung und über Kulturpolitik. Seine Entscheidungen konnten durch ein Präsidialdekret unter Umgehung des Parlamentes in Kraft gesetzt werden.

Dies waren aber nicht die einzigen Mittel des Präsidenten Kučma, seine Vorstellungen durchzusetzen. Nach seinem Amtsantritt ordnete er die Regierung und die regionalen Verwaltungschefs unmittelbar seiner Person unter. Der Präsident konnte sich in der Regel auf die direkt von ihm ernannten Gebietsgouverneure verlassen. Sie waren die Vertreter des Präsidenten im Oblast' und folgten seinen direkten Anweisungen. Unbedingte Loyalität war die erste Voraussetzung für die Besetzung dieser Position.[43] Die Gouverneure spielten eine wesentliche Rolle bei der Wiederwahl von Kučma, da sie einen grossen Einfluss auf regionale Medien und Machtgruppen ausübten.

41 Zu den Machtministern gehören der Innen-, Aussen,- Verteidigungsminister und der Leiter des Sicherheitsdienstes.

42 Zum Kern der 16 Mitglieder gehören: der Innen-, Aussen-, Verteidigungsminister, der Chef des Sicherheitsdienstes des Landes sowie der Regierungschef und schliesslich der Präsident als Vorsitzender.

43 Wenn dies nicht der Fall ist, dann werden „zuverlässigere“ Vertreter bestimmt. Nach dem ersten Präsidentschaftswahlgang 1999 wurden die Gouverneure in den Gebieten abgesetzt, in denen die Wähler mehrheitlich gegen Kučma gestimmt hatten. Das betraf die Gebiete Vinnycja, Poltava und Kirovograd. Nach den Wahlen wurden weitere unbequeme Verwaltungschefs ersetzt (Ott 2002: 80 und Ott 2000: 21). Neuere Beispiele betreffen die Vorsitzenden der Regionalverwaltungen von Černivci, Dnipropetrovs'k, Poltava und Zaporižžja. Sie wurden auf Vorschlag des Premierministers Janukovyč ersetzt (Freedom House (ed.) 2004b).

Auf informeller Ebene stützte sich der Präsident auf seine alten Verbindungen nach Dnipropetrovs'k und auf loyale Gefolgsleute aus „seiner" Region, die er zu sich nach Kiew geholt hat (ausführlich Nordberg 1998: 48). Ferner hat er zahlreiche Personen aus der Hauptstadt in sein Machtsystem mit eingebunden. Kučma war mit allen Machtmitteln vertraut und dafür bekannt, einzelne Akteure zu seinen Gunsten auszuspielen und mit wechselnden Allianzen zu operieren.[44] Allgemein kann man feststellen, dass er verschiedene, insbesondere ökonomische Elitengruppen, überlegt in seine Politik eingebunden hat. Der Einfluss von wirtschaftlichen Interessengruppen, die eine Symbiose mit dem Präsidenten eingegangen sind, ist dadurch beträchtlich; vor allem von Interessengruppen aus seiner Heimatregion Dnipropetrovs'k.[45]

Der Präsident schaffte sich so grosse Finanz-Industriegruppen zu seiner Machtsicherung. Dieses Netzwerk aus loyalen Personen ist nach seinen persönlichen Bedürfnissen ausgerichtet und wird von ihm nach Bedarf angepasst (Kowall/Zimmer 2002). Es ist ein gutes Beispiel für die Personalisierung von Herrschaft, die unter Kučma stattgefunden hat (zu diesem Thema auch d'Anieri 2003). Mit dem Präsidenten verbundene Seilschaften finanzieren nicht nur seinen Wahlkampf, sondern beeinflussen auch Parlamentsabstimmungen oder Referenden (wie das Verfassungsreferendum 2000, Ott 2000a). Die präsidielle Patronage beruht auf materieller und politischer Gewährung von Vorteilen für die ihn unterstützenden Personen und Netzwerke. Der Präsident sichert sich ihre Unterstützung beispielsweise durch laxe Strafverfolgung oder durch den Zuschlag bei Privatisierungen von Industriebetrieben und die Akzeptanz von Monopolen in den wichtigsten Industriezweigen.[46]

44 Ein gutes Beispiel ist sein Verhältnis zu Viktor Medvedčuk; detailliert in Matsuzato (2002) beschrieben.

45 Ausführlich zur „Neuen Ökonomischen Elite" und ihrer Zusammensetzung, Kowall/Zimmer (2002).

46 Ein Beispiel ist die Privatisierung von *Kryvorižstal* an die *Investment-Metallurgical Union,* die mit dem Schwiegersohn des Präsidenten Viktor Pinčuk verbunden ist, und an *System Capital Management* des dem Präsidenten nahe stehenden Oligarchen Rinat Achmetov im Sommer 2004 (RFE/RL, Belarus and Ukraine

Im Präsidentschaftswahlkampf 1999 setzte sich Präsident Kučma massiv für die Erweiterung seiner Vollmachten auf Kosten des Parlaments ein. Nach seiner Wiederwahl 1999 kam sein Interesse, das Parlament unterzuordnen noch mehr zutage; den Höhepunkt bildete das Verfassungsreferendum von 2000. Gerade diese Politik bewies, dass Machtsicherung das oberste Ziel der Politik des Präsidenten Kučma war. Im Sommer 2002 unterbreitete Kučma jedoch einen komplett entgegengesetzten Vorschlag. Das politische System der Ukraine sollte in eine parlamentarisch-präsidentielle Republik verwandelt werden, in welchem die Position des Premierministers und Regierung gestärkt und jene des Präsidenten geschwächt werden sollten. Um dies zu erreichen, legte er wiederholt Entwürfe zu einer Verfassungsreform vor, welche ein parlamentarisches Entscheidungschaos zur Folge hatten. In der entscheidenden dritten parlamentarischen Lesung wurden die Entwürfe abgelehnt (NZZ 10./11. April 2004). Später wurden sie leicht modifiziert unterbreitet und knapp angenommen.

Leonid Kučma begründete seine Initiativen, darunter auch die Neuorganisation und Straffung der Präsidialadministration, mit der Notwendigkeit von Reformen.[47] Reformen wurden und werden in Ukraine aber generell nur zu dem Mass durchgeführt wie sie bestehende Besitz- und Machtverhältnisse nicht in Frage stellen. Eher sollte die institutionelle Stärkung des Ministerpräsidenten und der Regierung der gegenwärtigen präsidiellen Entourage die Macht sichern, falls ein oppositioneller Kandidat das Präsidentenamt erhalten würde, da die Amtszeit des Staatspräsidenten auf zwei Perioden beschränkt ist. Das Verfassungsgericht ebnete zwar mit einer Entscheidung vom Dezember 2003 Kučma den Weg für eine dritte Amtszeit ab 2005 (Financial Times, 31 December 2003 und UKL 221, 7 December 2003, # 5), dieser zog aber

Report, 15 June 2004, Vol.6, No. 22). Zu weiteren Beispielen siehe Zerkalo Nedeli, No. 32 (457), 23–29 August 2003.

47 Die detaillierte Begründung lautete folgendermassen: „To prevent the lenghty bouts of parliamentary paralysis that have often afflicted Ukraine in the past, he intends to give himself the power to dissolve the legislature if it proves unable to form a cabinet or pass the state budget within a rigid time frame“ (UKL 201, 12 June 2003, #10). Siehe auch NZZ (24. Juni 2003 und 5. Juli 2003).

vor, einen alternativen Kandidaten aufzustellen, und sein Premier Janukovyč wurde gemeinsamer Kandidat der propräsidentiellen Kräfte.

Das Resultat der präsidentiellen Machtkonzentration war, dass der Staat viele Merkmale autokratischer und willkürlicher Herrschaft annahm.[48] Der Präsident konnte sich bis zu den Präsidentschaftswahlen 2004 der Gefolgschaft einflussreicher Gruppen sicher sein. Er verstand es gut, bestehende Macht- und Elitennetzwerke zu seiner eigenen Machtsicherung innerhalb existierender Strukturen zu benutzen (Grzymala-Busse et al. 2002: 543). Durch die Stärkung des Clansystems – regionalen Machtnetzwerken, die nationale Bedeutung erlangten – schaffte es der Präsident, seine Position zu halten und politische Krisen zu überstehen, beispielsweise den Skandal um das Verschwinden des kritischen Journalisten Gongadze (vgl. Dazu Simon 2002: 25f., NZZ, 25. Januar 2001). Leonid Kučma liess sich auch nicht von anderen Staatsgewalten wie dem Parlament in seinem Handeln einschränken und behielt die wichtigsten Gewalten unter seiner Kontrolle, etwa das Verfassungsgericht, welches ihm eine dritte, verfassungsrechtlich eigentlich nicht zulässige, Amtszeit zugestand.

Die schon erwähnten institutionellen Unzulänglichkeiten der Legislative müssen in diesem Kontext näher untersucht werden. Genauso wie das Präsidentenamt ist das nationale Parlament (die Verchovna Rada) durch fehlende Berechenbarkeit und Willkür gekennzeichnet. Hinzu kommt die innere Zerrissenheit dieser Institution.

4.3.1.2 Inkonsequentes Gegengewicht des nationalen Parlamentes

Die Unabhängigkeit bot eine Chance, das Parlament der Ukraine (die *Verchovna Rada*) als Institution auszubauen, denn „At the time of independence, the Ukrainian parliament was a highly underdeveloped institution“ (Kuzio 1999: 29). Bis zum Zeitpunkt der Unabhängigkeit hatte es ein Schattendasein geführt und war als Institution unterent-

48 Protysk (2003: 1086) bemerkt hierzu, dass gerade im Hinblick auf die Institution des Präsidenten schwer zu sagen ist, ob bestimmte politische Muster mit persönlichen Eigenarten des amtierenden Präsidenten oder mit den institutionellen Implikationen des Präsidentenamtes zusammenhängen.

wickelt gewesen. Die Macht im politischen System sollte später nicht dem Parlament, sondern dem Präsidenten zukommen, obwohl die Verfassung von 1996 eine Machtbalance zwischen Parlament und Präsident anstrebte. Diese Machtbalance war aber nicht ausreichend definiert und führte zu einem ständigen Kräftemessen zwischen diesen beiden Institutionen. Beide Seiten versuchten in der Folge, so viel Macht wie möglich auf sich zu ziehen. Besonders Präsident Kučma investierte viel Energie, das Parlament zu dominieren (d'Anieri et al. 1999).

Das ukrainische Einkammerparlament umfasst 450 Abgeordnete und ist alleiniges Gesetzgebungsorgan der Ukraine.[49] Zu den Kompetenzen gehören das Recht, den Haushalt zu bestätigen, die Regierung zu kontrollieren und das Misstrauen gegen sie auszusprechen, den Präsidenten des Amtes zu entheben sowie ein weitreichendes Befragungsrecht (Verfassungsartikel 86).[50]

Das Parlament wird als einzige Verfassungsinstitution nicht vom Präsidenten gebildet. Daher stellt das es ein potenzielles Gegengewicht zur Präsidialmacht dar.[51] Der Präsident steht mit seiner Dekretmacht in direkter Konkurrenz zum Parlament. Deswegen musste sich das Parlament schon oft Bestrebungen durch den Präsidenten widersetzen, seine parlamentarischen Kompetenzen zu beschneiden. Die betrifft z. B. die Immunität der Abgeordneten oder die geplante Einführung eines Zweikammerparlamentes, welches die Macht des Einheitsparlamentes schwächen sollte.

Das ukrainische Parlament war in den ersten Jahren nach der Unabhängigkeit fast geschlossen in Opposition zum Präsidenten. Der parlamentarische Widerstand richtete sich gegen wichtige Reformvor-

49 Vgl. Verfassungsartikel 75 und 76. Das Parlament wird alle vier Jahre in allgemeinen, gleichen, geheimen und direkten Wahlen bestimmt. Parlamentswahlen wurden in den Jahren 1994, 1998 und 2002 abgehalten

50 Allerdings nach einem sehr komplizierten Verfahren, das ausserdem eindeutige Mehrheiten erfordert, Verfassungsartikel 85, Absatz 10.

51 Besonders die Parlamentsvorsitzenden achteten auf die nötige Distanz zur Exekutive und auf die Autonomie des Parlamentes. Das lag auch an ihren weitreichenden Vollmachten. Erst die neue Verfassung schränkte diese Rechte ein. Die Funktion des Parlamentsvorsitzenden wurde auf die Leitung der Arbeit des Parlamentes beschränkt (Bos 2002: 463; Vondran 2000: 145, cit. in Bos 2002).

haben des Präsidenten, etwa gegen seine Verfassungsreformen und gegen die Institutionalisierung einer zu starken Präsidialmacht. Zu einer „institutionalisierten“ Opposition gegenüber dem Präsidenten wurden vor allem die Kommunisten und Teile der Sozialisten.

Das Parlament selber hat seit der Unabängigkeit keine hinreichende interne Stabilität erlangt, es ist sehr zersplittert und Fraktions- oder Parteienwechsel sind häufig.[52] Koalitionen wechseln so häufig, dass es sich nicht lohnt, diese mitzuverfolgen.[53] Die daraus resultierenden Auseinandersetzungen legen das Parlament oft regelrecht lahm (L'vivska Hazeta, No. 89 (413), 21 travnja 2004, 3). Die Tatsache, dass auch Parteien, die an der Eintrittshürde ins Parlament gescheitert sind, Fraktionen bilden dürfen, trägt zur Instabilität bei. Während aber noch 1998/1999 die Zahl der Fraktionen und Abgeordnetengruppen im neuen Parlament anstieg, war 2002 eine gewisse Stabilisierung zu beobachten, jedoch gab es immer noch viele Wechsel, und Wahlen führten bisher nicht zu einer Strukturierung und zu einer Stabilisierung der parlamentarischen Fraktionen (siehe auch Bos 2002: 465). Die Parteienbindung der Abgeordneten ist aber immer noch schwach. Eine jüngste Studie weist darauf hin, dass für parlamentarisches Abstimmungsverhalten eher klientelistische Bindungen, als programmatische oder ideologische Zugehörigkeit verantwortlich gemacht werden können (Protysk/Wilson 2003).

52 Das liegt daran, dass die Parteien instabil sind; Abgeordnete mit Direktmandat fühlen sich keiner bestimmten Partei verpflichtet. Zusätzlich werden Abgeordnete über die Parteiliste in das Parlament gewählt, welche keine Mitglieder der betreffenden Partei sind. Fraktionswechsel werden unzureichend sanktioniert und sind daher üblich (Ott 2002: 82). BBC Monitoring Service (30 June 2004) zu aktuellen Beispielen für Fraktionswechsel.

53 Nur ein Beispiel ist die Krise der parlamentarischen Mehrheit des Präsidentenlagers vom Frühjahr 2004 durch Austritt von 15 Parlamentariern (Postup, No. 107 (1416), 14 travnja 2004, 6). Auf nationaler Ebene ist es im Zuge der gescheiterten politischen Reform seit August 2003 zu einer Annäherung der „Regierungsparteien“ gekommen, hierzu gehört insbesondere die SDPU(o) sowie die Sozialisten und die Kommunisten (Korrespondent, No. 15 (104), 22 aprelja 2004, 8). Zu weiteren Beispielen siehe Ott (2000b).

Die Parlamentswahlen 1998 und 2002 wurden nach einem gemischten Wahlsystem und einer Vierprozenthürde abgehalten.[54] Ende 2003 wurde das Proportionalwahlrecht eingeführt. Die Parlamentswahlen 2006 werden voraussichtlich unter den Bedingungen eines proportionalen Wahlsystems abgehalten werden.

Die relativen Sieger der ersten Parlamentswahlen waren die Kommunistische und die Sozialistische Partei.[55] Nach den Parlamentswahlen 1998 verlor die „Linke" aber ihre dominante Stellung (vgl. Ott 1999: 24). Jedoch haben diese beiden Parteien in allen drei postsowjetischen Parlamenten eine ausreichende Anzahl von Sitzen kontrolliert, um die Verabschiedung von Gesetzen und des Budgets zu verhindern oder herauszuzögern. Diese Haltung ist damit zu erklären, dass in diesen Fraktionen und Zusammenschlüssen besonders viele konservative und präsidentenfeindliche Kräfte vereinigt waren.

Im Zuge der Präsidentschaftswahlen 1999 verschoben sich die Kräfte zugunsten des Präsidenten und präsidentennaher Parteien. Das kehrte die Kräfteverhältnisse im Parlament komplett um (Ott 2000a: 30). Danach dominierten Kräfte, die dem Präsidenten nahe standen bzw. mit der „Partei der Macht" verbunden waren.[56] Der Anfang markierte der

54 Das Wahlsystem basierte auf einer Mischung aus Proportionalsystem und Majorzsystem (50: 50). Die Wahlen 2002 gewann der Zentrum-Rechts-Block „Unsere Ukraine" (angeführt von Viktor Juščenko) mit 23,57% (Kuzio 2003). Verglichen mit den Wahlen von 1994 und 1998 waren die Wahlergebnisse 2002 regional nicht sehr unterschiedlich (Ott 2002), jedoch dominierten die prodemokratischen Kräfte im Westen und im Zentrum des Landes, die präsidentiellen Parteien und Gruppierungen im Ostteil. Siehe ausführlich zu diesem Thema Grotz et al. (2003).

55 Die ersten demokratischen Parlamentswahlen fanden Ende März und Anfang April 1994 statt. Fast die Hälfte der Abgeordneten gehörte keiner Partei an; keine Fraktion konnte eine Mehrheit im Parlament erlangen (Ott 1999: 24). Das komplizierte Mehrheitswahlrecht wurde 1997 durch ein gemischtes Wahlsystem (siehe oben) ersetzt (Bos 2002: 469f.).

56 Unter der „Partei der Macht" wird eine informelle Organisation der alten Nomenklatura verstanden, welche durch die Verhinderung von Reformen ihre politische und wirtschaftliche Macht absichert. Es handelt sich nicht um einen monolithischen politischen Block. Vielmehr ist es eine „latente politische Koalition", die erfolgreich ihre Macht durchsetzt (Polochalo/Sljusarenko 1993:

Zusammenschluss von elf Fraktionen im Januar 2000 zur „konstruktiven Zusammenarbeit", das heisst zur Unterstützung des Präsidenten. Diesem Bündnis gehörten Reformkräfte, Nationaldemokraten und Oligarchen – Personen, denen es nach dem Umbruch gelungen war, Wirtschaftsimperien zu bilden – an. Sie richteten das Parlament so aus, dass es loyal zum Präsidenten stand.[57] Das führte aber auch dazu, dass bis zu den Präsidentschaftswahlen 2004 ein deutlicher Graben zwischen präsidententreuen Kräften und der Opposition entstand. Die präsidentenfreundliche Mehrheit im Parlament war das Resultat administrativer Methoden und nicht demokratischer Wahlen. Fraktionen und Abgeordnetengruppen blieben aber immer noch sehr volatil. Das zeigte auch die Parlamentsmehrheit, die für die Unterstützung der reformorientierten Regierung von Viktor Juščenko gebildet wurde. Sie existierte praktisch nur vom Moment der Regierungsbildung 1999 bis zu seinem Rücktritt 2001 (Kuzio 2003, Bos 2002).

Die temporäre Aktivierung einer Mehrheit gelang dem Präsidenten Kučma aber immer am besten. Besonders verdeutlichten dies die Geschehnisse nach den Parlamentswahlen im Jahr 2002. Der Präsident brachte eine Parlamentsmehrheit in der neuen Verchovna Rada hinter sich – und das, obwohl eigentlich oppositionelle Parteien die Mehrheit der Stimmen auf sich vereinigt hatten. Diese Neuformation präsidentieller Kräfte war vor allem Resultat der schwachen Opposition, die es ihrerseits versäumt hatte, sich zu formieren (Kuzio 2003).

Ein anderes Beispiel für die Fähigkeiten des Präsidenten, parlamentarische Mehrheiten hinter sich zu bringen, ist der Zerfall und

111). Diese Elitennetzwerke, welche sich schon lange vor der Unabhängigkeit gebildet hatten, waren zunächst als keine Partei im engeren Sinne organisiert. Erst seit Mitte der 90er Jahre wurden gezielt Parteien als Organisationsform dieser Netzwerke eingesetzt.

57 Diese Fraktionen verband die Angst vor vorzeitigen Neuwahlen. Den Kern dieser propräsidiellen Mehrheit bildeten drei von Oligarchen dominierte Parteien: die „Vereinigte Sozialdemokratische Partei der Ukraine" SDPU(o) (Viktor Medvedčuk), die „Demokratische Union" (DS) (Ihor Bakaij, Olexader Volkov) und die Partei „Werktätige Ukraine" (TU) (Viktor Pinčuk). Sie sollten vorbereitete Entscheidungen der Präsidialadministration formell absegnen. Zu den von Oligarchen dominierten Parteien genauer Kowall/Zimmer (2002: 14f.).

die Neuformation der präsidentiellen Mehrheit 2000 im Zusammenhang mit dem Gongadze-Skandal: Dieser regimekritische Journalist verschwand im September 2000 und wurde später ermordet aufgefunden. Danach tauchten kompromittierende Tonbandaufnahmen auf, welche die Verstrickung des Präsidenten in die Ermordung des Journalisten zeigten. Das hatte einen politischen Skandal zur Folge, und einige Fraktionen im Parlament wechselten die Seite und formierten sich gegen den Präsidenten. Die heterogene Opposition konnte sich nicht auf eine einheitliche Vorgehensweise gegen den Präsidenten einigen und seine Amtsenthebung scheiterte. Dieser Misserfolg hatte auch den Zerfall der oppositionellen Gruppierung zur Folge.[58]

Schliesslich bringt es das Parlament selten fertig, Themen zu setzen, und der Präsident dominiert die politische Agenda. Vor den Wahlen 2004 ging es insbesondere um die Zulässigkeit einer dritten Amtszeit von Kučma. Die kontroverse Diskussion und Behandlung im Parlament hatte ein institutionelles Chaos zur Folge.[59] Das Parlament schaffte am 24. Dezember 2003 mit den Stimmen der Kommunistischen Partei und der präsidentennahen Parteien die Volkswahl des Präsidenten ab (UKL 224, 13 January 2004, #3). Es nahm eine Verfassungsänderung an, wonach der Präsident künftig vom Parlament gewählt werden sollte – nur um diese Regelung knapp zwei Monate später wieder aufzuheben (Financial Times, 4 February 2004). In diesem Fall hatte das parlamentarische hin und her internationale Proteste und eine Resolution der Parlamentarischen Versammlung des Europarats zur Folge (UKL 225, 3 February 2004, #7).

Das Parlament ist nicht zu einer Statistenrolle verkommen, da seine Rolle u. a. bei der Aufstellung des Haushaltes zu bedeutend ist. Jedoch verlagert sich die Oppositionsrolle, welche zu Anfang der Unabhängigkeit vom Parlament ausgeübt wurde, dann aber nicht ernsthaft von einzelnen Fraktionen bzw. Parteien übernommen werden konnte, immer

58 Weitere Details findet unter <http://www.worldbank.org/wbi/governance/pdf/gongadze.pdf> (World Bank Institute 2001; 10.03.2003) und in Simon (2002: 25f.).

59 NZZ, 5. Juli 2003 und 1. November 2003, dazu RFE/RL Poland, Belarus and Ukraine Report, 23 December, Vol. 5, No. 48.

mehr in den ausserparlamentarischen Bereich und äussert sich immer mehr in Strassenprotesten und öffentlichen Petitionen.[60]

Das Parlament wird häufig von verschiedenen Seiten, aber vor allem vom präsidententreuen Lager, für seine unorganisierte Struktur und ineffiziente Arbeitsweise kritisiert („Debattierclub"). Das entbehrt auch nicht jeder Grundlage. Vor allem die gesetzgebende Tätigkeit wird vernachlässigt (Protsyk 2004).[61] Dies ist nicht die Folge der Zersplitterung des Parlaments, sondern auch des Machtkampfes mit dem Präsidenten. Im Gesetzgebungsprozess kommt die Auseinandersetzung zwischen Parlament und Präsident sehr klar zum Ausdruck. Vom Präsidenten eingebrachte Entwürfe werden vom Parlament nicht vorrangig behandelt oder verworfen. Der Präsident selbst verweigert seine obligatorische Unterschrift unter parlamentarische Gesetze und verzögert damit ihr Inkrafttreten, oder er weicht auf Dekrete aus, die keiner Absegnung des Parlaments bedürfen und untergräbt damit die gesetzesgebenden Funktionen des Parlamentes (Tomenko 2000). Darüber hinaus werden die Beschlüsse von parlamentarischen Kommissionen regelmässig von der Exekutive ignoriert (Haran et al. 2003: 621).

Das Verhältnis zwischen dem ukrainischem Präsidenten, einer neuen Institution, und dem Parlament, einer alten Institution, illustriert den Sachverhalt, dass neue Institutionen ein problematisches Verhältnis zu alteingessenen Institutionen haben, ziemlich plastisch. Ein konstruktives Verhältnis zwischen Exekutive und Legislative ist nicht erreicht worden. Dies liegt zum grossen Teil an der Geringschätzung des Parlamentarismus durch den Präsidenten. Die Blockadeposition des Parlaments, welches bei oppositioneller Mehrheit dominierte, hat aber auch viel zu dieser Situation beigetragen.

60 Beispielsweise im Rahmen der Ereignisse in Mukačevo (die Proteste blieben hier aber regional beschränkt, siehe Kapitel 6.3.3) oder während der Präsidentschaftswahlen im Jahr 2004 (FAZ, 28. Oktober 2004).

61 Obwohl ernsthafte Fortschritte gemacht worden sind. Zu dem Thema äussert sich auch die Lemberger Zeitung: <http://www.gazeta.lviv.ua/2004/07/06/NewspaperArticle.2004-07-06.0830> (20.07.2004). Demnach erliess das Parlament die meisten Gesetze im Zeitraum 1999–2000.

Schliesslich hat das Parlament ein überaus negatives Bild in der Bevölkerung. Ein starkes und unabhängiges Parlament ist für viele Bürger nicht denkbar, vor allem da es meist mit negativen Schlagzeilen in Verbindung gebracht und für die schlechte Entwicklung des Landes mitverantwortlich gemacht wird (d'Anieri et al. 1999).

Zeichnet sich das Parlament durch seine innere Zerrissenheit und mangelnden Zusammenhalt aus, so sind die wichtigsten Charakterpunkte der Regierung ihre Farblosigkeit und ihre Eigenschaft als Befehlsempfänger des Präsidenten.

4.3.1.3 Die Regierung als Handlanger des Präsidenten

Die Regierung befindet sich in einer schwierigen Situation, da sie sowohl vom Parlament als auch vom Präsident abhängig ist. Die Kompetenzen der Regierung sind im Vergleich zu Parlament und Präsident viel eingeschränkter.[62] Der Präsident personifiziert die Autorität des Staates und dominiert das politische System. Die Regierung bleibt davon nicht verschont. Sie muss sich aber auch gegenüber dem Parlament behaupten und ist dadurch zu einem institutionellen „Sandwich" geworden. Die Premierminister und Ministerkabinette haben eine schwache Stellung und werden von der Bevölkerung teilweise gar nicht wahrgenommen. (vgl. Wilson 2002: 41). Die Hilflosigkeit der Regierung wird noch durch das Fehlen eines Gesetzes über die Rechte und Pflichten der Regierung unterstrichen.[63]

Der Präsident beeinflusst die Regierung sehr stark durch seine Kompetenz die Regierungsbildung zu initiieren und wichtige Ministerposten – wie den Innenminister, Aussenminister, Verteidigungsminister – deren Stellvertreter, die Leiter der Staatskomitees und

62 Eine wichtige Aufgabe der Regierung ist es, den Haushalt vorzulegen und seine Erfüllung zu gewährleisten (Art. 116 der Verfassung).

63 Eines der umstrittensten Gesetzesvorhaben in der Ukraine. Die Behandlung der Gesetzesvorlage führte stets zu heftigen institutionellen Auseinandersetzung zwischen Parlament und Präsident. Die Vorlage wurde mindestens neun Mal behandelt. Der Präsident wusste entsprechende Parlamentsentwürfe zu verhindern, um weiterhin mittels Dekreten die Funktionsfähigkeit der Regierung regeln zu können (d'Anieri et al. 1999).

schliesslich den Regierungschef selbst zu bestimmen (den letzteren aber mit einfacher Zustimmung des Parlamentes) und auch wieder abzusetzen.[64]

Der Präsident kann überdies mit seinen Vollmachten die Exekutive komplett umorganisieren. Er nutzte schon mehrere Male diese Rechte, um eine ihm wohlgesinnte Mehrheit in der Regierung zu gewährleisten. Der letzte massive Eingriff dieser Art fand 1999 und 2001 statt. 1999 wurde die Regierung verkleinert, einige Ministerien umgebildet oder aufgelöst (die Zahl der Ministerien verringerte sich auf 15; 1996 gab es noch 29; Ott 2000a: 22). 2001 wurde die Ministerialbürokratie den jeweiligen Staatssekretären unterstellt, deren Amtszeit an die des Präsidenten gebunden ist. Den Ministerpräsidenten und Ministern verblieb nur die politische Führung (FAZ, 1. Juni 2001). Dabei setzte der Präsident alles daran, dass der Premierminister durch andere Minister, die Verwaltung und das Parlament kontrolliert wurde, damit er dem Präsidenten nicht gefährlich werden konnte. Bei allzu viel Eifer und Machtzuwachs war eine Amtsenthebung vorprogrammiert.

Kritiker weisen darauf hin, dass das Amt des Premierministers eigentlich überflüssig ist. Die Regierung ist schliesslich verpflichtet, die vom Präsidenten vorgelegten Programme zu erfüllen. (d'Anieri 1999: 100). Behindernd wirkt sich auch aus, dass die Regierung von der Anstellung des Premierministers abhängig ist: Sein Rücktritt, aber auch das Ende seiner Amtszeit, ziehen den Rücktritt der gesamten Regierung nach sich.

Andererseits übt das Parlament Druck auf die Regierung aus. Es kann der Regierung das Misstrauen aussprechen, und die gesamte Regierung damit zum Rücktritt zwingen. Das Parlament hat diese

64 Diese Befugnis basierte zunächst auf einem Präsidialdekret (Ott 1999); danach wurde die Bestimmung verfassungsrechtlich kodiert (Verfassungsartikel 106, Absatz 9, 10) (diesbezügliche, weitere Dekrete siehe Bos 2002: 460). Der Präsident Kučma nutzte diese Befugnis in der Vergangenheit mehrfach, zuletzt, um den Regierungschef Juščenko im Jahr 2001 abzusetzen. Die durchschnittliche Länge und Anzahl von Regierungen in der Ukraine nach 1991 und in post-sozialistischen Ländern allgemein listet Protysk (2003: 1080 und 1085) auf.

Vollmachten bisher nicht voll zur Geltung gebracht.[65] Dies liegt auch daran, dass es in der Ukraine noch zu keinem klaren Regierungs-Oppositionsschema und zu keiner Konsolidierung der jeweiligen Eliten gekommen ist. So kommt es auch, dass die volatile Opposition keinen alternativen Entwicklungsweg aufzeigen kann. Dabei wäre es neben der Regierung an ihr, den Zweck der Reformen zu verdeutlichen sowie Ideen und Visionen dafür zu formulieren, zum Beispiel die Grundlagen für eine demokratische Regierungsführung. Da es keine Opposition im eigentlich Sinn gibt, erfolgt die Kontrolle der Regierung durch den Präsidenten oder durch ad-hoc Koalitionen im Parlament.

Die Regierung benötigt für ihre Gesetzentwürfe die Zustimmung des Parlaments. Diese Bestimmung hat das Parlament ausgenutzt, indem es die Verabschiedung von Vorlagen oftmals verschleppt hat. Dies betraf unter anderem das Privatisierungsgesetz und das Bodengesetz. Spannungen zwischen der Regierung und dem Parlament beruhten gerade auf unterschiedlichen Positionen Reformfragen gegenüber, dabei war das Parlament tendenziell reformfeindlicher eingestellt (Zerkalo Nedeli, No. 12 (387), 29 marta–5 aprelja 2002).

Eine Folge der institutionellen Instabilität der Regierung und ihrer mangelnden institutionellen Anbindung ist, dass seit der Unabhängigkeit elfmal der ukrainische Premierminister gewechselt hat (vgl. Tabelle in Bos 2002: 459). Dieser muss mit seiner Regierungsmannschaft für verfehlte Politik von Seiten des Präsidenten und des Parlaments gerade stehen. Hinzu kommt, das keine der Regierungen seit 1991 eine starke Parteianbindung hatte, was den institutionellen Schwebezustand erhöht hat (Ott 1999). Die Ministerkabinette unter Kučma spielten in der ukrainischen Politik in der Regel keine selbstständige Rolle und waren faktisch der Präsidialadministration und dem Präsidenten unterstellt (Bos 2002: 459f.).

Schliesslich wird die Regierung von Oligarchen und Einflussgruppen beeinflusst, die entweder beim Präsidenten oder beim Parlament

65 Viktor Juščenko war der dritte Ministerpräsident, der durch ein Misstrauensvotum des Parlaments zu Fall gebracht wurde. Das Parlament ist nach der Absetzung eines Ministerpräsidenten nicht befugt, den Nachfolger zu bestimmen. Das bleibt dem Präsidenten überlassen.

angesiedelt sind oder gleich den Ministerpräsidenten stellen.[66] Die Folge ist eine grosse Instabilität der ukrainischen Regierung und die permanente Suche nach Koalitionspartnern im Parlament oder nach Unterstützung beim Präsidenten (sehr bildhaft dazu Protsyk 2004).

Das Ergebnis dieser Konstellation ist, dass wichtige Gesetzes- und Reformvorhaben durch Lavieren und Koalitionssuche verschleppt oder einfach aufgegeben werden, da keine Mehrheiten gefunden werden können oder da die Unterstützung des Präsidenten fehlt. In diesem institutionellen Setting, das permanentes Aushandeln und Zugeständnissen an Interessengruppen erfordert, war die Formulierung und Durchsetzung einer klaren und strukturierten Reformpolitik bisher nicht möglich. Die wichtigste Stellung im politischen Entscheidungsprozess kam dem Präsidenten und der Präsidialadministration zu, da sie letztendlich die Entscheidungen trafen.

Die Regierung, der Präsident und das Parlament waren nach der Unabhängigkeit der Ukraine 1991 schwach institutionalisierte Institutionen. Der einzigen Gewalt, der es gelang, diesen Zustand zu ändern, war die Präsidialgewalt. In der Ukraine gab es in der Folge keine gegenseitige Kontrolle der wichtigsten Institutionen, sondern eine Abhängigkeit vom Präsidenten oder eine Anbindung an ihn. Parlament und Regierung konnten aufgrund ihrer Schwäche keine vollwertige Gegenkraft bilden; der Präsident aber auch nicht vollkommend autoritäre Macht entfalten, da sich zeitweise oppositionelle Kräfte formierten und durchaus in der Lage waren, eine Gegengewalt zu bilden. Zu diesem oppositionellen Potenzial kann man aber das im folgenden besprochene Gerichtswesen nicht zuzurechnen, da die Judikative ihre Instrumentalisierung durch die Exekutive charakterisiert.

4.3.1.4 Abhängigkeit des Rechtssystems

Sämtliche im Sozialismus gültigen Normen und Werte wurden mit dessen Zusammenbruch in Frage gestellt. Einem postsowjetischen Rechtssystem mit einem eigenständigen Verfassungsgericht sollte die

66 Siehe die Tabelle von Bos (2002: 459), welche die Ministerpräsidenten der Ukraine nach 1991 Beziehungsnetzwerken und Seilschaften zuordnet.

Rolle zukommen, die prekäre institutionelle Situation zu stabilisieren sowie die in der Verfassung festgelegten Prinzipien, vor allem die Rechtsstaatlichkeit, zu garantieren.

1996 wurde, gleichzeitig mit dem Inkrafttreten der neuen Verfassung, auch ein Verfassungsgericht eingesetzt. Ihm kommt die potenzielle Rolle zu, die mangelnde Regel- und Normsetzung des Staates zu kompensieren. Darüber hinaus ist das Verfassungsgericht die Hüterin der Verfassung. Jedoch hat sich das Gericht in diesem Bereichen bisher nicht profiliert. Dies beweist besonders das Verhalten des Gerichts in Bezug auf die institutionellen Auseinandersetzungen zwischen Präsident und Parlament. Das Gericht mischte sich nur selten ein und war nicht fähig, die Kontrahenten zur Ordnung zu rufen und einen Beschluss zur konstruktiven Zusammenarbeit dieser Institutionen zu fassen (Wolczuk 2001).[67] Die Mehrheit der Richter steht sogar loyal zum Präsidenten, was einige seiner Entscheidungen unterstreichen; dennoch sind die Beschlüsse des Gerichts nicht vorhersehbar und können auch das Parlament begünstigen. Ein Beispiel ist das Zugeständnis einer dritten Amtszeit für den Präsidenten Kučma (NZZ, 24. Juni 2003).[68] Aufgrund dieser „Entscheidungskapriolen" konnte noch nicht abschliessend geklärt werden, welche Kompetenzen die obersten Machtorgane haben bzw. welche Kompetenzen sie abgeben sollen – zum Beispiel die vom Präsidenten immer wieder angesprochene Abgabe von präsidentiellen Kompetenzen an das Parlament. Der Medienanwalt Oleh Tseljuko bestätigt, dass das Verfassungsgericht eine

67 Das liegt sicher auch daran, dass ein Drittel seiner Mitglieder vom Präsidenten und ein weiteres Drittel vom Parlament ernannt werden (der Rest von der Vereinigung Ukrainischer Richter, Artikel 141 der Verfassung).

68 Auch RFE/RL Poland, Belarus and Ukraine Report (11 November 2003, Vol. 5, No. 43). Als es um die Änderung der ukrainischen Verfassung im Zuge des Referendums 2000 ging, wurden vom Parlament eingebrachte Verfassungsänderungsgesetze vom Verfassungsgericht als nicht zulässig erklärt (NZZ, 5. April 2000). Das Gericht entscheidet aber auch zugunsten des Parlamentes, wenn ihm dies opportun erscheint (UKL 221, 7 December 2003).

zeitlang Partikularinteressen gedient hat. Seine Gesetzesgrundlagen sind widersprüchlich und bieten viele Schlupflöcher.[69]

Der Rechtsstaat wird in der Verfassung daher nur formell garantiert, in der Praxis ist dieses Prinzip noch nicht umgesetzt (Wydra 2000).[70] Was Grundrechtspostulate und institutionelle Verfassungsbestimmungen betrifft, wirken alte, sowjetische Praktiken und Gewohnheiten fort und prägen das politische System stärker als die formellen Bestimmungen bzw. Institutionen. Die Staatsanwaltschaft wird als legitimes Machtmittel der Machthaber aufgefasst.[71]

Seit der Unabhängigkeit sind über 1000 Gesetze und rund 2000 ausführende Bestimmungen erlassen worden.[72] Zu den wichtigsten zählt das „Gesetz über das Gerichtssystem" vom Februar 2002, welches die unabhängige Finanzierung und Verwaltung der Gerichte sowie eine Trennung von Straf-, Zivil-, Verwaltungs-, und anderen Gerichten vorsieht (Skrypnjuk 2000: 11). Es bleiben aber wesentliche Lücken im Rechtssystem bestehen. Beispielsweise sind lokale Gemeinderatswahlen ohne Rechtsgrundlage wie auch die Arbeit dieser lokalen Räte (Viče No. 9 (126), 2002: 24). Darüber hinaus sind viele verabschiedete Gesetze verbesserungsbedürftig. Nach Meinung der zuständigen Parlamentskommission gehören dazu Gesetze wie das Parteiengesetz, das Gesetz über gesellschaftliche Organisationen, das Gesetz über den Präsidenten,

69 „In the law *on the Constitutional Court* and the *Regulations on the Regime of the Constitutional Court* many regulations can be used as an obstacle during the examination of any case, however, the ordinary citizen can't challenge the constitutionality of any law.", <http: //www.memo98.sk/en/index.php?base=data/newsletter/5/ukraine_interview2.txt>), (23.04.2004).

70 Verfassungsartikel acht. Allgemeine Grundrechtsgarantien sind in Kapitel zwei der ukrainischen Verfassung.

71 Äusserung von Leonid Derkač, dem Chef des Sicherheitsdienstes (in: UKL 190, 11 January 2003, #10). Siehe die Kapitel 4.3.2.2, 6.3.2 und 6.3.3 zu weiteren Beispielen.

72 Die meisten Gesetzesvorschläge wurden zu Fragen der Machtstruktur (271), in der Sozialpolitik (629), der Gesetzgebungspolitik (820), zur Entwicklung von bestimmten Sektoren (1.081) und der Wirtschaftspolitik (1.435) eingebracht. Zu den Initianten zählten: die Nationalbank (19), der Präsident (145), die Regierung (687) und die parlamentarischen Abgeordneten mit dem grössten Anteil von 4.395 Eingaben (BBC Monitoring Service, 2 April 2004).

das Gesetz über die Regierung, das Staatsverwaltungsgesetz und das Gesetz zur Regulierung des Gerichtswesens (Viče, No. 1 (130), 2003: 26). Generell gilt, dass Rechtsreformen nur schleppend voran gehen oder gar nicht realisiert werden – die Verabschiedung des neuen Strafgesetzbuchs und der neuen Strafprozessordnung zog sich Jahre hin (vgl. NZZ, 29. März 2001).

Selbst wenn eine gesetzliche Basis besteht, garantiert dies nicht deren Umsetzung vor Gericht. Ein Grossteil der Richter, noch im Sowjetsystem ausgebildet und zu Zeiten der Sowjetunion ernannt, versteht sich primär nicht als unparteiische Instanz, sondern als Verteidiger der Interessen des Staates (Oertel 2003: 26). Dieses Verhalten wird dadurch begünstigt, dass nach einer Amtszeit von fünf Jahren die Option besteht, vom Parlament als Richter auf Lebenszeit ernannt zu werden und damit Immunität zu bekommen. Diese Immunität leistet oft einen entscheidenden Beitrag zur Korruption im Gerichtswesen (Haran et al. 2003: 626).[73] Die im Amt befindlichen Richter haben die alten Methoden verinnerlicht und sind eher an politische Abhängigkeiten gewöhnt als an unabhängige Entscheidungen.[74] So kommt es nur äussert selten zu politischen Prozessen – das einzige Korruptionsverfahren gegen hohe Regierungsbeamte in den Jahren 2001 bis 2003 war der Fall *Tymošenko*.[75] Die Behandlung des Falles *Gongadze* zeigt exemplarisch den miserablen Zustand des ukrainischen Justiz- und Ermittlungssystems: Ermittlungen wurden jahrelang verschleppt, wichtige Zeugen starben eines misteriösen Todes (Transitions Online, 27 May 2004).

73 Ein Beispiel für Korruption im Gerichtswesen ist, dass Gefängnisstrafen durch Bezahlung „gemildert“ (ca. 1000 USD pro Jahr) oder ganz aufgehoben werden können (Transitions Online 27 May 2004).

74 Beliebt ist die so genannte Telefonjustiz, dass heisst, die Entgegnnahme von Anweisungen von „oben“.

75 Ausführlich Transitions Online, 27. May 2004. Bezeichnend ist auch, dass es nicht möglich war, den korrupten ehemaligen Premierminister Lazarenko in der Ukraine vor Gericht zu stellen. Stattdessen musste ihm im Ausland (den USA) der Prozess gemacht werden (Details in: UKL 239, 7 July 2004, #7 und UKL 249, 19 October 2004, #9).

Ukrainische Richter kooperierten unter Kučma mit der Steuerbehörde und anderen Exekutivorganen. Beispielsweise wurden Privatfirmen, die ohne politische Rückendeckung operieren, häufig von der Steuerpolizei besucht und mit Steuernachzahlung konfrontiert. Den Firmen blieb nichts anderes übrig als die geforderte Summe zu zahlen, denn bei Weigerung erfolgte die unvermeintliche Verurteilung wegen Steuerhinterziehung durch staatsloyale Richter; dies widerfuhr beispielsweise dem Besitzer des *Sojuz Viktan* Handelskonzerns (Transitions Online 27 May 2004). Ein ganzes Netz von korrupten Richtern stand zur Verfügung, wenn Entscheidungen gegen unbeliebte Personen getroffen werden sollten. Die finanziellen Erlöse wurden zwischen der Machtelite aufgeteilt.[76]

Die Rechtsprechung unter Kučma erfolgte nicht unabhängig, genauso wenig konnte man von einem Rechtsstaat und der Institutionalisierung demokratischer Normen sprechen. Ganz besonders traf dies auf die Rechtsprechung des Verfassungsgerichtes zu. Dessen Richter waren dem Präsidenten wohlgesinnt und trafen Entscheidungen, die nach seinem Wunsch waren. Für besonderes Aufsehen sorgte die Entscheidung des Verfassungsgerichtes, die dem Präsidenten Leonid Kučma eine dritte Amtszeit zugestand (Financial Times, 31. December 2003, UKL 221, 7 December 2003, #5).

Richterliche Unabhängigkeit als zentrales Element des Rechtsstaats kann nur verwirklicht werden, wenn eine selbstbewusste, fachlich kompetente, menschlich-persönlich integere, angemessen entlöhnte und in der Bevölkerung geachtete Richterschaft vorhanden ist (Gass 2003: 15).[77] Die Ukraine ist noch weit von einem Rechtsstaat entfernt: Die

76 Dies behaupten Andrij Fedur (Anwalt der Mutter des ermordeten Journalisten Hrihorij Gongadze) und der ehemalige Vorsitzende der *Slovianskj Bank*, Boris Feldman in Transitions Online vom 27 May 2004. Sie nennen das Beispiel vom Verfahren gegen *Sovtransavto Holding*, in dem fundamentale rechtsstaatliche Prinzipien verletzt worden sind, indem das Verfahren an verschiedene Gerichtsinstanzen hin und hergereicht wurde, um eine Entscheidung zu verschleppen.

77 Jurij Vasilenko, ein Berufungsrichter, schätzt, dass nur zehn von 200 Richtern in Kiew wirklich unabhängig sind (UKL 190, 11 January 2003, #10). Transitions

staatlichen Behörden handeln eigenmächtig und willkürlich und fühlen sich überdies nicht verpflichtet, sich nach dem geltendem Recht zu richten. Die Rechtslage ist oft widersprüchlich und die rechtlichen Kenntnisse mangelhaft oder unzureichend. Grundprinzipien der Justiz und des Rechtsstaates wie ein fairer Prozess, die Gleichbehandlung aller und ein unabhängiges Gerichtssystem, sind in der Ukraine nur ansatzweise verwirklicht. Die grössten Schwächen des Rechtssystems unter Kučma waren politische Einmischung, Korruption und Inkompetenz (Diuk 2001: 60). Aufgrund dieser Punkte war das Vertrauen der Gesellschaft in die Rechtssprechung und die Staatsverwaltung nicht besonders gross.

Das Rechts- und Gerichtssystem und seine Organe sind nicht die einzigen Staatsinstitutionen, welche in der Ukraine auf Eigenständigkeit verzichten mussten oder sogar freiwillig darauf verzichteten. Eine weitere Institution war die Zentralverwaltung, welche die Eigenschaft als Erfüllungsorgan des Präsidenten perfektionierte.

4.3.1.5 Instrumentalisierung der Verwaltung

Obwohl die bürokratischen Strukturen teilweise mit Elitenstrukturen identisch sind und aus ihren Spitzen die politische und (polit-)ökonomische Elite rekrutiert wird, lohnt sich ein separater Blick auf den Verwaltungsapparat und auf seine institutionellen Funktionen allgemein sowie auf die speziellen Ausprägungen der ukrainischen Staatsverwaltung. Eine Herausforderung für jede politische Führung ist die Kontrolle der Staatsverwaltung, vor allem wenn eines ihrer Ziele die Machterhaltung und -ausweitung, wenn die Verwaltung intransparent und willkürlich ist und wenn es sich um eine eigenständige soziale Kraft wie bei der ukrainischen Verwaltung handelt.[78]

Die Struktur der Staatsverwaltung ist ein Schlüsselelement der Leistungsfähigkeit eines Staates – das verdeutlicht der funktionale Katalog der State Capacities, in dem sie ein integraler Bestandteil ist. Der

Online, 27 Mai 2004 äussert sich zur Besoldung von Richtern; lokale Richter erhalten beispielsweise zwischen 100 und 200 USD.

78 Auch im Sowjetsystem war die Staatsverwaltung „A social force of its own“ (van Zon 2000: 19).

Governance-Ansatz fasst die Verwaltung als ein Instrument auf, welches rechenschaftspflichtig, transparent und der Öffentlichkeit verantwortlich ist. Ein wichtiger Faktor ist der Aufbau von allgemeinem Vertrauen zwischen der Verwaltung und den Bürgern. Ohne leistungsfähige, kontrollierbare Verwaltung kann daher nicht regiert werden.

Easter (2001: 297) erklärt Fehlentwicklungen des russischen Transformationsprozesses mit „patrimonialen“ administrativen Strukturen. Hier zeigt sich, dass die Struktur administrativer Capacities die Handlungsmöglichkeiten des Staates bestimmt, sowohl im praktisch politischen als auch im grundlegend institutionellen Bereich. Die Staatsverwaltung, wozu im ukrainischen Fall auch die Präsidialadministration gehört, hat als wichtiges Exekutivmittel der Regierungsinstitutionen einen grossen Einfluss darauf wie der Staat funktioniert und von welchen Kräften er dominiert wird.

Um postkommunistische Verwaltungstypen zu klassifizieren, werden einerseits die Beziehungen zwischen Verwaltung und Politik analysiert, zum anderen die Beziehungen zwischen Verwaltung und Zivilgesellschaft. Die postkommunistische Verwaltung unterscheidet sich in beiderlei Hinsicht sowohl vom System des demokratischen Zentralismus als auch vom westlichen Verwaltungstyp. Die vorrangige Verpflichtung auf Recht und Gesetz, statt auf parteipolitische Vorgaben, gilt als wichtiges Merkmal westlicher Verwaltung. Die parteiische Verwaltung des demokratischen Zentralismus, die Parteiwillen vor positives Recht setzte, ist in den postsozialistischen Ländern bereits weitgehend überwunden; die Eigenständigkeit der Verwaltung gegenüber der Politik ist aber noch nicht verwirklicht. Dies zeigt sich sowohl in zögerlichen Schritten zur Professionalisierung des öffentlichen Dienstes als auch in der nur sehr allmählichen Herausbildung verwaltungsrechtlicher Grundlagen administrativen Handelns. Am Bedeutsamsten ist aber die Dominanz direkter, unvermittelter Beziehungen zwischen privaten Akteuren und der Verwaltung, die oft eine Instrumentalisierung durch Privatinteressen mit sich bringen.

Ertman (1997: 25–28, vgl. auch mit Easter 2001) teilt die Infrastruktur verschiedener Staaten in zwei Typen ein: eine bürokratische, die dem Idealtyp einer formellen Bürokratie nach Weber entspricht, und eine patrimoniale, welche sich auf persönliche

Beziehungen und Netzwerke stützt.[79] Die patrimoniale Struktur beschreibt ein System, in dem Macht nicht durch Regeln oder Ämter zugeteilt wird, sondern von Personen abhängt. In dieser Struktur gibt es keine Kontrollsysteme, professionelle Standards sind gering entwickelt und das persönliche Beziehungsgeflecht entscheidet über ein berufliches Weiterkommen. Ertman demonstriert dabei anschaulich wie der persönlich-klientelistische Charakter von patrimonialen administrativen Strukturen die State Capacity des Staates schwächt. Unzureichende Leistungen der Verwaltung sind daher oft Gründe für Staatskrisen.[80]

In der Ukraine werden die Staatsaufgaben in einem patrimonialen infrastrukturellen Rahmen durchgesetzt (dazu auch van Zon 2000). Die patrimonialische Struktur behindert Reformen, da sie Transparenz und Öffentlichkeit verhindert. Die bürokratischen „Apparatschiks" haben die stets präsenten „Parteiapparatschiks" ersetzt und blieben dabei oft dieselben Funktionäre. Die meisten Beamten haben an ihren überkommenen Arbeitseinstellungen nichts geändert und denken weiterhin in alten Kategorien, in denen Abhängigkeitsmentalitäten und Obrigkeitshörigkeit im Vordergrund stehen und Verantwortungsgefühl oder Eigeninitiative ausgeschlossen sind (van Zon 2000: 20f.). Geringe Fachkompetenzen der Mitarbeiter sind oft auf die historische Erfahrung und erlernte Passivität zurückzuführen (van Zon 2000: 19). Die administrativen Strukturen der Ukraine bleiben daher auch aufgrund „historischer Altlasten" verbesserungsbedürftig.[81]

79 Der Einfluss von patrimonialen Machtstrukturen auf das institution-building wird immer noch unterbewertet. Zum Einfluss dieser Strukturen auf ukrainisches *institution-building* siehe Kuzio (1999), zur politischen Einflussnahme von Machtstrukturen vgl. Kowall/Zimmer (2002).

80 Der Mangel an Verwaltungsfähigkeiten war einer der Hauptgründe für die fiskalische Krise in Russland nach dem Zusammenbruch der Sowjetunion (Easter 1997: 299).

81 Ein Schwachpunkt des sowjetischen Systems war seine starke bürokratische Ausrichtung. Die „ukrainische" Bürokratie war zahlenmässig nicht so stark, aber dennoch fragmentiert, schlecht bezahlt, unzureichend ausgebildet und abhängig von Weisungen aus Moskau. Die Aufgabe der Verwaltung war nicht das selbstständige Entwerfen von Konzepten und Programmen. „Altough the Soviet Union was often called a ‚bureaucratic behemoth', its administrative machinery possesed few of the characteristics one associates with bureaucratic organization [...]. The

Die gesetzlichen Grundlagen für ein neues Verwaltungssystem sind in der Ukraine seit dem 1. Januar 1994 gegeben (Kuzio et al. 1999: 135).[82] Die zentralstaatlichen Exekutivorgane bestehen aus mehreren Ebenen: aus Ministerien, Staatskomitees, Staatsdiensten und Behörden mit Sonderstatus (zum Beispiel die Steuerverwaltung, der Fonds für Staatseigentum. Verglichen mit den Reformaktivitäten auf der kommunalen Ebene und der regionalen Ebene wurde die Umgestaltung der zentralstaatlichen Institutionen nur recht zögerlich angegangen. Die neue gesetzliche Regelung der öffentlichen Verwaltung sollte das Ein-Mann-Management (*jedinonačalie*) aus Sowjetzeiten abschaffen, welches weniger formelle Regeln in den Vordergrund stellte als die persönlichen Meinungen und Auffassungen höherer Ebenen (van Zon 2000).

Dieses Gesetz war aber nur eine formelle Rahmenbedingung, um Institutionen zu schaffen, die für eine moderne Verwaltung unabdingbar sind. Seit diesem Zeitpunkt ist ein durchaus leistungsfähiges formelles Dokument vorhanden. Im Zeitraum 1994 bis 1999 wurden dazu ca. 100 Dekrete des Präsidenten und ca. 300 Regierungsverordnungen erlassen. Sie zielten alle auf die Reorganisation der Behörden ab. Die Neuorganisation der Verwaltungsbereiche, die vielversprechend begonnen hatte, verzögerte sich zunehmend und ist noch nicht abgeschlossen. Viele Behörden waren zu Ende der Amtszeit von Kučma immer noch nicht klar von einander getrennt oder eindeutig definiert. Die Struktur der ukrainischen Exekutive ist trotz diverser Reorganisationen nicht transparent und sehr komplex. Verwaltungsregeln sind nicht alle formell kodifiziert, sondern finden sich eher in der institutionellen Praxis (van Zon 2000: 20f.). Ein Teil der Massnahmen sollte überdies die Verkleinerung des Behördenapparats bezwecken. Jedoch wuchs der Apparat und die Macht der Bürokraten im Endeffekt an, da die Machtdezentralisierung als potenzielle Drohung für die zentralstaatliche

very concept of a unified civil service as a body of professional administrators did not exist" (Kuzio 1999: 137).

82 Die Absurdität des Systems verdeutlicht die Tatsache, dass das Verwaltungsgesetz erst mit der Einrichtung einer Verwaltungsfachschule (dem Institut für Öffentliche Verwaltung und Lokalverwaltung) verabschiedet werden konnte (Kuzio 1999: 137f.).

Verwaltung wahrgenommen wurde und diese im Gegenzug in den Ausbau ihrer Behörden investierte (Ott 2000a: 23).

Nach der Unabhängigkeit ist die finanzielle und humane Entwicklung der Bürokratie völlig vernachlässigt worden. Ämterpatronage und parteipolitisch motivierte Eingriffe in die Personalpolitik sind weitverbreitet, weil es am politischen Willen fehlt, ein professionalisiertes und ein damit direkten politischen Einflüssen entzogenes Personalwesen aufzubauen. Der alte Bürokratie-Apparat hat wenig Interesse an institutionellen Neuerungen. (Hague et al. 1995: 417f.). Es fehlen nicht nur die finanziellen und humanen Ressourcen, um neue Bestimmungen umzusetzen, sondern auch der politische Wille dazu. Nicht nur die unzureichenden Strukturen, sondern auch die Akteure sind mit Mängeln behaftet.

Persönliche Beziehungen sind dem Ansehen und beruflichen Fortkommen nützlicher als Leistungen. Das zeigt sich u. a. in korrupten Praktiken, etwa dass der eigene Clan auch bei besser qualifizierten Kandidaten bevorzugt wird (Kuzio 1998: 41). Das alte bürokratische System hat sich bisher zum grossen Teil erhalten, da es den Zwecken verschiedener Eliteninteressen dient. Eliten operieren insbesondere in den Sphären Staat und Verwaltung, die keinen funktionierenden institutionellen und operationellen Rahmen setzen. Somit ist ein fruchtbarer Boden für Patron-Klientel-Netzwerke bereitet, die dieses Vakuum ausfüllen können.[83]

Die Verwaltung bestimmt viele Abläufe im Wirtschaftsbereich oder im öffentlichen Leben. Beamte nutzen ihren Einfluss mit Vorliebe, um gegenüber verschiedenen Akteuren aus Wirtschaft oder Politik bzw. gegenüber den Bürgern Vorteile zu erreichen. Das umfasst insbesondere, dass Leistungen nur gegen Bestechung erbracht werden. Korruption in der Staatsverwaltung besteht weiterhin aus der illegalen Beschaffung

83 Sinnvoller wäre es die Empfehlungen von Tilly (1975: 29) zu einer functionsfähigen Bürokratie zu berücksichtigen: „For the purpose of routine regional administration, fiscal control or the acquisition of supplies for the needs of government, a record-keeping bureaucracy has a number of advantages over a kin group, a patron-client chain, a trading network or the other structures built into the theoretical alternatives to the national states."

von Diensten, Privilegien oder anderen Vorteilen (meist zu einen weitaus geringeren Preis als dem üblichen). Überdies ist die Aneignung von Finanzmitteln und Objekten verbreitet. Ein weiteres Einfallstor für Korruption ist die Tatsache, dass viele der Vorschriften komplex und schwer zu verstehen sind, so dass es für den durchschnittlichen Steuerzahler fast schon normal ist, seine Steuern nicht gemäss der Vorschriften zu entrichten (Nenova 2002, UKL 190, 11 January 2003, #10).

In Transformationsländern wie der Ukraine fehlen die grundlegenden institutionellen Voraussetzungen, um eine funktionsfähige Verwaltung aufzubauen. Viele der Funktionäre haben nach dem Systemwechsel ihre Arbeit aus Mangel an qualifizierten Kräften behalten. Für qualifizierte Kräfte ist eine Anstellung im Staatsdienst wegen der vergleichsweise niedrigen Löhne wenig attraktiv.[84] Qualifizierte Leute suchen sich von Anfang an ein Auskommen in der Privatwirtschaft oder wandern ins Ausland ab. D'Anieri (1999: 109) fasst die Folgen dieser Konstellation gut zusammen: „The consequence of the combined effects of low skills, low wages, and the lack of a systematic approach to government service has been the extremely low level of morale and high turnover rates that prevade the bureaucracy".

Die Verwaltung in der Ukraine hat ein Eigenleben entwickelt und leistet informellen Praktiken Vorschub sowie dient als Einfallstor für Eliteninteressen. Die gegenwärtige Art patrimonialer Politik wird dadurch bestimmt, dass informelle Strukturen die formalen unterlaufen und demokratische Kontrollmöglichkeiten verhindern. Die Staatsverwaltung wird überdies als politisches Instrument missbraucht; das betrifft vor allem die Steuerverwaltung. Unter Kučma nahm sie die Funktion eines Kontrollinstrumentes der Regierungseliten ein und diente als Druckmittel (UKL, 29 February 2004, #7, #8).[85]

Die Institutionenanalyse der Ukraine zeigt, dass von einer stabilen Institutionenlandschaft nicht gesprochen werden kann. Nach Huntington (1964/65: 394f.; 1968: 12f.) weisen stabile politische Institutionen Anpassungsfähigkeit, Autonomie und Kohärenz auf. Ein stabiler Staat

84 Mitte der 1990er Jahre verdiente ein Angestellter des öffentlichen Dienstes durchschnittlich 50 USD, ein Minister 100 USD (Kuzio 1999: 149).

85 Ausführlich zur Instrumentalisierung der Steuerverwaltung in Kapitel 6.3.2.

kann nur dann entstehen, wenn seine Autorität anerkannt ist und legitimen staatlichen Zwang ausübt, wenn eine leistungsfähige und disziplinierte Verwaltung existiert, die von Normsetzungsaufgaben ferngehalten wird und wenn die bestehenden Institutionen die Partizipation aller relevanten gesellschaftlichen Gruppen verkraften – kurz, wenn grundlegende funktionale Capacities erfüllt sind und diese im Idealfall mit Governace-Funktionen unterfüttert werden.

Im Weiteren sich die Frage nach der Rolle von Kontrollinstrumenten, um ein Gegengewicht zu den von dem Präsidenten und seinen exekutiven Strukturen dominierten Institutionen zu bilden.

4.3.2 Probleme der Institutionalisierung von intermediären Organisationen

4.3.2.1 Das zersplitterte Parteiensystem

In der Ukraine wurde nach dem Zusammenbruch der Sowjetunion und dem Wegbruch der Kommunistischen Partei versucht, in dem institutionellen und staatlichen Vakuum fehlende Institutionen neu zu bilden. Diese schafften die Adaption an die neuen Umstände aber nicht ganz und verfügen über erhebliche formale Mängel oder unzureichende Akzeptanz durch Machteliten (Kuzio 1999). Das betrifft auch intermediäre Organisationen. Der gesamtgesellschaftliche Konsens, der in den Wendejahren 1988–1991 bestanden und am Ende zur ukrainischen Unabhängigkeit geführt hatte, wurde nicht dafür genutzt, um zivilgesellschaftliche Institutionen wie Gewerkschaften, Verbände oder politischen Parteien zu etablieren.

Ein grosses Problem des politischen Systems der Ukraine ist, dass viele intermediäre Institutionen – das heisst Institutionen, welche die Beziehung zwischen Staat und Gesellschaft gestalten sollen, etwa Gewerkschaften, Verbände, politische Parteien oder Medien – nur formell auf dem Papier existieren. Institutionelle Vermittlungsorgane bestehen zwar, sie sind aber weder stabil noch autonom und durchsetzungsfähig. Intermediäre Organisationen bleiben weitgehend abhängig von der staatlichen Exekutive, welche jene für ihre Zwecke zu nutzen weiss. Das beste Beispiel dafür sind Medien, die Anweisungen (sogenannte *temnyky*) von der Exekutive erhalten haben, worüber sie berichten dürfen und worüber nicht.[86] Allgemein kann man das Fehlen bzw. gravierende Schwächen von institutionellen Vermittlungsorganen wie Parteien oder Medien feststellen. Das hat eine grosse Auswirkungen auf das Verhältnis und die Interaktionen von Staat und Gesellschaft.

Parteien in der Ukraine haben andere Funktionen als westliche Parteien. Ein funktionierendes und ausdifferenziertes Parteiensystem existiert formell nur auf dem Papier.[87] Ein Parteiengesetz trat erst 2001 nach langen Auseinandersetzungen zwischen Präsident Kučma und dem Parlament in Kraft. Das Parteiengesetz soll die Anzahl der Parteien limitieren und das Parteiensystem stabilisieren, darüber hinaus wird Abgeordneten, die über die Parteiliste in das Parlament gewählt wurden, der Fraktionswechsel verboten. Politische Parteien im Sinne von dauerhaften Organisationen, die Anhänger mobilisieren, sich an Wahlen beteiligen und Regierungsverantwortung anstreben, sind in der Ukraine spät in Erscheinung getreten.[88] Ihre Stellung zu politischen Institutionen und gesellschaftlichen Problemen hängt darüber hinaus von sich schnell änderten Parteistimmungen und Personenallianzen ab. Schliesslich sind die politischen Parteien in der Gesellschaft nicht verankert. Das ehemals vorhandene Einparteiensystem, und die damit verbundene Abneigung gegen die Organisation von Interessen in Parteien, behinderten die

86 Siehe ausführlich in UKL 239, 7 July 2004, #3 und Bericht von *Human Rights Watch* vom März 2003, <http//www.hrw.org/reports/2003/ukraine0303/> (20.08.2004).

87 Die Verfassung garantiert in Artikel 36 das Recht auf Vereinigungsfreiheit in politischen Parteien und gesellschaftlichen Organisationen. Artikel 15 legt die ideologische Vielfalt fest. Stellung und Funktion der Parteien im politischen System werden in der Verfassung nicht weiter präzisiert.

88 Nach Arabs'kyj (2003: 45) bzw. Zdioruk/Byček (2001) unterscheidet man drei Phasen der ukrainischen Parteienbildung: Die erste fällt in die Gründung der Volksbewegung der Ukraine (*Ruch*) und der Gründung von weiteren Parteien (1989–1992). Die zweite Phase ist gekennzeichnet vom Niedergang des *Ruch* und dem „Wiederaufstieg" der gewandelten Kommunisten in Form einer „Vereinigten Sozialdemokratischen Partei" (1992–1998). In der dritten Phase (ab 1998) kämpfen die Parteien erstmals gezielt um Abgeordnetenplätze. Zusätzlich kommen regionalbezogene Parteien auf, die weniger bestimmte Bevölkerungsschichten vertreten als regionalspezifische Claninteressen.

Entstehung eines Mehrparteiensystems. Der Bedeutungswandel des Parlamentes von einer Einparteienvertretung zu einem Mehrparteienparlament hat zwar dazu geführt, dass sich unterschiedliche „Parteien" oder Interessenverbindungen gebildet haben, diese aber nicht über den nötigen institutionellen und gesellschaftlichen Rückhalt verfügen.

Die Aussage von Nettl (1968: 581), wonach Parteien ein staatliches Vakuums aufzufüllen vermögen, mag auf westliche Staaten zutreffen, für die Ukraine gilt aber, dass die schwache Ausprägung von Parteien das staatliche Legitimationsdefizit nur verstärkt. In vielen Staaten mit einem schwachen Parteiensystem haben charismatische Führer die den Parteien zustehende Machtposition eingenommen – sie personalisieren Macht und schwächen Institutionen, die machtbeschränkend wirken könnten. Auch in der Ukraine erfüllen Parteien die wichtige Funktion der Machtsicherung und Interessenwahrung ihrer Parteiführer. In politischen Systemen, in denen sich Parteien erst institutionalisieren, ist zudem nicht zu erwarten, dass diese besonders wettbewerbsfähig sind.

Politische Parteien sind zum grossen Teil Interessenlobbys, deren Anschauungen und Programme nur eine Randerscheinung sind. Die Parteiprogramme bleiben oft austauschbar, wenig konkret und oft nur an ein Ereignis gebunden (wie z. B. die Parlamentswahlen). Bürgerbindung oder Parteienwettbewerb findet nicht entlang ideologischer Schnittstellen, sondern entlang klientelistischer Beziehungen statt. Politische Parteien sind oft Akteure, dessen öffentliches Auftreten nichts über die hintergründigen Beweggründe ihres Handelns aussagt (Wilson 2002: 45).

Das heisst aber nicht, dass die Parteien nicht über ihre eigenen „Parteikulturen" verfügen. Nach Kuzio reichen diese politische Kulturen (Kuzio 2004) von der sowjetischen Kultur der Kommunistischen Partei der Ukraine bis hin zu der politischen Kultur der oppositionellen Nationaldemokraten. Die Zentrumsparteien, welche die Ukraine seit der Unabhängigkeit regieren, sind von einer neosowjetischen Kultur geprägt. Diese drückt sich einerseits in ihrer Einstellung den politischen Institutionen gegenüber, andererseits in ihrer Einstellung zur politischen Macht aus. Die propräsidentiellen Zentristen streben nach einer totalen Kontrolle aller Staatsinstitutionen. Von den drei wichtigsten Oligarchenparteien ähnelt die „Vereinigte Sozialdemokratische Partei" (SDPU(o)) am ehesten der KPdSU. Hauptsächlich dadurch, dass sie sehr straff organisiert ist und vielfach Versuche unternahm, nichtstaatliche Akteure durch neokorporatistische Arrangements in Bündnisse hineinzuziehen, die deren direkte Kontrolle erlaubten.

Das Parteiensystem ist durch eine hohe Instabilität und Fluktuation von Parteien gekennzeichnet. 2002 gab es ca. 90 offiziell registrierte Parteien. Die meisten dieser Parteien sind sehr klein, einige gibt es nur auf dem Papier. Zu der grösseren, einflussreicheren Gruppe sind ca. 15 Parteien zu zählen. Das Spektrum reicht von der „Kommunistischen Partei der Ukraine" (KPU), der „Sozialistischen Partei der Ukraine" (SPU), der „Vereinigten Sozialdemokratischen Partei" (SDPU(o)) bis hin zu sehr nationalistischen Parteien. Einige Parteien haben ihre Wurzeln in der alten Kommunistischen Partei der Sowjetunion, insbesondere die KPU und die SPU. Eine weitere Gruppe ist aus der nationalen Unabhängigkeitsbewegung entstanden (*Ruch* und die „Demokratische Partei der Ukraine" DPU). Eine neuere Entwicklung sind Oligarchenparteien wie die „Partei der Regionen".[89]

Parteien können sich genauso schnell konstituieren, wie sie wieder verschwinden.[90] Besonders vor Parlamentswahlen zeigt sich die Instabilität des Parteiensystems: hektische Aktivität bricht aus, Parteien werden neu gegründet, Allianzen gebildet oder Parteien zusammengeschlossen, um kurz nach dem Ereignis wieder alles in Frage zu stellen (d'Anieri 1999: 123f.).

Die Loyalität von Parlamentariern zu ihren Fraktionen hält sich sehr in Grenzen, was nicht nur an der mangelnden Institutionalisierung von Parteien, sondern auch an allgemeinen politischen Prozessen liegt (Herron 2002).[91] Koalitionenbildung sowie Konsenssuche (und -politik)

89 Zum Parteienspektrum findet man unter <http://rada.gov.ua> ausreichend Informationen oder in Bos (2002).

90 Die Parlamentswahlen im März 2002 haben virtuelle Parteien hervorgebracht wie z. B. „Die Mannschaft der Winterfruchtgeneration", die nur zum Zweck der Wahlen gebildet worden ist und darauf wieder verschwand (Arabs'kyj 2003: 47).

91 Ein Beispiel für abrupte Parteien- und Allianzenwechsel ist der Abgeordnete Zinčenko. 1998 und 2002 trat er für die Sozialdemokraten an und wurde jeweils als ihr Vertreter ins Parlament gewählt. Danach war er Sprecher der Abgeordneten der

sind inner- und ausserhalb des Parlamentes problematisch, und es ist geradezu eine Abneigung gegen eine dauerhafte Koalitionenbildung festzustellen (Kresina/Perehuda 2003: 22f.). Im Parlament sind die Fraktionen bestimmend. Ihre Disziplin und ihr Zusammenhalt sind noch nicht ausreichend entwickelt, um parlamentarische Arbeit effizient zu organisieren (d'Anieri 1999: 125). Eine Parlamentsfraktion kann auch weiterbestehen, wenn sich die Partei auflöst – Fraktionen können so auch neue Parteien ausbilden. Die Mitglieder (und Fraktions-)Stärke von Parteien hängt überdies mit der Stellung zum Präsidenten und mit den verfügbaren Machtressourcen zusammen. Diese Instabilität hat zur Folge, dass die Arbeitsweise und Beschlussfassung im Parlament unberechenbar werden.

Ein weiteres Kennzeichen des Parteiensystems ist seine regionale Zersplitterung.[92] Keine Partei schafft es, in allen Gebieten der Ukraine gleich erfolgreich zu sein. Die „Kommunistische Partei" oder von der Nomenklatura beeinflusste Bewegungen sind im Süden und Osten stärker, nationaldemokratische Parteien im Westen. Der Einfluss der meisten Parteien bleibt auf die wichtigsten Städte beschränkt und hat darüber hinaus nur wenig Wirkung.[93]

Partei „Unsere Ukraine". Später Manager der Präsidentenkampagne der Opposition (RFE/RL Belarus and Ukraine Report, 22 June 2004, Vol. 6, No. 23).

92 Die Wahlergebnisse 2002 brachten (wieder) eine leichte regionale Zersplitterung zutage. Der Westen und das Zentrum wählten eher reformistisch westlich und antioligarchisch, der Osten und der Süden eher kommunistisch und oligarchisch (SDPU(o) und ZYU – „Für eine Vereinte Ukraine") (Kuzio 2003: 49). Für Kuzio ist dies Ausdruck von zwei unterschiedlichen ukrainischen Zukunftsvisionen, die aktuell durch die oppositionelle Partei „Unsere Ukraine" einerseits und der Verbindung „Für eine Vereinte Ukraine" andererseits verkörpert werden. Vgl. auch die Ergebnisse der Präsidentschaftswahlen 2004, in denen der Westteil den „Reformkandidaten" und der Ost- und Südteil den „Nomenklatura-Kandidaten" wählten (UKL, 262, 12 November 2004, #1).

93 Die Parteibindung wird auf unteren staatlichen Ebenen immer schwächer, auf lokaler Ebene ist sie fast inexistent. Parteien sind in den lokalen Räten unterschiedlich stark vertreten. Die Kommunisten sind im Ostteil des Landes stark (Donec'k 27%, Luhans'k 26%, Charkiv 18%, Lemberg 18%, Ternopil' 18%). Meistens sind die Ratsvertreter aber parteilos (in den Dorfräten (*sil'rady*) 91%, in den Rajonräten (*rajrady*) 82%, in den Oblast'räten noch 64,5%). siehe Jacun'ka

Eine gesamtnationale Organisierung ist bisher nur einigen Parteien gelungen.[94] Zu diesen Parteien gehört die „Vereinigte Sozialdemokratische Partei“, welche in der zweiten Amtszeit von Kučma vom Leiter der Präsidialverwaltung Medvedčuk angeführt wurde. Es ist die einzige Partei, die straff organisiert ist und es geschafft hat, ihre Strukturen gesamtnational durchzusetzen. Sie ist zum eigentlichen Nachfolger der sowjetischen Kommunistischen Partei geworden. Diese Partei ist eine der grössten politisch-wirtschaftlichen Gruppen des Landes. Sie besitzt unter anderem acht regionale Energiegesellschaften und die Ukrainische *Kredytbank*. Parteichef Viktor Medvedčuk ist Vorsitzender des Anwaltsverbandes der Ukraine und leitet eine internationale Anwaltsfirma. Er ist ausserdem der Sprecher der „Kiewer Gruppe“, in der Unternehmer organisiert sind. Schliesslich stand die Steuerbehörde unter dem Einfluss dieser Partei.

Die schwache Position der Parteien ist ein wichtiges Merkmal von schwachen Staaten. Diese Schwäche wird von anderen Institutionen ausgenutzt. In der Ukraine hat der Präsident das Machtvakuum aufgefüllt, das nicht von Parteien aufgefüllt wurde. Der Präsident gehörte bisher keiner Partei an; er lässt aber bestimmten Parteien seiner Wahl gewisse Handlungsspielräume, um seine Machtbasis zu verbreitern. Die Parteien, denen er seine Gunst erweist, werden auch Parteien der Macht oder administrative Parteien genannt. „Partei der Macht“ ist ein sehr volatiler Begriff. Gemeinsam haben diese Verbindungen, dass sie nur wenig an Reformen interessiert sind und recht autoritär agieren. Sie müssen auch nicht mit politischen Parteien identisch sein, es kann sich auch um Elitengruppen handeln.[95]

2000 zu einer detaillierten soziologischen Analyse der ukrainischen lokalen Volksvertretungen.

94 Dazu gehört natürlich die Kommunistische Partei. Sie ist die mitgliedstärkste Partei in der Ukraine mit 140.000 Mitgliedern (<http://www.rada.gov.ua>, 20.04.2003).

95 Diuk (2001: 62) argumentiert, dass es in der Ukraine keine eigentliche Partei der Macht gibt. Tatsächlich waren die Präsidentschaftswahlen 1994 eine Auseinandersetzung zwischen zwei Flügeln der Partei der Macht, die aber an keine Partei gekoppelt waren. Während sich die Partei der Macht in dieser Epoche mit keiner Partei identifizierte, kam es später zu Parteibindungen, so an die „Volksdemokratische Partei“ (NDPU) und an die „Neue Ukraine“ 1998 (Kuzio 1998: 32).

Die Fraktionsstruktur des Parlamentes unter Kučma zeigte, dass die alte Nomenklatura und die neue Elite mit ihren Oligarchen die Interessendurchsetzung mittels Parteienstrukturen erfolgreich angegangen haben. Oligarchengruppen haben seit dem Ende der 90er Jahre die Führung von einflussreichen Parteien übernommen, um ihren Einfluss durch politische Institutionen zu realisieren.[96] Für Eliten stellen Parteien ein herausragendes Instrument dar, bestimmte Personen in die ihnen genehmen Positionen zu bringen und durch parlamentarische Immunität evtl. auch vor Strafverfolgung zu sichern. Dies drückt auch die Tatsache aus, dass Parteien eher an Bruchlinien von Elitenströmungen und Eliteninteressen entstehen.

Bei neugegründeten Parteien handelt es sich meist um personenorientierte Verbindungen. Bekenntnisse zu gemeinsamen Prinzipien und das Parteiprogramm spielen eine sehr untergeordnete Rolle, und soziale Konfliktlinien sind nicht ausschlaggebend für Neugründungen (Ott 2002). Die Persönlichkeit des Führers und seine persönlichen Bindungen zu Institutionen und zu verschiedenen Elitengruppen bzw. zu Oligarchen sind weisend für den Erfolg einer Partei. Dementsprechend sind der Bestand und der Erfolg einer Partei an seine Führung gebunden. Diese Faktoren können ziemlich schnell zu existentiellen Problemen oder zu der Auflösung einer Partei führen. Ein wesentlicher Einflussfaktor auf den Erfolgt bleibt dazu die Einstellung bzw. die Loyalität zum Präsidenten (Beispiele in Kubicek (1999: 77).

Die „Vereinigte Sozialdemokratische Partei" (SDPU(o)), die „Werktätige Ukraine", die „Demokratische Union" oder die „Partei der Regionen" sind Parteien, die mit Oligarchen und mit Wirtschaftsinteressen verbunden sind.[97] Die „Vereinigte Sozialdemokratische Partei" dominiert die industriellen Gruppe um Medvedčuk und Surkis

2002 war es die Partei „Unsere Ukraine" bzw. die „Vereinigte Sozialdemokratische Partei".

96 Dies gilt nicht nur für die zentralstaatliche, sondern auch für untere Staatsebenen. Matsuzato behandelt dies sehr eindrucksvoll am Fallbeispiel der Zakarpattja Oblast' (2002).

97 Der damalige Chef der Steuerverwaltung (Nikolaj Azarov) gründete im März 2001 die Partei „Regionen der Ukraine". Diese Partei ist nur vordergründig regional orientiert und diente hauptsächlich dazu, den Präsidenten Kučma zu unterstützen.

(L'vivska Hazeta, No. 82 (406), 12 travnja 2004, 1). Die „Demokratische Union" halten Energieinteressen zusammen. Das propräsidentielle Wahlbündnis „Für eine Vereinte Ukraine" konstituierte sich für die Parlamentswahlen 2002. An dessen Spitze standen ehemalige und aktive Regierungsmitglieder, aber auch führende Unternehmensvertreter (aus Metallindustrie, Bergbau, Gas, Öl). Die „Partei der Regionen" bestimmen schliesslich Industrieinteressen aus dem Donec'ker Gebiet (Zimmer 2002).

Die Parteien der Macht stehen in der Gunst des Präsidenten. Zu Beginn der ersten Amtszeit von Kučma hatte die „Volksdemokratische Partei" diesen Status. Nach den Parlamentswahlen 1998 kam die „Vereinigte Sozialdemokratische Partei" dazu, später die „Demokratische Union" und die „Werktätige Ukraine". Bei den Parlamentswahlen 2002 war es das Bündnis „Für eine Vereinte Ukraine". Die Anbindung der Parteien an den Präsidenten machte deutlich, dass nicht die Exekutive von den Parteien, sondern die Parteien von der Exekutive abhängig sind. Hat sich eine Partei die Gunst der Machthabenden und des Präsidenten erworben, ist sie also als eine Partei der Macht zu charakterisieren, so hat dies eine ausgesprochene Sogwirkung auf potenzielle Mitglieder und Anhänger.[98]

Über die Zusammensetzung der Regierung entscheidet überdies nicht der Erfolg von bestimmten Parteien bei Wahlen. Die Ergebnisse von Parlamentswahlen haben generell keinen Einfluss auf die Regierungsbildung. Ausschlaggebend ist der Wille des Präsidenten. Im Jahr 2002 erzielte die oppositionelle Partei „Unsere Ukraine" zum ersten Mal einen Sieg für die demokratische Opposition seit der Unabhängigkeit der Ukraine. Die Regierungsbildung durch diese Partei wurde von den Machtstrukturen aber verhindert. Obwohl die Partei „Unsere Ukraine" 112 Sitze (mit etwas mehr 23% der Stimmen) gewinnen konnte und mit anderen oppositionellen Kräften (SPU, KPU, „Block

98 Man kann entsprechend Parlamentsfraktionen von bestimmten Parteien untersuchen, deren Mitgliederzahlen ansteigen, wenn sie über entsprechenden Einfluss bei den Machthabern verfügen und wieder absinken, wenn sie in Ungnade fallen. Ein schönes Beispiel dafür ist die „Nationaldemokratische Partei der Ukraine" (NDPU).

Tymošenko“) auf die Mehrheit (ca. 60%) der Sitze gekommen wäre, stellte sie nicht die Regierung (Kuzio 2003). Die letzte Regierung unter Kučma war schliesslich eine Koalition aus präsidentennahen Parteien, bestehend aus der Partei „Für eine Vereinte Ukraine“ und den Kommunisten.[99]

Nach den Parlamentswahlen 2002 bildete sich aber zum ersten Mal eine wirkliche Opposition zu den Regierungsstrukturen, bestehend aus „Unsere Ukraine“, welche vom ehemaligen Premierminister Juščenko angeführt wurde, dem „Block Tymošenko“ und der SPU. Es war das erste Mal, dass linke und rechte Kräfte zusammen gegen das präsidentenfreundliche Zentrum agierten.[100] Der propräsidentielle Block bestand aus zwei regionalen Clanvereinigungen, die sich in den politischen Parteien der „Partei der Regionen“ (Donec'k) und der „Werktätigen Ukraine“ (Dnipropetrovs'k) organisiert hatten. Darüber hinaus waren die Partei „Für eine Vereinte Ukraine“, die „Agrarpartei“ und die „Unternehmens- und Industriellenpartei“ (NDP) auf der Seite des Präsidenten. Obwohl sich jene Parteien als „zentristisch“ bezeichnen, so ist ihnen doch jede Ideologie fremd. Sie sind nur das Dach (*kryša*) für wirtschaftliche und regionale Gruppen – und das sehr erfolgreich, wie beispielsweise das Budget 2004 zeigt, in dem sie sich entsprechende Pfründe sichern konnten. Kuzio (2003: 25) bezeichnet sie auch als *top heavy fake parties*.

Die Funktion und Arbeitsweise der Parteien destabilisiert in ihrer bestehenden Form das politische System, insbesondere das Parlament und die Parlamentsarbeit. Die Parteien haben ihre Rolle im politischen System der Ukraine noch nicht gefunden. In Anlehnung an den von

99 Zusätzlich stieg die Bedeutung der Oligarchen bzw. der Unternehmensinteressen. Ausserdem kam es zum Bruch zwischen kommunistischen und zentristisch-nationalen Kräften (welche das Land zusammen seit der Unabhängigkeit der Ukraine dominiert hatten). Letztere wechselten in Oppositionsparteien, entweder in den „Block Tymošenko“ oder in die Partei „Unsere Ukraine“ von Viktor Juščenko. Nach den Parlamentswahlen 2002 standen je zwei linke und zwei rechte Blöcke dem Präsidentenlager gegenüber.

100 Im Gegensatz dazu war das Bündnis zwischen Oligarchen und rechten nationalen Kräften („Für eine Vereinte Ukraine“) eine Wiederauflage. Diese hatten sich von Winter 1999 bis Frühjahr 2000 schon einmal zusammengeschlossen.

Wolfgang Merkel eingeführten Begriff der *defekten Demokratie* kann der Begriff *defektes Parteiensystem* verwendet werden, um die Parteienlandschaft der gegenwärtigen Ukraine zu charakterisieren.[101]

Zusammenfassend kann man sagen, dass politische Parteien schwach und koalitionsunfähig sind. Deswegen kann auch eine *capture* durch besser organisierte Interessen erfolgen. Darüber hinaus sind sie nicht fähig, die Interessen der Bürger aufzugreifen und zu verteidigen. Gesellschaftliche Belange werden schlichtweg ignoriert. Parteien konzentrieren sich auf parteiinterne Themen, die wenig strategische Visionen ausdrücken. Mangels politischer Ziele fehlt es den Parteien auch an der Gabe, diese nachdrücklich zu verfolgen. Politische Parteien sind Machtinstrumente von einflussreichen Oligarchen (zum Beispiel in der SDPU(o)) oder von Einzelinteressen geworden. In diesen Fällen ist es angebracht, von *party capture* zu sprechen.

Angesichts dieser Mängel erscheint die Diskussion über die Einführung eines parlamentarischen Regierungssystems absurd, weil gerade dieses funktionsfähige Parteien erfordert und als einen ihrer institutionellen Grundpfeiler ein effizientes Parteiensystem benötigt. Schliesslich wäre eine weitere Voraussetzung für einen leistungsfähigeren Staat die Einspruchsmacht von Interessengruppen und Medien.

4.3.2.2 Eingeschränkte Einflussmöglichkeiten von Interessengruppen und Medien

Das System der funktionalen Interessenvertretung ist in der Ukraine im Vergleich mit westlichen Ländern unterentwickelt. Im Gegensatz zu anderen sozialen Organisationen sind Gewerkschaften gut organisiert, was auf ihre starke Stellung im Sowjetsystem zurückzuführen ist, die meisten ihrer Mitglieder sind jedoch nur auf dem Papier existent. Die „Föderation der Gewerkschaften der Ukraine" (FPU) ist die dominante Gewerkschaft in der Ukraine und verfügt über Immobilien oder Sozial-

101 Geoffrey Hoskins (1997) beschreibt das System treffend als: „[...] interacting network of clans, sometimes internally bound by geuine kinship ties but more often by shared political experience or loyalty to a common leader".

versicherungen.[102] Die FPU bleibt trotz ihrer formellen Unabhängigkeit eng mit Staatsstrukturen und konservativen Kräften verbunden (Kubicek 1999: 62). Daher ist trotz ihrer guten Organisation ihr Einfluss beschränkt, wenn es um die Durchsetzung von Forderungen geht, die den Machtstrukturen nicht passen.

Neben der formell dominierenden FPU sind auch unabhängige Gewerkschaften entstanden. Die Gewerkschaft der Bergarbeiter, die viel schlagkräftiger und militanter ist, ging beispielsweise aus Streik- und Arbeiterkomitees von Bergarbeitern aus dem Donbass hervor. Durch von ihr organisierte Streiks und Blockaden und ihren ca. 65.000 Mitgliedern erreicht sie phasenweise immer wieder politisches Gewicht. Andere Gewerkschaften sind im Vergleich dazu klein und haben nur beschränkten Einfluss (Kubicek 1999: 63f.).

Der „Verband der Industriellen und Unternehmer“ (USSP) kann keine Alleinvertretung aller ukrainischen Unternehmer für sich beanspruchen, er unterhält aber sehr enge Verbindungen zur Regierung und gilt als Interessenvertretung „roter“ Direktoren. Mehr als die Hälfte der ca. 14.000 Mitglieder entfallen auf Staatsunternehmen (Kubicek 1999: 64). Die regionalen Ableger dieser Verbände erfreuen sich grosser Beliebtheit als Interessenvertretung der regionalen Eliten bzw. Oligarchen. Die „Industriellenunion des Donbass“ beispielsweise expandiert sehr schnell und besteht gegenwärtig aus ca. 600 Unternehmen in den Gebieten Donec'k, Dnipropetrovs'k und Luhans'k. Diese Organisation kontrolliert ca. 75% der in der Ukraine geförderten Kohle und wird von vielen als das Rückgrat des Donec'ker Clans betrachtet (Kupchinsky 2002).[103]

102 Die FPU wurde die Nachfolgeorganisation der sowjetischen Gewerkschaften. Mitte der 90er Jahre hatte dieser Dachverband ca. 14 Millionen Mitglieder (Kubicek 2002: 614).

103 Für die landwirtschaftlichen Verbände gilt ähnliches wie für die Unternehmensvertreter. Viele ihrer führenden Mitglieder sind im Staatsapparat vertreten und entscheiden mit über die Agrarpolitik. Die vorhandenen Strukturen dienen auch hier vordergründig korporatistischen Zielen: dem Schmieden einer Allianz zwischen Staatsstrukturen und der jeweiligen Organisation, um für die organisierten Interessen die bestmöglichen Ergebnisse (in Form von finanziellen Zugeständnissen) zu erreichen (Kubicek 1999).

Die Form der organisierten Unternehmervertretung ist in der Ukraine noch neu und muss erst ihre endgültigen Organisationsformen finden. Diese Vertretungen sind nicht als pluralistische Interessengruppen zu bezeichnen. Sie sind oft ein bewusstes Produkt von Interessennetzwerken. Nach aussen geben sie sich als offene Interessenvertretung, in Wirklichkeit sind sie aber auf bereits bestehende Seilschaften beschränkt und nur begrenzt zugänglich (Kubicek 2000: 203f.)

Die Organisation der Bevölkerung in Parteien und Interessengruppen ist in der Ukraine sehr schwach.[104] Interessengruppen sind ihrer Aufgabe im politischen System, nämlich Schnittstelle zwischen gesellschaftlichem und politischem System zu sein, bisher nicht gerecht geworden. Sie sind ein Anhängsel der Partei der Macht und können nicht unabhängig handeln. Kubicek (1999: 58) nennt dieses System *state corporatism* – die sozialen Strukturen sind vom Staat abhängig und oft nur blosses Anhängsel. Kubicek (2000: 205) erklärt diese Abhängigkeit folgendermassen: „[…] the vast state role in the economy and the uneasy coexistence between old and new methods of Governance means that the formation and articulation of interests as a whole is somewhat distorted and difficult to render precisely".

Interessen werden grundsätzlich durch personalisierte Netzwerke und persönliche Kontakte zur politischen Führung und weniger durch institutionalisierte Interessengruppen vertreten. Elitenbasierte Bündnisse wie der Clan von Donec'k haben aber durchaus das Potenzial erkannt, welches in institutionalisierten Interessengruppen liegt und sich eigene Organisationsformen wie die „Industriellenunion des Donbass" gegeben. Die Auswirkungen dieser Form von Korporatismus sind negativ, da dieses System „hierarchisch, wettbewerbsfeindlich, etatistisch (insofern es sich der Staat dienstbar macht) und konspirativ (insofern es weitgehend ausserhalb der Rechtsordnung agiert)" ist (Simon 2002: 24).

Gewerkschaften und Interessengruppen agieren in der Regel in Abhängigkeit von staatlichen Machtstrukturen und Elitengruppen. Das trifft prinzipiell auch auf die ukrainischen Medien zu: „Since the end of

104 Zahlen in: <http://www.freedomhouse.org/research/nattransit.htm> (10.01.2004).

Soviet censorship, a certain degree of media pluralism has emerged in Ukraine. However, truly independent media outlets are quite rare".[105]

In den Jahren nach der ukrainischen Unabhängigkeit entstand eine beachtliche Vielfalt an ukrainischen Medien, welche die ganze Bandbreite des gesellschaftlichen und politischen Spektrums abdeckte, besonders im Printbereich.[106] Es setzten sich aber die regimetreuen Medien durch, die meist staatlich sind und über eine bessere finanzielle Ausgangsposition verfügten. Die fünf grössten nationalen Fernsehsender gehören entweder dem Vorsitzenden der Präsidialadministration Viktor Medvedčuk oder dem Schwiegersohn von Leonid Kučma, Viktor Pinčuk (Besters-Dilger 2003: 257f.). Unabhängige und regimekritische Medien sind meist in der Hauptstadt oder in traditionell oppositionellen Gebieten, beispielsweise in der Westukraine, zu finden.

Private Fernsehsender meiden in der Regel die Konfrontation mit dem politischen Regime, wenn sie sich in der Hand von dem Regime nahestehenden Oligarchen befinden. Eine Ausnahme war der Kanal fünf. Diesem wurde zwei Wochen vor der Präsidentschaftswahl am 31. Oktober 2004 von einem Appellationsgericht die Lizenz entzogen. Das lag zum grössten Teil daran, dass der Unternehmer und Besitzer des Fernsehkanals Petro Porošenko ein enger Verbündeter von Viktor Juščenko war (UKL 251, 23 October 2004, #10).

105 Elizabeth Andersen, Executive Director of Human Rights Watch Europe and Central Asia in UKL 200, 29 April 2003, #4. In der ukrainischen Verfassung werden die Rede-, Meinungs- und die Informationsfreiheit garantiert (Artikel 34). Die Arbeit der Medien wird zusätzlich durch verschiedene Gesetze geregelt (z. B. das Informations- oder Pressegesetz aus dem Jahr 1992). Hinzu kommen die Dekrete des Präsidenten oder der Regierung.

106 Die Zahl der Zeitungen ist seit 1990 (1.794) drastisch gestiegen: 2002 waren es 9.180 (davon 2.300 nationale und 6.880 lokale) Zeitungen, zusätzlich waren mehr als 5.000 Magazine registriert; ein Drittel davon in ukrainischer Sprache (Besters-Dilger 2003: 257f.). Regionale Zeitungen haben ein grosses Gewicht – das Verhältnis zwischen lokalen und nationalen Zeitungen kann auf dem Land 50 zu 1 betragen Die Bedeutung von Printmedien ist seit der Unabhängigkeit kontinuierlich gestiegen. Während sich im Jahr 1994 eine deutliche Mehrheit durch das Fernsehen informierte (79,2% im Gegensatz zu 53,6% Zeitungslesern), glich sich die Quote bis zum Jahr 2000 an (86,5% Fernseher zu 70,3% Zeitungsleser) (Nikolayenko 2004: 673 mit Verweis auf Zahlen des Soziologischen Instituts).

Printmedien sind kritischer und einige von Ihnen wegweisender Natur, zum Beispiel die Wochenzeitung *Zerkalo Nedeli*. Generell gilt, dass die Medienbesitzer den entscheidenden Einfluss auf den redaktionellen Inhalt ausüben.[107] Insbesondere private Printmedien waren unter Kučma mit Problemen konfrontiert, die Ihnen einen unabhängigen Stil erschweren. Dazu gehört, dass ein grosser Teil der Druckereien immer noch in Staatseigentum ist – diese können den Druck von regimekritischen Zeitungen verweigern. Staatsmedien erhalten überdies Subventionen, die ihnen ein kostengünstigeres Angebot und oft auch qualitativ bessere Berichterstattung ermöglichen (OSCE *Representative on Freedom of the Media* 2000: 249–274).

Regimekritische Medien müssen mit willkürlichen Steuerinspektionen, Lizenzentzug oder Gerichtsverfahren rechnen.[108] Eine neue Entwicklung war seit Ende 2002 die Verbreitung von *temnyky* – Anweisungen aus der Präsidialadministration, welche Informationen Massenmedien weitergeben „durften" und welche nicht. Fernsehkanäle erhielten so beispielsweise die Order, dass der Besuch von George Soros in der Ukraine im Jahr 2004 als Spionageaktivität klassifiziert werden sollte (Zerkalo Nedeli, No. 13 (488), 3–9 April 2004). Der Erste Staatliche Sender, *1+1*, *Inter* (kontrolliert vom Leiter der Präsidialadministration Medvedčuk) oder auch die sozialdemokratische Zeitung

107 Die SDPU(o) kontrolliert beispielsweise *Den'* (Auflage ca. 60.000), *Kijevskije Vedomosti* (150.000) und *Biznes* (60.000); die Gruppe aus Dnipropetrovs'k *Fakty* (850.000) und *Kijevskiy Telegraf*; die Donec'ker Gruppe *Sehodnya* (650.000). Die wichtigsten staatlichen Printmedien sind *Holos Ukrainy* (150.000) und *Uriadovyi Kurier* (120.000) (ausführlich Haran et al. 2003: 618). Die Gruppe aus Dnipropetrovs'k (um Viktor Pinčuk) kontrolliert diverse Fernsehkanäle und die Gruppe um Viktor Medvedčuk *Inter* und *1+1* (jeweils rund ein Drittel des Marktes, siehe Besters-Dilger 2003: 255).

108 Siehe ausführlich in UKL 239, 7 July 2004, #3 und in dem Bericht von *Human Rights Watch* vom März 2003 <http//www.hrw.org/reports/2003/ukraine0303/> (20.08.2004); zur Mediensituation in der Ukraine in der zweiten Amtszeit von Kučma: <http://www.freemedia.at/wpfr/Europe/ukraine.htm> (10.02.2004). Der Druck von staatlichen Stellen auf kritische Medien war in den späten 1990er Jahren sehr stark (Nikolayenko 2004: 680).

Kijevkije Vedomosti erfüllten diese Order.[109] Wer diese offiziellen Anweisungen nicht beachtete, riskierte Probleme mit der Steuerbehörde bzw. der Steuerpolizei und den Entzug der Lizenz.[110]

Eine zusätzliche Entwicklung war, dass sich inter- und intrainstitutionelle Konflikte immer mehr in die Medien verlagerten. Präsidententreue Medien stellten Institutionen, die den Präsidenten kritisierten, negativ dar. Das Parlament wurde z. B. als Reformhindernis oder als korrupte, von reformfeindlichen linken Kräften dominierte, Versammlung beschimpft. Oft war es auch so, dass durch die Medien unliebsame politische und wirtschaftliche Konkurrenten diskreditiert wurden (Kuzio 1999: 114).

In den letzten Jahren wurden Parlaments- und Präsidentschaftswahlen in den Medien immer subjektiver dargestellt. Je nach Einfluss auf den jeweiligen Fernsehkanal oder die jeweilige Zeitung, beschränkte sich die Berichterstattung auf ausgewählte Kampagnen und Informationen. Zusätzlich wurde im Vorfeld der Präsidentschaftswahlen 2004 auf die „russische Methode" der Medienkontrolle zurückgegriffen und kritische und oppositionelle Radiostationen geschlossen (und die gesetzlichen Grundlagen dafür gelegt). Der Bitte, den Lizenzentzug für Radiostationen und die Schliessung von Zeitungen bis nach der Präsidentschaftswahl 2004 auszusetzen, wurde nicht entsprochen.[111]

Die Handlungsweise der obersten politischen Entscheidungsträger den ukrainischen Medien gegenüber kann als sehr scheinheilig bezeich-

109 Siehe auch Zerkalo Nedeli, No. 4 (429), 1–7 February 2003. Weitere Beispiele für *temnyky* findet man unter: <http://www.temnik.com.ua>, in UKL 239, 7 July 2004, #3 und im Bericht von *Human Rights Watc*h vom März 2003 <http//www.hrw.org/reports/2003/ukraine0303/> (20.08.2004).

110 *Radio Kontynent* wurde Anfang des Jahres 2004 geschlossen, da es trotz offizieller Anweisung kein Material der SDPU(o) abdrucken wollte (L'vivska Hazeta, No. 89 (413), 21 travnja 2004, 5).

111 RFE/RL Newsline, 4 March 2004 bzw. UKL 232, 7 March 2004. Ein Beispiel für Medienbehinderung ist das Gesetz „Über die Sicherung der Öffentlichen Moral", vom 20. Dezember 2003. Es verfügt,dass eine spezielle Kommission erotisches und gewalttätiges Material in Medien zu beaufsichtigen und zu lizensieren hat. Dem Staat wird somit ein weiteres Instrument zur Hand gegeben, um lästige Organisationen zu schliessen.

net werden. Zum Beispiel unterzeichnete Präsident Kučma am 28. April 2003 einen Gesetzentwurf, der Medienzensur verbietet veranlasste aber fast gleichzeitig, dass regimekritische Zeitungen geschlossen wurden (UKL 200, 29 April 2003, #6). Auf Unverständnis stiess landesweit das Erscheinungsverbot der *Sil'ski Visti* im Frühjahr 2004, der grössten Zeitung in ländlichen Regionen.[112] Ein weiteres Beispiel ist, dass im „Gesetz über die Wahlen zum ukrainischen Präsidenten" Journalisten ein unbegrenzter Zugang zu öffentlichen Veranstaltungen und Informationen garantiert wurde (Artikel 7), dann aber das „Gesetz über Staatsgeheimnisse" herangezogen wurde, um den Zugang zu Informationen einzuschränken (UKL 232, 7 March 2004).

Die wichtigsten Probleme der ukrainischen Medien sind die Staatskontrolle und die Finanzierung bzw. der Aufkauf durch Oligarchen. Im Gegensatz zu Russland sind unter Kučma nicht alle unabhängigen Publikationen geschlossen worden, aber auch sie hatten grosse Probleme mit den Staatsbehörden (ausführlich in Kapitel 6.3.2). Wirklich unabhängige Medien und wissenschaftliche Foren blieben nur einige wenige im Lande übrig.[113]

Die Ukraine wurde im Mai 2003 von Freedom House vom Status eines „teilweise freien" in den Status eines „nicht freien" Landes zurückgestuft (UKL 201, 12 June 2003, #6). Diese Abwertung rechtfertigte die Schliessung von kritischen Medien und die Ermordung von kritischen Journalisten.[114] Zwar schlossen sich seit 2001 oppo-

112 Andere Beispiele sind *Radio Svoboda* (NZZ, 23. Februar 2004) oder *Radio Kontynent* (L'vivska Hazeta, No. 89 (413), 21 travnja 2004, 5).

113 *Zerkalo Nedeli* als die grösste unabhängige Wochenzeitung (mit finanzieller Unterstützung aus den USA) und die *L'vivska Hazeta* (aber erst seit 2002), dazu die Kulturzeitschrift *Ji*. Von den Fernsehsendern hatte zuletzt nur noch *Kanal 5* eine ausgewogene Berichterstattung, dazu regionale Radiosender (*Radio Nezaležnist*). Nationalweit gibt es nur noch eine rein ukrainischsprachige Tageszeitung (*Ukrajina moloda*).

114 „In May 2002, *Reporters Sans Frontiers* noted that 10 journalists have died under suspicious circumstances in the past four years, while another 41 have suffered serious injury from attacks. In October (2002 Anm. Verf.), the body of Ukrainian News director Mykailo Kolomyets was discovered in northwestern Belarus nearly a week after he had disappeared from Kiew" (UKL 201, 12 June 2003, #6).

sitionelle Kräfte wiederholt zu Massendemonstrationen zusammen, um gegen Medienzensur und allzu grosse Dominanz des Staates zu protestieren, jedoch waren diese zunächst zu schwach, um eine Änderung des Systems herbeizuführen. Das war auch die Meinung des ehemaligen Ministerpräsidenten Viktor Juščenko: „To use street demonstrations as the sole mechanism, and only instrument, to achieve change is obviously not enough because there isn't enough will and spirit in Ukrainian society for such a mobilization [...]" (UKL 202, 18 June 2003, #8).

Zusammenfassend kann man die institutionellen Beziehungen in Transformationsstaaten wie der Ukraine folgendermassen charakterisieren (Hoffmann 1998: 86): informell, unpersönlich, geheim, unreguliert und asymmetrisch. Insbesondere die Gesetze und Bestimmungen, welche den Institutionen und dem Akteurshandeln zugrunde liegen stellen eine Fassade dar, hinter der ganz anderes Handeln möglich ist. Das Handeln staatlicher (aber auch nicht-staatlicher) Akteure läuft formellen Strukturen zuwider, und es wird auf informelle Alternativen wie persönliche Beziehungen zurückgegriffen. Daher werden die informellen Strukturen und die Mittel informeller Machtdurchsetzung in der Ukraine im nächsten Kapitel näher betrachtet.

4.3.3 Die informelle Basis von Staatsstrukturen und Staatsprozessen

Nach aussen existiert in der Ukraine zwar ein System formell demokratischer politischer Institutionen. Die wirklichen Entscheidungen fallen aber hinter dieser Fassade. Die althergebrachten formellen Mittel zur Machtdurchsetzung erweisen sich in der institutionellen Situation der Ukraine meist als ungeeignet. Institutionelle Schwächen, z. B. ein starker Präsident bei gleichzeitigem Versagen parlamentarischer Strukturen, begünstigen das Entstehen von sogenannten Opportunitätsstrukturen, Abhängigkeitsbeziehungen zwischen Politik und Gesellschaft (Helmerich 2003: 15). Diese Abhängigkeitsbeziehungen sind nicht durch formelle Verfahren geregelt, sondern laufen informell in personenorientierten Netzwerken ab.[115] Macht wird nur zum Teil in öffentlich-formellen Strukturen manifestiert.

Diese Strukturen sind in der Ukraine wie in Russland eine Konsequenz der früheren Strategien des sowjetischen State Building (Gill 1990). Sowjetische Führungskräfte verliessen sich beim Aufbau der Verwaltung, welche die eigentliche State Capacity verkörpern sollte, auf informelle Strukturen und personelle Netzwerke in der Partei. So schufen sie ein „patrimoninales Verwaltungssystem" (van Zon 2000) mit einem starken Fokus auf persönliche Beziehungen und Netzwerken. Die Unabhängigkeit hat keinen anderen politischen Zugang zu Macht- und Interessendurchsetzung zur Folge gehabt. Der Zusammenbruch der Parteistrukturen erzwang quasi einen Rückgriff auf die informellen Strukturen als den einzig verbliebenen (und funktionierenden) Regelwerken.

Ausgeprägte informelle Strukturen sind in der Ukraine politisch sanktioniert. Ein Merkmal der Informalität in der Ukraine sind regionale Clans, welche die Rolle von formellen Institutionen übernommen haben (van Zon 2001: 71f.). Ohne ihre Zustimmung können keine bedeutenden Gesetze erlassen oder wichtige Entscheidungen getroffen werden. Persönliche und informelle Beziehungen bestimmen die Strukturen auf oberster politischer Ebene. Formelle Institutionen wie Parteien werden dazu benutzt, diesen informellen Strukturen mehr Durchsetzungskraft zu verleihen. Gerade auf dem Gebiet der intermediären Institutionen ist in der Ukraine eine Formalisierung des Informellen zu beobachten.[116]

Ein Beispiel sind die drei grössten Parlamentsfraktionen nach den Parlamentswahlen 2002: die „Partei der Regionen", die „Vereinigte Sozialdemokratische Partei" und die „Werktätige Ukraine". Bei den jeweiligen Vorsitzenden handelt es sich um einflussreiche Unternehmer. Die Führer konkurrieren um die Führungsposition in dieser „Koalition" und um den grössten Einfluss bei präsidialen Entscheidungen sowie um

115 Als Netzwerke versteht Robus (1998: 30f.) am Beispiel der Ukraine eine bestimmte Anzahl von sozialen, politischen oder wirtschaftlichen Akteuren innerhalb eines übergeordneten institutionellen Rahmens, welche sich über informelle Mechanismen selber koordinieren.

116 Siehe zu diesem Thema auch den Beitrag von Pleines (2004).

Einfluss in der Präsidialverwaltung. Ihre Kooperationsbereitschaft steigt aber sprunghaft an, wenn es um den Erhalt ihrer Machtposition geht.

Dies trifft auch auf die Führer der drei grössten Unternehmensgruppen Viktor Pinčuk, Rinat Achmetov und Serhji Taruta zu (Zerkalo Nedeli, No. 28 (453), 26 July–1 August 2003). Sie wahren ihre Interessen in der Politik selbst oder mittels Vertrauten. Rinat Achmetov ist offiziell nicht in die Politik involviert, hat aber dennoch seine Vertrauten im Parlament, die er nötigenfalls mobilisieren kann, überdies zählt er Premierminister Janukovyč zu seinen Freunden (Korrespondent, No. 15 (104), 22 aprelja 2004, 16). Serhij Taruta ist der Vorsitzende des Direktoriumsrates der „Industriellenvereinigung des Donbass" (ISD) und verfügt über Vertraute an wichtigen politischen Stellen.[117] Weitere Beispiele für die hochgradige Verflechtung zwischen Unternehmertum und Politik sind parlamentarische Abgeordnete, welche selbst Unternehmer sind.[118]

Abgeordnete mit Anbindung an Unternehmen sind oft ausschlaggebend für die „richtige" Stimme in kontroversen Gesetzesabstimmungen. Ein flexibles, nicht partei- und interessengebundenes, Abstimmungsverhalten sowie Stimmenkauf sind vor fiskalischen Entscheidungen und Budgetabstimmungen verbreitet, aber auch bei Sondergesetzen, welche die Entwicklung von bestimmten Industrien stimulieren sollen oder welche Freie Wirtschaftszonen betreffen (BBC Monitoring Service, 2 April 2004). Die Verabschiedung von Gesetzen über die Privatisierung von Grossbetrieben, strategisch wichtigen Unternehmen, etwa *Ukrrudprom* (Ukrainische Erzindustrie), *Kryvorižstal*, *Ukrtelekom* (Ukrainische Telekom) und von Kohleunternehmen sind ein Beispiel für den Einfluss von informellen

117 Diese Vereinigung ist mittlerweile einer der drei grössten Konzerne der Ukraine geworden und kontrolliert mehr als 40 ukrainische bzw. ausländische Unternehmen (u. a. ungarisches Stahl). Im Frühjahr 2004 versuchte sie das grösste polnische metallurgische Kombinat in Częstochowa zu kaufen (Korrespondent, No. 15 (104), 22 aprelja 2004, 10; auch Polityka, Nr. 14 (2446), 3 kwietna 2004, 48–49).

118 BBC Monitoring Service (2 April 2004) weist auf die wichtigsten parlamentarischen Lobbyisten und die wichtigsten Allianzen hin.

Strukturen (Pleines 2004 zu weiteren Beispielen).[119] Oft spielt Geld keine Rolle, sondern ein wichtiger Posten in einem regionalen Machtorgan oder die Unterstützung bei einer heiklen politischen Frage. Die einflussreichsten Fraktionen haben Koordinatoren und Schatzmeister, welche den Preis einer Abgeordnetenstimme festlegen. Ein Grossunternehmen berichtete der Zeitschrift Invest Gazeta (30 March 2004), dass die Beeinflussung eines gewöhnlichen Gesetzes von einer Million bis 15 Millionen USD kosten könne. Ein einzelnes Privatisierungsgesetz kann demgegenüber noch weitaus teuerer sein. Meistens ist es jedoch schwer, die Grenze zwischen Korruption und Lobbyismus zu ziehen.[120]

Es gibt daneben noch durchaus andere einflussreiche, informelle Kanäle. An erster Stelle stehen die *adminresursy*, die Verwaltungsressourcen. Zu diesen gehörte unter Kučma die Präsidialverwaltung mit seinem Leiter Viktor Medvedčuk. Sie lenkt alle nachgeordneten Verwaltungsbehörden und Gerichte, aber auch die Wahlkommission. Die Steuerbehörde wurde flankierend als Machtinstrument der politisch Mächtigen eingesetzt (Korrespondent, No. 15 (104), 22 aprelja 2004, 43). Einfluss von offiziellen Strukturen wurde mit Vorliebe auch auf die *medresursy* (Medienressourcen) ausgeübt.

Das wesentliche Problem ist, dass diese Interaktionen, egal ob sie sich nun als Koalitionen oder als Netzwerke gestalten, in der Regel zu ihrem eigenen Vorteil und zum Nachteil des Staates und der Gesellschaft operieren. Lucan Way (2002) argumentiert beispielsweise, dass informelle Praktiken auf lokaler Ebene in der Ukraine nicht nur dazu geführt haben, dass formelle Strukturen zur Steuererhebung nicht mehr effizient funktionieren, sondern auch, dass jene nicht mehr reformierbar sind. Das Ausmass der negativen Folgen dieser informellen Strukturen, z. B. die

119 *Kryvorižstal* wurde an Rinat Achmetov, den Direktor von *System Capital Management* und reichsten Mann der Ukraine und an die *Investment-Metallurgical Union* (die der *Interpipe* des Oligarchen Viktor Pinčuk gehört) privatisiert (RFE/RL Belarus and Ukraine Report, 15 June 2004, Vol. 6, No. 22).

120 Lobbyismus kann nur Auswirkungen haben, wenn es eine entsprechende Unterstützung in den Exekutivenorganen gibt (Regierung, Präsidialadministration), da normalerweise jeder Gesetzesvorschlag von ihnen zu Fall gebracht werden kann (BBC Monitoring Service, 2 April 2004).

Korruption, verdeutlicht der *Corruption Perception Index 2004* von Transparency International, der die Ukraine auf Platz 122 von 145 Staaten platziert.

Generell gilt die Annahme, dass die Situation nur durch mehr Formalität verbessert werden kann. Die Chancen für ein Umschwenken zu mehr Durchsetzungsfähigkeit des Staates, und auch zu mehr Demokratie, hängen für Gel'man (2000) davon ab „wie und wann ein Übergewicht der formalen Institute erreicht werden kann". Johannsen/ Nørgaard (2001: 18) stellen weniger rigide Bedingungen auf: Unter den Bedingungen des institutionellen Wandels können neue Institutionen nur Vertrauen und Legitimität wecken, wenn sie mit den informellen Institutionen einer Gesellschaft nicht kollidieren, sondern mit ihnen übereinstimmen oder sich nicht in die Quere kommen. Bebyk (1996: 50) beobachtet überdies eine positive Wirkung von informellen Strukturen, welche formelle Strukturen verstärkt und unterstützt haben. In der Ukraine wirken diese Strukturen eher negativ. Von der neofeudalen Politik partikularistischer, personalistischer Interessenaushandlung ist es noch ein weiter Weg zu institutionalisierten politischen Arrangements innerhalb eines rechtsstaatlichen Rahmens. Fraglich ist, ob ein Übergewicht der formalen Institute mit legalen Mitteln erreicht werden kann, wenn der allgemeine Konsens dazu fehlt. Zuerst müsen die entsprechenden Akteure dazu gebracht werden, auf informelle Handlungen zu verzichten, auch wenn sich diese als effizienter und für das eigene Fortkommen als geeigneter erweisen. Das weist auf die entscheidende Rolle der Eliten bei dem Wandel von informell zu formell hin.

4.3.4 Elitenstrukturen als Motor der Informalität

Die ukrainischen Eliten stellten zu Zeiten der Sowjetunion eine periphäre Elite dar. Ihr Handlungsrahmen wurde von der Struktur der Union vorgegeben, und die Entscheidungsspielräume und Kompetenzen waren eng gesteckt. Für die Herausbildung einer politischen Elite zu Sowjetzeiten fehlten darüber hinaus die Grundlagen, z. B. eine eigene politische Steuerung und Einflussnahme sowie Kaderbildung.[121] Eine wichtige Frage war wie die ukrainischen Eliten mit der formellen institutionellen Infrastruktur, die nach dem Zusammenbruch der Sowjetunion übriggeblieben war, umgehen würden und ob sie die institutionelle Infrastruktur im Sinne eines angemessene State Building erweitern würden.

Grzymala-Busse et al. (2002) kommen zu dem Schluss, dass postkommunistische Eliten, die auf die früheren kommunistischen, zentralstaatlichen Staatsinstitutionen zurückgreifen konnten, etwa in Russland, einen grösseren Anreiz hatten, ihre Autorität mittels dieser formellen Institutionen durchzusetzen. In der Ukraine konnte zwar auf institutionalisierte Strukturen aus alten Zeiten zurückgegriffen werden, aber diese agierten in einem völlig veränderten Kontext und waren vielfach ungeeignet, den neuen Bedingungen zu entsprechen. Daher ist ein verstärkterer Einfluss von informellen Arrangements und der Rückgriff von Eliten auf informelle Instrumente zu beobachten. Verunsicherte Eliten oder Eliten in neuen Machtpositionen machen den Gebrauch von informellen Praktiken verschiedenster Art sehr wahrscheinlich. Diese Strukturen schaffen Raum für Rentenabschöpfung und Korruption, schwächen State Capacities und erhöhen Überwachungs- und Durchsetzungskosten (Zerkalo Nedeli, No. 44 (469), 15–21 nojabrja, 2003).

Nach dem Zusammenbruch des Systems wurden die sozialen und wirtschaftlichen Institutionen nicht neu konzipiert. Es war mehr so, dass das bisherige informelle System mit seiner alten Nomenklatura seine Bedeutung nicht nur behielt, sondern auch ausbauen konnte (da die politische Ebene in Moskau wegfiel). Es übernahm die Kontrolle über das politische und wirtschaftliche Geschehen und stellte die Entwicklung des Staates unter seine Interessen.[122] Die ukrainische Elite formierte sich im Wesentlichen im ersten Jahrzehnt nach der Unabhängigkeit der

121 Die Ukraine nach 1991 wurde auch als ein Land ohne politische Elite bezeichnet (Vydrin/Tabačnyk 1995: 170). Heute wird betont, dass sich eine originär ukrainische Elite entwickelt hat (z. B. von Mychal'čenko 2003: 9).

122 Hellman et al. (2000) weisen darauf hin, dass alte Eliten Einfluss über traditionelle Netzwerke geltend machen können. Für neue Eliten ist es schwer in diese Netzwerke einzudringen. Daher greifen sie oft auf illegitime Mittel zurück.

Ukraine. Davor waren die vorhandenen Eliten durch fehlende Ausbildungsmöglichkeiten, Repressionen, Abberufungen nach Moskau und ähnliches ausgedünnt worden. Dies bedeutet, dass nach der Unabhängigkeit auch untere und mittlere sowie regionale Kader eine Chance erhielten, in die obersten Machthierarchien aufzusteigen.

Die ukrainische Elite nach 1991 umfasst neben den bürokratisch-politischen Entscheidungsträgern auch ökonomisch-administrative Wirtschaftseliten.[123] Praktisch jede Person, die in den 1990er Jahren eine entscheidende Staatsposition inne hatte, ist ein Abkömmling der alten Managementelite, die sich Ende der 80er Jahre gebildet hatte.[124] Es handelt sich dabei um eine Gruppe von ca. 1.500 Leuten, die fast alle ihre Wurzeln in den alten sowjetischen Strukturen haben. Sie haben entscheidend zu der gegenwärtigen Verfasstheit des Staates beigetragen (Kuzio 1988: 36f.). Gemeinsam ist ihnen Eigeninteresse und die Maximierung ihres Nutzens durch politisches und wirtschaftliches Handeln.

Die ukrainische Elite setzte sich nach aussen zum Ziel, den ukrainischen Staat und die Nation aufzubauen. Der Aufbau des Staates gedieh aber mehr zu ihrem Vorteil als zu dem Vorteil von Staat und Nation. Zum neuen, ukrainischen Staatsverständnis und zur Staatskonzeption trugen hauptsächlich die Eliten bei, die sich in alten (Parlament) oder neuen (Präsidialadministration) Institutionen positionieren konnten. „Neue Eliten", wie sie in Russland in den 90er Jahren auftauchten, sind in der Ukraine eher unterentwickelt. Das liegt zu einem grossen Teil daran, dass sich keine Wirtschaftsoligarchie aus privatisierten Unternehmen etabliert hat. Die Elite rekrutiert sich hauptsächlich aus administrativ-politischen und administrativ-ökonomischen Strukturen. Ihre Stärke baut sie auf der Schwäche des Staats,

123 Siehe Puglisi (2003) zu einer interessanten Aufstellung politischer Einflussnahme von Unternehmern. Pleines (2004) und Kowall (2002:6f.) benennen die wichtigsten ökonomischen Eliten.

124 Beispiele nennt Dyczok (2000: 33f.). 1996 war ca. 75% der „alten Garde" in neuen Regierungsstrukturen zu finden (Naumkina 1999: 47) (Siehe auch Kapitel 3.3.3 zu entsprechenden Zahlen).

auf der Inexistenz ernsthafter Gegeneliten auf nationaler Ebene und auf gesellschaftlicher Passivität.

Die Verflechtung zwischen ökonomischen und politischen Eliten ist in der Ukraine sehr hoch. Daher kann eine Diskussion über ukrainische Eliten oftmals nicht grundsätzlich zwischen ökonomischen oder politischen Eliten unterscheiden. Die ukrainische Politik und Wirtschaft bestimmen korporative Clans, die sich aus der Wirtschafts- und Verwaltungs-Nomenklatura zusammensetzen (Dolženkov 2002: 4). Der Staat kann aufgrund dessen auch als eine Symbiose aus Oligarchie und Autoritarismus umschrieben werden (Kuzio in Simon 2002: 67). Diese Seilschaften kontrollieren diverse Grossunternehmen. Daher wird auch von einem Nomenklatur-Kapitalismus oder von einem oligarchischen Kapitalismus gesprochen (Dolženkov 2002); der erste Begriff beschreibt die ukrainische Situation jedoch treffender. Seine wichtigsten Charakterzüge sind die Monopolisierung des Marktes, eingeschränkte Konkurrenz und Effektivität, Unterwanderung der exekutiven Strukturen sowie die Dominanz der Nomenklatur in der Regierung. Der Einfluss der Elite und ihre politischen Interessen sind mittels Verbindungen zur Politik oder durch selbständiges politisches Engagement gesichert. Oft erfolgt die Interessenvertretung im Rahmen eines Clans oder eines kleineren Machtnetzwerkes, welche grössere Handlungssicherheit bieten als individuelles Agieren. Interessant ist, dass diese Clans eine starke regionale Verankerung haben.

Während die Amtszeit von Präsident Kučma fortschritt, kristallisierten sich folgende, elitendominierte Seilschaften heraus: zum ersten der Donec'ker Clan (mit seiner politischen Repräsentation der „Partei der Regionen") und der Dnipropetrovs'ker Clan (welcher durch die „Werktätige Ukraine" vertreten wird). Weiterhin die „Vereinigte Sozialdemokratische Partei" – SDPU(o), dominiert von den beiden Oligarchen Medvedčuk und Surkis.[125] Diese beiden Herren bilden die Spitze des Konzerns *Slavutič*, dessen Einfluss sich auf Elektrizität, Erdölverarbeitung, Hüttenindustrie, Finanzwesen sowie Medien und

125 Siehe ausführlich UKL 201, 12 June 2003, #6 zu dem Einfluss und zu Vertrauten von Medvedčuk.

Sport erstreckt. Beide waren Berater der ukrainischen Präsidenten nach der Unabhängigkeit.[126]

Die Zeitschrift Korrespondent (No. 15 (104), 22 aprelja 2004) setzt in ihrem Einflussranking ukrainischer Politiker und Unternehmer den Präsidenten Leonid Kučma auf Rang eins, gefolgt vom Vorsitzenden der SDPU(o) und Leiter der Präsidialverwaltung Viktor Medvedčuk und vom Premierminister der Ukraine Viktor Janukovyč. Viktor Medvedčuk spielte im Jahr 2000 eine wichtige Rolle bei der Entmachtung der kommunistischen Parlamentsmehrheit und bei der Absetzung von Premier Juščenko 2001. Nachdem er kurzzeitig wegen seiner wachsenden Macht beim Präsidenten Kučma in Ungnade fiel, wurde er im März 2002 wieder Parlamentsmitglied und im Juni 2002 der Chef der Präsidialadministration.[127] Viktor Juščenko folgt auf Platz vier, Viktor Pinčuk auf Platz fünf.[128] Er gehörte unter Kučma zusammen mit dem Leiter der Präsidialadministration Viktor Medvedčuk zu den einflussreichsten und reichsten Individuen in der ukrainischen Machtpolitik.

Was den Einfluss der unterschiedlichen Seilschaften betrifft, kam der Donec'ker Clan unter dem Premierminister Viktor Janukovyč wieder zu mehr Geltung und war auf oberster politischer Ebene platziert. Bei den Parlamentswahlen im März 2002 sicherte Viktor Janukovyč den Sieg der Präsidentenpartei „Für eine Vereinigte Ukraine" in Donec'k. Dies war die einzige Region, in der die Vereinigung den Sieg davontragen konnte. Aufgrund der Bevölkerungsdichte und aufgrund der

126 Weitere Machtimperien haben gebildet: Olexandr Volkov, der im Öl- und Kohlesektor tätig ist und diverse nationale Medien kontrolliert; oder Vadim Rabinovič, welcher u. a. im Pelz-, Schmuck-, Kosmetikhandel, Bankwesen und in der Kapitalanlageberatung involviert ist. Er gilt als einer der reichsten Oligarchen.

127 UKL 223, 30 December, #9 bringt Aspekte der dunklen Vergangenheit von Viktor Medvedčuk. Ausführlicher beschreibt Matsuzato (2002: 1280f.) den Werdegang von Medvedčuk.

128 Viktor Pinčuk ist Stahl- und Medienmagnat (*STB*, *Novy*, *ICTV*) und Schwiegersohn von Kučma. Nachdem er im Jahr 1990 die Privatbank, eine der erfolgreichsten ukrainischen Banken, gegründet hatte, zog es ihn in die Politik. Er war Regierungsmitglied unter Juščenko und führt die politische Organisation der Dnipopetrov'sk Gruppe, die „Werktätige Ukraine" an. Er versuchte schon zweimal erfolglos Regierungschef zu werden (UKL 202, 18 June 2003, #8). Weitere Details unter: <http://www.artukraine.com/buildukraine/pinchuk.htm> (20.04.2004).

Industriestrukturen brachte dieser Sieg dem Block den dritten Rang in der Gesamtwertung ein. „Zum Dank“ entliess der Präsident Anatolij Kinach im November als Premier und setzte Viktor Janukovyč auf seinen Posten. Der neue Premier verschaffte daraufhin einem ganzen „Tross“ von Gefolgsleuten aus dem Donec’ker Gebiet Posten in seinem Kabinett. Janukovyč wurde überdies im April 2003 zum Vorsitzenden der „Partei der Regionen“ gewählt. (UKL 201, 12 June 2003, #9). Dem Dnipropetrovs’ker Clan ist Präsident Kučma hinzu zuzählen, genauso wie andere Individuen in Regierungspositionen, z. B. der ehemalige Premierminister Lazarenko.[129]

Zu diesen Seilschaften gehören stets einige bedeutende Oligarchen. Sie haben sich branchenübergreifende „Imperien“, aus Staatseigentum aufgebaut, welche sie nun mit aller Macht zu erhalten und auszubauen suchen.[130] Diese Gruppierungen kommunizieren über individuelle Kontakte miteinander und bedienen sich persönlicher Kontakte, um in den Machtstrukturen des Staates ihren Einfluss geltend zu machen. Kollektive Interessenartikulation, wenn sie denn einmal stattfindet, hat wenig Einfluss auf deren operatives Handeln.

Die oligarchischen Gruppen geben sich in ihrer Gesamtheit keine erkennbare organisatorische Form der Interessenvertretung, dazu sind ihre Interessen zu verschieden oder zu speziell.[131] Die meisten Verbindungen sind auch sehr instabil, beispielsweise hat sich die Zusammensetzung des Clans von Donec’k nach der Unabhängigkeit dreimal fundamental gewandelt, dessen Akteure haben aber bisher eine offene Auseinandersetzungen untereinander vermieden (im Gegensatz zu Seilschaften aus Dnipropetrovs’k) (Pleines 2004: 7).[132] Das Verhältnis einflussreicher Vertreter ist in der Regel von Misstrauen geprägt, etwa zwischen Medvedčuk und den Kräften aus dem Donec’ker Gebiet

129 Zu der Gruppierung aus Dnipropetrovs’k wird auch Julija Tymošenko gezählt.

130 Vgl. Pleines (2004) zu den Phasen der Entwicklung oligarchischer Holdinggesellschaften.

131 Nur die Union der Industriellen und Unternehmer spielt als Lobby u. a. der Rüstungsindustrie eine Rolle.

132 Eine gute Zusammenfassung von Elitenmacht und Elitenkonflikten am Beispiel des Donec’ker Clans ist im RFE/RL, Poland, Belarus, and Ukraine Report vom 4. und 26. November 2002 zu finden.

(UKL 224, 13 January, #8). Koalitionen der grössten Elitengruppen sind nur zum Zweck der Machtsicherung denkbar.

Die Elite, insbesondere die politische Elite, hat ein äusserst ambivalentes Verhältnis zu Gesetzen und Institutionen und tendiert dazu, diese für ihre Zwecke zu instrumentalisieren.[133] Selbstbereicherung von politischen Eliten ist nicht ungewöhnlich, sondern eher alltäglich, und sie wird durch die engen, informellen Verbindungen zwischen Politik und Wirtschaft begünstigt. Der ehemalige Premierminister Lazarenko ist nur ein Beispiel von vielen.[134]

Im Verlauf der Transformationsjahre haben sich sowohl die Zusammensetzung der Elite als auch ihr Einfluss und ihr Zusammenspiel mit den politischen Entscheidungsträgern geändert. Einen grossen Einfluss auf diese Zusammensetzung hatten die beiden Präsidenten Kravčuk und Kučma, welche an wichtigen Schaltstellen der Macht ihre jeweiligen Gefolgspersonen, aber auch potenzielle Rivalen positionierten, um diese besser kontrollieren zu können. Beide Präsidenten haben ihre Macht durch Netzwerke und Interessengruppen abgesichert.

Der erste Präsident der unabhängigen Ukraine, Leonid Kravčuk, integrierte die alte Nomenklatura als Partei der Macht in das neue Machtsystem. Regionale Eliten und eine entsprechende sektorale Verteilung wurden berücksichtigt. Kravčuk versuchte, sowohl Regionaleliten aus dem Westteil der Ukraine als auch aus anderen Teilen des Landes in die zentralstaatliche Politik einzubinden. In der Ära Kravčuk verfügten Eliten über grosse Freiräume, um ihre Interessen zu verfolgen. Die Mehrheit der alten regionalen Eliten konnte sich unter diesen Umständen ihren Machtanteil im neuen politischen Umfeld sichern. Der Preis war ein weitgehender politischer Steuerungsverlust des Landes und ein System, welches Teile der Staatsbürokratie und der

133 Kuzio (1999: 113) nennt Beispiele: Premier Marčuk wurde im Jahr 1996 durch Lazarenko ersetzt, da er den Interessen des Clans aus Dnipropetrovs'k besser dienen konnte.

134 Lazarenko nutzte die Patronage des Präsidenten aus, um sich selbst zu bereichern. Er wurde aber im Juni 1997 entlassen, als er begann die Autorität des Präsidenten anzuzweifeln (Kubicek 1999: 75) und schliesslich auch strafrechtlich verfolgt (Weitere Details in: UKL 239, 7 July 2004, #7 und UKL 249, 19 October 2004, #9).

regierenden politischen Elite mit wirtschaftlichen Gruppen und Eliten verband, um aus der Transformation Vorteile zu ziehen.[135]

Kučma war als ehemaliger Direktor eines Dnipropetrovs'ker Rüstungsunternehmens mit dem System der Seilschaften und Verflechtungen vertraut und baute sein Abhängigkeits- und Einflusssystem entsprechend auf. Regionale Vertreter von Interessengruppen wurden in die Zentrale berufen, wo sie als eine Art „Sprachrohr" für die ihnen anvertrauten (wirtschaftlichen) Interessen fungierten. Dieses System gewährte allerdings mehr Raum für Machtverteilungsstreitigkeiten unter den Eliten (Kuzio 1999: 113). Der Präsident aber war geschickt genug, die Spannungen immer zu seinem Vorteil zu nutzen.

In der ersten Amtszeit von Kučma entstanden zahlreiche von Oligarchen angeführte (regionale) Unternehmens- und Interessengruppen. Der Präsident rekrutierte vor allem Mitglieder seines eigenen Clans in Regierungspositionen (z. B. seinen Schwiegersohn Pinčuk). Privilegierte Kontakte zu den höchsten Stellen der Regierung oder zum Umfeld des Präsidenten waren ausschlaggebend für die Formierung dieser staatlichen Wirtschaftselite. Der Staat vergab an die befreundeten Geschäftkreise privatisierte Grossunternehmen und Lizenzen (Diuk 2001: 60).

Die klientelistischen, wirtschaftlichen Netzwerke sind in der Ukraine in den letzten Jahren offensichtlicher zu Tage getreten. Spätestens ab 1996, als regionale Industriellengruppen gegeneinander um politische Macht kämpften, kam eine „Clan-Politik" der wichtigsten ukrainischen Seilschaften auf.[136] Diese Clans bzw. Seilschaften verfügten nun über ausreichend Finanzen, um gesellschaftliche und politische Kontrolle zu „kaufen". Das heisst, dass von diesen Clans

135 Åslund nennt den Kampf zwischen Reformern und Rentiers den eigentlichen politischen Konflikt der Transformation (1996: 15f.). Zu Beginn des Jahres 1994 hatten weder die Vertreter der Staatsbetriebe noch die der Banken, Handelsunternehmen und Privatbetriebe ein Interesse an Reformen – also weder die alten noch die neuen Eliten.

136 Die regionalen Eliten waren zuerst relativ zurückhaltend, da sie das System und seine Funktionen kennenlernen mussten und die Grundlagen dafür schaffen mussten, um es für ihre Zwecke zu nutzen. Nun haben sie sich aber so etabliert, dass sie sich nicht scheuen, ihren Einfluss direkter auszuüben (Kuzio 1998: 40).

erhebliche Finanzmittel aufgeboten werden, um politischen Einfluss über Medien oder Vertreter in Parteien oder im Parlament zu realisieren.

Von Bedeutung in diesem Machtssystem waren in den letzten Jahren die regionalen Interessengruppen von Dnipropetrovs'k und Donec'k. Diese sind sowohl wirtschaftlich als auch politisch einflussreich.[137] Sie haben sich im Parlament, der Regierung und der Präsidentenumgebung einen festen Platz gesichert und nehmen so direkten Einfluss auf ökonomische und politische Entscheidungsprozesse (Kuzio 1999: 113 und Kowall/Zimmer 2002: 13f. mit Beispielen). Eine wichtige Allianz bildete unter Kučma die regionale Interessengruppe aus Dnipropetrovs'k. Sie stellte die meisten Ministerpräsidenten und betonte damit auch die regionale Verankerung des Präsidenten. Eine Gruppe wurde beispielsweise vom früheren Ministerpräsidenten Pavlo Lazarenko angeführt und vom Präsidenten Kučma gestützt.

Leonid Kučma bewies während seiner gesamten Amtszeit ein grosses Talent für den Gebrauch der regionalen Seilschaften zur informellen Stütze seiner Präsidialmacht. Er verstand es stets gut, beide rivalisierende Clangruppen (den Donec'ker und den Dnipropetrovs'ker Clan) aus dem Ostteil des Landes in sein Macht(sicherungs)system einzubinden, die Kiewer Elite dabei ruhigzustellen und elitenübergreifende, einflussreiche Personen für sich zu gewinnen.

Eine neue Entwicklung war mit den Parlamentswahlen von 1998 zu beobachten, da sich in ihrem Vorfeld regionale wirtschaftliche Interessen zu politischen Parteien zusammenschlossen (z. B. in der „Partei der Regionen" aus Donec'k). Die Gruppe Volkov-Barkaj gründete die „Demokratische Union" und die Gruppe „Pinčuk-Derkaš-Šarov" die „Werktätige Ukraine" (Puglisi 2003, Kupchinsky 2002). Diese Parteien waren auch der Kern der 1999 gebildeten, präsidentenloyalen

137 Die Tatsache, dass sich 70 Prozent des privaten Kapitals und der Staatsindustrie im Donbass, in Odessa, in Zaporižžja, in Dnipropetrovs'k, in Kiew und auf der Krim befinden, hat auch einen wesentlichen Einfluss auf die Elitenbildung (Kuzio 1998: 59).

Verbindung.[138] Die zunächst im Schattenbereich operierende Schicht von ukrainischen Oligarchen hatte damit die formelleren politischen Instrumente als Mittel ihrer Machtdurchsetzung entdeckt und wurde durch die Präsenz ihrer Parteien zu legalen politischen Akteuren.

Um bessere Einflussmöglichkeiten zu garantieren, vertreten viele politisierte Oligarchen ihre Interessen individuell in politischen Institutionen. Besonders offensichtlich im Parlament: Als Resultat der Parlamentswahlen 1998 erhielten über 100 Unternehmer einen Sitz im Parlament. Die Oligarchen spielen aufgrund ihrer Wirtschaftsmacht unter den vielen Geschäftsleuten im Parlament eine besondere Rolle.[139] Dennoch bleiben sie als parlamentarische Vertreter von der Exekutive abhängig. Das vorrangige Ziel der politisierten Oligarchie ist der Zugang zum Entscheidungsumfeld des Präsidenten sowie enge Kontakte zur Präsidialadministration.

Der Wechsel von Eliten aus der Wirtschaft in die Politik ist mittlerweile normal geworden. Es ist aber nur der offensichtliche Ausdruck von schon bestehenden korporatistischen Herrschaftsstrukturen, die meist an Reformen gar nicht interessiert sind, da sie Monopolstellungen oder Vorteile bedrohen. Alle wichtigen regionalen und sektoralen Einflussgruppen streben im Allgemeinen danach, zur Regierungselite zu gehören, um ihre Interessen besser umsetzen zu können. Für Mychal'čenko (2003: 7) bestehen die die Stärke der Regierungselite gerade darin, dass es ihr gelungen ist, die aktivsten und besten Mitglieder der Opposition in ihre Reihen aufzunehmen.

Dieses oligarchische Modell mit seiner Verflechtung von Politik und Wirtschaft ist nicht nur auf der Zentrumsebene verbreitet, sondern

138 Pleines (2004: 9) zu weiteren Beispielen für Parteien, welche von Unternehmern gegründet worden sind. Zimmer (2004) äussert sich allgemein zum Einfluss von Oligarchen auf politische Parteien.

139 364 Abgeordnete des Parlamentes waren im Jahr 2000 direkt oder indirekt an kommerziellen Strukturen beteiligt, 202 Abgeordnete führten mehrere Unternehmen; die Zahl der Betriebe, die unter dem Einfluss von Abgeordneten stand, wurde mit 3.100 angegeben (Ott 2000: 25). Vergleiche auch mit Invest-Gazeta (30 March 2004) und mit Zerkalo Nedeli, No. 32 (457), 23–29 August 2003; <http://gska2.rada.gov.ua:7777/pls/site/p_deputat_list>.

auch in den Gebieten (und damit auf regionaler Ebene).[140] Es stellt ein wichtiges Hindernis für wirtschaftliche Entwicklung dar – wenn man davon ausgeht, dass der Anstoss zu wirtschaftlicher Entwicklung von einer entstehenden Mittelklasse und von einem System relativ unabhängig agierender ökonomischer Strukturen angetrieben wird. Gerade die regionale Verankerung von Interessen ist wichtig, weil der Zugang zu höchsten nationalen politischen Sphären oftmals von regionalen Politikern (und nicht selten vom Gouverneur selber) abhängt. Sie verschaffen den Wirtschaftseliten und den Oligarchen Zugang zu der nationalen Ebene (Zerkalo Nedeli, No. 44 (469), 15–21 nojabrja 2003).

Zu den Machmitteln der Eliten gehören weniger Popularität und Überzeugungskraft, sondern korrupte Praktiken oder entsprechende formelle oder informelle Unterstützung von exekutiven Regierungsorganen, etwa von der Verwaltung oder von der Steuerinspektion. Wer in den entsprechenden Kanälen die Mitglieder seiner Gruppe platziert hat, kann auf deren Unterstützung bei politischen Fragen und Anlässen, zum Beispiel bei Wahlen, rechnen. Diese Ressourcen bestimmen zu einem grossen Teil die Entscheidungs- und Bestimmungsmacht in einem System ohne effektive Gewaltenkontrolle. Präsident Kučma verstand es, die oberste Kontrolle zu behalten und die endgültigen Entscheidungen in für ihn wichtigen Fragen zu treffen (UKL 201, 12 June 2003, #9).

Die Auseinandersetzung zwischen verschiedenen Eliteströmungen um den besten Zugang zu Entscheidungsstrukturen, ein fehlender Elitekonsens sowie die mangelnde Konsolidierung von Elite und oppositioneller Gegenelite verhinderten unter Kučma, dass eine klare Linie zur Staatsentwicklung gefunden werden konnte. Die Folge dieser Herrschaftsstruktur war, dass der Staat zu einem von (Wirtschafts-) Interessen abhängigen Objekt degenerierte und die Autorität des Staates immer mehr abnahm. Gemäss Way (2003: 463) verhinderte die in sich nicht geschlossene und fragmentierte Elite aber auch, dass sich der Staat

140 Ein Beispiel für die Verflechtung von wirtschaftlichen und politischen Eliten ist die *Ukrajina Bank*, die 1999 Insolvenz anmelden musste, da mit ihren Einlagen der Wahlkampf von Regierungsparteien finanziert wurde. Einige der grössten Schuldner der Bank haben daraufhin Regierungsposten „als Entschädigung" bekommen (UKL 202, 18. June 2003, #6).

in ein komplett autoritäres System verwandelt. Er spricht von einem *pluralism by default*, wenn konkurrierende politische Vorstellungen weniger das Ergebnis einer funktionierenden Zivilgesellschaft oder einer starken, institutionalisierten Opposition, sondern das Ergebnis von Auseinandersetzungen zwischen einer fragmentierten und polarisierten Elite sind.[141]

Die Beziehung dieser Eliten zum Gebilde Staat ist zwiespältig. Einerseits können sie nicht viel mit dem Staat anfangen, da er sie bei ihren gewinnbringenden Tätigkeit behindern würde, wenn er ein leistungsfähiger Staat wäre und seinen Aufgaben nachkommen könnte (z. B. durch die Steuerverwaltung). Andererseits sind sie doch auf ihn angewiesen, vor allem wenn es um die politisch-rechtliche Abstützung ihres Handelns geht. Das ukrainische Beispiel bestätigt den herausragenden Einfluss, den Eliten für den Verlauf von Transformationsprozessen haben.

Leider war dieser Einfluss in der Ukraine bis zum Rücktritt von Präsident Kučma negativ. Politische und wirtschaftliche Eliten agierten mittels formeller und informeller Mittel sowohl innerhalb als auch ausserhalb des Systems und vertraten ihre Interessen zu Lasten der allgemeinen Entwicklung. Dieser Handlungsrahmen bot sich den Akteuren geradezu an, weil die formelle politische Einflussnahme noch nicht konsolidiert war, die Machtressourcen verstreut waren und ein Elitenkonsens über die Entwicklung und die Regierungsform des Landes fehlte. Darüber hinaus fiel die Kontrolle durch andere Akteure der Gesellschaft, etwa durch Medien oder Bürgervereinigungen, faktisch weg. Die klientelistischen, nach innen gerichteten Verbindungen von Wirtschaftsinteressen und Politik und die Einflussnahme über informelle, personalisierte Netzwerke erwiesen sich als die grössten Hindernisse für die Staatsentwicklung. Sie wirkten sich nicht nur negativ auf den Staat, sondern auch auf die Gesellschaft aus und generierten durch ihre negative Aussenwirkung negatives Sozialkapital.

141 Ein Problem ist, dass die Regierungs- und Machteliten bei wichtigen Entscheidungen zusammenhalten und damit einer Entwicklung zu einem autoritären System nicht im Wege stehen.

4.3.5 Die Kluft zwischen Staat und Gesellschaft

Die Beziehung zwischen Staat und Gesellschaft in der Ukraine ist sehr problematisch. Die Gesellschaft sieht sich oft damit konfrontiert, dass Elitengruppen an die Stelle des Staates getreten sind (gleichzeitig haben sich diese Elitengruppen von der Gesellschaft abgelöst). Die Interaktionen zwischen Eliten(-gruppen) und gesellschaftlichen Akteuren sind von gegenseitigem Misstrauen geprägt. Das gesellschaftliche Misstrauen beruht auf einer öffentlichen „Kultur des Lügens“, willkürlicher Machtausübung und Gesetzesanwendung (siehe auch van Zon 1998: 99). Eine unbelastete Beziehung zwischen Staat und Gesellschaft konnte sich in der Ukraine bisher nicht ausbilden. Wenn in den Anfangsjahren der ukrainischen Unabhängigkeit immer wieder von der Zivilgesellschaft die Rede war, ist davon nichts mehr übrig geblieben.[142] Ein komplexes, oligarchisches Elitensystem hat das zivilgesellschaftliche Vakuum ausgefüllt – oder blockiert die Entwicklung von Sozialkapital. (*know who*, nicht *know how*, vgl. Hoffmann 1998: 84). Die gegenwärtige Situation lässt keine Freiräume für eine fruchtbare Interaktion zwischen Staat und Gesellschaft.

Die schwache Konstitution von Parteien und Verbänden wird als Einfallstor für elitäre, informelle Gruppierungen genutzt und ist von interelitären, informellen Aushandlungen geprägt. Die zivile und politische Gesellschaft wird durch unterschiedliche regionale, oligarchische Gruppen in Frage gestellt, die miteinander um Ämter und Privilegien konkurrieren und wenig Rücksicht auf das Gemeinwohl nehmen. Konsensstrukturen sind nicht institutionalisiert, somit kann auch keine Aushandlung über Entscheidungsregeln oder über Interessenausgleich zwischen den unterschiedlichen Gruppen erfolgen. Diese Entwicklung ist sehr bedenkenswert, da sie den gegenwärtigen Graben zwischen den

142 Um Zivilgesellschaft umzusetzen, gehören fünf Punkte, die alle in der Ukraine fehlen: eine begrenzte und rechenschaftspflichtige Regierung, Rechtsstaatlichkeit, eine Marktwirtschaft mit Privateigentum, freie und freiwillige Assoziationen sowie eine öffentliche Debattenkultur (Shils 1991: 4).

Eliten und der Gesellschaft noch verstärkt.[143] Gerade aber der Austausch zwischen diesen Bereichen ist sehr bedeutend, um dem Staat zu Akzeptanz zu verhelfen und zum Aufbau von Sozialkapital beizutragen. Der Mangel von Sozialkapital in der Ukraine hat die Entstehung von starken Gesellschaftsgruppen behindert und dadurch wiederum die Bildung effektiver Regierungsstrukturen erschwert (Kuzio et al. 1999: 328).

Es gilt hier aber auch die Aussage von McFaul (2002: 111) für Russland, dass der schwache Einfluss von zivilgesellschaftlicher Organisationen auf den Staat kein Beweis für eine völlige Abwesenheit sozialer Organisationen sein kann. Die Organisation von Interessen entwickelt sich, nur nicht auf der Ebene von Parteien oder offiziellen Interessengruppen.[144] Das Razumkov-Zentrum für Sozialstudien berichtet, dass sich 2002 nur fünf Prozent der Bevölkerung aktiv in zivilgesellschaftlichen Zusammenschlüssen organisierten und engagierten (Haran et al. 2003: 613).[145]

Das allgemeine Desinteresse der Bürger an Politik fördert den Austausch zwischen Staat und Gesellschaft nicht.[146] Das mangelnde Interesse ist Ausdruck von Passivität, da Repressionen oder Nachteile aus der Organisation von gesellschaftlichen Interessen befürchtet werden. Jakimenko/Ždanov sprechen gar von sozialer Apathie (Zerkalo Nedeli, No. 44 (469), 15–21 nojabrja 2003). Die Bürger haben wenig Vertrauen und wenig Hoffnung, dass mit gesellschaftlichem Engagement Veränderungen herbeigeführt werden können. Für viele Ukrainer ist der Staat historisch ein Gebilde, vor dem man sich fürchten muss und keine Einrichtung zu der man Vertrauen haben kann. An dieser

143 Iryna Mahdiš spricht von einem Parallelsystem Staat-Gesellschaft (Interview 18. Mai 2004).

144 Siehe <http://www.freedomhouse.org/research/nattransit.htm> (10.01.2004).

145 Diese Zahlen reichen natürlich nicht aus, um den Zustand des ukrainischen Sozialkapitals einzuschätzen. O'Louglin/Bell (1999) machen weitere Aussagen zu dem Engagement der ukrainischen Gesellschaft.

146 Dieses Desinteresse wird durch den Anteil der Nichtwähler verdeutlicht, der sich bei den ukrainischen Parlamentswahlen 2002 auf mehr als 30% belief (Balaban 2003). Aber auch der Grad der Unterstützung der Regierung beträgt selten mehr als 10% (Jakimenko/Ždanov in: Zerkalo Nedeli, No. 44 (469), 15–21 nojabrja 2003).

Einstellung hat sich nach dem Zusammenbruch der Sowjetunion nicht viel geändert. Auch wichtige politische Akteure wie die Regierung geniessen wenig Ansehen und Vertrauen.

Staatliche Stellen hingegen sehen Nichtregierungsorganisationen eher in der Rolle des „Staatsgegners" als in der Rolle des Vermittlers zwischen Staat und Gesellschaft.[147] Darüber hinaus haben sich diese Organisationen noch nicht als Interessenvertretung gegenüber dem Zentrum positioniert, und sie werden von den Bürgern oft noch als Interessenvertreter des Zentrums wahrgenommen (Balaban 2002). Das liegt einerseits an der Unwissenheit von Bürgerrechten und -pflichten, andererseits an einer latent passiven politischen Kultur.[148] Dieser tiefe Graben zwischen Staat und Gesellschaft hat dazu geführt, dass viele Reformvorhaben fehlgeschlagen und dass kontrollierte Wahlen ohne grossen Widerstand hingenommen worden sind. Dolženkov (2002: 7) spricht von einer korrumpierten Nation, die jegliche Moralvorstellungen verloren hat. Diese kann durch den korrumpierten Staat nicht zu anderem Verhalten angeleitet werden.

Der für die Sowjetunion charakteristische (unitaristische) Etatismus hat sich im System Kučma weitgehend erhalten. Die Staatsmacht reguliert die gesellschaftlichen Beziehungen administrativ und hat die gesellschaftliche Landschaft homogenisiert. Die meisten Klassen und sozialen Schichten sind weiterhin dem Paternalismus der Staatsmacht unterworfen.[149] Viele Autoren sehen das Problem daher auch nicht in der

147 Dieses Denken verdeutlicht eine Regierungskampagne im Winter 2003/2004, welche zum Ziel hatte, Nichtregierungsorganisationen zu diskreditieren (Details in Zerkalo Nedeli, No. 48 (473), 13–19 December 2003).

148 90% der Ukrainer denken, dass sie keinen Einfluss auf die Institutionen des Staates haben, egal ob es sich um Institutionen des Zentralstaates oder um lokale Körperschaften handelt (Umfrage des Ukrainischen Zentrums für Ökonomische und Politische Studien vom August 2002) (UKL 200, 29 April 2003, #5).

149 Der Etatismus postkommunistischer Staaten kommt auch durch autoritäre Neigungen zum Ausdruck, die sich sowohl innerhalb als auch ausserhalb des Machtapparates manifestieren. Die Funktionen der Staatsmacht beschränken sich nicht darauf, Normen und Verfahren demokratisch zu legitimieren. Oft bemüht man sich in diesen Staaten darum, Machtstrukturen zu stärken, die sich ausserhalb demokratischer Kontrolle befinden.

schwachen (Zivil-)Gesellschaft, sondern in dem Staat, der gesellschaftliche Interessen so einschränkt, dass sie sich weder in staatlichen noch zivilgesellschaftlichen Organisationen zusammenschliessen, um ihre Bedürfnisse zu artikulieren. Nicht die Gesellschaft schafft den Staat wie in anderen Staatengruppen, sondern umgekehrt. Viele zivilgesellschaftliche Organisationen wurden zudem von politischen Autoritäten dazu benutzt, ihre Vorhaben zu legitimieren.[150]

Um das gesellschaftliche Interesse für den Staat zu wecken, müssen Bedingungen geschaffen werden, welche die Grundlagen für institutionelles Vertrauen schaffen. Unter Kučma konnte man besonders institutionelles Misstrauen und nicht Vertrauen beobachten. Ausdruck von mangelndem Vertrauen der Gesellschaft sind zum Beispiel eine geringe Wahlbeteiligung, die niedrige Unterstützung von Politikern oder eine Entfremdung der Bürger von dem politischen System und seinen Institutionen (Kuzio 1999: 264).[151]

Eine verschwindende Minderheit hat Vertrauen zu den Institutionen des Staates. Das geringste Ansehen unter den Institutionen haben im Allgemeinen politische Parteien und das Parlament. Politische Institutionen in der Ukraine haben generell ein geringeres Ansehen als administrative. Der Anteil der Befragten, die kein Vertrauen zu politischen Parteien hatten, betrug in den 90er Jahren knapp 50% (1991: 49%, 1997: 42%). Mit der Arbeit des Parlamentes waren 2000 nur 6,1% zufrieden (Wolchik 2000: 207). Aber auch die Eliten werden in der Regel negativ eingeschätzt (vgl. dazu eine grosse Umfrage in Zerkalo Nedeli, No. 44 (469), 15–21 nojabrja 2003). Die ukrainische Bevölkerung glaubt darüber hinaus nicht, Regierungsentscheidungen beeinflussen zu können. Von der Mehrheit der Bevölkerung wird Politik als schmutziges

150 Beispielsweise durch propräsidentielle Kräfte, welche mittels präsidentenfreundlicher Nichtregierungsorganisationen (wie der *Bar Association* oder dem Unternehmensverband USPP) „Zivilforen“ organisierten, um öffentliche Unterstützung für die Politik des Präsidenten oder für „Reformvorhaben“ wie die „Verfassungsreform“ zu gewinnen. Zerkalo Nedeli, No. 48 (473), 13–19 December 2003 beschreibt ausführlich den Ablauf solcher Veranstaltungen.

151 Gemäss Johannsen/Nørgaard (2001: 5) kommt Vertrauen in Institutionen auf zwei verschiedene Arten zum Ausdruck: „As evaluations of the past and present performance of institutions, and as trust in the future performance of institutions.“

Geschäft betrachtet. Ökonomische und politische Macht konzentriert sich an der Spitze eines Staatsapparats, der vom Durchschnittsbürger schwer durchschaubar ist. Nach der weitverbreiteten Meinung ukrainischer Bürger sind korrupte und unfähige Machtvertreter nur mit der Maximierung ihrer eigenen Interessen beschäftigt und nicht vertrauenswürdig (Interview Iryna Mahdiš, 18. Mai 2004).

Die Schattenwirtschaft und steigende Kapitalflucht sind ein Beweis für mangelndes Vertrauen in den ukrainischen Staat. Die Schattenwirtschaft beträgt nach der Schätzung der Weltbank fast 50%, und die Kapitalflucht wird auf die Hälfte der ausländischen Direktinvestitionen veranschlagt.[152] Auch Korruption und ihre Wahrnehmung in der Gesellschaft hat eine negative Auswirkung auf den Vertrauensaufbau. Die Nichtregierungsorganisation PPS und das „Institut für Soziale Studien" stellen gleichermassen hohe Korruptionswerte fest.[153]

Regionale Unterschiede im Verhältnis zwischen Staat und Gesellschaft gibt es aber dennoch. Die russischsprachigen Teile der Ukraine zeichnet eine schwache Bürgergesellschaft und politische Untätigkeit aus, wogegen die Bürgergesellschaft und politische Tätigkeit in der Westukraine ausgeprägter sind.[154] Obwohl es diese regionalen

152 Der Gouverneur der Nationalbank, Serhij Tihipko, schätzte im Februar 2003, dass im Jahr 2002 ca. 2.27 Mrd. USD aus der Ukraine geschafft worden sind; im Vergleich zu 898 Millionen im Jahr 2001 und 385 Millionen USD 2000 (UKL 200, 29 April 2003, #5).

153 Eine Umfrage vom *Ukraine Social Monitoring Center* und dem „Institut für Soziale Studien" (15. Januar 2003) zeigt, dass 78% der Befragten glauben, dass die meisten Regierungsbeamten korrupt sind; 44% gaben an, sie hätten letztes Jahr Schmiergelder gezahlt. Mitarbeiter des Gesundheitssektors gelten am korruptesten (UKL 194, 21 January 2003, #10). 87% der ukrainischen Unternehmer sind dazu gezwungen, regelmässig Beamte zu bestechen (Umfrage des analytischen Zentrums *Akademija* 21. April 2004). Auf den obersten Plätzen befindet sich die nationale Steuerbehörde, das Innenministerium und die Gesundheitsministerien (Vysokij Zamok, 22–28 aprelja 2004). Das Antikorruptionszentren PPS (*Partnership for a Transparent Society*) gibt für 2003 folgende Zahlen heraus: 65% der Ukrainer glauben, dass Korruption weitverbreitet ist – davon sagten 50%, dass sie im Rahmen einer medizinischen Behandlung Geld gezahlt hätten, damit sie in den Genuss von Dienstleistungen kommen (UKL 194, 21 January 2003, #13).

154 Mehr Informationen zu diesem Thema in Kapitel 6.3, insbesondere Kapitel 6.3.3

Unterschiede gibt, verläuft allgemein die Herausbildung von Gesellschaft und Staat in der Ukraine sehr schwierig (Sahm 2001).

Geringes Vertrauen und geringe gesellschaftliche Involvierung lassen keine positiven Rückschlüsse auf das ukrainische Sozialkapital zu. Die Dominanz des Staates wirkt sich negativ auf die partizipatorische Dimension aus und hat einen Rückzug ins Private zur Folge. Die Beziehungen zwischen Staat und Gesellschaft bleiben schwierig (auch nach dem Machtwechsel!), da sie nicht genügend institutionalisiert und wenig funktionsfähig sind und von dominanten Elitenstrukturen behindert werden. Die Gesellschaft kann unter solchen Bedingungen nur schwer zu einem Wandel im Staat beitragen. Die Transformations- und Konsolidierungsprobleme in der Ukraine fast das nachstehende Kapitel zusammen.

4.4 Begrenzte Durchsetzungsmacht des ukrainischen Zentralstaates

Die Ausführungen des letzten Kapitels lassen wenig positive Schlussfolgerungen bezüglich des Zustandes des ukrainischen Staates zu.[155] Genauso wie in anderen Transformationsstaaten ist die Macht des Staates in vielen Bereichen des Staates ungenügend, weil sie gegenüber verschiedenen individuellen Interessen nicht durchsetzungsfähig ist. In der Ukraine ist durch alle politischen Institutionen hindurch eine unzureichende Institutionalisierung und Machtdurchsetzung zu beobachten, die noch zusätzlich die Verlagerung von Entscheidungen auf die informelle Ebene fördert. Ein Grund für die mangelnde Machtdurchsetzung

155 So positiv wie d'Anieri (1999: 140) schätzen nur noch wenige Autoren die staatliche Verfasstheit der Ukraine ein: „On balance, it is save to say that the Ukrainian state today, while not perfect, suffers no acute crisis of legitimation. There is therefore no Governance crisis, per se. Rather, the state system has reached an unstable political equilibrium at a very low level of institutional development."

des Staates ist, dass sich der ukrainische Staat als zu starr und unflexibel erwiesen und es nicht geschafft hat, sich den veränderten politischen und gesellschaftlichen Bedingungen anzupassen. Es gibt in diesem System keine besseren Arrangements als informelle Strukturen. Sie bilden nun die Basis individueller Macht bzw. der Elitenmacht. Die informellen Strukturen wirken sich zumeist negativ auf die Autorität und die Verfasstheit des Staates aus. Eine Steigerung der Leistungsfähigkeit des Staates hängt davon ab, ob die Machtdurchsetzung gegenüber anderen Interessen garantiert werden kann. Formelle Machtgrundlagen fallen dabei idealerweise mit informellen zusammen, dies schliesst insbesondere informelle Macht- und Vertrauensbeziehungen ein.

Instabilität und Unklarheit kennzeichnen das politische System der Ukraine (d'Anieri et al. 1999). Die Ukraine ist ein Beispiel für die mangelnde Institutionalisierung von Staatsstrukturen und die negative Auswirkung von staatlich-gesellschaftlicher Verflechtung in einem Staat. Diese Situation ist nur zum Teil den institutionellen Altlasten zuzuschreiben. Das politische System ist instabil, weil sich das State Building immer noch „im Fluss" befindet. Politische Institutionen und ihre Funktion im politischen System stehen immer noch zur Diskussion. Der Druck von innen und aussen, diesbezüglich einen Konsens zu finden, hat sich bisher als zu schwach erwiesen, um einen Wandel herbeizuführen.[156]

Immer noch ist unklar, wie sich die Machtinstitutionen des Zentralstaates entwickeln und welche Kompetenzen den obersten Machtorganen zustehen (zum Beispiel die vom Präsidenten immer wieder angesprochene Abgabe von präsidiellen Kompetenzen an das Parlament). Die ganzen Grundlagen des politischen Systems, etwa die Rolle des Parlaments oder die Grundlagen des Wahlsystems, werden in Frage gestellt. Die Verantwortung für diese Entwicklung ist sowohl den involvierten formellen institutionellen als auch den informellen Akteuren zuzuschreiben. Diese Tatsache wirkt sich nicht sehr stabilisierend auf Prozesse im Staat und auf das politische Tagesgeschäft aus. Grundsätzlich ist zu bemängeln, dass kein Konsens im Hinblick auf die

156 Im Gegensatz zu anderen postsozialistischen Staaten wie Tschechien, Polen oder dem Baltikum.

Staatsideologie und die Grundlagen des politischen Systems möglich scheint. Damit wird die gesamte Autorität des Staates und letztlich auch das demokratische System in der Ukraine hinterfragt.

Die politischen Akteure und Strukturen der Ukraine legitimieren sich hauptsächlich durch politische Verfahren, von denen ganz besonders die politischen Wahlen herausstechen.[157] Dies genügt aber nicht, um als moderner Staat Akzeptanz zu finden, da die meisten Wahlen unter sehr fragwürdigen Umständen stattfinden – Wahlfälschung war besonders während der Präsidentschaftswahlen 2004 verbreitet.[158] Zur mangelnden politischen Legitimation durch Wahlen trägt bei, dass, abgesehen von den Hauptkandidaten bei Präsidentschaftswahlen, die meisten Kandidaten den Wählern unbekannt sind und die Wahl bestimmter Kandidaten aufgrund von emotionalen Auswahlkriterien erfolgt.[159] Dementsprechend wird die Ukraine als *delegative Demokratie* (O'Donnell 1994), *electoral democracy* (Kuzio 2004), *electoral authoritarianism* (d'Anieri 2003: 59) oder als *administrative Demokratie* (Zerkalo Nedeli, No. 44 (469), 15–21 nojabrja 2003) bezeichnet.[160] Allen diesen Begriffen ist gemeinsam, dass der Rechtsstaat nur formell auf dem Papier existiert und informelle Strukturen das formelle System unterwandern. Sehr passend wäre auch der Begriff *impotenter Staat.*

Erschwerend kommt die mangelnde Einbettung des Staates in die Gesellschaft hinzu. Von Seiten der Gesellschaft ist der Staat keiner

157 Bei den Parlamentswahlen 1998 und 2002 sowie den Präsidentschaftswahlen 1999 waren autoritäre Tendenzen zu verzeichnen. Der nichtdemokratische Charakter steigerte sich dabei von Wahl zu Wahl. Ein vorläufiger Höhepunkt war mit der Präsidentschaftswahl 2004 erreicht (RFE/RL, Belarus and Ukraine Report, 10. November 2004 Vol.6, No. 14).

158 Zur Wahlfälschung während der Präsidentschaftswahlen 2004 siehe UKL 259, 2 November 2004, #6 und Transitions Online, 1 November 2004.

159 Bei Wahlen sind die Wähler oft darüber im Unklaren, welche Abgeordneten für welchen Wahlkreis und welche Partei kandidieren; auch sind politische Programme die Ausnahme. Deswegen greifen Wähler oft auf emotionale Auswahlkriterien zurück (Iryna Mahdiš, Interview 18. Mai 2004).

160 Zu Einordnungsversuchen ukrainischer Politikwissenschaftler, die bis hin zum Neototalitarismus gehen, siehe Helmerich (2003: 29f.).

ernsthaften Kontrolle unterworfen. Der Staat hat bisher kaum Autorität erlangt, um seine Aufgaben gegenüber den Bürgern zu erfüllen (Kuzio 1998b: 18). Das Hauptproblem liegt nach der Meinung von Kuzio und d'Anieri (1999 et al.) darin, dass die Barriere zwischen Staat und Gesellschaft nicht überschritten werden kann. Die beiden Sphären sind relativ autonom und üben nicht ausreichend Druck aus, um ihre jeweiligen Forderungen bei der anderen Seite durchsetzen zu können. Es ist kein Katalysator auszumachen, der beide Seiten zusammenbringen könnte, zum Beispiel Interessengruppen. Diese spielen eher eine entgegengesetzte Rolle und vertiefen nur den Graben (Kuzio et al. 1999: 328).

Die Gesellschaft lebt überdies nach komplett anderen Regeln als die politisch relevanten Akteure. Daher ist es auch nicht verwunderlich, dass nach Umfragen des Razumkov-Zentrums über 80% der Bevölkerung der Ansicht sind, dass sie keinen Einfluss auf nationale oder lokale Politik haben (Ukrajinska Pravda, 25. März 2004).[161] Aber auch die Art und Weise wie das Land regiert wird ist Grund für die Unzufriedenheit der Bevölkerung. Während im Jahr 2000 noch die Kriminellen die am meisten verachtete soziale Gruppe waren, wurden sie 2002 von Bürokraten und Oligarchen vom ersten Platz verwiesen (Zerkalo Nedeli, No. 12 (387), 29 marta–5 aprelja 2002).

Die Legitimation des Systems hängt vor allem von seinen Leistungen für die Gesellschaft ab. Ein Staat, der keinen Leistungsausweis entsprechend den jeweiligen gesellschaftlichen Erwartungen vorzuweisen hat, bekommt ein gravierendes Legitimationsproblem. Der bisherige Leistungsausweis des ukrainischen Staates war nicht überzeugend. Die Mängel des politischen Systems reichen von der Privatisierung von Staatsunternehmen über misslungenen Reformansätze in der Steuerpolitik bis hin zur täglichen politischen Arbeit der Institutionen des Staates. Am deutlichsten manifestiert sich die Unfähigkeit der politi-

161 Die Zahlen von sämtlichen Sozialforschungsinstituten ähneln sich sehr, vgl. die eines amerikanischen Forschungsinstitutes (*Survey Systems*), das feststellt, dass 75% der befragten Ukrainer mit dem politischen System unzufrieden sind. Fast 70% der Wähler wissen überdies nicht, wen sie bei den Präsidentschaftswahlen wählen sollen (Radio Nezaležnist, 18. Mai, 7.45h).

schen Institutionen in den ständigen Auseinandersetzungen zwischen Legislative und Exekutive (Kapitel 4.3.1.1 und 4.3.1.2).

Daher ist es wenig erstaunlich, dass in der Ukraine keine Identifizierung mit den Institutionen des Staates stattfindet. Es entsteht vielmehr der Eindruck, dass sie als Feinde aufgefasst werden. Regelsysteme werden ignoriert, missachtet, eigene Systeme aufgestellt.[162] Der Staat ist dabei sowohl Gegner für die alte Nomenklatura als auch für den Bürger. Versuche der Machthaber die Legitimität des Staates zu festigen, beschränken sich auf die Garantie eines reibungslosen Ablaufs von Wahlen oder auf die problemlosere Bereitstellung von sozialen Leistungen. Fundamentale Aufgaben, z. B. die Institutionalisierung der Strukturen und Prozesse des Staates, geraten dabei völlig in den Hintergrund.

Staatsfeindliche Strukturen und Akteure haben die Unzulänglichkeiten des Staates ausgenutzt und die Oberhand gewonnen. Sie bestimmten die wichtigsten Entscheidungen im Staat. Gemeinsam ist ihnen eine klientelistische Handlungsweise, das Interesse an reformunfähigen Staatsstrukturen und das komplette Fehlen einer gesamtstaatlichen Vision. Innerhalb des schwachen Rahmens des Staates konnten alte Beziehungen und Verbindungen rezykliert werden und unter neuer Bezeichnung nach alten Mustern weiterbestehen. Diese Strukturen haben sich als sehr adaptionsfähig erwiesen, und ihnen kommt die Unfähigkeit politischer Institutionen und Akteure sehr entgegen (beispielsweise ein Parlament, das unfähig ist, sozioökonomische Probleme anzupacken und entsprechende Gesetze zu erlassen).

Die Loyalität zum eigenen Clan oder zur eigenen Gruppe hat oberste Priorität und klientelistische Netzwerke dominieren den Staatsapparat. Diese Netzwerke mögen zwar auch einen grossen Anteil an der Funktionsfähigkeit des Systems haben, bringen aber neben der systemischen Reformbehinderung auch einen hohen Grad an Korruption, das völlige Fehlen eines Sinnes für öffentliche Rechenschaftspflicht oder mangelndes Verständnis für zivilgesellschaftliche *veto player* mit sich.

162 Der Anteil der Schattenwirtschaft ist nur ein Indikator für solche Parallelsysteme. Er beträgt in der Ukraine über 50% (Zahlen für 2001 in Schneider 2002: 5, Nenova 2002: 2).

Der Staat wird somit von gewichtigen Interessen „privatisiert“ und zerstört sich langsam aber sicher selbst.

Ein Teilrückzug des Staates hat stattgefunden. Dieser agiert nur noch in Bereichen, die für die jeweiligen staatlichen Akteure von Relevanz sind; z. B. in Wirtschaftsbereichen, die mit der Wahrung von Staatsmonopolen zusammenhängen. In dieser Situation ist vom Staat keine Lösung zu erwarten. Die Unzulänglichkeiten des Staates in bestimmten formellen Bereichen begünstigten informelle Machtgruppen und die Informalität von staatlich-gesellschaftlichen Strukturen; am Ende hebeln informelle Kanäle die formellen aus.

Die wirtschaftlichen und politischen Folgen der mangelnden institutionellen Festigkeit (und des ausbleibenden Elitenkonsens) sind weitreichend. Anstelle produktiver Wirtschaftstätigkeiten, beispielsweise der Restrukturierung von Wirtschaftsbereichen oder Investitionstätigkeit, werden Renten realisiert und Vermögenswerte des Staates informell privatisiert. Privatisierungsentscheidungen kommen nur zu häufig Einzelinteressen entgegen (Zerkalo Nedeli, No. 32 (457), 23–29 August 2003 mit vielen Beispielen). Auf der Seite der Kleinunternehmer behindern Regelungen und Gesetze die Unternehmer und stellen negative Investitionsanreize dar. Hinzu kommt die Hinterziehung von Steuern und vielfältige Steuerschlupflöcher (Schneider 2002, Nenova 2002).[163] Der Staat ist in der Korruptionskontrolle faktisch nicht existent.

Die kleine politische Elite und die rundimentären Institutionen, welche das alte sowjetische System hinterlassen haben, erwiesen sich als ungeeignet, ideale Grundlagen für den Aufbau des Staates zu legen. Die Elite konzentrierte ihre Kraft auf die Konsolidierung der eigenen Macht und nicht auf dem Staatsaufbau. Über wirklichen Einfluss verfügt die Partei der Macht, die sich aus Regierungs- und Verwaltungsvertretern zusammensetzt. Die Elitengruppen haben unter Kučma die Oberhand gegenüber Reformkräften gewonnen. Auf zentralstaatlicher Ebene sind nur sehr wenige Akteure, hauptsächlich in den Reihen der Opposition,

163 Phasenweise ist aber möglich, Entscheidungen zu fällen, die in die richtige Richtung weisen. Mit der Reduzierung der Gewinnsteuer von 30% auf 25% im Jahr 2003 sollte beispielsweise die weitverbreitete Gewinnsteuerhinterziehung eingedämmt werden.

zu identifizieren, welche den politischen und institutionellen Wandel vorantreiben. Aber auch von der politischen Opposition werden keine alternativen Programme präsentiert. Aufgrund dieser Situation können die Strukturen des ukrainischen Staates fortlaufend in Frage gestellt werden.

Die strukturellen Barrieren sind schwer zu beseitigen. Eine Verbesserung der Effizienz des Staates ist nur zu erwarten, wenn sich die Kooperationsmuster der beteiligten Akteure ändern. Kooperiert wird in der Regel über unterschiedliche Netzwerke. Die Kooperation ist aber schwierig, da die Machtressourcen fragmentiert und die Elite in unterschiedliche Gruppen zersplittert sind.[164] Es kommt fast nicht vor, dass das Sozialkapital, welches diese Eliten mittels informellen Strukturen generieren, positive Auswirkungen hat. Man kann so nicht von positivem, sondern nur von negativem Sozialkapital sprechen. Wichtigstes Kennzeichen davon ist ein Elitenwettbewerb, in dem verschiedene Elitengruppen versuchen, den grössten Teil vom staatlichen „Kuchen“ abzubekommen bzw. sich die grössten Machtressourcen zu sichern.

Unter diesen Bedingungen ist es schwierig, Akteure zu identifizieren, welche den Wandel des Staates und die Erhöhung seiner Leistungsfähigkeit vorantreiben. Das Ergebnis des seit der Unabhängigkeit propagierten ukrainischen „Dritten Weges“, welcher eine Abkehr von westlichen Systemvorstellungen beinhaltet, aber auch eine Rückkehr zum Kommunismus ausschliesst, ist ein stagnierender Reformprozess in allen Gesellschaftsbereichen.[165] Das Handeln politischer Eliten ist von Reformunlust geprägt. Politik scheint die Reformunfähigkeit des Systems zum Ziel zu haben. Interessant ist, dass auch die Eliten die Situation äusserst negativ bewerten.[166]

164 Eine interessante Parallele ergibt sich zu Russland, siehe ausführlicher Easter (2003: 7).

165 Der UNDP Index (UNDP 2003) wiederholt die erwähnten Schwächen und stellt fest, dass in der Ukraine genug Spielraum besteht, um die Regierungsführung zu verbessern.

166 An dieser Stelle sei auf Russland verwiesen: 69% der befragten politischen und ökonomischen Eliten (Ministerialbeamte, Minister, Manager) halten die Lösung des Korruptionsproblems für äussert wichtig, 23% für ziemlich wichtig. 52% haben

Der Staat in der Ukraine ist bei weitem nicht gefestigt, und zwölf Jahre nach dem Umbruch ist das State Building immer noch im Gange (auch: Zerkalo Nedeli, No. 44 (469), 15–21 nojabrja 2003). Der ukrainische „Reformweg" konserviert alte Strukturen, minimiert sozialen Wandel, unterdrückt konstruktive Herausforderungen. Der Staat in der Ukraine ist daher ein Paradebeispiel für einen Staat, der nur begrenzt durchsetzungsfähig ist und in dem ausgeprägte informelle Strukturen deutlich vertreten sind. Er ist mit dem für schwache Staaten grundlegenden Problem konfrontiert, dass er gleichzeitig zuviel und zuwenig durch die Ausübung von Staatsmacht erreicht. Auf der einen Seite ist es ihm nicht gelungen, transparente und allgemeingültige Regeln aufzustellen und durchzusetzen. Auf der anderen Seite demonstriert er durch manchmal fast willkürliche Entscheidungen seine bis heute zentrale Rolle; insbesondere im Wirtschaftsgeschehen. Dabei ist oft nicht klar, ob diese „Eskapaden" auf Defizite des Staates zurückzuführen sind oder elitenbestimmt sind (Zerkalo Nedeli, 32 (457), 23–29 August 2003).

Governance, von der in ihrem eigentlichen Sinn keine Rede sein kann, wird von Elitenauseinandersetzungen und gegenseitiger Blockade dominiert. Sie ist nicht durch Entschlussfreudigkeit gekennzeichnet, und politische Reformen erfolgen im Schritttempo, sind jeweils von Rückschritten begleitet und ähneln meistens einem *stop-and-go process*. Evans (1995) zeigt als Lösungsmöglichkeit die Erfahrung von Entwicklungsstaaten auf. Staatliche Leistungsfähigkeit wird mittels Institutionen erreicht, die in ein dichtes administratives und politisches Netzwerk eingebunden sind und die zusätzlich eine Partizipation von Akteuren aus der Zivilgesellschaft oder aus der Wirtschaft ermöglichen, welche die gleichen Transformationsziele haben (auch van Zon 2000: 38). Essentiell ist, dass der Staat seine Aufgaben auf die konkrete staatlich-institutionelle Situation und die damit zusammenhängende Leistungsfähigkeit zuschneidet.[167]

nur wenig Vertrauen in Ministerien, 14% gar kein Vertrauen. Generell schätzen die Eliten die Situation negativer (vielleicht auch realistischer) ein als die Bevölkerung.

167 Dies würde aber Selbsterkenntnis und Akzeptanz der Probleme voraussetzen.

Wenn durch die obige Analyse gezeigt wurde, wo die Hindernisse für State Capacity liegen, bzw. was für Faktoren den schwachen Staat in der Ukraine bedingen, so bleibt doch die Frage, über was für State Capacities so ein Staat verfügt, da er trotz aller negativen Punkte in bestimmten Bereichen (wie der Gesetzgebung) funktioniert. Informelle Strukturen haben nicht den Zerfall des Staates zur Folge gehabt. Das, was Easter (2003: 3) zu Russland schreibt, trifft auch auf die Ukraine zu: "While the Russian state has demonstrated chronic inconsistency in performing the basic tasks of Governance, it has yet to give up its claims on its inheritance of coercive, economic and bureaucratic-legal power resources". Machtressourcen sind verfügbar, sie werden nur nicht eingesetzt, um die Leistungsfähigkeit des Staates zu steigern. Die Leistungsfähigkeit des Staates ist, wie auch schon weiter oben betont wurde, letztendlich als Steuerungsprozess mittels formeller und informeller Institutionen zu verstehen. Dieser Steuerungsprozess beinhaltet alle Strukturen, Mechanismen und Akteure, die notwendig sind, um die Leistungsfähigkeit des Staates voranzutreiben. Am wichtigsten erscheint die Garantie eines reibungslosen Ablaufs dieses Prozesses, um die grundlegenden Staatsfunktionen zu gewährleisten.

Zu den wichtigsten Staatsaufgaben gehört die Gewährleistung funktionaler Fähigkeiten wie die Durchsetzung von Staatsmacht oder die Integrationsfähigkeit eines Staates. Die Capacity-Ansätze von Tilly (1975) und Almond (1988) eignen sich gut für eine Übersicht, inwieweit funktionale Capacities in der Ukraine oder in anderen Transformationsstaaten garantiert werden können.[168] Eine abrissartige Aufstellung der Fähigkeiten der Ukraine ergibt ein sehr gemischtes Bild. In verschiedenen Bereichen sind zwar State Capacities und eine Durchsetzungsfähigkeit des Staates feststellbar, der grösste Teil der untersuchten Bereiche weist aber schwerwiegende Mängel auf.

168 Der Vorteil dieses vordergründig recht eindimensionalen Schemas ist, dass anhand dieser Kategorien Aussagen zu problematischen Bereichen postkommunistischer Leistungsfähigkeit möglich sind – zu inter- und intrainstitutionellen Konflikten, zur formellen bzw. informellen Funktionsfähigkeit von Institutionen oder zu Elitenhandeln im Rahmen des politischen Systems.

Die *integrative capacity* des ukrainischen Staates hat bis heute mit Hindernissen zu kämpfen. Ein erheblicher Teil der Bevölkerung ist russischsprachig oder Angehöriger der russischen Minderheit und bewertet Entwicklungen kritisch, welche das „Ukrainertum“ überbetonen.[169] Die Problematik der ethnischen Teilung wird in der Ukraine dann sichtbar, wenn Einstellungen in Ost- und Westukraine verglichen werden (NZZ, 18. September 2003). Anlass zur Sorge geben Umfrageergebnisse, die eine geringe Unterstützung des politischen Systems und verschwindend kleine Vertrauenswerte in das System feststellen (Zerkalo Nedeli, No. 12 (387), 29 marta–5 aprelja 2002) (Welter 2002).

Das mangelnde Vertrauen in das politische System hängt auch mit der Wirtschaftssituation zusammen. Die gesamtwirtschaftliche Entwicklung verlief nach der Unabhängigkeit ausgesprochen negativ, und die persönliche wirtschaftliche Situation hat sich für die Mehrheit der Ukrainer deutlich verschlechtert.[170] Der ukrainische Staat hat offensichtlich keine grossen Anstrengungen unternommen, das zu ändern. Diese Tatsache trägt nicht gerade zu der Unterstützung der Bevölkerung und zur Vertrauensbildung bei. Ein nicht ganz unwesentlicher Teil der produktiven Bevölkerung hat aufgrund dessen die *exit option* gewählt und das Land verlassen (UKL 231, 29 February 2004, #12). Jedoch ist es der ukrainischen Führung gelungen, regionalen Forderungen nach mehr Eigenständigkeit entgegenzukommen. Zaghafte und mangelnd durchdachte Dezentralisierungsmassnahmen (Kapitel 5.3) sind aber kein ideales Mittel, die regionalen Spannungen zu beseitigen.

169 UKL 190, 11 January 2003, #8 und UKL 231, 29 February 2004, #12. Mit dem Konzept der ukrainischen nationalen Identität, welches insbesondere in den ersten Jahren der Unabhängigkeit massiv propagiert wurde, konnte ein Grossteil der „Ukrainer“ nichts anfangen. Auch wurden bestimmte Instrumente der nationalen Identitätsförderung wie das obligatorische morgendliche Abspielen der Nationalhymne in öffentlichen Bildungsinstitutionen nicht besonders positiv aufgenommen – und das nicht nur von der russischen Minderheit.

170 Das BSP sank bis zum Jahr 1999 auf weniger als 40% des Wertes von 1991. In den Jahren 2000–2001 wuchs das BSP mit 6% bzw. 9%, seit 2002 mit moderaten Werten. Die genauen Zahlen sind unter <http://www.nationmaster.com/country/up/Economy> (20.10.2004) abrufbar. Dort findet man auch Angaben zu Durchschnittseinkommen in der Ukraine.

Die *extractive capacity*, die Fähigkeit, Produktivität abzuschöpfen, auf die in Kapitel 5.3.3.2 genauer eingegangen wird, kann nicht zufriedenstellend gewährleistet werden. Erst seit 1998 werden die Steuereinnahmen überhaupt kontrolliert (Kuzio 1999: 16, 326). Eine grundlegende Reform des Steuersystems und die Formulierung eines umfassenden Steuercodes stehen noch aus. Das Steuersystem hat sich von Jahr zu Jahr grundlegend geändert, ist dadurch aber nicht besser geworden, eher intransparenter und ineffizienter. Steuererhebung wird dadurch ebenso verhindert wie Vertrauensbildung auf der Bürger- oder Unternehmensseite (und auch auf der Seite unterer Regierungsebenen, welche ebenfalls unter den fortwährenden Modifizierungen des Systems zu leiden haben). Landwirte oder Grossunternehmen haben erfolgreich Steuerprivilegien erkämpft, z. B. Steuerbefreiungen oder Steuervorteile (Zerkalo Nedeli, No. 46 (471), 29 November–5 December 2003).[171] Zudem hat die Region Donec'k den Status einer Sonderwirtschaftszone zugesprochen bekommen, in der verminderte Gewinnsteuersätze gelten (Zimmer 2002: 24). Eine Folge dieser unzureichenden Capacity ist, dass der Staat seinen finanziellen Verpflichtungen (wie Lohn- und Rentenzahlungen) nur unzureichend nachkommen kann bzw. auf Sozialabbau zurückgreift.[172] Schliesslich sieht er sich oft gezwungen, die Einnahmen auch auf nicht ganz legalen Wegen einzufordern.[173]

Im Bereich der *decision-making capacities* hatten die politischen Entscheidungsträger einige Erfolge zu verbuchen, etwa die Verabschiedung der ukrainischen Verfassung 1996 oder den Erlass von wichtigen Gesetzen (Bodenreform, Privatisierung, Verabschiedung des Haushaltsgesetzes 2001 (Kapitel 5.3.3.1) und die Kodifizierung von Grundlagen der lokalen Selbstverwaltung.). In diesen Fällen hatten persönliche, informelle Kontakte eine positive Auswirkung Es gibt aber auch genug Beispiele für misslungene und verschleppte Entscheidungsfindungs-

171 Die illegale Steuerrückzahlung von der Steuerbehörde an Exportfirmen wird von UKL 231, 29 February 2004, #8 thematisiert.

172 Die ausstehenden Lohnzahlungen im Lemberger Gebiet für das Jahr 2003 betrugen beispielsweise 31 Mio. Hrn. (L'vivska Hazeta, No. 84 (408) 14 travnja 2004, 2).

173 Der Bereich der *extractive capacities* wird weiter unten im Zusammenhang mit den Beziehungen der nationalen zur subnationalen Ebene ausführlicher besprochen.

prozesse, sei es bei der Steuergesetzgebung mit sich fast jährlich ändernden Besteuerungsgrundlagen (Kapitel 5.3.3.2) oder bei Reformen des politischen Systems (Kapitel 4.3.1.1). Die Probleme in diesem Bereich gründen hauptsächlich in der problematischen Zusammenarbeit zwischen Parlament und Präsident. Ein weiteres Problem ist, dass der Gesetzgebungsprozess sehr kompliziert ist und die mehrmalige Behandlung und Abstimmung von Vorlagen im Parlament verlangt (Bos 2002: 467f.). Die wiederholten Diskussionen über die Einführung eines parlamentarischen Regierungssystems zeigen sehr deutlich, dass die politischen Eliten immer noch keinen Konsens darüber gefunden haben, was für ein Regierungssystem sie in der Ukraine aufbauen möchten. Die Einstellung und das Verhalten der politischen Elite wirkt behindernd und steht einer endgültigen Institutionalisierung der (rechtlichen) Grundlagen des neuen Staates im Weg. Darüber hinaus stellt sich das fundamentalere Problem, dass formelle Strukturen kein Hindernis für informelles Verhalten darstellen, sondern es manchmal geradezu herauszufordern scheinen.

Die *adjudicative capacity* misst sich daran, inwieweit die Institutionen des Staates gewillt sind, ihre Streitigkeiten auf halbwegs faire und gesittete Art und Weise, das heisst innerhalb eines rechtlichen Rahmens, auszutragen. Auseinandersetzungen zwischen dem Präsident und den Parlamentsfraktionen der Opposition zeigen, dass Konflikte auf andere „Ebenen“ ausgelagert werden. Dabei wird auch auf administrative Ressourcen, zum Beispiel die Steuerinspektion, zurückgegriffen, um Vertreter von nichtkonformen Meinungen zum Schweigen zu bringen (zu Beispielen siehe Kapitel 6.3.2). Finanzielle Anreize, unter die das Kaufen von Abgeordneten oder anderen politischen Loyalitäten fällt, gehören zum festen Bestandteil des Repertoires, um abweichende Meinungsvertreter umzustimmen (Invest Gazeta, 30 March 2004). Auf höherer politischer Ebene werden institutionelle Konflikte so konzipiert, dass sie formell im Rahmen des Verfassungsgerichtes ausgetragen werden müssen, das auf der Seite der politischen Macht steht. Eine politische Kultur der Konfliktaustragung existiert im Allgemeinen in der Ukraine noch nicht, und Konflikte werden zum grossen Teil mit Hilfe von informellen (und auch illegalen) Mitteln beigelegt.

Die *coercive capacity* ist als eine Willensdurchsetzung nach innen zu verstehen. Die Fähigkeit des Staates, Sicherheit und Recht zu garantieren, wird immer wieder in Frage gestellt (Kuzio 1999: 16). Korruption und organisierte Kriminalität sind ernstzunehmende Probleme.[174] Entsprechende Praktiken werden verstärkt bei der Privatisierung lukrativer Staatsgüter und bei der Ausschreibung von Staatsaufträgen eingesetzt (Zerkalo Nedeli, No. 32 (457), 23–29 August 2003). Oligarchen gelingt es immer wieder, den Zuschlag zu bekommen. Bei diesen Aushandlungsprozessen ist die Rolle des Staates nicht eindeutig klar, und immer wieder kommt der Verdacht auf, dass jener bei solchen Geschäften seinen Anteil abbekommt.[175] Besonders bei den Steuerbehörden sind korrupte Abmachungen verbreitet. Beispielsweise können bestimmte Steuern erlassen werden, wenn das Unternehmen dem Staat genehme „Dienstleistungen" erbringt (UKL 231, 29 February 2004, #8). Es ist überdies fast unmöglich geworden, die Grenze zwischen dem Staat und den oligarchischen Gruppen zu ziehen, da diese schon derart mit dem System verwachsen sind. Der Willensdurchsetzung des Staates am wenigsten entziehen kann sich der Bürger, sei es bei der Erhebung von Steuern oder bei der Verweigerung von öffentlichen Dienstleistungen.

Diese kurze Auflistung zeigt sehr deutlich, dass der Staat in der Ukraine zwar vielschichtig, aber nicht stark ist. Von einer Autorität des Staates kann man nur in Ausnahmefällen sprechen. Der Aufbau und die Durchsetzung leidet darunter. Die Untersuchung von einzelnen Bereichen der State Capacities in der Einteilung von Almond und Powell beweist, dass in der Ukraine in allen wichtigen Bereichen die funktionalen Capacities erst aufgebaut, d. h. institutionalisiert, werden müssen. Die in einem zweiten Schritt (oder auch parallel) erfolgende Durchsetzung kann nicht immer garantiert werden, da schon die

174 Vgl. den Rang der Ukraine auf dem jährlichen Korruptionsperzeptionsindex von Transparency International. 2004 wurde die Ukraine auf Rang 122 platziert: <http://www.transparency.de/Tabellarisches_Ranking.542.0.html>, (29.04.2005). Insgesamt wurden 145 Länder bewertet.

175 Exemplarische Fälle findet man in: Zerkalo Nedeli, No. 32 (457), 23–29 August 2003 und in RFE/RL Belarus and Ukraine Report, 15 June 2004, Vol. 6, No. 22.

Institutionalisierung nicht vollständig gelungen ist. Zusammenfassend zeigt die Bewertung von State Capacities in der Ukraine, dass die Defizite des Zentralstaates viel zu hoch sind. Erstaunlich dabei ist, dass der Staat dennoch funktioniert.

In der Ukraine fehlen nicht nur die Mechanismen und Faktoren, welche die Leistungsfähigkeit des Staate unterstützen und fördern, etwa ein positiver Austausch zwischen verschiedenen sozialen Sphären, Korporatismus oder Governance. Die Mängel sind schon gravierend, wenn grundlegende funktionelle Staatsaufgaben gewährleistet werden sollen. Ansatzpunkte zur Verbesserung der Funktionsfähigkeit des Staates können auf zentralstaatlicher Ebene nicht identifiziert werden. Eine geringe Chance zur Verbesserung würde sich durch einen politischen Machtwechsel ergeben. Dabei ist unklar was für eine Rolle die jetzigen Regierungseliten zukünftig im politischen System einnehmen werden.

Direkt an diese Befunde für die zentralstaatliche Befindlichkeit schliesst sich die Frage an, wie sich die Mängel des Zentralstaates auf die subnationale Ebene auswirken. Das nachstehende Kapitel fünf widmet sich daher folgenden Fragen: Inwieweit wird die Unfähigkeit des Zentrums auf untere Staatsebenen reproduziert (Kapitel 5.1)? Wie ist die Bedeutung der regionalen Ebene nach den Verwaltungsreformen und Dezentralisierungsversuchen einzuschätzen (Kapitel 5.2)? In welcher Form wird versucht, die Beziehungen zwischen den verschiedenen Regierungs- und Verwaltungsebenen zu konsolidieren? Und sind auf subnationaler Ebene Akteure und Strukturen entstanden, die einen optimistischeren Blick auf das State Building und die Leistungsfähigkeit der Ukraine erlauben (Kapitel 5.3)?

5. Subnationaler Wandel des ukrainischen Staates

5.1 Reproduktion von Strukturfehlern auf unteren Staatsebenen

Da das State Building tendenziell als nationaler Prozess gesehen wird, stehen untere (Verwaltungs-)Ebenen des Staates meist ausserhalb der Analyse (Hughes et al. 2002: 8). Staatliche Leistungsfähigkeit wird aber ebenso durch den Austausch und die Interaktion vom Zentrum und den nachgeordneten Ebenen des Staates bestimmt. Einfluss auf die Funktionsfähigkeit des Staates kann auch ausgeübt werden, wenn die Beziehungen zwischen Zentrum und Peripherie (z. B. Gebiete und Gemeinden des Staates) stabilisiert bzw. Kompetenzen vom Zentrum an die regionale Ebene der Oblasti verlagert werden.[1]

Eine wichtige Annahme des Capacity-Ansatzes ist, dass Schwächen in einem Bereich des Staates in einem anderen Bereich ebenfalls Unzulänglichkeiten zur Folge haben. Die Schwäche des Zentralstaats überträgt sich dementsprechend auf die regionale Ebene (Kapitel 2.4.2). Die für den Zentralstaat identifizierten Einflüsse auf staatliche Leistungsfähigkeit wie mangelnde Institutionalisierung, Informalität, subversive Elitenstrukturen und entsprechendes Elitenverhalten sind auch für die Funktionsfähigkeit auf unteren Ebenen des Staates massgebend. Diese Unzulänglichkeiten behindern vordergründig die Entwicklung und

1 Tarrow (1977) unterscheidet drei Arten von Zentrum-Peripherie Beziehungen: soziokulturelle, sozioökonomische und politisch-administrative. Die politisch-administrative Auffassung kann in die theoretische Literatur über State Building eingereiht werden, da sie den Erkenntnisstand über die Funktionsfähigkeit von territorialen Verwaltungen durch empirischen Studien über Strategien zentralstaatlicher Akteure erweitern möchte.

Leistungsfähigkeit auf allen Ebenen des Staates und haben zur Folge, dass das State Building immer noch im Gang ist.[2]

Die regionale Ebene sieht sich einer doppelten Einschränkung gegenüber: Zum einen hängen die Einschränkungen staatlicher Funktionsfähigkeit, welche auf unteren Ebenen zu beobachten sind, zum grossen Teil vom Zentrum ab, da jenes die Politiken und Freiräume der regionalen Ebenen konzipiert. Zum anderen werden originäre Schwächen des Zentralstaates selbst, die sich in der Ukraine explizit als Dauerkonflikt zwischen Legislative und Exekutive zeigen, im Hinblick auf die Umsetzung und die Auswirkungen von Reformanstrengungen auf regionaler Ebene wichtig.

Die unabhängige Ukraine ist ein gutes Beispiel für die widersprüchlichen Herausforderungen eines postsowjetischen State Building. In Kiew konzentrieren sich die wichtigsten Institutionen des Staates, und sie treffen die wichtigsten Entscheidungen – von den Grundlagen der Wirtschaftspolitik über Wohlfahrtsfunktionen bis hin zu Verfassungsprinzipien. Kurz, das Zentrums bestimmt die wichtigsten State Capacities (*coercive*, *control*, *distributive capacities*). Jedoch ist das Zentrum in der Ukraine fragmentiert und handlungsunfähig. Die wichtigsten Gewalten des ukrainischen Staates behindern sich gegenseitig, eigene Autonomie können die einzelnen Gewalten nur auf Druck oder mit Genehmigung des Präsidenten entwickeln. Trotz dieser Schwierigkeiten versuchen die zentralstaatlichen Institutionen (der Präsident und seine Exekutive), ihre Capacities durch einheitsstaatliche Institutionen und durch Durchdringung der einzelnen Verwaltungsebenen zu stärken. Hinzu kommen zentralstaatliche Reformanstrengungen zur institutionellen Neukonzipierung der regionalen und lokalen Ebene. Sie bieten ein spannendes Untersuchungsfeld zum State Building unterhalb der zentralstaatlichen Ebene und zu regionalen und lokalen Einflussmöglichkeiten auf die subnationale Entwicklung des ukrainischen Staates.

2 State Capacity kann in der letzten Konsequenz nur durch Verbesserungen auf der zentralstaatlichen Ebene und einen durchdachten regionalpolitischen Ansatz erreicht werden.

Die Regionalentwicklung wird grundsätzlich vom Zentrum gelenkt, regionale Akteure verfügen aber doch über eigene Einflusskanäle und Machtmittel. Informelle Strukturen auf regionaler Ebene nutzen den Spielraum, den die zentralstaatliche Ebene durch Dezentralisierungstendenzen und unklare regionalpolitische Bestimmungen schafft (siehe Kapitel 5.3.4.1). Hier wird die Rolle von informellem *bargaining* bzw. informellen Strukturen essentiell, die sowohl auf zentralstaatlicher als auch auf regionaler Ebene auftreten. Wegen mangelnder Institutionalisierung (nicht nur zentralstaatlicher, sondern auch regionaler Institutionen und ihrer Kontrollinstrumente) können sie ihre volle Wirkungskraft entfalten. Diese Aspekte der Instrumentalisierung des Staates stehen nicht nur in einem engen Zusammenhang mit den Staatsschwächen, sondern haben auch mit problematischen institutionellen Beziehungen in einem fragmentierten (Zentral-)Staat zu tun. So erscheinen die unteren Staatsebenen angesichts der Unzulänglichkeiten des Zentralstaates als potenzieller Akteur auf der politischen Bühne in der Ukraine und fordern, auch zugunsten ihrer individuellen Interessen, mehr Eigenständigkeit.[3]

Regionalpolitik bzw. Massnahmen zur Regionalentwicklung können Indikatoren für die Fähigkeit der zentralstaatlichen Exekutive sein, einen effektiven Vollzug öffentlicher Politik zu ermöglichen (z. B. durch dekonzentrierte Einheiten, Abgabe und Verteilung von Zuständigkeiten). Eine Zustandsanalyse unterer Verwaltungsebenen gemäss den Faktoren staatlicher Leistungsfähigkeit erlaubt Aussagen über das Ausmass der Durchdringung mit den Merkmalen eines schwachen (Zentral-)Staates. Die verstärkten Anstrengungen, die Missstände des Zentralstaates gerade durch regionalpolitische Mass-

3 Subnationale Eigenständigkeit ist in der Ukraine nur im Fall der Halbinsel Krim realisiert worden. Die Autonomie der Halbinsel Krim ist ein Sonderfall innerhalb der Ukraine. Die Autonome Republik verfügt über ein eigenes Parlament und eine Regierung („Kabinett der Minister"), welche von den zentralstaatlichen Autoritäten relativ autonom sind; die Krim verabschiedet und verfügt beispielsweise selbst über ihren Haushalt (sie hat aber keine Steuererhebungskompetenzen). Andere Gebiete wie Galizien sehen sich mit grösseren Schwierigkeiten konfrontiert, wenn sie mehr Eigenständigkeit fordern, da das schnell als separatistische Entwicklung aufgefasst wird.

nahmen zu überwinden, zeigen wie ernst die Probleme sind und dass das Potenzial der subnationalen Verwaltungseinheiten erkannt worden ist. Remington (1993: 288) weist in diesem Sinn den subnationalen Ebenen des Staates bei der Systemkonsolidierung eine entscheidende Rolle zu und zeichnet ein positives Bild der demokratie- und institutionenfördernden Wirkung von Regionalpolitik, die mit einer Abgabe von politischer Macht an die regionale Ebene verbunden ist.

Um die regionalen Aspekte der staatlichen Leistungsfähigkeit und die Interaktionen zwischen dem Zentrum und der subnationalen Ebene zu analysieren, wird zunächst auf das Verhältnis des Zentrums zur Peripherie in der Sowjetunion verwiesen (Kapitel 5.2.1), um dann näher die Situation nach der Unabhängigkeit der Ukraine zu beschreiben (Kapitel 5.2.2). Das Kapitel 5.3 zur Konsolidierung der institutionellen Beziehungen in der Ukraine leitet ein Abschnitt über die Machtdurchsetzung der Zentrale auf unteren politischen Ebenen ein (Kapitel 5.3.1). Eine allgemeine Institutionenanalyse, in welcher die jeweiligen – zentralstaatlichen und regionalen – Akteure operieren, steckt den formellen Rahmen der gegenwärtigen Zentrum-Peripherie Beziehungen in der Ukraine ab (Kapitel 5.3.2). Hierbei stehen die formellen Verfassungsartikel (Kapitel 5.3.2.1) und die Bestimmungen zur lokalen Selbstverwaltung (Kapitel 5.3.2.2) im Vordergrund. Das Beispiel der fiskalischen Interaktionen zwischen Zentrum und unteren Staatsebenen verdeutlicht die institutionellen Rahmenbedingungen und Beziehungen in einem konkreten Politikfeld (Kapitel 5.3.3). Analog zur Diskussion der Handlungsgrundlagen und -probleme der zentralstaatlichen Ebene, werden die Hindernisse für die Leistungsfähigkeit des Staates auf regionaler und lokaler Ebene aufgezeigt. Die bereits identifizierten Einflüsse auf Leistungsfähigkeit, Informalität (Kapitel 5.3.4.1) und Elitendominanz (Kapitel 5.3.4.2), ergänzen zusätzlich die Dimension der Zentrum-Peripherie Beziehungen. Eine entsprechende Kausalkette würde davon ausgehen, dass unsichere formelle Strukturen klientelistische Strukturen fördern, welche sich wiederum auf die staatliche Funktions- und Leistungsfähigkeit auswirken. In diesem Rahmen agieren nur bestimmte Seilschaften, die sich aus politischen und wirtschaftlichen Eliten konstituieren. Sie stehen zueinander in einem prinzipiellen Wettbewerbsverhältnis, jedoch gehören Kooperation und temporäre Allianzen zu ganz normalen Handlungsstrategien. Es hängt von der jeweiligen *bargaining power* ab, wer den „Sieg" davonträgt.

Cirtautas (1995: 391) befürwortet die Durchführung von Fallstudien über spezifische politische Bereiche (wie z. B. das Steuersystem). Sie helfen dabei, die Probleme des State Building auf einer Mikroebene herauszuheben.[4] Regionale Fallstudien brechen die Analyseebene weiter herunter und erlauben für das Untersuchungsgebiet eine komparative Vorgehensweise.

Gel'man (2001: 227) vermisst für Russland übergreifende regionale Studien – die gleiche Aussage gilt auch für die Ukraine; regionale Vergleiche werden fast ausschliesslich im Zusammenhang mit Nationalitätenfragen unternommen, z. B. wird das Wahlverhalten der Ukrainer (bzw. der Russen) in der Westukraine mit der Ostukraine verglichen (Birch 1988, 2000b). Notwendigerweise würde man sich auch die Mühe machen und einer regionalen Fallstudie einen konzeptuellen Rahmen geben, den man in Studien zur Regionalpolitik oft vergeblich sucht. In dieser Arbeit sollen am Beispiel der regionalen Ebene (Kapitel 5.2) und des Gebietes Lemberg (Kapitel sechs) die Probleme des State Building auf der Meso- und Mirkoebene beleuchtet werden.[5] Zunächst wird aber das Verhältnis zwischen den verschiedenen Verwaltungs- und Regierungsebenen in der Sowjetunion beschrieben.

4 Easter (2000) zeigt dies beispielsweise in einer Studie über regionale Eliten im frühen State-Building-Prozess des kommunistischen Russland (mit Schwerpunkt auf den 20er Jahren). Er beschreibt die informellen Machtquellen und ihren Gebrauch von dieser Gruppe. Siehe auch ausführlich Willerton (1992) zu dem Einfluss von informellen Machtstrukturen auf staatliche Konzeption und Entwicklung in der Sowjetunion oder Gill (1990) zu den Auswirkungen von informellen Netzwerken beim Aufbau von Institutionen.

5 Mangels eigener Ressourcen muss auf eine umfangreiche komparative Analyse verzichtet werden. Verschiedene Querverweise zu anderen Gebieten sollen aber die Unterschiede und Gemeinsamkeiten zum Untersuchungsgebiet hervorheben.

5.2 Wachsende Bedeutung der regionalen Ebene

5.2.1 Die subnationale Ebene in der Sowjetunion

In dem multinationalen Staatenverbund Sowjetunion spielten die Kommunistische Partei und der Oberste Sowjet Russlands die dominante Rolle. Die „Union der Sozialistischen Sowjetrepubliken“ (UdSSR) war formal als Föderation konzipiert, das sollte auch diese Bezeichnung ausdrücken.[6] Die Union setzte sich aus Republiken und autonomen Regionen zusammen, von denen jede ihre eigene administrative und institutionelle Struktur hatte. Die Sowjetunion war trotz des formellen föderativen Aufbaus ein Staat, der von Russland kontrolliert und dominiert wurde. Die Strukturen des russischen Staates waren mit denen der Union identisch. Das heisst, dass Russland über keine eigenen russischen, sondern nur über sowjetische administrative und institutionelle Strukturen verfügte (Lapidus 1995: 79).

Das Machtsystem der Sowjetunion basierte auf vertikaler Machtverteilung, welches unteren Staatsebenen nur geringe Kompetenzen zugestand. Die sowjetische Zentralplanung war überdies relativ gleichgültig gegenüber den Bedürfnissen der subnationalen Ebene. Der Zentrale oblagen sämtliche Entscheidungen, die unteren Verwaltungs- und Regierungsebenen waren nur Ausführungsorgane – ihnen kamen hauptsächlich Verwaltungskompetenzen zu (Kuzio et al. 1999). Die autoritäre Struktur des politischen Prozesses und die zahlen- und flächenmässige Übermacht Russlands hinderte die Subjekte an eigenständigen Entwicklungen und an Autonomieforderungen.

6 Die föderale Organisation der Sowjetunion war zum grossen Teil eine Antwort auf die Stärke der ukrainischen Unabhängigkeitsbewegung am Ende des Ersten Weltkriegs. Lenin organisierte daher den sozialistischen Staat in einer Föderation von Republiken, die auf nationalen Kategorien beruhten und nicht auf dem Prinzip eines Einheitsstaates. Die Konzession der Moskauer Zentrale unter Lenin war die Einrichtung einer „Ukrainischen Sozialistischen Republik“ (Hrytsak 1996). Sie stellte aber nur eine Fassade für den strikt zentralistisch und sowjetisch (das heisst russisch) organisierten Staat dar.

Trotz des föderalen Staatsaufbaus der Sowjetunion verfügten die Unionsrepubliken über wenig Einfluss auf ihre Angelegenheiten. Die Ukraine und die anderen Unionsstaaten waren völlig in die zentralstaatlichen Strukturen, das heisst in das zentralistische politische System, integriert und wurden von Moskau aus regiert (Kappeler 1994: 189f.). Dieser Typus eines asymmetrischen, ethnozentrischen Föderalismus war eine Fassade für das strikt hierarchische, von der kommunistischen Partei dominierte, System. Die föderative Struktur der Sowjetunion schaffte überdies ein System, welches durch seine Kommandostruktur die Bildung von regionalen mafiösen Strukturen, lokalen Netzwerken, korrupten Vorgehensweisen sowie die Durchdringung und gegenseitige Verflechtung von Regierungs-, Partei- und Wirtschaftsstrukturen auf allen Staatsebenen förderte.

Eine wichtige Frage in der Endphase der Sowjetunion war die Neudefinition der Beziehungen von Russland zu seinen Subjekten. Politische Kräfte schlossen sich in den verschiedenen Republiken der Union zusammen, um sich vom Zentrum zu lösen. Der Zentrum-Peripherie Konflikt in der Endphase der Sowjetunion wurde jedoch nicht nur auf der Ebene der Unionsrepubliken ausgetragen, sondern auch auf unteren Verwaltungsebenen. Auf der regionalen Ebene wurden ethnische Kategorien relevant. In Fall der Ukraine machte sich das beispielsweise durch Autonomieforderungen der Krim oder durch eine erstarkte Nationalbewegung in der Westukraine bemerkbar.[7] In den meisten Fällen waren aber Kriterien politischer Selbstbestimmung ausschlaggebend. Auch für die Ukraine waren für den Bruch mit dem sowjetischen Zentrum zivile Kategorien am relevantesten – die ethnische Komponente spielte auf nationaler Ebene im Vergleich zur zivilen eine untergeordnete Rolle (vgl. Kappeler 1994, Simon 2002).

Mit der Unabhängigkeit der Ukraine brachen die übergeordneten sowjetischen Strukturen weg, und es zerfiel die alles bestimmende politische Ebene in Moskau. Die Ukraine, der vormals die Stellung eines untergeordneten politischen Subjekts zugekommen war und die als

7 Der Krim wurde daher noch vor dem Erreichen der ukrainischen Unabhängigkeit ein weitgehender Autonomiestatus zugebilligt. Zu weiteren Details Sasse (2002: 72, 80).

Peripherie nur wenig zu sagen hatte, war nun ein autonomer Staates mit dem politischen Zentrum in Kiew. Das stellte auch die Beziehungen des Zentrums zu seinen Subjekten vor neue Herausforderungen.

5.2.2 Der Ruf nach regionaler Eigenständigkeit nach 1991

Die Verwaltungsstrukturen der Ukraine blieben trotz der Unabhängigkeit 1991 grundsätzlich bestehen, und an den administrativen, funktionalen regionalen Strukturen, die auf historische oder kulturelle Befindlichkeiten des Landes keine Rücksicht nehmen, änderte sich nichts.[8] Die Ukraine besteht seit ihrer Unabhängigkeit offiziell aus 24 Gebieten (Oblasti), der Autonomen Republik Krim und zwei Städten unter Zentralverwaltung (Kiew und Sevastopol').[9] Die regionale Ebene umfasst Oblasti (Gebiete) und Rajone (Distrikte), die letzteren sind den Oblasti direkt untergeordnet. Auf der untersten lokalen Ebene befinden sich Städte, ländliche und städtische Gebiete und Dörfer, die im Gegensatz zu der regionalen Ebene über eigenständige Kompetenzen verfügen. Grundsätzlich kann man drei Regierungsebenen unterscheiden: die zentralstaatliche Ebene, die regionale Oblast'ebene und die lokale Ebene.

Oftmals wird das Staatesgebiet in einen West- und einen Ostteil aufgesplittet.[10] Das beruht darauf, dass der Ostteil des Landes eher

8 In der ehemaligen Sowjetunion war das Land in drei grosse Wirtschaftszonen aufgeteilt, die nur Moskau verantwortlich waren. Das lag an der sozialistischen, sektoralen Planungsmethode. Nach der Unabhängigkeit ging man zu einer territorialen Aufteilung des Landes über. Die aktuelle administrativ-territoriale Aufteilung wird aber immer wieder kritisiert, da sie keine Rücksicht auf regionale Befindlichkeiten nimmt (z. B. wird die Westukraine ist in drei Oblasti geteilt) (Dnistrjans'kyj 2001).

9 Die Begriffe Oblasti und Gebiete werden analog zueinander benutzt und bezeichnen die regionale Verwaltungsebene der Ukraine. Wenn von ukrainischen Regionen die Rede ist, werden darunter grundsätzlich mehrere ukrainische Gebiete verstanden.

10 Zusätzlich werden aber auch immer noch andere Kategorien genannt, wie z. B. historische (ehemalige Habsburgprovinzen) oder geographische (Linkes

russisch geprägt ist und der Westteil eher ukrainisch (dazu Sasse 2002: 76f.). Die Oblasti sind aber ausserhalb dieser Einteilung recht unterschiedlich, nicht nur, was sprachliche Dominanzen in einzelnen Gebieten betrifft, sondern auch in Bezug auf kulturelle oder regionalpolitische Eigenarten.[11] Diese Unterschiede lassen vereinfachte Ost-West-Schemata schnell irrelevant werden. Dennoch beeinflusst die Struktur der regionalen State Capacities politische Optionen und institutionelle Formen, und extreme regionale Unterschiede können den Staatsaufbau behindern, wenn es das Zentrum nicht versteht, diese Unterschiede geschickt zum Wohl des gesamten Staates zu nutzen.

In der ersten Zeit der nationalen Unabhängigkeit wurde die Macht des Zentralstaates mit Forderungen aus den Oblasti nach mehr Autonomie konfrontiert, welche auch mit einer entsprechenden ethnischen Mobilisierung verbunden waren. Gebiete wie die Krim wollten die ihnen ungewohnten Freiheiten nutzen, die mit dem Zusammenbruch der Sowjetunion einhergingen. Die regionalen Forderungen nach mehr Eigenständigkeit riefen nicht ganz unberechtigte Befürchtungen hervor, dass das Land aufgrund extremer regionaler Unterschiede auseinanderfallen würde. Jedoch erreichten regionalistische und separatistische Tendenzen 1994 ihren Höhepunkt und gingen danach schlagartig zurück (Simon 2002: 14).[12]

Die zentrifugalen Tendenzen ukrainischer Gebiete nach 1991 waren zum grossen Teil auf die Wirtschaftskrise und auf die unterschiedlichen

Dniproufer/Rechtes Ufer). Siehe auch Simon (2002: 8). Zu der Problematik dieser Einteilungen siehe Barrington und Herron (2004: 57).

11 Der Sprachgebrauch (ukrainisch oder russisch) wurde und wird oft mit ethnischen Kategorien gleichgesetzt; der Gebrauch dieser Sprachen ist aber nicht zwingend an eine bestimmte Ethnie gebunden (vgl. UKL 231, 29 February 2004, #12). In der Ukraine sind sozioökonomische und regionalpolitische *cleavages* ebenso bedeutend wie die sprachlichen. Nemiria (1999: 80–83) belegt, dass in der Ostukraine sozioökonomische Spannungen bedeutender sind als ethnische. Ausführlich zu regionalen Unterschieden: Sasse (2002), Kubicek (2000), Birch (2000a und 2000b), Pleines (1998), Hesli (1995) und Kappeler (1994).

12 Die Gefahr einer Abspaltung von verschiedenen Teilen der Ukraine ist von vielen Autoren überbewertet worden (z. B. Pirie 1996, Solchanyk 1994). Jedoch schien 1994 die Abspaltung der Krim unmittelbar bevorzustehen, hinzu kamen Konflikte im Ostteil des Landes und eine starke nationale Bewegung im Westen.

Wirtschaftspotenziale zurückzuführen, nicht so sehr auf ethnisch-nationale Differenzen. Die aktivsten Oblasti wollten ihr Schicksal selbst in die Hand nehmen und nicht mehr in allen Fragen von zentralstaatlichen Beschlüssen abhängig sein. Der Ruf nach Autonomie kam Mitte der 90er Jahre insbesondere aus dem Donbass-Gebiet (Kuzio et al. 1999: 156). Das Gebiet des Donbass mit seiner Hauptstadt Donec'k sah sich als Zahlmeister der Nation, weil mit seinen Steuereinnahmen ärmere Gebiete im Westen und im Zentrum des Landes finanziert wurden.[13]

Ein wichtiger Schritt, um die Situation zu entspannen, waren die Institutionalisierung der Krimautonomie und informelle Abmachungen mit anderen potenziell separatistischen Gebieten, etwa dem Donbass. Die regionale Mobilisierung in den autonomiebewussten Gebieten des Donbass, der Zakarpattja und der Krim ist daraufhin zurückgegangen (Sasse 2002). Die früheren Autonomiebestrebungen sind sporadischen Vorstössen zu mehr regionaler Eigenständigkeit gewichen, die von dem Zentralstaat aber sehr kritisch bewertet werden. Grundsätzlich konnte das ukrainische Nation- und State Building durch das Abschwächen von regionalen Forderungen, welche zeitweise sehr aggressiv vorgebracht wurden, gestärkt werden. Befürchtungen auf der zentralstaatlichen politischen Ebene, das Land könnte auseinanderfallen, haben sich bisher nicht bewahrheitet.[14]

Die Ukraine weist sehr grosse, administrative und ökonomische Unterschiede auf.[15] Aufgrund dieser regionalen Unterschiede wird die

13 Details zu der Bedeutung dieser Region in Zimmer (2002: 23f.).

14 In gewissen Gebieten findet aber trotzdem eine Diskussion der Verlagerung von Kompetenzen auf die regionale und lokale Ebene statt. In Galizien und auf der Krim wird in öffentlichen Foren das Thema Föderalismus und Regionalismus oft angesprochen. Siehe die Publikationen und Seminare von *Ji* im Lemberger Gebiet.

15 Die Wirtschaftskraft konzentriert sich in der östlichen Region. Donec'k, Luhans'k und Charkiv waren auch schon vor Sowjetzeiten die industrialisiertesten Gebiete. Es handelt sich hauptsächlich um Schwerindustrie wie Kohle, Metallurgie, Maschinenbau, Chemie. Kleine und mittlere (Zuliefer-)Betriebe sind auch verbreiteter als in übrigen Gebieten des Landes. Die Leichtindustrie und Landwirtschaft dominieren den zentralen und westlichen Teil der Ukraine. Das industrielle Zentrum der Westukraine befindet sich in L'viv. Die Löhne sind im

Ukraine von einigen Autoren auch als ein „Staat der Regionen" (Sasse 2002) bezeichnet. Sasse unterstreicht durch diesen Begriff die Bedeutung des regionalen Faktors für das postsowjetische Nation- und State Building der Ukraine. Sie argumentiert, dass sich die regionalen Unterschiedlichkeiten im Transitionsverlauf als stabilisierend herausgestellt haben (Sasse 2002: 69f) und dass Regionalismus in der Ukraine kein Hindernis für das Nation- und State Building dargestellt hat (Sasse 2002: 82, 95). Regionalisierung trägt in diesem Sinne zur Erhöhung der Leistungsfähigkeit des Staates bei und wird selbst als State Capacity aufgefasst. Andererseits sehen andere Autoren eine starke regionale Identifizierung als ein Zeichen für schwache State Capacity oder als Ausdruck für ein Transformationsproblem an (Kuzio 1996: 603f.).

Es gibt – ausser in der Westukraine – immer noch wenig Konsens darüber, was eine Region (unabhängig von der Verwaltungseinteilung Oblast') ausmacht. Die gegenwärtige administrativ-territoriale Struktur der Ukraine hat noch keine ausgeprägten regionalen Identifikationen gebracht. Das Regionalgefühl ist auf der Krim und in der Westukraine am stärksten ausgeprägt. In der Westukraine ist das ganze Territorium betroffen und nicht die einzelnen Oblasti (L'viv, Ivano Frankivs'k und Zakarpattja) – es betrachtet sich aus historischen und aus ethnischen Gründen als zusammengehörig (Wolchik et al. 2000: 186).

Die territorialen Strukturen auf der Mesoebene sind meist nur ein Transmissionsriemen des Zentrums von oben nach unten. Diese Kanäle werden bei regionalen Spannungen zu einem bedeutenden politischen Instrument, denn das Zentrum greift sehr aktiv in regionale Spannungen ein: entweder, um sie niederzudrücken oder um sie zum zentralstaatlichen Gunsten auszunutzen (vgl. auch Kapitel 6.3). Politische Entscheidungen, zum Beispiel über Transfer- und Steuerzahlungen, sind der Hauptgrund für gegenwärtige regionale Spannungen. Oftmals kommen Forderungen nach mehr Autonomie von den zahlungskräftigeren östlichen Gebieten, etwa aus dem Gebiet von Donec'k, das sich als Zahlmeister der Nation sieht. Tendenziell führen ein höherer industrieller und landwirtschaftlicher Entwicklungsstand zu Forderungen nach mehr

Osten im Vergleich zu den westlichen und zentralen Gebieten höher, und die Arbeitslosigkeit niedriger (Kravchuk 2002).

regionaler Autonomie und politischer Devolution. Die östlichen Oblasti waren in diesem Sinne bisher am aktivsten (Kravchuk 1999: 162).[16]

Um Konfliktpotenzial zu vermeiden, setzt das Zentrum, insbesondere im Ostteil des Landes, auf politischen Ausgleich sowie auf die Interessenanbindung der einflussreichen politisch-wirtschaftlichen Eliten an das Zentrum. Politische Zugeständnisse werden als Einflussmöglichkeiten bestimmter Clans auf zentralstaatliche Politik gewährleistet. Der Donec'ker Clan oder die Gruppe aus Dnipropetrovs'k seinen exemplarisch als wichtige regionale Einflussgruppen auf zentralstaatliche Politik genannt. Was die westlichen, tendenziell separatistischen, Gebiete angeht, setzt das Zentrum auf verstärkte finanzielle Abhängigkeiten vom Zentrum (Kuzio et al. 1999: 156f.).

Das oberste Ziel der Staatsführung ist, die Einheit des Staates zu wahren. Die Ablehnung einer föderalistisch aufgebauten Ukraine ist eines der wenigen Sachthemen, worüber ein Konsens der politischen Elite auf zentralstaatlicher Ebene besteht (Sasse 2002: 82). Der Föderalismus hat aber auch nur eine geringe Unterstützung bei der ukrainischen Bevölkerung – Mitte der 90er Jahre belief sich die Unterstützung sowohl unter den Bürgern als auch unter den politischen Eliten bei knapp unter 10 Prozent, wobei es keine signifikanten Unterschiede zwischen Ost und West gab (Hrytsak 1995, Kuzio 1998: 72, 98).

Das schliesst aber Entwicklungen zu mehr Regionalismus nicht aus.[17] Dieser Terminus kann durchaus politisch verstanden werden.[18]

16 Zu den unterschiedlichen Entwicklungsgraden ukrainischer Oblasti siehe Mrinska (2001), <http://www.eprc.strath.ac.uk/eprc/PDF_files>.

17 Regionalismus kann eine alternative politische Bühne zum Zentrum werden wie das Beispiel Russland zeigte (detailliert Sakwa 2000: 21, 30).

18 Regionalismus beschreibt neben regionalen Unterschieden den Grad der Mobilisierung entlang von regionalen *cleavages*. Dabei tendiert die Literatur über Regionalismus dazu, den Regionalismus mit Nationalismus in bereits bestehenden Staaten zu vermischen. Auch die postsowjetische Literatur bringt regionale Mobilisierung oft als ethnischen Konflikt zur Sprache (Hughes et al. 2002: 8). Jedoch ist es oftmals so, dass Forderungen nach Selbstbestimmungsrechten und Autonomie auf regionaler Ebene im Zusammenhang mit der State Capture des Zentralstaates durch rivalisierende Eliten oder Netzwerke erfolgen (für Russland Hughes 1994: 1133f., für die Ukraine d'Anieri 2003).

Allgemein bleiben regionale Interessen ein wichtiger Antriebsfaktor von ukrainischer Politik – insbesondere wenn es darum geht, die Unfähigkeit des Zentrums in regionalen Belangen auszugleichen (Kuzio et al. 1999: 155). Birch/Zinko (1996: 22f.) argumentieren, dass die wahre Bedeutung von Regionalismus darin zu sehen ist, Einfluss auf politische Entscheidungen des Zentrums auszuüben. Paradoxerweise ist es gerade die Unfähigkeit des Zentrums, welche zur Regionalisierung beiträgt – dabei handelt es sich generell um einen Prozess der Abgabe politischer Autorität auf Verwaltungseinheiten zwischen der lokalen und der nationalen Ebene.[19] Jedoch ist die lokale Ebene bisher vom Zentrum in Kiew bei der Abgabe von Kompetenzen bevorzugt behandelt worden. Die regionale Ebene muss sich im Vergleich dazu mit wenig Kompetenzen begnügen (Kapitel 5.3).

Die Diskussion über Regionalismus ist in der Ukraine hochpolitisiert.[20] Über Regionalismus zu debattieren, bedeutet für die politische Führung in Kiew, die Gebiete als eigenständige Akteure anzuerkennen und die Autorität des Zentralstaates zu untergraben. Daher werden Befürworter von Regionalisierungsmassnahmen in der Regel sehr stark vom Zentrum unter Druck gesetzt.[21] Das Thema Regionalismus ist ein vieldiskutiertes unter Intellektuellen, jedoch fanden Feldstudien in

19 Auch in Russland hatte institutionelles Versagen zu einer Regionalisierung von Politik geführt (Sakwa 2000: 31). Diese machte Präsident Putin mit autoritärer Politik und starken zentralstaatlichen Institutionen rückgängig.

20 Beschränkt sich in der Regel auf die wissenschaftliche und auf die intellektuelle Ebene. Im Jahr 2003 publizierte die Kulturzeitschrift *Ji* aus L'viv eine dreihundert Seiten starke Nummer zum Thema Föderalismus, die von der Pro Helvetia mitfinanziert wurde. Die Ausgabe sollte die regionale Eigenständigkeit von ukrainischen Gebieten wieder zu einem Thema des politischen Diskurses machen. „Unsere Elite spürt die Regionen nicht. Bis vor kurzem wurde Föderalismus in unserem Land als Separatismus verteufelt, als Gefahr für die Integrität des noch jungen Staates", so beschreibt Sofia Onufriv die mühsame Aufklärungsarbeit, die *Ji* leisten muss.

21 Sasse (2002: 80f.) nennt einige Dezentralisierungsbefürworter und zeigt am Beispiel von Volodymyr Hryn'ov und seiner sehr umstrittenen Publikation „The New Ukraine – How I See Her" (1995), die eine Föderalisierung des Landes begrüsst, dass eine Föderalismusdebatte von den zentralstaatlichen politischen Eliten unerwünscht ist.

ukrainischen Oblasti, welche Mitte der 90er Jahre durchgeführt wurden, interessanterweise keine grössere Unterstützung für eine Machtdevolution an die regionale Ebene heraus. Eine Erklärung dafür ist, dass die lokalen Eliten mit dem eigenen Machtanteil zufrieden waren. Auch hängt es von dem Grad der Einbeziehungen von lokalen Entscheidungsträgern in politische Bereiche zusammen: je mehr sie in Politik involviert sind, desto eher votieren sie dafür, dass Kompetenzen abgegeben werden (de Vries 2000: 193f.).

Diese Ergebnisse hatten auch in den industrialisierten östlichen Gebieten Bestand, welche ihre Autonomieforderungen stets am lautesten hervorgebracht haben (Hesli 1995: 162). Das mag daran liegen, dass es diesen Gebieten mit informellen Mitteln erfolgreich gelungen ist, ihre Vorstellungen auf nationaler Ebene durchzusetzen (etwa Einfluss auf die nationale Wirtschaftspolitik zu gewinnen). Trotzdem plädieren die östlichen Oblasti für mehr Machtkompetenzen, hauptsächlich im Bereich der Steuerverteilung (Hesli 1995: 159f.).

Die desintegrativen Tendenzen des Regionalismus können besonders bei starken regionalen Gegensätzen und einer schwachen Führung zur Wirkung kommen. Regionalismus lässt sich nur verwirklichen, wenn er unter dem Dach einer effizienten Zentralregierung stattfindet. Er sollte ausserdem auf Ausgleichsmodellen basieren, um Entwicklungsunterschieden und Entscheidungskonflikten, die unter den ukrainischen Gebieten durchaus relevant sind, entgegenzukommen (Schapovalenko 2002: 17f.). Bisher hat es die Zentrale in Kiew mit „Zuckerbrot und Peitsche“ fertiggebracht, die grossen regionalen Unterschiede auf nationaler Ebene zu kanalisieren. Der Einsatz von Saatsgewalt erscheint angesichts der beschränkten nationalstaatlichen Capacities aber ein gewagtes politisches Mittel zu sein, dessen Einsatz ungewisse Folgen hätte.

Das europäische Modell regionaler Entwicklung, welches auch bei ukrainischen Autoren oft als Modellfall genannt wird, steht dem postsowjetischen bisher diametral gegenüber, da es auf der Autonomie der regionalen Ebene basiert und das Zentrum nur diejenigen Aufgaben erfüllt, welche von den Regionen nicht besser bewerkstelligt werden können; dazu wird die Bevölkerung in Entscheidungsprozesse miteinbezogen und konsultiert. Diese Anforderungen bzw. Prämissen sind mit der Realität in der Ukraine bisher nicht zu vereinbaren gewesen.

Dennoch gibt es auch in der Ukraine einige Versuche zur Machtverlagerung an untere Staatsebenen und zur Stimulierung von eigenständiger Entwicklung der Regionen. Im folgenden Kapitel geht es darum, inwieweit die institutionellen Beziehungen konsolidiert worden sind, wie sich Probleme des State Building auf unteren Staatsebenen fortsetzen und wie die schwachen Seiten des Staates von den jeweiligen Akteuren für ihre Interessen ausgenutzt werden.

5.3 Konsolidierung der institutionellen Beziehungen in der Ukraine?

5.3.1 Zentrale Machtdurchsetzung auf unteren politischen Ebenen

Die zentralstaatliche Ebene hat einige Reformen durchgeführt, um ihr Verhältnis zu den subnationalen Einheiten zu konsolidieren. Diese Reformansätze, welche die Devolution von Kompetenzen an untere Staatsebenen zum Ziel haben, sind aber mangelhaft durchdacht und haben keinen Rückhalt in der Zentralverwaltung. Einige der zentralstaatlichen Massnahmen auf formeller Ebene, die im nachstehenden besprochen werden, fordern geradezu informelle Machtdurchsetzung auf subnationaler Ebene heraus. Die jüngsten Institutionalisierungsversuche zentralstaatlicher Machtdurchsetzung verdeutlichen diese Zwangslage.

Der erste Präsident der unabhängigen Ukraine, Leonid Kravčuk, lehnte eine Entwicklung föderalistischer Strukturen und eine Föderalisierung des Landes ab. Er befürchtete, dass eine Entwicklung in diese Richtung den Zusammenbruch des Landes zur Folge haben könnte. Daher führte der Präsident (analog zu Russland) den Posten des Präsidentenvertreters in allen Oblasti ein (Kravchuk 1999: 162f.). Diese standen den Oblast'verwaltungen vor und sollten die lokalen Sowjets kontrollieren sowie eigenständige politische Entwicklungen vereiteln. Der Präsident sollte mit ihrer Hilfe mehr Einfluss auf die lokalen

Regierungseinheiten bekommen. Die Präsidialvertreter stiessen jedoch auf mangelnde Akzeptanz vor Ort und konnten die Linie des Präsidenten nicht durchsetzen. Die regionalen Eliten bedienten sich paralleler Kanäle, um die durch die Präsidentenvertreter gefährdeten Interessen erfolgreich durchzusetzen. Dieser Versuch der zentralstaatlichen Machtdurchsetzung scheiterte und führte nur zu einer parallelen Regierungsstruktur und zu grösserem Regionalismus.[22]

Das politische Zentrum hatte nach der Unabhängigkeit der Ukraine zunächst versäumt, in den Gebieten starke Präsenz zu zeigen. Die politische Führung war überwiegend mit politischen Entwicklungen auf der nationalen Ebene beschäftigt. Die Regionaleliten hatten daher relativ freien Spielraum, um ihre Interessen durchzusetzen und zur Sprache zu bringen. Auch die Vertreter des Präsidenten in den Oblasti konnten die regionalen Machthaber nicht an der Wahrung ihrer Interessen hindern.[23] Präsident Kravčuk legte daher als Antwort auf Autonomieforderungen aus den jeweiligen Gebieten wie der Krim, Zakarpattja und Odessa ein neues Gesetz zur lokalen Selbstverwaltung mit grösseren Budgetrechten für die lokalen Körperschaften vor und führte eine halbherzige Machtdevolution zugunsten der Oblasti durch. Er löste das Problem aber nicht strukturell (Kravchuk 1999).

Leonid Kučma festigte nach seiner Machtübernahme 1994 einige Grundlagen des politischen Systems. So wurden die Machtbefugnisse der drei Regierungszweige abgegrenzt, eine neue Verfassung verabschiedet und eine Reform der lokalen Verwaltungsstruktur durchgeführt.[24] Die Verabschiedung der Verfassung nahm den Regionalismusthemen etwas von ihrer Brisanz, vor allem auf der zentralen politischen

22 Das Gesetz über die Bildung von lokalen Selbstverwaltungskörperschaften 1994 entzog diesem Amt die Grundlage.

23 Dies brachte als Randerscheinung das Thema Föderalismus als eine Alternative zu dem unitaristischen Staat Ukraine auf. Wegen den Entwicklungen auf der Krim wurde dieses Thema aber zurückgestellt. Sasse (2002: 96) sieht die Ukraine gerade wegen der Krimautonomie und der regionalen Diversität des Landes als einen *regionalized unitary state*.

24 Siehe das „Gesetz über die Macht“ von 1995, das als einjährige Quasi-Interimsverfassung diente und legislative und exekutive Vollmachten festlegte (Bos 2002: 451, Wolczuk 2001).

Ebene (Maksymenko 1999: 78). Die Kontrolle über die lokalen Gebietskörperschaften erwies sich aber als Stolperstein auf zentralstaatlicher Ebene und belastete die Beziehungen zwischen ukrainischer Exekutive (Präsident) und Legislative (Parlament) (Kravchuk 1999: 165).

Dem neuen Präsidenten lag zugunsten seiner Machtsicherung das Verhältnis der Kiewer Zentrale zu der regionalen Ebene, d. h. zu den Gebieten und den Distrikten, sehr am Herzen.[25] Die zentralstaatlichen Strukturen wurden zunächst als ein Refugium kommunistischen Denkens und präsidentenfeindlicher Strukturen angesehen, welche die Macht des Präsidenten beeinträchtigten wollten. Daher sollten regionale Regierungsstrukturen gestärkt werden und dem Präsidenten unliebsame zentralstaatliche Strukturen schwächen. Dieser politische Faktor im Verhältnis zur subnationalen Ebene wurde immer wieder relevant (Nemiria 2000). Im Gegensatz zu der unabhängigeren lokalen Ebene war es in den regionalen Oblast'strukturen auch immer einfacher, vertikale Machtstrukturen durchsetzen.

Nach seiner Wahl 1994 bestimmte der Präsident Kučma die Einrichtung von einem Gebietsrat. Dieser Rat ersetzte die Präsidentenvertreter auf Oblast'- und Rajonebene. Diese Versammlung der Vorsitzenden der Regionalverwaltungen sollte ein beratendes Organ sein, das koordinierte Entwürfe zu den wichtigsten sozialen und wirtschaftlichen Problemen sowie zur Regelung der Beziehungen zwischen zentralstaatlicher und lokaler Exekutive, vorlegen sollte. Schliesslich sollte durch dieses Organ die vertikale Koordination und die Balance der Wirtschaftsreformen gewährleistet werden. Einige Autoren sahen dies schon als einen Schritt zu einer zweiten Kammer im Parlament mit Vertretern aus den Oblasti (Nemiria 2000: 194f.). Eher das Gegenteil war aber der Fall, der Gebietsrat blieb ein rein konsultatives Element unter der Aufsicht des Präsidenten und ein politisches Instrument mit wenig

25 Der Wahlkampf 1994 hatte der Regionalpolitik und regionaler Partizipation einen grossen Platz eingeräumt. Die Reformen des Präsidenten Kučma sollten theoretisch mehr Macht an regionale und lokale Einheiten abgeben – faktisch schränkten sie aber den Spielraum der Oblasti wieder ein (Kravchuk 1999: 165f.).

Kompetenzen. Er diente eher dazu, die Oblasti einzubinden und ein unilaterales Vorgehen einzelner Gebiete einzudämmen.[26]

Die regionalen Interessenvertreter weichen daher auf andere institutionelle Organe aus, um ihren Einfluss zu realisieren. Wenn auf der Ebene der Regionalversammlung faktisch keine Durchsetzung von regionalen Interessen möglich ist, so doch im Parlament. Die meisten Fraktionen im ukrainischen Parlament sind in regionale Interessengruppen aufgeteilt, bei denen regionalökonomische Absichten im Vordergrund stehen.[27] Dazu kommt die „Union der Regionalen Führer“ (welche die Chefs der Gebietsräte umfasst), die „Vereinigung der Ukrainischen Städte“ (der Organisation der städtischen Bürgermeister) oder die „Nationale Vereinigung von Regionalen Entwicklungsagenturen“, welche die regionale Entwicklung stützen.

Die Auseinandersetzungen auf nationaler Ebene um den Einfluss auf zentralstaatliche politische Entscheidungen, welche regionale Entwicklungen betreffen, belegen, dass die Interaktionen zwischen dem staatlichen Zentrum und seinen subnationalen Ebenen eng mit Machtfragen verbunden sind. Diese Bedeutung bringt auch die Diskussion über eine zweite Kammer des ukrainischen Parlamentes zum Ausdruck. Eine entsprechende Regionalkammer würde vordergründig als Interessenwahrung und Vertretung subnationaler Interessen fungieren. Hintergründig würde eine solche Institution aber die Vollmachten der ersten Kammer beschneiden und als Erfüllungsinstrument des Präsidenten dienen. Nachdem es dem Präsidenten Kučma nicht gelungen war, eine entsprechende zweite Kammer in der Verfassung von 1996 zu verankern, lancierte er im April 2000 eine Volksabstimmung, in der er

26 Genauso wie die mittelosteuropäischen Mitglieder der EU, die meist unitaristisch organisiert sind, kennt die Ukraine keine institutionalisierte Regionalvertretung auf nationaler Ebene (auch die zweite Kammer in Polen oder Tschechien ist nicht mit regionaler Selbstverwaltung verbunden). Die lokale Ebene steht stets im Zentrum der Bemühungen, wenn es um die Abgabe von Kompetenzen an untere Verwaltungsebenen geht (Brusis 2002: 538). Auch in der Ukraine liegt der Schwerpunkt auf der lokalen Ebene und auf der lokalen Selbstverwaltung.

27 Zwei Parteien sind es, die hauptsächlich auf den regionalen Faktor abzielen: *Vidrodžennya Rehioniv*, die „Wiedergeburt der Regionen“ mit Olexandr Volkov als Vorsitzenden, und die „Partei der Regionen“ mit Viktor Janukovyč als Leiter.

unter anderem die Frage an das Volk stellte, ob es der Einführung eines Zweikammerparlamentes zustimmen würde. Die überwältigende Mehrheit der abgegebenen Stimmen unterstützte dieses präsidentielle Anliegen, welches nicht verwirklicht wurde (Bos 2002: 472; NZZ, 5. April 2000).

Aufgrund seiner starken Stellung war es primär der Präsident, der die unterschiedlichen regionalen Interessen und Absichten steuerte. Hilfreich sind Kompetenzen wie beispielsweise den Gebietsgouverneur sowie den Vorsitzenden der Oblast'verwaltung zu bestimmen. Kučma verstand die regionalen Interessen stets so zu steuern, dass sie zu seinem Machterhalt beitrugen. Oberste Priorität des präsidiellen Handelns war, die unitaristische Staatform und die Einheit des Landes zu wahren (Kuzio 1998: 69f.) und zu verhindern, dass die Regionen zuviel Einfluss gewannen.

Daher konnte es nur eine volatile Regionalpolitik geben, in der das Zentrum den subnationalen Ebenen gegenüber keine klare Linie erkennen liess. Tatsächlich ist die Politik des Zentrums bisher eine Mischung aus fördernden und behindernden Bestimmungen geblieben. Die Ausgestaltung der institutionellen Beziehungen lässt einen roten Faden vermissen und ist ein Instrument zentralstaatlicher institutioneller Machtdurchsetzung. Oftmals ist man versucht, die regionale Ebene negativ zu definieren und zwar als Ebene zwischen der zentralstaatlichen und der lokalen Ebene des Staates; diese Einstellung kommt implizit auch in vielen offiziellen Dokumenten und der rechtlichen Kodifizierung zu Tage, die im Kapitel 5.3.2 näher betrachtet werden.

Dass die zwischenstaatlichen Beziehungen nicht konsolidiert sind, beweisen die Verfassung von 1996 und das Gesetz über Lokale Selbstverwaltung von 1997. Beide umreissen den konstitutionellen und gesetzlichen Rahmen für untere Verwaltungsebenen in der Ukraine und sind Grundlage für die Machtdezentralisierung auf subnationale Körperschaften (wovon vor allem die lokale Ebene betroffen ist). Sie regeln die Beziehungen zwischen den Institutionen und stellen die Weichen für konkretere Ausführungsregelungen, etwa für die finanzielle Ausstattung der Subjekte, klammern aber viele Aspekte aus (wie lokale Finanzen) oder regeln diese nicht ausreichend deutlich (Romaniuk 2002: 187).

5.3.2 Kodifizierung von regionalen und lokalen Bestimmungen

5.3.2.1 Unzureichende Verfassungsbestimmungen

Die ukrainische Verfassung legt die Grundlagen für die institutionellen Beziehungen in der Ukraine. Zu den grundsätzlichen Prinzipien der Verfassung 1996 gehört, dass die Ukraine ein „unitaristischer Staat“ ist (Verfassungsartikel zwei).[28] Die ukrainische Verwaltungseinteilung aus der Sowjetzeit in Oblasti (Gebiete), Rajons (Distrikte), Städte und Dörfer wurde beibehalten. Als die Ukraine konstituierenden territorialen Einheiten werden 24 gleichrangige Gebiete, die Autonome Republik Krim sowie die Städte Kiew und Sevastopol’ bestimmt (Verfassungsartikel 133).

Dennoch basiert die territoriale Organisation der Ukraine auf einer Mischung aus Zentralismus und Dezentralisierung. Der Verfassungsartikel 132 sichert den staatlichen Unitarismus verfassungsrechtlich ab; er bestimmt, dass die territoriale Struktur der Ukraine auf einem einheitlichen Staatsterritorium basiert, sich aber in der Ausübung von Staatsmacht auch auf das Prinzip der Zentralisierung und Dezentralisierung stützt, um einer ausgeglichenen sozioökonomischen Entwicklung gerecht zu werden.[29]

In der ukrainischen Verfassung wird in Artikel sieben das Recht auf lokale Selbstverwaltung festgeschrieben. Darunter fällt auch die regionale Selbstverwaltung, die aber weitaus schwammiger bleibt als die lokale.[30] Der elfte Abschnitt der Verfassung befasst sich näher mit den

28 Wolczuk (2001: 244) rechtfertigt dieses institutionelle Design folgendermassen: „Ukraine emerged as an independent state following the breakup of the USSR, but was soon after haunted by a spectre of internal centrifugal forces. This experience was a formative experience for a new policy. A unitary territorial model was designed to facilitate integration […].“

29 Das Prinzip des Einheitsstaates verwebte sich in der Amtszeit von Leonid Kučma immer mehr mit autoritärer Präsidialherrschaft – mit den entsprechenden Konsequenzen für alle Regierungsebenen.

30 Dezentralisierung und Abgabe von Verantwortlichkeiten werden in der Ukraine hauptsächlich als lokale Selbstverwaltung aufgefasst (Sasse 2002: 75f.), so dass die regionale Ebene in der ganzen Diskussion etwas zu kurz kommt. Siehe auch die

Grundlagen der Selbstverwaltung. Es handelt sich um das Recht einer territorialen Einheit, selbständig Fragen von lokaler Bedeutung im Rahmen der Verfassung und der Gesetze der Ukraine zu verabschieden (Verfassungsartikel 140).

Lokale Selbstverwaltung wird in Artikel 140 der Verfassung als das Recht einer territorialen Gemeinschaft definiert, unabhängig Aufgaben von lokalem Charakter auf der Ebene von Dörfern und Städten zu lösen. Als Organe der lokalen Selbstverwaltung gelten die örtlichen Räte und ihre Vollzugsorgane (Verfassungsartikel 140, 141). Die Rajon- und Oblast'räte (Distrikt- und Gebietsräte) werden als lokale Selbstverwaltungskörperschaften und Interessenvertretungen auf lokaler Ebene bezeichnet.

Wie sich die Selbstverwaltung praktisch auf der Mesoebene in den Oblasti und den Rajons gestaltet, wird nicht präzisiert. Zum Beispiel legt die Verfassung die Bedingungen von Wahlen auf lokaler Ebene (in Dörfern und Städten) fest, schweigt sich aber über die Modalitäten einer Wahl von Oblast'- und Rajonvertretungen aus. Es wird aber bestimmt, dass die Vorsitzenden der Oblast' – und Rajonräte von dem jeweiligen Rat (Oblast'rat oder Rajonrat, je nach institutioneller Ebene) gewählt werden und die ausführenden Organe der Räte leiten (Verfassungsartikel 141). Die ausführenden Organe sind auf der regionalen Ebene mit der Staatsverwaltung identisch. Unter Kučma war ihre Macht zu vernachlässigen, da sie über keine Exekutive im eigentlichen Sinn verfügten; sie fungierten vor allem als Erfüllungsorgane der vertikalen Exekutive (Birch/Zinko 1996: 25).

Es wird deutlich, dass den ukrainischen Verfassungsgebern die Unterschiede zwischen regional und lokal nicht klar waren und sie auf die Kompetenzabgrenzung der subnationalen Ebenen des ukrainischen Staates keinen grossen Wert legten. In diesem relativ unklaren Rahmen haben lokale (und regionale) Staatsverwaltungen einen ansehlichen Kompetenzkatalog und sollen folgendes gewährleisten: die Ausführung der Verfassung; die Umsetzung von regionalen und nationalen Entwicklungsprogrammen; die Vorbereitung und Umsetzung von

aktuelle wissenschaftliche Diskussion in den einschlägigen wissenschaftlichen Publikationen der Ukraine, z. B. in *Viče*.

Oblast'- oder Distriktbudgets (inkl. einem Bericht über die Umsetzung des jeweiligen Haushalts) und die Interaktion bzw. den Austausch zwischen lokalen Gebietskörperschaften.[31] Die Vorsitzenden der Staatsverwaltung von Gebieten und Distrikten werden vom Präsidenten der Ukraine ernannt und wieder abgesetzt. Diese Vertreter sind den Verwaltungschefs auf höheren Verwaltungsebenen untergeordnet, und sie dürfen von den Gebietsvertretungen nicht selbst gewählt werden.[32]

Da spezielle Befugnisse für Oblasti in der Verfassung nicht festgelegt wurden, hat es nach ihrer Verabschiedung wenig formelle Übertragung von Machtbefugnissen auf die regionale Ebene gegeben. Es wurden keine weiteren Details festgelegt, weil die Entscheidungsträger keine klare Vorstellung darüber hatten, wie die Macht zwischen Zentrum und Oblasti aufgeteilt werden sollte (Wolczuk 2001: 241). Wolczuk (2001: 242) stellt in ihrer Kritik der ukrainischen Verfassung weiter fest, dass die Voraussetzungen für die Selbstverwaltung und für die Verfügungsgewalt über Ressourcen unzureichend festgeschrieben wurden. Das zentralisierte System einer exekutiven Herrschaft blieb dadurch weitgehend bestehen. Darunter fällt die mit der Verfassung bestätigte rigide vertikale Hierarchie der Staatsverwaltung. Diese rigorose Machthierarchie sieht ein einziges, zentralstaatliches Machtzentrum vor, welches die Richtlinien definiert, innerhalb derer untergeordnete Ebenen zu funktionieren haben.

Die Verfassung klärt die Beziehungen des Zentrums und der Peripherie nicht abschliessend. Sie ist nur ein Modell für regionale und lokale Selbstverwaltung und weist einige bedenkenswerte Lücken auf. Dem Zentrum stehen, trotz vieler Unklarheiten, ausreichend verfassungsrechtliche Instrumente zur Verfügung, um die Peripherie zu dominieren. Am meisten leidet unter der unzureichenden Devolution

31 Vgl. detaillierter Artikel 119 der Verfassung. Unter bestimmten Bedingungen können die Oblast'- und Rajonvertretungen den Präsidenten dazu bringen, den Vorsitzenden der jeweiligen Staatsverwaltung zum Rücktritt aufzufordern (Verfassungsartikel 118).

32 Siehe Verfassungsartikel 106. Verfassungsartikel 118 bestimmt, dass untere Regierungsebenen den höheren grundsätzlich untergeordnet sind. Verfassungsartikel 118 legt aber fest, dass die gewählten Räte dem Vorsitzenden der lokalen Staatsverwaltung ihr Misstrauen aussprechen können.

von Kompetenzen die regionale Oblast'ebene. Wesentliche Aspekte der Selbstverwaltung auf Mesoebene werden verfassungsrechtlich nicht kodiert, und die Kompetenzaufteilung zwischen den gewählten Institutionen und der Staatsverwaltung bleibt unklar (Verfassungsartikel 142–144). Die Verfassungs- und Gesetzgeber haben grundsätzlich immer noch keine klare Vorstellung wie die Kompetenzabgrenzung zwischen lokaler, eigenverantwortlicher Verwaltung und zentralstaatlicher Verwaltung aussehen sollte.[33] De facto besteht ein paralleles System von Regierungs- und Verwaltungsverantwortlichkeiten – auf der einen Seite stehen die Organe der Selbstverwaltung, auf der anderen diejenigen der Staatsverwaltung. Das gilt besonders für die regionale Ebene.

Die verfassungsrechtlichen Regelungen sollen idealerweise nur den Rahmen für die Beziehungen zwischen dem Zentrum und der subnationalen Ebene festschreiben und der Regionalpolitik des Staates eine Grobrichtung vorgeben. Es bedarf zusätzlicher zentralstaatlicher Bestimmungen und eines politischen Programms, um den institutionellen Beziehungen eine stabile Arbeitsgrundlage zu geben. Ein grosses Problem ergibt sich dabei, wenn wie in der Ukraine, die Rechtsgrundlagen unzureichend formuliert worden sind. Daher sind die Voraussetzungen, eine kohärente und transparente Regionalpolitik zu formulieren in der Ukraine nicht optimal.

5.3.2.2 Mangelhafte Konzeption der staatlichen Regionalpolitik

Angesichts der bestehenden regionalpolitischen Mängel legte Präsident Kučma per Dekret im Jahr 2001 ein Konzept zur Regionalpolitik in der Ukraine vor.[34] Es orientiert sich an einem Zweiebenenmodell Zentrum-

33 Man muss dabei aber immer die Tatsache in Erinnerung rufen, dass nach der Auflösung des alten Sowjetsystems, welches die Funktionen von Regierung und Verwaltung zusammenfasste, die institutionellen Kompetenzen nicht „geplant" getrennt worden sind. Dadurch ist es zu einer institutionellen Verwirrung gekommen.

34 *Ukaz Prezydenta Ukrajiny, 2001: Pro Koncepciju deržavnoji regional'noji polityky* (Dekret des Präsidenten der Ukraine: Konzeption der staatlichen Regionalpolitik), 25. Mai 2001, No. 341. Projektentwürfe und methodische Empfehlungen ergänzen die Konzeption und könnten einen neuen regionalpolitischen Ansatz begründen.

Gebiete. Die zentralstaatliche Regulierung soll die Rahmenbedingungen für Regionalentwicklung setzen und die regionalpolitischen Anstrengungen koordinieren. Das Konzept der staatlichen Regionalpolitik anerkennt prinzipiell, dass eine Dezentralisierung und Dekonzentration der Kompetenzen der zentralstaatlichen Organe der Exekutive nötig ist. Zugleich wird von einer Stärkung der Rolle und der Erweiterung der Kompetenzen der örtlichen Verwaltungen gesprochen. Konkret ist eine Erweiterung des Kompetenzrahmens der Gemeinden und der Organe der örtlichen Selbstverwaltung vorgesehen. Aber auch spezialisierte Einrichtungen (= territoriale Abteilungen der exekutiven Organe des Zentralstaats) sollen eingesetzt werden. Dieser Ansatz könnte eine Abkehr vom früheren sektoral-zentralistischen Ansatz bedeuten.

Ziel ist es, eine qualitativ neue Regionalpolitik zu entwickeln, die Bestandteil einer nationalen Strategie der sozioökonomischen Entwicklung der Ukraine ist.[35] Das Konzept stellt einen engen Zusammenhang zwischen der Regionalpolitik und dem administrativ-territorialen Aufbau des Landes her. Regionalpolitik soll regionale Entwicklungsunterschiede aufheben und eine ausgleichende Funktion haben. Ziel ist eine dynamische und ausgeglichene sozioökonomische Entwicklung (= Gleichwertigkeit der Lebensverhältnisse), und sie würde idealerweise von einer administrativen Reform ergänzt.[36] Diese politikübergreifende Regionalpolitik ist – wie auch in westlichen Ländern oder in Russland – wirtschaftsorientiert. Eine der Hauptaufgaben der Regionalpolitik ist der

Das Dokument ist abrufbar unter <http://zakon.rada.gov.ua/cgi-bin/laws/main.cgi> oder unter <http://www.privatisation.kiev.ua/Priv_Deu/PubD/consultingprojd.htm> (06.06.2004).

35 <http://foreignpolicy.org.ua/eng/headlines/politics/president/index.shtml?id=3083> (03.05.2004) mit der sozio-ökonomischen Entwicklungsstrategie für 2004–2015. Man muss jedoch in Betracht ziehen, dass von den nationalen Entwicklungsprogrammen auf regionaler Ebene bisher keines konsequent umgesetzt wurde (Jakimenko/Ždanov in Zerkalo Nedeli, No. 44 (469), 15–21 nojabrja 2003).

36 Zur administrativ-territorialen Neuregelung gibt es schon länger eine Gesetzesvorlage im Nationalen Parlament. Dieses Verwaltungsreformprojekt wurde von anerkannten Experten der Wissenschaftsakademie entworfen und würde die westlichen Oblasti zu einem Gebiet zusammenfassen (Oleh Onysko, Interview 20. Mai 2004).

schrittweise Abbau der territorialen Unterschiede.[37] Regionale Förderung soll beispielsweise durch eine zentralstaatlich gelenkte Wirtschaftspolitik erfolgen, die gemeinsam vom Zentrum und den einzelnen Gebieten umgesetzt wird. Die Regionalpolitik wird dadurch Querschnittsfach und löst Aufgaben der Stadt- und Dorfentwicklung, der Arbeitsmarktpolitik, der Verkehrspolitik, des Umweltschutzes und der Agrarstrukturpolitik. Mit der „neuen" Regionalpolitik sollen regionale Entwicklungsunterschiede überwunden und die ausgleichende Funktion der Regionalpolitik gefördert werden (Transform-Programm 2001).[38]

Als Kern des vorgeschlagenen Förderinstrumentariums für Gebiete mit entwicklungsträchtigem Wirtschaftspotenzial sind Abkommen zur Regionalentwicklung zwischen der Zentrale und den jeweiligen Gebieten vorgesehen. Solche Abkommen beinhalten gemeinsame, zwischen der Zentrale und den Oblasti abgestimmte, Massnahmen der Regionalentwicklung und regeln ihre Finanzierung. Die gemeinsamen Massnahmen beziehen sich auf die strategische Entwicklung einzelner Wirtschaftssektoren von gesamtstaatlicher Bedeutung und die Umsetzung der regionalen Entwicklungsstrategie. Das Vorliegen einer regionalen Entwicklungsstrategie ist notwendig, aber nicht hinreichend, um ein Abkommens zur Regionalentwicklung zwischen dem Zentrum und der Region zu unterzeichnen.[39]

37 Im Rahmen dieser neuen Regionalpolitik sollen strukturschwache Gebiete per Gesetz bestimmt werden, deren Wirtschaftskraft unter dem Landesdurchschnitt liegt. Diese sogenannten „depressiven" Gebiete sollen dann unterstützt werden. Dazu ist die staatliche Förderung ausgewählter Gebiete in bestimmten Bereichen vorgesehen, die für den gesamten Staat bedeutend sind und deren Wirtschaftsleistung nicht unterdurchschnittlich sein muss. Die Einteilung in Gebiete, die rückständig sind, und in Gebiete, die wirtschaftliche Entwicklungszonen sind, birgt überdies die Gefahr, dass die wirtschaftlichen Entwicklungszonen potenziell den Zuschlag erhalten und damit tendenziell von den rückständigen Gebieten abkoppeln werden (Transform-Programm 2001).

38 Zusätzlich wird an Instrumenten zur Stimulierung der Regionalentwicklung gearbeitet (Transform-Programm 2001).

39 Um eine Entwicklungsstrategie auszuarbeiten, wurden methodische Grundlagen mit Hilfe von westlichen Beratungsorganisationen aufgestellt; Maksymenko et al. (red.) (2003), oder <http://www.ldp.lviv.ua> zu methodischen Beispielen.

Um solche Abkommen zu realisieren, müssen aber die Rahmenbedingungen stimmen. An erster Stelle steht der Entwurf von Grundlagen für die Zusammenarbeit von verschiedenen staatlichen und nichtstaatlichen Körperschaften. Eine Kooperation der exekutiven Organe mit der örtlichen Selbstverwaltung, nichtstaatlichen Organisationen und mit Wirtschaftssubjekten kommt gegenwärtig nur in Ausnahmefällen vor. Ausserdem muss ein entsprechender Verwaltungsapparat vorhanden sein; die Verwaltung auf regionaler Ebene weist aber ebensolche Schwächen auf wie der Verwaltungsapparat auf der zentralstaatlichen Ebene.

Neben den formellen Unzulänglichkeiten müssen auch die patrimonialen Strukturen (Ertman 1997) angesprochen werden. Die ukrainische öffentliche Verwaltung ist „extremely executive-oriented and top-down in nature" (d'Anieri 1999: 104). Das hat zur Folge, dass mit zunehmender Lokalität der Verwaltungsebene die Einflussmöglichkeiten und Eigenverantwortlichkeiten abnehmen. Die Entwicklung von administrativen Fähigkeiten auf regionaler Ebene hängt unmittelbar von der Reformfähigkeit der Zentrale ab. Auch die lokale Ebene, die über mehr Spielräume verfügt, steht unter dem Einfluss der Zentralverwaltung. Bird (1989: 315) betont zusätzlich, dass die administrative Dimension mit im Vordergrund stehen sollte, wenn es darum geht, Steuerreformen zu beurteilen. Und nicht nur Steuerreformen – die administrative Dimension ist für sämtliche Politikbereiche entscheidend. Schliesslich ist an der Förderung der ökonomischen Unabhängigkeit von Gebieten noch zu bemängeln, dass dies fast nur für die Ausgabeseite der Gebiete gilt. Finanzintensive Aufgaben werden tendenziell auf untere Ebene verlagert, und die regionale Ebene wird nicht mit ausreichend finanziellen Mitteln ausgestattet (siehe auch Kapitel 5.3.3.2).

Die bestehenden strukturellen Probleme werden durch diese und ähnliche Vorlagen zur Regionalpolitik nicht behoben. Das grundsätzliche Dilemma ist, dass mit Regionalpolitik die untergeordneten Ebenen Eigenverantwortung übernehmen sollen, aber auch die Rolle der Zentrale gestärkt werden soll.[40] Die Zentrale befindet sich durch ihre

40 Leicht kann es dabei wieder zu einer Situation kommen wie Anfang der 90er Jahre. 1992 büssten bei einem Kräftemessen zwischen der zentralstaatlichen Exekutive

Weisungsbefugnis und die vertikale Verwaltungshierarchie in einer stärkeren Position. Ihr bleiben immer noch die wichtigen Entscheidungen und Kompetenzen vorbehalten. Mit dieser neuen Politik kann kein grösserer, dezentraler Handlungsspielraum erreicht werden. Die Chancen einer Aufgabenteilung zwischen den Verwaltungsebenen werden zunichte gemacht, wenn ein alles kontrollierender Zentralstaat die Aufsicht über die Regionalpolitik hat. Ob schliesslich die Institutionalisierung von Strukturen und Prozessen und die Leistungsfähigkeit des Staates durch so eine Politik gesteigert werden kann, ist fraglich, da sämtliche regionale Initiativen von „oben" verhindert werden können.

Viele der Funktionsmängel auf regionaler Ebene sind Folge von Schwächen des Zentralstaates. Das Zentrum konzipiert die politischen und rechtlichen Leitlinien und bestimmt den Handlungsspielraum der Oblasti. Der Handlungskontext der formellen Strukturen ist nicht klar umrissen und bleibt oftmals unklar. Die mangelnde Institutionalisierung lähmt auch auf regionaler Ebene Entwicklungsansätze. Auch im regionalen Kontext nehmen informelle Institutionen wie Vertrauens- und Machtnetzwerke die Rolle von formellen Institutionen ein, und ihnen kommt entsprechend eine grosse Bedeutung zu. Interessant ist daher die Analyse der lokalen Ebene und die Frage, ob diese sich mit den gleichen Voraussetzungen und Problemen wie die Zentrale konfrontiert wird.

5.3.2.3 Unzureichend verwirklichte lokale Selbstverwaltung

Im Gegensatz zu der regionalen Ebene wurde der lokalen Ebene ein wenig mehr Handlungs- und Entscheidungsspielraum zugestanden; die lokale Selbstverwaltung ist ausserdem verfassungsrechtlich kodifiziert (Verfassungsartikel sieben). Auf die lokale Ebene wurden weitreichendere Kompetenzen verlagert; wenn diese Kompetenzabgabe auch ähnlich wirr und stufenweise verlaufen ist wie der Versuch, Kompetenzen an die regionale Ebene abzugeben. In der Ukraine hat es seit 1992 (bis 2000) mindestens sechs grundlegende Reformversuche gegeben (Jacunc'ka 2000, Konitzer-Smirnov 2005: 6f.). Die verstärkte

und lokalen Regierungen die letzteren fast ihre lokalen Machtkompetenzen ein (Kravchuk 1999: 162f.).

Abgabe von Kompetenzen an die lokale Ebene hängt tendenziell damit zusammen, dass man die regionalen Machtstrukturen nicht aus der zentralstaatlichen Aufsicht entlassen möchte, um einer Regionalisierung von bestehenden Machtzentren vorzubeugen. Denn Tatsache ist, dass sich, von Kiew abgesehen, die ukrainischen Machtzentren in bestimmen Gebieten konzentrieren, über die das politische Zentrum im Falle einer Regionalisierung die Kontrolle verlieren könnte. Die zentralstaatliche Durchdringung ist ein Machtinstrument, welches man auf zentralstaatlicher Ebene nicht aus der Hand geben möchte, obwohl die Zentralmacht in vielen Gebieten de facto von regionalen Interessen unterhöhlt worden ist, z. B. in Donec'k (Zerkalo Nedeli, No 32 (457), 23–29 August 2003, Pleines 2004).

Eine wichtige formelle Bestimmungen zur Regelung der institutionellen Beziehungen ist das Gesetz über die lokale Selbstverwaltung, welches 1997 ratifiziert wurde.[41] Das Gesetz sollte sowohl die verfassungsrechtlichen Bestimmungen präzisieren als auch die grössten Unklarheiten betreffend der lokalen Selbstverwaltung beseitigen. Die Grundlagen für die lokale Selbstverwaltung wurden schon zu Zeiten der Sowjetunion gelegt (Sayenko 1997: 86 f.). Das erste ukrainische Selbstverwaltungsgesetz datiert aus dem Jahr 1992 und wurde 1994 und 1997 modifiziert (d'Anieri 1999: 102). Das Gesetz sieht prinzipiell mehr Rechte für Lokalregierungen vor – insbesondere im Bereich der finanziellen und administrativen Capacities.[42] Grundsätzlich sollen lokale Gebietskörperschaften Probleme lokalen Ausmasses selbst lösen können. Die Bestimmungen zu lokalen und regionalen Budgets werden präzisiert, obwohl immer noch Unklarheiten bestehen bleiben und das Mitspracherecht der Zentrale gross ist.[43]

41 *Zakon Ukrajiny: Pro misceve samovraduvannja v Ukrajini* (Gesetz der Ukraine zur lokalen Selbstverwaltung in der Ukraine), 1997, Artikel 2. In Artikel 3 wird den lokalen Gebietskörperschaften rechtliche, organisatorische und finanzielle Autonomie zugestanden.

42 Finanzielle Autonomie wurde schon im Gesetz zur lokalen Selbstverwaltung von 1992 garantiert, aber die zentralistische politische Praxis legt diesem Ziel immer noch viele Hürden in den Weg (d'Anieri 1999: 124f.).

43 Dies gilt auch nach dem Inkrafttreten des neuen Haushaltsgesetzes, welches einige Mängel in diesem Bereich aufgehoben hat. Eine ausführliche Diskussion der

Normalerweise bedeutet ukrainische lokale (und regionale) Selbstverwaltung, dass von der Zentralverwaltung übertragene Verwaltungsaufgaben erfüllt werden (etwas verwirrend ist, dass oftmals mit lokalen Bestimmungen auch die regionale Ebene gemeint ist). Das ukrainische Modell der lokalen Selbstverwaltung betont die administrative Dimension der Selbstverwaltung und weicht politischen Fragen aus. Unter Kučma wurde kein Gesetz verabschiedet, welches der kommunalen Regierung eine Grundlage gegeben hätte. Einige Gebiete und Städte griffen aufgrund dieser formelle Lücke zur Selbsthilfe. Charkiv gab sich beispielsweise selbstständig ein Regierungsstatut (Viče, No. 9 (126), 2002: 28). Überdies konnte keine ernstzunehmende, nationale Interessenvertretung der lokalen und regionalen Regierungen eingesetzt werden (Viče 9 (126), 2002: 29).

Die subnationalen Ebenen erreichen keine horizontale Eigenständigkeit in dem Sinne von selbständigem und eigenverantwortlichem Handeln. Es werden insbesondere übertragene Aufgaben erfüllt. Vor allzu viel Eigenständigkeit wird allgemein zurückgeschreckt, da die Kompetenzen zwischen den ausführenden zentralstaatlichen Organen vor Ort und die Kompetenzen der Körperschaften der lokalen Selbstverwaltung noch nicht abschliessend abgegrenzt wurden. Die übertragenen Aufgaben sind ausserdem ziemlich umfangreich, so dass den lokalen Selbstverwaltungseinheiten gar kein grosser eigenständiger Handlungsspielraum bleibt; oft sind diese auch gar nicht an grösseren Handlungsspielräumen interessiert.[44] Hinzu kommt, dass das Verhältnis der Zentralverwaltung und ihren jeweiligen regionalen und lokalen Ablegern zu den regionalen und lokalen Körperschaften der Selbstverwaltung (Gebiets- und Stadträte) tendenziell gespannt ist und auf paternalistischen Beziehungen basiert. Im Allgemeinen fehlen dadurch die Grundlagen für eine partnerschaftliche und konstruktive Beziehung (Zinovij Siryk, Interview am 19. Mai 2004).

Interdependenzen zwischen dem Zentrum und untergeordneten Ebenen den Haushalt betreffend, erfolgt in Kapitel 5.3.3.1.

44 Selbstverwaltung ist oft nur auf städtischer Ebene ein Thema, die Dörfer und ländlichen Gemeinden realisieren diese nicht so häufig und können auch viel weniger Einfluss gelten machen als Städte (Zinovij Siryk, Interview 19. Mai 2004).

Zusammenfassend ist festzustellen, dass die gesetzliche Basis der lokalen Selbstverwaltung unter Kučma unzureichend geblieben ist, um wirklich entscheidende Schritte in Richtung lokale Autonomie vollziehen zu können (Maksymenko 2003: 228 f.). Und das trotz verschiedener Rechte, z. B. der Betreibung von lokalen Unternehmen, der Erhebung von lokalen Steuern, der Durchführung von sozialen oder kulturellen Projekten sowie des Managements von kommunalem Eigentum.

Zudem hat die Verlagerung von Kompetenzen auf andere Verwaltungsebenen stets Konflikte unter den betroffenen Institutionen und Akteure zur Folge. So führte die Verabschiedung des Gesetzes zur lokalen Selbstverwaltung zu einem offenen Konflikt zwischen regionalen Eliten, hauptsächlich zwischen den Gebietshauptstädten und dem Zentrum. Lokale Eliten festigten ihre Machtpositionen mittels den gewährten Freiräumen. Die Abgabe von Kompetenzen, die trotz aller Mängel und Widrigkeiten doch erfolgte, kam so zum grossen Teil nur Partikularinteressen zugute.[45] Schapovalenko (2002: 22) sieht den Institutionalisierungsprozess der Beziehungen Zentrum-Peripherie von dem Machtkampf regionaler und zentralstaatlicher Eliten bestimmt. Beide Seiten versuchen ihren Einfluss geltend zu machen, indem sie die mangelnde Institutionalisierung dieses Bereiches ausnutzen. Sie haben sogar ein Interesse daran, dass die Bestimmungen nicht zu konkret ausfallen, da sie in diesem Fall zu der Seite der Verlierer zählen könnten. In ihrem Sinn ist der Rahmen so flexibel ausgefallen, dass die Regelungen von beiden Seiten zu ihren Gunsten genutzt werden können.

Wie die Darstellung der formell-rechtlichen Grundlagen der Beziehungen zwischen dem Zentrum und der subnationalen Ebene in der Ukraine verdeutlicht, ist die interne Organisation des Staates unzulänglich. Die mangelhafte Institutionalisierung und unzureichende Verlässlichkeit auf formelle Bestimmungen sind ein wichtiger Grund, dass sich die Schwächen des Staates in den unteren Verwaltungsebenen

45 Besonders in Dnipropetrovs'k, Donec'k, Odessa und auf der Krim. Wirtschaftliche Erwägungen dieser Industrie- und Handelsgebiete waren der Hauptgrund für ein forscheres Auftreten. Die Westukraine war auch an diesem Konflikt beteiligt, aber hier spielten eher spezifische lokale Interessen eine Rolle (Kravchuk 1999).

und subnationalen Körperschaften fortsetzen. Die regionalen Strukturen und die Beziehungen zwischen den unterschiedlichen Gebieten und der Zentralregierung reichen in der Ukraine nicht aus, um Staatsmacht durchzusetzen (siehe dazu auch Kuzio et al. 1999: 155). Regionale Schwachpunkte sind eine Folge der mangelnden Machtdurchsetzung des Zentralstaates; aber gerade die Dominanz der Zentrale behindert die eigenen Entfaltungsmöglichkeiten und die Entwicklung der subnationalen Ebene. Das wirkt sich nicht nur negativ auf interinstitutionelle Beziehungen, sondern auch negativ auf originäre Aufgaben des Staates, z. B. die Extraktion und Verteilung von finanziellen Ressourcen, aus.[46]

Im nächsten Kapitel wird am Beispiel des Finanzbereichs ein Politikbereich näher untersucht, der die oben identifizierten Probleme wie die mangelnde Institutionalisierung und den Rückgriff auf informelle Instrumente in den institutionellen Beziehungen zwischen Zentrum und Peripherie sehr gut illustriert. Im Vordergrund stehen die Budget- (Kapitel 5.3.3.1) und die Steuerbeziehungen (Kapitel 5.3.3.2).

5.3.3 Fiskalische Beziehungen als Beispiel für fehlende Konsolidierung

5.3.3.1 Volatile Budgetpolitik

Der finanzielle Bereich ist für die Funktionsfähigkeit jeglichen Staates, auch des ukrainischen, von grosser Bedeutung: „Fiscal and budgetary institutions are core building blocks of the state“ (Schumpeter 1954). Auch Skocpol (1985) weist darauf hin, dass die fiskalische Funktionsfähigkeit eines der Schlüsselelemente des Staates ist.[47]

Die Diskussion in wissenschaftlichen Publikationen der Ukraine kommt regelmässig auf den Finanzbereich und fiskalische Aspekte zu sprechen (vgl. hierzu *Viče*). Dabei geht es insbesondere um die Einnahme und die Ausgabe bzw. die Verteilung von Finanzmitteln. Eine

46 D'Anieri (1999: 98) zeigt diese Probleme am Beispiel Energiepolitik auf.

47 Nicht umsonst kontrollierten Vertraute des Präsidenten Kučma die Finanzen und die Steuerpolitik des Staates (UKL 194, 21 January 2003, #13).

entsprechende Haushalts- und Steuerpolitik sowie das Haushalts- und Steuersystem legen die Grundlagen für politische und wirtschaftliche Entwicklung.[48] Fiskalpolitik beinhaltet sowohl Verteilungs-, als auch Koordinationsfragen.

Unter fiskalischer Capacity versteht man die Fähigkeit staatlicher Akteure, kontrolliert Ressourcen von der Gesellschaft abzuschöpfen, ohne deren Basis zu zerstören. Die Grundelemente der fiskalischen Capacity umfassen die Informationsbeschaffung über die Steuerbasis, die Überwachung von Wirtschaftstransaktionen, die Verwaltung der Einkommen und der Ausgaben und die Durchsetzung entsprechender fiskalischer Anforderungen (vgl. mit Easter 2003: 30). Shleifer/Visny (1998: 252f.) machen staatliche Leistung explizit von fiskalischem Föderalismus und dem Steuersystem abhängig. Eine institutionelle Fehlentwicklung im Sinne einer unzureichenden Institutionalisierung führt zu mangelnden fiskalischen Leistungen und schliesslich zur Schwächung des gesamten Staates.[49]

Die konsolidierte Budgetstruktur der Ukraine beinhaltet den Haushalt der Zentralregierung, der Oblasti und der Rajonebene (Stadt, Dorf, Distrikt).[50] Dem Staatsbudget der Ukraine kommen verschiedene regulierende und strategische Funktionen zu. Die Budgetinstitutionen konzentrieren sich alle auf der nationalen Ebene. Nach der Unabhängigkeit des Landes hat die erste, gründlichere Reform des Systems öffentlicher Finanzen im Jahr 2001 stattgefunden.[51]

48 „The state's capacity and willingness to implement formal budgetary law provides a good indication of the importance of impersonal institutions as well as the degree of accountability and the importance of key participatory institutions such as parliament, which passes the budget each year" (Way 2002: 583).

49 Vgl. Fritz (2000) zu der Hypothese, dass *institutional deterioration* zu mangelnder fiskalischen Durchsetzungsfähigkeit führt. Siehe Easter (2003: 30) zu den wesentlichen Verwaltungsfähigkeiten im fiskalischen Bereich.

50 Siehe dazu IMF (2003), <http://www.imf.org/external/pubs/ft/scr/2003/cr03174.pdf> (20.04.2004).

51 *Bjudžetnyj kodeks Ukrajiny* (Haushaltskodex der Ukraine), 21. Juni 2001. Mit der Verabschiedung der neuen Verfassung 1996 gab es erste Änderungen, die jedoch am Prinzip eines zentralstaatlichen Budgets und an dem Bestehen „sowjetischer Altlasten" nichts geändert haben.

Die zentralstaatliche Ebene ist grundsätzlich für nationale Wirtschaftsaktivitäten, Verteidigung, grössere öffentliche Investitionen und die sozialen Kassen (Arbeitslosenversicherung, Rentenkasse) zuständig. Die regionalen und lokalen Verwaltungseinheiten sind für soziale und kulturelle Bereiche, etwa Bildung, Gesundheit, Erholung oder Sport, verantwortlich. Der Oblast'ebene untersteht sekundäre Bildung; Gesundheitswesen und Transport auf regionaler Ebene. Der Rajonebene obliegen Primarschulbildung, öffentlicher städtischer Transport sowie medizinische Grundversorgung. Seit Mitte der 90er Jahre gibt es die Tendenz, der lokalen Ebene immer mehr Verantwortlichkeiten für soziale Belange zu übergeben – dies zum grossen Teil aufgrund von Finanznöten des Zentralstaates (Interview Zinovij Siryk, 19. Mai 2004, Bubnova/Way 1998).

Die lokale Regierungsebene ist für etwa ein Drittel aller Staatssausgaben verantwortlich; die Hälfte davon sind Gesundheits- und Bildungsausgaben. Über 60% der Bildungsausgaben und ca. 90% der Gesundheitskosten werden von subnationalen Ebenen finanziert. Insgesamt hat die regionale Ebene seit dem Jahr 1992 zwischen 30% und 40% des konsolidierten Budgets (und 13%–16% des BSP der Ukraine) eingenommen (Bubnova/Way 1998: 1). Dazu ist vielerorts die soziale Funktion von Unternehmen, z. B. die Gewährleistung von sozialen Leistungen, in den Aufgabenbereich lokaler Behörden übergegangen.[52] Diese Problematik geht einher mit einer unzureichenden Finanzausstattung der betroffenen Verwaltungseinheiten (Finansy Ukrajiny, No. 12, 2002: 83).

Die formellen Haushaltsrechtbestimmungen gestehen den unteren Ebenen eindeutige Kompetenzen zu. Das Ziel der vollständigen Budgetautonomie der unteren Ebenen sowie der Wille zur Dezentralisierungauf

52 Ein wesentliches Problem, mit dem sich die Ukraine konfrontiert sieht, ist die Einteilung in öffentliche und private Aufgaben. Es gibt kein konsequentes Schema, und die Grenzen zwischen diesen beiden Bereichen bleiben schwammig. So gehören zu den Unternehmensaufgaben oft immer noch soziale Aufgaben wie etwa die Bereitstellung von Wohnungen für Mitarbeiter. Oblasti sind beispielsweise Besitzer von Restaurants, Erholungsanlagen, Geschäften (die Quote ist im Osten der Ukraine signifikant höher, als im Westen).

dem Gebiet der Fiskalpolitik werden in der neuen Verfassung und in dem Gesetz zur Selbstverwaltung betont.[53] Besonders der regionalen Ebene sollen mehr Kompetenzen überschrieben werden (Thirsk 2000: 122). Gemäss Artikel 12 des Gesetzes zur lokalen Selbstverwaltung können auf höheren Regierungsebenen angesiedelte Körperschaften nicht in die Entwicklung, die Verabschiedung und die Ausführung des lokalen Haushaltes eingreifen.[54] Weiter wird bestimmt, dass alle subnationalen Körperschaften mit ausreichenden Finanzmitteln ausgestattet werden, um den Mindestausgabeanforderungen zu genügen (Artikel 62, Gesetz zur lokalen Selbstverwaltung). Die Haushaltskompetenzen hängen aber dennoch weitgehend vom Zentrum ab. Höhere Regierungsebenen sind bevollmächtigt, die Art und den Umfang von jährlichen finanziellen Verantwortlichkeiten festzulegen, welche den unteren Einheiten zugestanden werden sollten. Generell werden Ausgabenlimite als Basis für die Aufstellung von lokalen Budgets herangezogen.[55]

Änderungen in dem zentralstaatlichen Budgetprozess haben sofortige Auswirkungen auf die lokalen Ressourcen, meist wird ihre Abhängigkeit vom zentralstaatlichen Haushalt noch grösser. Die Formulierung des nationalen Budgets können die unteren Staatsebenen nur marginal oder informell beeinflussen (Zerkalo Nedeli, No. 46 (471), 29

53 Ein Argument für eine Dezentralisierung von Kompetenzen ist in diesem Sinne eine Vereinfachung des Systems und eine Erhöhung der Effizienz (Thirsk 2000: 118f.). Thirsk äussert sich überdies zu den Bedingungen, die ein lokales Einkommenssystem aufweisen muss; zu den Grundlagen der Fiskaldezentralisierung Oates (1972).

54 Lokale Haushalte einzelner Verwaltungs- und Territorialeinheiten sind formell getrennt und dürfen nicht in die Budgets von anderen Einheiten oder in das Staatsbudget der Republik miteingeschlossen werden (Artikel 16 und 61, Gesetz zur lokalen Selbstverwaltung). Den Gebieten wird nicht nur bei den lokalen Budgets Autonomie gewährt, sondern sie können auch die Umsetzung von Privatisierungsprogrammen oder der Agrarreform regeln oder Handelszonen bilden (Artikel 25–41, Gesetz zur lokalen Selbstverwaltung), dabei bleiben sie aber den höheren Ebenen untergeordnet (Artikel vier, Gesetz zur lokalen Selbstverwaltung).

55 Diese sind aber nicht bindend – grundsätzlich sollte den Einwohnern ein minimaler staatlicher Sozialstandard garantiert werden (Artikel 61 des Gesetzes zur lokalen Selbstverwaltung).

nojabrja–5 dekabrja 2003). Ein Beispiel für den letzteren Weg ist das negative Abstimmungsverhalten der Partei „Werktätige Ukraine" bei der Abstimmung über das Budget 2004 aus Protest gegen den Beschluss, Automobilproduzenten ihre Steuerprivilegien zu streichen (das Parteimitglied Tariel Vasadze kontrollierte zu dem Zeitpunkt den Automobilkonzern *Ukravto*) (auch Zerkalo Nedeli, No. 46 (471), 29 nojabraj–5 dekabrja 2003).

Die Einkommen der lokalen Verwaltungseinheiten können in drei Gruppen aufgeteilt werden: eigene Einkommen, nationale Steuern (die zwischen Zentrum und subnationaler Ebene aufgeteilt werden) und Transfers vom Zentrum. Fast 70% der lokalen Ausgaben sind Transfers, das restliche Drittel spezielle Fonds. Die Finanzzuteilung an untere Ebenen schwankt von Jahr zu Jahr beträchtlich und lässt keine mittel- und langfristige Planung zu. Nach dem Haushaltsgesetz 2001 wurden als lokale Einkommen unter anderem die Einkommenssteuer, die Landsteuer (diese beiden werden mit dem Zentrum geteilt), Lizenzen, Patente und Gebühren definiert (detaillierter in Lukovenko 2003: 131).

Im Jahre 2001 legte die Regierung mit dem neuen Haushaltsgesetz eine grundlegende Reform der fiskalischen Beziehungen vor.[56] Dieser *Budget Code* stellt die Haushalts- und Finanzbeziehungen zwischen Zentrale, Oblasti und lokaler Ebene auf eine neue Grundlage. Es handelte sich um das erste systematische Dokument, welches die Beziehungen zwischen den unterschiedlichen Regierungsebenen regulierte und ihre wichtigsten Aufgaben formulierte.[57] Darüber hinaus wurd ein dreistufiges Ausgleichs- und Transfersystem festgelegt (Zerkalo Nedeli, No. 39 (464), 11–17 oktjabrja 2003). Die Haushalte der lokalen Ebene sind nach diesem Gesetz von den Haushalten der Gebiete getrennt, überdies wurden minimale Ausgabelevels festgelegt und die Ausgabeseite für jede Verwaltungsebene präzisiert. Die Höhe der

56 Dieser neue Code ersetzt das Gesetz über das Haushaltssystem von 1996. Die Mittelabgrenzung zwischen Rajons, Städten von Rajonbedeutung, Dörfern und Ansiedlungen ist darin aber immer noch unzureichend geregelt.

57 Zu dem Zeitpunkt befand sich ein Gesetzentwurf in Arbeit, welcher die Budgetbeziehungen von Dorf, Siedlung und Stadt (*sela, selišča, mist rajonnoho značennja*) festlegen sollte.

finanziellen Ausgaben sollte nicht mehr Bestandteil eines Aushandlungsprozesses sein. Ausgaben wurden in delegierte bzw. in eigene Verantwortlichkeiten aufgeteilt. Den Oblast'- und Rajonbudgets wurden direkte Transfers zugestanden, die von der jeweiligen Verwaltung betreut werden sollten. Der gewählte Bürgermeister, Gemeindevorsteher oder der von der Zentrale eingesetzten Verwaltungsleiter wurde für die Verteilung zuständig erklärt.

Haran et al. (2003: 622) bemerkten zum neuen Haushaltsgesetz, dass es ein in sich kohärentes Schema zur Einkommensverteilung zwischen der Staatebene und der Oblast'- und Rajonebene ist. Kravchuk (2002: 178) geht sogar so weit, dieses Haushaltsgesetz als ein neues Kapitel in den intergouvernementalen fiskalischen Beziehungen zu bezeichnen. Das Gesetz bestimmt genaue Prozentsätze am gesamtnationalen Steueraufkommen der wichtigsten Steuern für jede Staats- und Verwaltungsebene. Es verringert die finanzielle Abhängigkeit der lokalen Ebene und legt *checks* and *balances* zwischen den verschiedenen Staatsebenen fest. Lokale Einnahmen werden substanziell definiert, um eigene Aufgaben decken zu können. Die grössten Einnahmen machen aber Finanzmitteln aus gemeinsamen Steuern aus, um eigene und delegierte Aufgaben zu decken (Bubnova/Way 1998).

Jedoch fehlt immer noch eine systematische Herangehensweise an den Haushalt. (Zerkalo Nedeli, No. 23 (398), 22–27 June 2002). Der Haushaltskodex ist nur der erste Schritt zu einer Entwicklung in Richtung Finanzdezentralisierung. Wenn sich früher, im System der Budget-Matrjoška, die jeweils nachgeordneten Ebenen in ihrer Interessenwahrung gegenüberstanden; also Zentrum und Oblast', Oblast' und Rajon bzw. Stadt von Oblast'bedeutung, oder Rajon und Stadt von Rajonbedeutung; so ist es nun vielmehr so, dass die Abhängigkeit von der Zentrale – d. h. vom Finanzministerium verstärkt worden ist.[58] Das Finanzministerium ist de facto für jedes noch so kleine Dorf verantwortlich. Die subnationalen Aushandlungsprozesse fallen weg, und die

58 Im „traditionellen" Matrjoška-System wird das Budget auf zentraler Ebene festgelegt, woraufhin die Anteile der unteren Ebenen bestimmt werden und jene auf dieser Grundlage ihre subnationalen Budgets aufstellen.

Steuersätze können nicht mehr von der regionalen Ebene eigenmächtig zu ihren Gunsten verändert werden.

Der Haushaltsanteil der lokalen Ebene an den Regierungsausgaben änderte nichts daran, dass die vom Zentrum zugeteilten Mittel nicht ausreichten, um die lokalen Finanzverpflichtungen zu erfüllen.[59] Die Einkommen der lokalen Haushalte stiegen zwar absolut zwar von Jahr zu Jahr (Zerkalo Nedeli, No. 42 (467), 1–7 nojabrja 2003), damit aber auch die Verpflichtungen der lokalen Ebene. Diese muss in der Regel die oft unbedacht gemachten Versprechungen der zentralstaatlichen Ebene, z. B. wenn es um soziale Belange wie die Erhöhung des Mindestlohns geht, umsetzen und hat wenig alternative Möglichkeiten, ihre Finanzen zu erhöhen.[60] Das Zentrum delegiert tendenziell die Verantwortlichkeiten nach unten, die mit den grössten Ausgabelasten bedacht werden, etwa soziale Absicherungsprogramme. Genauso verhält sich aber auch die regionale Ebene in ihrer Aufgabendelegation auf lokale Ebenen. Ein oft genanntes Beispiel ist die Delegation von Kompetenzen im Bildungssektor (ausführlich Lukovenko 2003: 143f.). Transferdefizite werden dabei von der jeweiligen übergeordneten Ebene in Kauf genommen – der untergeordneten Ebene bleibt es überlassen wie sie das Defizit finanziert (nämlich meistens gar nicht).

Daher geben die verschiedenen subnationalen Körperschaften ihre Einnahmen in der Regel zu niedrig und die Ausgaben zu hoch an. Die unteren Verwaltungseinheiten unterbreiten Haushaltsvorlagen, welche auf unzureichenden technischen Grundlagen (ungenaue Statistiken, nicht präzisierte, zu erwartende Steueranteile) beruhen und manipulierte Angaben aus Privatisierungserlösen oder übertriebene Ausgabeangaben beinhalten. Gemeinden, Städte oder Oblasti benutzen versteckte Haushaltsdefizite oder weisen ihre Einkünfte falsch aus, um ihre Verhand-

59 Er bewegt sich meist bei über 40% des konsolidierten Bugets. Dieser Prozentsatz wurde bereits Mitte der 90er Jahre erreicht – und sank dann wieder ab (siehe Lukovenko 2003: 128, Romaniuk 2002: 185). Im Budget 2003 nahm der Anteil der lokalen Budgets auch fast 40% des konsolidierten Budgets ein (Kovalenko 2002: 51). Zu den finanziellen Verpflichtungen der lokalen Ebene siehe ausführlich den Artikel 91 des Haushaltsgesetzes vom 21. Juni 2001.

60 Die Möglichkeiten der Kreditaufnahme sind für subnationale Körperschaften sehr eingeschränkt (vgl. u. a. Zerkalo Nedeli, No. 39 (464), 11–17 oktjabrja 2003).

lungsmacht in nichttransparenten Verhandlungen zu steigern. So kommt es immer wieder zu überzogenen Haushaltsforderungen der lokalen Ebene. Haushaltsvorlagen können dadurch aber kein effizientes Planungsinstrument sein. Zusätzlich bereiten Kompetenzüberschneidungen und die Involvierung von diversen Budgetebenen Probleme. Ein klassisches Beispiel betrifft die Grundschulbildung: Die regionale Gebietsebene ist für den Bau der Schulen zuständig bzw. für die Bereitstellung der Infrastruktur, die Rajons zahlen einen Teil der Gehälter und die Gemeinden oder Städte übernehmen den Rest.

Es bleibt jedoch noch das *bargaining* auf zentralstaatlicher Ebene. Eine Zuteilung von Finanzmitteln findet oft auf einer ad-hoc Basis und je nach Einflussmacht der involvierten Personen statt. Die Formulierung der Budgets und die interbudgetären Beziehungen sind stark politisch geprägt, weil trotz der formellen Kodifikation der Aufteilung der wichtigsten Steuern immer noch Transfers und Subventionen von der Zentrale vergeben werden. Jeder Oblast'gouverneur versucht seine Ausgangsposition mit guten Beziehungen zur Finanzverwaltung bzw. zum Finanzministerium zu verbessern, da das Finanzministerium den Budgetentwurf mit den jeweiligen Oblast'anteilen am Budget dem Parlament zur Verabschiedung vorlegt. So sind die Gouverneure mit den besten Beziehungen am erfolgreichsten, wenn es um finanzielle Zugeständnisse geht (Maksymenko 1999: 81).

Dieses Verhalten der Akteure im Prozess der Haushaltsformulierung hat entsprechende Konsequenzen für die bereitgestellten Finanzmittel aus der Zentrale. Budgetpolitik dient als Machtmittel und zur Machtsicherung. Trotz der Neuerungen bleibt das alte korrupte und nicht effiziente Schema der Budgettransfers von der zentralstaatlichen auf untere Ebenen in Kraft.[61] Clan- bzw. Parteibeziehungen sowie persönliche Abhängigkeiten dominieren. Oftmalige Wechsel von Partei- und Clanpräferenzen, die Rolle von politischen Parteien in bestimmten

61 Die Finanzierung ist überdies hochgradig von politischen Entwicklungen abhängig: im Vorfeld von Präsidentschaftswahlen erhalten politisch wichtige Gruppen und Gebiete entsprechende „Wahlgeschenke". Fehlende Finanzmittel des Zentralstaates kompensieren andere „Gefälligkeiten", etwa einen Schuldenerlass <http://www.khpg.org/index.php?au=0322001000> (10.02.2004).

Oblasti, die Konzentration auf politische Auseinandersetzungen, die Vernachlässigung von sozio-ökonomischen Problemen, aber auch zentralpolitische Entscheidungen tragen zur Instabiliät bei. Dadurch sind oft Haushaltsanpassungen nötig.[62]

Das bestehende System der Budgetbeziehungen zwischen der subnationalen und der zentralstaatlichen Ebene ist kein Anreiz für lokale Einheiten, nach zusätzlichen Einkommensquellen zu suchen oder sparsam mit Haushaltsmitteln umzugehen. Die Budgetbeziehungen werden daher von unterschiedlichen Vorsitzenden regionaler und lokaler Verwaltungseinheiten als eines der grössten Probleme für ein effizientes Haushaltssystem genannt (Viče, No. 8 (125), 2002, 34–37). Generell ist die Verwendung von Haushaltsmitteln ineffizient und die Einhaltung von Budgetzielen selten. Seit der Unabhängigkeit gelang es nur einmal, nämlich im Jahr 2003, den Haushalt einzuhalten; in den restlichen Jahren kam es immer zu einem Haushaltsdefizit (Pynzenyk 2000: 72)

Lucan Way (2002) beobachtet, dass es in dem schwachen Staat Ukraine durchaus eine öffentliche Dimension des Staates gibt (*public dimension of the state*). Der Zentralregierung gelingt es, öffentliche Finanzen von relativ wohlhabenden und prinzipiell mächtigen Gebieten an schwächere und ärmere Gebiete umzuverteilen, um subnationale soziale Einrichtungen zu finanzieren. Dieser Argumentation widersprechen die regionalen Akteure aber vehement und beklagen eine nicht proportionale und ungerechte Haushaltsaufteilung; beispielsweise im Lemberger Gebiet (Taras Čornovil in L'vivska Hazeta, No. 85 (409), 17 travnja 2004, 2 und Interview Oleh Onysko, 20. Mai 2004).[63]

62 Das Budget 2004 musste nach nur vier Monaten modifiziert werden (es enthielt überdies 10 Mrd. Hrn. versteckte Ausgaben für den Präsidentschaftswahlkampf) (Postup, No. 112 (1421), 20–26 travnja 2004, 3).

63 Interessant ist die Zuteilung an Lemberg, da sie als eine für die Nation „verlorenes" Gebiet gilt. Für alle Investitionsprojekte des Gebietes werden etwas mehr als 6 Mio. Hrn. vorgesehen, das sind 1,558% der nationalen Ausgaben in diesem Bereich. Die Subventionen von knapp 5,5 Mio. Hrn., haben einen Anteil von 1,547% an den nationalen Subventionen (*Postanovy Kabminu* No. 509 und No. 510 vom 19. Mai 2004) – die Bevölkerung des Gebietes beträgt aber 5,5% der Gesamtbevölkerung der Ukraine. Kurzfristige Gelder werden für das Gebiet überhaupt nicht ausbezahlt. Den Anträgen der „regierungstreuen Parteiangehörigen"

Zwischen den Haushalten einzelner Gebiete und zwischen den Haushalten der Oblasti und der Hauptstadt Kiew gibt es grosse Ungleichgewichte.[64] Die Zuteilung von Transfers hängt von der Verhandlungsmacht der jeweiligen Region ab. Was für Russland gilt, gilt auch für die Ukraine: „The centralised budget means that Moscow can use the allocation of funds as part of the multi-level bargaining process" (Sakwa 2000: 31).

Die Gebiete sind nur in der Lage die Ansprüche des Zentrums, z. B. die Ausgestaltung des Konzepts zur Regionalpolitik aus dem Jahr 2003, zu erfüllen, wenn der Anteil der Einnahmen der örtlichen Haushalte aus gesamtstaatlichen Steuern und Abgaben (Pflichtzahlungen) und die Mittel aus Transfers höher liegen oder wenn ihnen vom Zentrum weitere Einkommensquellen zugestanden würden. Das könnten eigene Steuersetzungskompetenzen, die Möglichkeit zur Kreditaufnahme oder eine erweiterte Budgetdezentralisierung sein.[65] Diese Problematik weist darauf hin, dass Budget- und Steuerpolitik eng miteinander verbunden sind und nur schwer getrennt werden können. Mit den Problemen der Steuerpolitik in der Ukraine setzt sich das folgende Kapitel auseinander.

wird aber stattgegeben. So wurden Eingaben von den jeweiligen Vertretern der Oblasti der Ukraine und der SDPU(o) bei der Geldvergabe berücksichtigt. Grundsätzlich ist es auch ein Problem, Geld für delegierte Aufgaben zu bekommen (Zinovij Siryk, Interview 19. Mai 2004).

64 Das Budget von Kiew mit drei Millionen Einwohnern umfasst eine Mrd. USD. Lemberg mit ungefähr 750.000 Einwohnern hat ein Budget von 80 Mio. USD. Andere Städte sind in einer ähnlichen Situation, jedoch behelfen diese sich mittels Lobbying in Kiew (Donec'k, Dnipropetrovs'k). Im Gegensatz zu jenen hat Lemberg aber keine Lobbyisten im Parlament und insbesondere nicht in den zentralen Machtstrukturen (Vysokyj Zamok, No. 80 (2760), 6–12 travnja 2004, 7, Gespräch mit Andrij Sadovyj, dem Direktor des Institutes für Stadtentwicklung).

65 Ein Plädoyer für eine Budgetdezentralisierung und einen Vorschlag für die Verbesserung von interbudgetären Beziehungen findet man beispielsweise in Novinkova (2002: 84f.). Die Auswirkungen von Budgetdezentralisierung sind aber umstritten. Fisman und Gatti (2000) stellen eine negative Beziehung zwischen Ausgabedezentralisierung und Korruption fest. Treisman (2000) findet im Gegensatz dazu keine signifikante Beziehung zwischen fiskalischer Dezentralisierung und Korruption.

5.3.3.2 Informalität als Antrieb in der Steuerpolitik

Steuern sind ein originäres Machtmittel des Staates, und ein Staat beweist seine Stärke, durch seine Fähigkeit Steuern einzunehmen. Auch die institutionelle (Weiter-)Entwicklung eines Staates ist eng mit der Fähigkeit zur Steuererhebung verknüpft. Eine unzureichende Finanzierung von Staatsinstitutionen und ihrer Programme beeinträchtigt den Staat und den seinen Aufbau negativ.[66]

Viele Reformvorhaben in der Ukraine scheitern an der mangelnden Institutionalisierung des Haushalts- und Steuersystems. D. h., dass nicht nur die Haushalts- oder Steuerbestimmungen mit Fehlern behaftet sind, sondern auch (und das ist viel grundlegender), dass das ukrainische Haushalts- und Steuersystem keine festen institutionellen Grössen sind. Das System an sich wird dauernden Veränderungen unterzogen, beispielsweise wird fast jedes Haushaltsjahr eine neue Steueraufteilung bestimmt. Haushalts- und steuerpolitische Entscheidungen sind zu einem hohen Grad undurchsichtig und volatil. Hinzu kommt, dass die gesamtnationalen Steuereinnahmen oft falsch angegeben werden, z. B. indem man das Wachstum des Bruttoinlandsproduktes nicht ausreichen berücksichtigt. Oftmals ist es so, dass die wahren Einnahmen weitaus höher sind und die Differenzbeträge zu den offiziellen Budgetposten in Schattenhaushalten verschwinden (Ekspres, No. 88 (2033), 10–17 červnja, 2004, 4). Mit diesen Haushalten werden beispielsweise Wahlkämpfe finanziert oder politische Günstlinge entschädigt (Postup, No. 112 (1421), 20–26 travnja, 2004, 3).

Die Folgen dieser Reformen im Bereich der Fiskalpolitik sind eine extreme fiskalische Unstetigkeit und „Flexibilität". Im alten Steuersystem der Sowjetunion erfolgte die Umverteilung von unterschiedlichen Steuerarten durch die Zentralregierung, welche die Steuergrundlagen und die Höhe der Steuern festlegte.[67] Nach der ukrainischen

66 1998 waren gemäss dem ukrainischen Finanzministerium die Steuerausfälle 9 Mrd. Hrn. hoch, was sich u. a. negativ auf die Finanzierung von Sozialprogrammen und die Auszahlung von Löhnen auswirkte (Sultan 2000: 72).

67 Das System in der Sowjetunion basierte auf der Belastung von Staatsunternehmen: über 90% der (Haushalts-) Ressourcen wurden von Staatsunternehmen eingezogen und zwar in Form von Umsatzsteuer und Gewinnsteuer (Lukovenko 2003). Eine

Unabhängigkeit hielt ein System Einzug, welches im Wesentlichen aus fixen Einkommen (fest vom Zentrum zugesprochen) und gemeinsamen Einkommen (von Zentrum und subnationalen Ebenen geteilt) sowie variierende Transferleistungen bestand (Lukovenko 2003).[68]

Machtkämpfe zwischen den verschiedenen Staatsebenen um Steuereinnahmen und um die Kontrolle über die Budgetimplementierung hatten zur Folge, dass ein „neues" Steuersystem verabschiedet wurde, welches auf lokalen Steuern und auf einem Transfer von der Zentralregierung basierte.[69] In diesem System bestimmt das Zentrum über die Einkommen und Ausgaben und übernimmt die Rolle des Verteilers.[70] Die Kontrolle über Einkommensgenerierung und Steuer-

interessante Studie von Easter hat drei unterschiedliche russische Reformstrategien im Bereich der Fiskalpolitik zum Thema, die aber jeweils scheiterten, da sie von der patrimonialen Struktur der Staatsverwaltung untergraben wurden (Easter et al. 2000: 296f.).

68 Während Anfang der 90er Jahre die Einkommenssteuer je zur Hälfte dem Zentrum und den unteren Ebenen zukam (die Mehrwertsteuer zu je 20 Prozent), wurde Mitte der 90er Jahre mehr Gewicht auf einen Finanzausgleich gelegt und finanzschwächeren Gebieten ein höherer Anteil der Mehrwertsteuer zugestanden. 1997 wurde die Steueraufteilung aber weitgehend aufgehoben und eine Steuertrennung zwischen Zentrum und subnationalen Ebenen angestrebt (die Mehrwertsteuereinnahmen kamen exklusiv dem Zentrum zu; die Einkommenssteuern den Gebieten). Jedoch blieb es dem Zentrum überlassen, die Höhe des Steuersatzes zu bestimmen. Da aber die Einnahmen aus der Einkommensteuer in den Jahren 1997 und 1998 die Erwartungen des Zentrums überstiegen, verlegte man sich 1999 wieder auf eine Steuerteilung (Mehrwertsteuer und Einkommenssteuer) und der Subventionierung von schwachen Gliedern (Thirsk 2000: 124, Lukovenko 2003: 129). Für das Jahr 2000 wurde die Einkommensteuer ganz den lokalen Haushalten zugeordnet und die Unternehmensgewinnsteuer fiel komplett dem nationalen Budget zu. Eine knappe Zusammenfassung des ukrainischen Steuersystems findet man unter: <http://www.ldp.lviv.ua/en/components/componentc/overview/over> (14.03.2004).

69 Vgl. das ukrainische Steuergesetz oder <http://www.bsc.lviv.ua/konsolting/Tax engl.doc> (20.02.2004).

70 Die Reform der Fiskalpolitik hat unter anderem bewirkt, dass die Mehrwertsteuer, die vorher ein Bestandteil der gemeinsamen Steuern war, nun nur noch der Zentralregierung zur Verfügung steht. Die ärmeren Gebiete sind verstärkt auf Transfers aus dem Zentrum angewiesen, um die ihnen zugewiesenen Aufgaben zu erfüllen. Während ärmere Gebiete vor der Reform im Jahr 1997, nur bei 15% bis 25% ihrer

sätze blieb zentralstaatlich organisiert.[71] Indem aber die gemeinsame Kontrolle von Zentrum und Gebieten über bestimmte Einkommen aufgelöst wurde, wurde die Gefahr eines unilateralen Vorgehens durch das Zentrum erhöht.

Grundsätzlich ist ein Anteil für die lokalen Ebenen bestimmt und die Gebiete sind berechtigt, den ihnen zustehenden Anteil der von ihnen erhobenen Steuern für ihr Budget einzubehalten.[72] Hier ergeben sich Einflussmöglichkeiten für die regionale Ebene, da ihr die Verteilung in die untergeordneten Verwaltungsebnen obliegt. Für einige Steuern sind die Verteilungsraten zentralstaatlich festgelegt und hängen stark von der Art der Steuer (Mehrwertsteuer, Einkommensteuer, Unternehmenssteuer) und dem Steueraufkommen der jeweiligen Region ab. Lokale Steuern und Abgaben machen ca. 3% aller subnationalen Einkommen aus (verglichen zu 46% in Russland).[73] Lokale Steuern umfassen eine Markt-, Hotel-, Kurortabgabe, eine Reklamesteuer, eine Gemeindesteuer, eine Marktstandbewilligung, eine Abgabe für den Verkauf von

Einnahmen vom Zentrum abhängig waren, so sind es jetzt knapp 50%. (Way 2002: 592).

71 Die jährlichen Haushaltsgesetze legen jeweils den Anteil von Steuern und Abgaben am nationalen Haushalt fest – so waren es z. B. 2002 knapp über 65% (die Zahl schwankte die Jahre davor um die 60%) (*Zakon Ukrajiny Pro deržavnyj bjudžet Ukrajiny na 2002 r.*).

72 Siehe den Haushaltskodex der Ukraine vom 21. Juni 2001. Das Haushaltsgesetz legt generell Einkommen fest, welche nur den lokalen Haushalten zugute kommen sollen, etwa die (individuelle) Einkommenssteuer. Für die subnationale Ebene bedeutet das, dass 25% der Einkommensteuer, welche auf dem Territorium eines Gebietes erhoben wird, dem Oblast'budget zukommt. Die restlichen 75% gehen an die lokale Ebene. Die Aufteilung zwischen Städten, Dörfern und Ansiedlungen auf der einen und Rajons auf der andern Seite erfolgt nach dem Schlüssel 25:50 (Kiew und Sevastopol' erhalten 100%). Von der Landsteuer erhalten lokale Verwaltungseinheiten 75%. Zu weiteren Details siehe Lukovenko (2003: 131).

73 Siehe Norris et al. 2000 zu weiteren Details der intergouvernementalen Fiskalbeziehungen in Russland und Kasachstan seit dem Zusammenbruch der Sowjetunion. Darunter ist auch eine genaue Gegenüberstellung der Einkommens- und Ausgabeverteilung zwischen den verschiedenen Regierungsebenen in der Ukraine, Russland und in Kasachstan.

Auslandsprodukten. Das Aufkommen dieser Steuern und Abgaben ist im Vergleich zu nationalen Steuern und Abgaben marginal.

Die Haushaltsplanung subnationaler Ebenen ist daher stark von den zentralstaatlichen Steuern abhängig. Eine konsistente und langfristige Haushaltsplanung ist aber durch schwankende Steuereinkünfte praktisch nicht möglich. Vor allem die Mehrwertsteuer und die Unternehmenssteuer unterliegen unvorhersehbaren Schwankungen. Überdies erfolgte bisher fast jedes Jahr eine Neuaufteilung der Steueranteile vom Zentrum, je nach jährlichem Steueraufkommen (Thirsk 2000: 124, Lukovenko 2003: 129) Auch das neue Steuersystem hat sich in einigen Punkten nachteilig für die Finanzen der lokalen Ebene ausgewirkt.[74]

Der de facto Grad der fiskalischen Dezentralisierung ist in der Ukraine grösser als die formellen Regeln erwarten lassen. Dies liegt an den Einflüssen von informellen Strukturen. Institutionen der Fiskalpolitik, die formell allein vom Zentrum kontrolliert werden, werden tatsächlich sowohl von dem Zentrum als auch untergeordneten Ebenen bestimmt. Regionale Vertretungen der Steuerverwaltung sind formell der Zentralregierung verantwortlich, informell gibt es eine Aufteilung der Verantwortlichkeiten – man kann auch von einer dualen zentralstaatlichen und subnationalen Unterordnung sprechen (Way 2002: 584).[75] Das gleiche gilt für regionale Vertretungen des Schatzamtes. Aufgrund der Beschäftigung von lokalem Personal in zentralstaatlichen Körperschaften werden lokale, informelle Netzwerke gestärkt.[76] Lokale Netzwerke haben einen Einfluss darauf, welche Steuern eingenommen werden und welche nicht (Way 2002: 585). Die Steuerverwaltung kann einem Unternehmen beispielsweise empfehlen, die lokale Steuer zu zahlen und die zentralstaatliche nicht. So ist es nicht verwunderlich, das

74 Die Gewinnsteuer wurde auf 25% festgelegt und die Einkommensteuer auf 13% gesenkt – dies zum Nachteil der lokalen Ebene, die zwischen 80 und 90% ihres Haushaltseinkommens aus der Einkommenssteuer bezogen hat. (Zerkalo Nedeli, No. 42 (467), 1–7 nojabrja 2003).

75 Zu den klassischen Funktionen und Aufgaben der Steuerverwaltung siehe u. a. Hőgye (2000: 34f.). Eine schematische Darstellung der Hierarchien der Steuerverwaltung und der öffentlichen Verwaltung findet sich in Rozputenko et al. (2000: 397f.).

76 Interessant ist hier auch der Vergleich mit Russland (Stoner-Weiss 2002).

die lokalen und regionalen Verwaltungseinheiten das nationale ukrainische Einkommen stark beeinflussen können. Die zentralstaatlichen Planungen erweisen sich aufgrund dessen manchmal als völlig unbrauchbar.[77]

Lokale Einkommen werden künstlich durch *mutual settlements* verschleiert. Zum Beispiel berechnet die Gebiets- oder Distriktverwaltung oder ein Monopolunternehmen (z. B. ein Elektrizitätswerk) einem Unternehmen niedrigere Preise (und nicht Marktpreise). Sie werden dann auf oberen Verwaltungsebenen als niedrigere Einnahmen verbucht – und auch als niedrigere Steuerabführung (Lukovenko 2003: 128–129).

Das Augenmerk von lokalen und regionalen Akteuren richtet sich nicht auf Steuern, welche beim Zentrum verbleiben, sondern im Gegenteil auf solche, von denen sie profitieren.[78] Wenn die regionalen Akteure sicher sind, dass von einer bestimmten Steuer komplett die Zentralregierung profitiert, dann werden sie ihre lokalen Netzwerke dazu anhalten, ihre Anstrengungen auf Steuern zu lenken, welche bei der subnationalen Ebene verbleiben oder von welchen sie mittels eines Schlüssels einen bestimmten Prozentsatz überwiesen bekommen. Lokale Beamte werden ermuntert, sich Finanzressourcen bei den lokalen Steuerbehörden vor ihrem Transfer an die nationale Steuerverwaltung zu sichern. Man kann daraus den Schluss ziehen, dass Steuerbeamte weitaus mehr Energie an den Tag legten, wenn es darum geht, lokale

77 1994 waren beispielsweise nur fünf Oblasti (!) Steuerzahlende (damals wurde die Einkommensteuer zu 50% und die Mehrwertsteuern zu 20% auf alle gleich aufgeteilt), 1996 waren 15 Beitragende (von 24). Das lag an einem Mehrwertsteuerausgleich, in dem „reiche“ Oblasti einen Teil der Mehrwertsteuer abgeben mussten und „arme“ einen höheren Anteil behalten durften. Einkommenssteuern verblieben bei den Oblasti – und weil die Einnahmen die Pläne überstiegen, profitierten alle Oblasti (aber nicht das Zentrum). Daraufhin kehrte das Zentrum mit dem Budget 1999 wieder zu einer „sowjetischen“, verhandelbaren Aufteilung von Einkommens- und Mehrwertsteuereinnahmen zurück (Thirsk 2000: 123).

78 Interessant ist, dass der ukrainische Staat eine ähnliche informelle Einkommensdezentralisierung aufweist wie sein Nachbar Russland. In beiden Ländern sind Steuerausfälle viel höher, wenn es um Einkommen geht, die an das Zentrum überwiesen werden. (Treisman 1999).

und regionale Steuern einzutreiben (Way 2002: 585). Somit werden formelle Regeln zwar angewendet, aber nicht allzu pedantisch. Informelle, lokale Netzwerke untergraben die zentralstaatliche fiskalische Kontrolle und sind weitaus eifriger, wenn es darum geht, ihre lokale bzw. regionale Klientel zu befriedigen.

Das aktuelle ukrainische System stützt sich zum grossen Teil auf *bargaining*. Ausgabeposten werden zu einem grossen Teil zwischen Zentrum und subnationalen Ebenen ausgehandelt (Dabla-Norris/Wade 2002: 25).[79] Diese Arrangements führen mitunter auch dazu, dass die Ungleichheit zwischen subnationalen Einheiten steigt, da es einige trotz finanziellen Einbussen vom Zentrum bewerkstelligen können, auf informellem Wege Finanzen abzuschöpfen. Subnationale Unterschiede werden so durch bestehende lokale informelle Netzwerke begründbar (Way 2002: 584). Die Vermischung von informellen Netzwerkbeziehungen und formellen politischen Strukturen wirkt sich in der Fiskalpolitik behindernd aus.

Im Ostteil der Ukraine tragen die Oblasti durch ihre Wirtschaftskraft und daraus resultierenden Steuerzahlungen mehr zum nationalen Haushalt bei als andere. Dies führt regelmässig zu Unstimmigkeiten zwischen östlichen und westlichen Gebieten im Parlament; da die Finanzmittel abführenden Gebiete das Gefühl haben, sie subventionieren die Mittelempfänger (= den Westteil des Landes). Jedoch hat sich das System auch als Vorteil für die finanzstärkeren Gebiete erwiesen, da es ihnen Verhandlungsmacht auf nationaler Ebene einbringt (Kravchuk 1999: 162).

Das Zentrum verfügt über genug Steuerinstrumente, um selber die meisten Einnahmen in seinem Haushaltsposten zu verbuchen. Die Tatsache, dass sich Steuerstruktur sehr stark auf zentralstaatliche Transfers stützt, lässt dem Zentrum Freiräume nicht genehme Arrangements zu übergehen, beispielsweise bei knappen Ressourcen einmal durch die Steuerverwaltung eingezogene Finanzmittel nicht vollständig wieder abzugeben. Das Einbehalten von Einnahmen auf

79 Tanzi (2001) betont, dass die Steuerverpflichtungen in Transitionsländern oft nicht als unabänderlich, sondern als aushandelbare Preise betrachtet werden.

zentralstaatlicher Ebene beeinflusst aber auch die Steuererhebung auf lokaler Ebene negativ.

Im einem System, das keine im finanziellen Sinn fruchtbaren lokalen Einkommen kennt, werden die lokalen Verwaltungseinheiten auf allen Ebenen dazu veranlasst, ihre Bedürfnisse höher und ihre Einnahmen niedriger anzugeben als sie sind. Das Haushalten mit Finanzen und die Mobilisierung von Mitteln wird nicht belohnt, sondern hat im Gegenteil oft nachteilige Wirkungen in Form von weniger Subventionen oder einem höheren Steuerbeitrag (Thirsk 2000: 130). Way (2002: 580) bemerkt hierzu, dass formellen Regeln eher entsprochen wird, wenn die Kontrolle über Ressourcen fragmentiert ist, d. h. weder das Zentrum, noch die Gebiete die Macht haben, unilateral das Budget und die Steuern zu bestimmen.[80]

Die letzte Neuerung des Steuersystems schliesst natürlich nicht aus, dass die fast jährliche Änderung der Steuerstrukturen beendet ist. Diese Gefahr besteht nicht nur, weil sich zentralstaatliche Akteure höhere Steuereinnahmen versprechen, sondern auch weil die meist gut gemeinten Verbesserungsansätze nicht ausreichend durchdacht sind und sich langfristig nicht als funktionsfähig erweisen. Dieser Tatsache generiert eine grosse Unsicherheit bei den involvierten Akteuren, die konsequenterweise auf kurzfristige Finanzmaximierung und nicht auf langfristige Entwicklungsplanung setzten.

Das ukrainische Steuersystem wird den Anforderungen an ein effizientes und effektives System nicht gerecht. Der Internationale Währungsfonds charakterisiert in einem Arbeitspapier das ukrainische System als: „Gap filling. Not transparent transfer system; based on negotiations between the central and local government" (Dabla-Norris/Wade 2002: 23).

Die wiederholten Änderungen des Systems haben zu einem kontinuierlichen Qualitätsverlust und zu einer eingeschränkteren

80 Hier könnte man vom System der Sowjetunion lernen, welches auf gegenseitige und eingeschränkte Kontrolle über wichtige Einkommensquellen ausgelegt war – und durch diese Kontrollmechanismen das Haushaltssystem stützte.

Steuerbasis durch Steuerprivilegien und Steuerausfälle geführt.[81] Informelle und halbformelle Praktiken überwiegen. Sie hebeln das System aus und führen tendenziell dazu, dass das System nicht mehr reformfähig ist. Neben den Problemen, die mit der Institutionalisierung eines neuen Systems verbunden sind, kommt noch hinzu, dass wirtschaftliche Schwierigkeiten viele Steuereinkommen zunichte machen. Steuern, etwa die Einkommenssteuer, welche sich auf wirtschaftliche Kaufkraft stützen, sind unter diesen Bedingungen nur von eingeschränkter Bedeutung für das Steuereinkommen des Staates. Schliesslich spielt der Schattensektor eine wesentliche Rolle bei der Nichtgenerierung von Steuereinkommen (Nenova 2002).

Die Oblasti haben zwar formell einiges an Kompetenzen zugesprochen bekommen, de facto sind sie aber als eigene institutionelle Ebene nicht existent; und zwar in dem Sinn von dezentralisierten Körperschaften, die selber über Einnahmen und Ausgaben verfügen. Hinzu kommen Schwäche und Passivität der Gesellschaft. Es fehlt ein allgemeiner Konsens darüber, dass die Abgabe von Aufgaben an subnationale Staatsebenen nötig ist und unterstützt werden muss. Vieles kann auch auf informellem Wege und über Netzwerke erreicht werden und muss sich daher nicht explizit auf formelle Bestimmungen stützen.

Diese Ausführungen belegen, dass Informalität ein wesentlicher Antriebsmotor in entscheidenden Politikbereichen in der Ukraine ist. Das wirft auch die Frage auf, mit welchen Mitteln und aus welchen Beweggründen auf einer allgemeineren Ebene Machtdurchsetzung durch informelle Praktiken erfolgt. Mit den informellen Einflussmechanismen der subnationalen Ebene setzt sich daher das nachstehende Kapitel auseinander.

81 Vor allem bei metallurgischen und landwirtschaftlichen Unternehmen; es handelt sich hauptsächlich um eine Befreiung von der Mehrwertsteuer. Landwirte unterliegen darüber hinaus einem speziellen Steuerregime (DAI 2002: 1, 16f.).

5.3.4 Regionale Einflussmechanismen

5.3.4.1 Der Rückgriff von subnationalen Akteuren auf Informalität

Die regionale Ebene kann ihre Macht im Zentrum nicht institutionalisiert durchsetzen und muss flexibel und situativ reagieren. Möglichkeiten zur Machtdurchsetzung der Gebiete sind wichtig, wenn es um politische Beschlüsse geht, welche die Entwicklung der Oblasti in eine bestimmte Richtung lenken können (Steuergesetzgebung, Steuererleichterungen, Privatisierung von wichtigen Unternehmen) oder wenn es um das Abschöpfen von finanziellen Mitteln geht (z. B. durch Transfers oder Subventionen). Jedoch beeinflusst und kontrolliert das Zentrum durch die Oblast'verwaltung die Entwicklungen in den Oblasti. Da Wirtschaft und Politik auf regionaler Ebene noch viel mehr miteinander verflochten sind als auf der nationalen Ebene, wird politische Interessendurchsetzung meist zur Durchsetzung von Wirtschaftsinteressen.

Wie das Beispiel des Gebietsrats oder der zweiten parlamentarischen Kammer gezeigt hat, ist der Einfluss von regionalen Akteuren auf der formell-institutionalisierten Ebene des nationalen Machtzentrums beschränkt. Die Durchsetzung von Interessen muss durch andere, meist informelle, Mechanismen erfolgen. Ein Mittel ist die bereits erwähnte Einflussnahme über das nationale Parlament, entweder durch eigene politische Vertreter oder durch den Kauf von entsprechenden Abgeordneten.

Easter (1996) bemerkt, dass sich das Zentrum zunächst auf formelle Strukturen zur Machtdurchsetzung verlässt, um von untergeordneten Ebenen Gefolgschaft abzuverlangen. Erst danach wird auf informelle Strukturen zurückgegriffen. In der Ukraine werden subnationale Machtzentren durch informelle Strukturen angebunden, da formelle Strukturen nicht ausreichen oder nicht passend sind, um zentralstaatliche Machtdurchdringung zu erreichen. Natürlich kann man vermuten, dass die Kodifizierung von Bestimmungen, welche die subnationale Ebene betreffen, bewusst unzureichend erfolgt ist. So kann vordergründig den subnationalen Forderungen nach mehr Handlungsspielraum entgegengekommen, aber trotzdem genug Spielraum für zentrale Machtdurchsetzung gelassen werden.

Am einfachsten ist die Durchsetzung von subnationalen Interessen, wenn Abgeordnete das Gebiet im Parlament vertreten (Zinovij Siryk, Interview 19. Mai 2004). Der Einfluss kann natürlich beidseitig erfolgen: von unten nach oben und von oben nach unten, je nach den spezifischen Machtverhältnissen. Eine brauchbare Verbindung ist darüber hinaus diejenige von Gouverneuren und regierungsloyalen Parteien, etwa der SDPU(o). Der Gouverneur kann mit ihrer Hilfe bestimmte regionale Vorstellungen in der Zentrale kommunizieren und Vorarbeit für regionalen Interessenvertretern genehme Beschlüsse leisten (UKL 194, 21 January 2003, #13). Ein weiteres Mittel ist die direkte Einflussnahme auf nationale Minister oder ihre Berater.[82] Auf der regionalen Ebene und in weniger exponierten Bereichen (z. B. bei der Zuteilung von Bauland, der Identifizierung von Transportkapazitäten) müssen zuerst die Verwaltungsstrukturen für das Vorhaben eingenommen werden (Krzysztof Herbst, Interview 21. Mai 2004).

Um eigene Interessen durchzusetzen, werden unklare Bestimmungen ausgenutzt; das erfolgt meist nicht ohne entsprechende Rückendeckung aus der Verwaltung. Dadurch werden Patronage und informelle Netzwerke gefördert.[83] Eine weitere Folge der institutionellen Unklarheiten und Freiräume ist das Auftreten von lokalem Korporatismus. Ähnlich wie auf nationaler Ebene, zeigen sich auch auf regionaler Ebene korporatistische Verfilzungen von Politik und Wirtschaft. Neben den vertikalen Formen entstanden auch horizontale Mechanismen, um regionale politische Interessen durchzusetzen (Hughes 1994: 1134f.). Korporatismus geht oft mit Korruption einher. Hauptquellen für Korruption als Teil von informellen Praktiken sind die Steuergesetzgebung und die Entlöhnung von öffentlichen Bediensteten.[84]

82 Inwieweit sich der Präsident von regionalen Interessen hat „kaufen" lassen ist unklar geblieben. Er bevorzugte aber eindeutig bestimmte Gebiete und Akteure.

83 Sakwa (2000:25) zeigt am Beispiel Russlands wie *elite bargaining* staatliche Schwächen (z. B. administrative Schwächen) ausnutzt und auf ein informelles Beziehungsgeflecht zurückgreift, um zu Vorteilen zu gelangen.

84 Das Durchschnittseinkommen in der Ukraine betrug im Oktober 2002 monatlich 390 Hriwna. Im April 2002 wurden die monatlichen Gehälter von öffentlichen Angestellten auf Oblast'- und Rajonsebene über 60% erhöht, und zwar auf 505 UAH für die Oblast'ebene und auf 414 UAH für die Rajonebene. Höhere Regie-

Charakteristisch für die Ukraine ist die Vermischung von formellen und informellen Informations- und Kooperationskanälen, auf zentralstaatlicher, regionaler und auf lokaler Ebene.[85] Formelle Entwicklungen werden auf informelle Weise behindert oder gefördert; z. B. werden Unternehmer behindert, welche oppositionelle Bewegungen oder Parteien unterstützen.[86] Zur Hilfe kommt den subnationalen Akteuren, dass trotz der formellen Auflösung alter Zentrum-Peripherie Strukturen aus Sowjetzeiten alte Verbindungen und Netzwerke weiterbestehen.[87] Generell sind die alten Machthaber noch in Machtpositionen aufzufinden. Nach Jakimenko/Ždanov gehören beispielsweise über 80% der Leiter der regionalen Gebietsverwaltungen und auch die Mehrheit der ländlichen Elite der alten Nomenklatura an (Zerkalo Nedeli, No. 44 (469), 15–21 nojabrja 2003).[88]

Zusätzlich besteht ein *system of dual channels* aus Staats- und Clanparteien (Matsuzato 2002: 1294). Die Abgrenzung von Parteiebenen, Clanbeziehungen und Regierungsebenen ist oft nicht möglich, da sich beide überschneiden oder sogar ineinander aufgehen. Staat- und Clanparteien sind ein wesentlicher Grund dafür, dass informelle Bezie-

rungsangestellte konnten bis zu 500 Euro im Monat verdienen (vgl. Haran et al. 2003: 627).

85 Für Ledeneva (1998: 46) sind *Blat*-Beziehungen in Russland sowohl in formellen Institutionen als auch in informellen Beziehungen verankert. Dies gilt auch für die Ukraine. Diese Beziehungen entstehen durch personalisierte formale Beziehungen und privatisierte öffentliche Ämter. Das wichtigste ist die Auflösung der Trennung von privat und öffentlich bzw. die Verflechtung dieser beiden Dimensionen.

86 Zerkalo Nedeli, No. 30 (405), 10–16 August 2002 zählt diverse Formen auf ohne konkrete Namen zu nennen; UKL 223, 30 December 2003, #2 und #9 mit konkreten Beispielen.

87 In einer Studie zu russischer Regionalpolitik beschreibt Kirkow (1995: 923) die Revitalisierung von alten sozialen Verbindungen und Machtverbindungen zur Durchsetzung von regionalen Interessen.

88 Die Bedeutung von Elitenkontinuität wird in der postkommunistischen Literatur vor allem am Beispiel Russlands diskutiert. Studien über lokale Politik in Russland zeigen, dass alte Regierungseliten und ihre Netzwerke Bestand haben – die Krise auf zentralstaatlicher Ebene hat diese sogar gefestigt; z. B. Hughes (1994) zu Sibirien; Kirkow (1995) zum *Primorski Krai* und McAuly (1992: 46f.) zu Petersburg, Perm und Archangel'sk.

hungen überhand genommen haben. Dieses Beziehungsgeflecht kommt den beteiligten Akteuren zugute, da es für Aussenstehende meist nicht durchschaubar ist und die Mitglieder dieser Seilschaften relativ ungehindert ihren Geschäften nachgehen können. Diese Unterwanderung durch informelle Strukturen kann in einzelnen Fällen zu einer Machtverlagerung vom Zentrum in die Gebiete führen. Die Ausführungen zu informellen Strukturen weisen auf die bedeutende Rolle der regionalen Eliten hin. Sie sind Gegenstand des nächsten Kapitels.

5.3.4.2 Die regionale Elite als Entscheidungsträger auf subnationaler Ebene

Die starke Position der Regionaleliten wurde bereits im Kapitel 4.3.4 mit der regionalen Verankerung von nationalen Elitengruppen bzw. mit ihrer Organisation in regionale Clans verdeutlicht.[89] Wenn man von den dominanten Clans absieht, werden in der Literatur nationale Eliten eher behandelt als regionale. Regionale Eliten bleiben tendenziell etwas unterbeleuchtet (Mychal'enko 2003: 7).[90] Dies heisst aber nicht, dass sie unbedeutender sind – sie agieren nur viel versteckter. Die Bedeutung regionaler Eliten auf die nationale politische Ebene darf nicht unterschätzt werden (Kukolev 1996).

Regionaleliten sind mit den sogenannten Oligarchengruppen nur partiell deckungsgleich. Die Oligarchengruppen agieren vor allem auf nationaler Ebene, sind aber regional verankert. Die regionale Elite präsentiert sich als eine kleine selbstbewusste Gruppe, die hauptsächlich in ihrem Herkunftsgebiet aktiv ist und dort einflussreiche Positionen in führenden Organisationen der Politik und Wirtschaft besetzt und über einen signifikanten Autonomiegrad von anderen sozialen Gruppen

89 Mit regionaler Elite oder Regionalelite wird die Elite auf der regionalen Verwaltungsebene gemeint, also die Elite eines bestimmten Gebietes. Die Regionalelite ist im Gegensatz zur ökonomisch orientierten Oligarchengruppe eher im politisch-administrativen Bereich angesiedelt. Es gibt hier aber auch vielfältige Überschneidungen und oft kann man diese beiden Gruppen nicht abgrenzen (z. B. im Donbass).

90 Doljenkov (2002: 3f.) thematisiert ausnahmsweise die Bedeutung von Regionaleliten und von nomenklatura-korporativen Clans.

verfügt. In den grösseren Wirtschafts- und Industriestädten des Landes treten regionale Interessengruppen klar hervor. Zum Beispiel in den Gebieten Mykolajiv, Cherson, Odessa, Charkiv, Kiew oder L'viv (Kruhlašov 1998). In den Gebieten Donec'k und Dnipropetrovs'k kommt es zu einer Vermischung von regionalen Eliten und Oligarchengruppen. Die Gebiete Donec'k und Dnipropetrovs'k stellen die einflussreichsten Machtzentren auf subnationaler Ebene dar.

In der Ukraine ist es den regionalen Eliten nach der Unabhängigkeit gelungen, bis an die Spitze des Staates und in sein Machtzentrum vorzudringen (Dolženkov 2002: 3f.).[91] Mychal'enko (2003: 9) spricht gar von einer Elitenzirkulation zwischen dem Zentrum und den Oblasti. Die zentralstaatliche Eliten sind nicht so geschlossen wie es nach aussen erscheinen mag, und die regionalen Eliten bringen sich sehr ambitioniert in Aushandlungsprozesse ein. In diesen Fällen kann man Patron-Klienten-Verhältnisse zwischen nationaler Politik und regional verankerten Wirtschaftsinteressen besonders gut beobachten. Auf zentralstaatlicher Ebene haben die grössten ukrainischen Unternehmer (welche stets eine regionale Verankerung haben) die Verabschiedung des Haushalts, Steuergesetze und entsprechende sektorale Gesetze beeinflusst.[92] In bestimmten Situationen, vor allem wenn es um regionale Privatisierungsentscheidungen geht, stützen sich Zentrale und regionale Eliten gegenseitig; von Vorteil ist natürlich, wenn sie auf bereits bestehende Kanäle zurückgreifen können (Zerkalo Nedeli, No. 32 (457), 23–29 August 2003).

Gemäss Sasse (2002: 94) sind die Spannungen zwischen regionalen und zentralstaatlichen Eliten aber viel grösser als ihr Zusammenhalt, und eine Einheit von regionalen und zentralstaatlichen Eliten ist nur selten

91 Obwohl auch schon zu Zeiten der Sowjetunion die Eliten in der Ukraine nach regionaler Zugehörigkeit strukturiert waren. Die einflussreichsten Eliten befanden sich im Donbass-Kohlerevier und im Gebiet Dnipropetrovs'k. Als es im Zeitraum von 1990 bis 1994 um die institutionelle Neuregelung in den Gebieten ging, waren vermehrt innerelitäre regionale Konflikte zu verzeichnen. Diese setzten sich aber zum grossen Teil nicht auf nationaler Ebene fort.

92 Das Lobbying für ein Gesetz soll bis zu 15 Mio. USD gekostet haben (Invest Gazeta, 30. March 2004).

gewährleistet.[93] Die formelle Organisation von regionalen Eliten ist eine Ausnahme, was auf ihre grundsätzliche Konkurrenzsituation zurückzuführen ist. Dennoch bestehen regionalübergreifende Foren wie etwa ein ukrainischer Städtebund oder der Industriellen- und Unternehmerverband. Diese formellen Organisationen verfügen nur teilweise über genügend Einfluss, um auf zentralstaatlicher Ebene ihre Vorstellungen durchzusetzen. Ein wirksameres Mittel sind daher die bewährten informellen Ad-hoc-Koalitionen zwischen bestimmen Gruppen, welche von legislativen oder exekutiven Entscheidungen betroffen sind.

Es kommt nicht nur zu vertikalen Elitenkontakten und Elitenallianzen zwischen Zentrum und Oblasti, sondern auch zwischen Oblasti und Städten bzw. lokalen Verwaltungseinheiten. Auf dieser Ebene sind horizontale Verflechtungen meist entscheidender, als vertikale. Die Situation der regionalen Eliten innerhalb eines bestimmten Einflussgebiets kann in den meisten Fällen mit dem Begriff *elite settlement* umschrieben werden. Dies betrifft insbesondere das Verhältnis von Eliten aus Wirtschaft und Politik. Die Macht wird unter Zuhilfenahme von informellen Arrangements zwischen dominanten und untergeordneten Akteuren geteilt, da keiner stark genug ist, sie alleine auszuüben.[94] Das hat zum Teil mit der Heterogenität dieser Eliten zu tun und schliesst nicht aus, dass Konflikte und Auseinandersetzungen offen ausgetragen werden.

Kooperative Beziehungen zwischen Eliten aus unterschiedlichen Bereichen der Gesellschaft sind verbreiteter, da sie fruchtbarer für alle

93 Cirtautas (1995: 379–381, 386–387) zufolge gründet die Fragilität der Beziehungen zwischen nationalen und regionalen Entscheidungsträgern in postkommunistischen Staaten auf einer „Feudalisierung der Machtbeziehungen" auf lokaler Ebene. Klientelistischen Netzwerken, deren Grenzen zur organisierten Kriminalität fliessend sind, stehen Bemühungen entgegen, staatliche Institutionen auf der Basis neuer politischer Prinzipien aufzubauen.

94 Eine Situation wie in Russland, wo verfassungsrechtliche Unklarheiten bezüglich gemeinsamen Funktionen von Zentrum und Oblasti oder widersprüchliche Dekrete dazu führten, dass regionale Autoritäten offen die Regeln selbst auslegten (Kirkow 1995: 941) ist in der Ukraine noch nicht eingetreten. Aber genauso wie die Regionalentwicklung in Russland wird auch die Entwicklung in der Ukraine von institutionellem Durcheinander und lokalem Korporatismus bestimmt.

Beteiligten sind (Schulze/Spanger 2000: 14). Obwohl es ungewöhnlich ist, dass regionale Eliten als eine Einheit handeln. Daher ist es sinnvoll von verschiedenen Elitengruppen zu sprechen, die einzelne Interessen durchaus teilen können, aber keinen einheitlichen Block bilden. So wichtig diese Beziehungen für die Stabilität und die Entwicklung der regionalen Ebene sind, so spannungsreich gestaltet sich das Verhältnis in der Praxis, da die wechselseitigen Erwartungen oft nicht übereinstimmen. Die offene Konfrontation wird in der Regel aber vermieden (Sasse 2002: 94).[95]

Tatarenko (2002: 126) stellt fest, dass bestimmte Elitenstrukturen einen entscheidenden Einfluss auf regionalpolitische Entscheidungen haben. Sakwa (2000: 21) beschreibt die vielfältige Zusammensetzung der regionalen Elite so: „The main componentes of regional elites are, in various combinations, the managers of former state enterprises, the new business class, the agrarian sector and the small and medium enterprises [...]". Elitenverflechtungen auf lokaler Ebene illustrieren diesen Einfluss. Sie treten insbesondere in dörflichen Rajons aufgrund von engem Kontakt der staatlichen Entscheidungsträger zutage. Der Vorsitzende der Rajonverwaltung (der zugleich auch Vorsitzender des Rajonrates ist), der Vorsitzende des Rajongerichtes, der Vorsitzende der Rajonmiliz, der Staatsanwalt auf Rajonebene und die Vorsitzenden der wichtigsten dörflichen Unternehmungen bilden in der Regel eine Interessenallianz. Dolženkov (2002: 5) nennt dieses System *kruhova poruka* – ein fast schon feudalistisches System gegenseitiger Anteilnahme und Hilfeleistung.

Diese Netzwerke bestimmen im Rahmen ihrer, von höherstehenden zentralstaatlichen Verwaltungsvertretern eifersüchtig kontrollierten, Kompetenzen über die politische und ökonomische Stossrichtung. Bindet man die letzteren fruchtbar in die Beziehungen ein, dann umfassen die Netzwerke oft auch die nationale Ebene. Der Aufbau von Verbindungen zur politischen Zentrale sind das hintergründige Ziel aller lokalen und regionalen Akteure, da es für die Interessen vor Ort wichtig ist, wenn sie über Fürsprecher mit gesamtnationalem Einfluss verfügen. Im Gegenzug wird eigenmächtiges, politisches Handeln von abhängigen

95 Zu Ausnahmen von dieser Regel siehe Zimmer (2002).

subnationalen Verwaltungsebenen nicht honoriert: Leiter der Staatsverwaltungen auf Oblast'ebene (dem Kontrollorgan der nationalen Ebene für lokale Einheiten) sind häufig etwas freier in ihrem Handeln. Eigenmächtiges Handeln wird aber nur solange toleriert, wie es der Zentralmacht zugute kommt – ansonsten droht die Entlassung.[96]

Tendenziell ist eine Unterordnung der Wirtschaftsgruppen auf lokaler und regionaler Ebene unter die politische Administration und unter das Regime des Statthalters der Zentrale zu beobachten. Wirtschaftsgruppen nehmen aber durchaus Einfluss auf für sie relevante Entscheidungen. In wirtschaftlich starken Gebieten gehen die Gouverneure der Oblasti mit den Leitungen der wichtigsten regionalen Betriebe ein Interessenbündnis ein. In der Praxis treten Regierungsorgane häufig als Beschützer der Staatsunternehmen und ausgewählter Unternehmen auf. Der Gouverneur sitzt oft selbst im Aufsichtsrat der grössten regionalen Konzerne, oder er hat dort seine Vertrauten positioniert wie viele Beispiel aus dem Donbass illustrieren (Zimmer 2002).

Diese Beziehungen sind natürlich um so interessanter, je mehr Macht erobert und je mehr Einfluss verteilt werden kann. Gerade in wirtschaftsstarken Gebieten unterscheidet sich die Elite stark von anderen regionalen Eliten in der Ukraine. Das liegt insbesondere an ihrer Finanzmacht und an ihren politischen Ambitionen. Diese Ausführungen zeigen, dass die Entwicklung des Staates ganz entschieden von Eliten dominiert wird, die sich informeller Kanäle bedienen, um zu ihren Zielen zu kommen. Dabei sind gesellschaftliche Akteure (Organisationen der Zivilgesellschaft beispielsweise) weitgehend von diesen Kreisen ausgenommen und haben in der Regel keine grosse Bedeutung auf wegweisende Entscheidungen (z. B. Bodengesetz, Privatisierungen). Daher wird im folgenden von dem bereits bekannten Schema etwas abgewichen und der Besprechung von Elitenstrukturen mehr Platz eingeräumt als gesellschaftlichen Aspekten (obwohl diese am Rande auch zur Sprache kommen). Regionale Interessen sind ein wichtiger Antriebsfaktor von ukrainischer Politik. Das liegt einerseits an der

96 Beispiele finden sich in Freedom House (ed.) (2004b:12); unter anderem wurden im Jahr 2003 die Leiter der Staatsverwaltungen in Černivci und Zaporižžja auf Druck „von oben" zum Rücktritt gezwungen.

Unfähigkeit des Zentrums, andererseits auch an ökonomischen und politischen Besonderheiten bestimmter Oblasti. Regional unterschiedliche Elitenstrukturen können daher einen entscheidenden Einfluss auf die Funktionsfähigkeit des Staates haben.

5.3.4.3 Regionale Unterschiede in der Interessendurchsetzung

Die grundsätzlichen Unterschiede zwischen den Eliten und ihren Interessen in den jeweiligen Oblasti der Ukraine wurden bereits in Kapitel 5.3.4.2 angesprochen. Diese hängen stark von der Wirtschaftsmacht der jeweiligen Gebiete (und von ihrer politischen Orientierung) ab. Da die staatliche Leistungsfähigkeit der subnationalen Ebene stark von ihren Elitenstrukturen beinflusst wird, konzentriert sich dieses Kapitel auf die verschiedenen Arten der Interessendurchsetzung und auf die strukturellen Unterschiede der Regionaleliten in der Ukraine. Im Vordergrund stehen die Eliten des Ostteils und des Westteils des Landes. Dabei unterscheiden sich die Macht- und Elitenstrukturen in östlichen Gebieten, etwa dem Donbass, von den westlichen Gebieten, z. B. von Galizien oder Zakarpattja.[97] Obwohl ein vereinfachtes Ost-West-Schema natürlich zu kurz greift.[98]

Die wichtigsten regionalen Einflussgruppen sind in östlichen Gebieten der Ukraine verankert und haben dort ihren grössten Rückhalt (Donec'k, Dnipropetrovs'k). Sie sind gleichzeitig ein Garant für die politische Macht der Regierungselite in Kiew. Es handelt sich dabei um Finanz-Industrie-Gruppen, die einzelnen Oligarchen gehören. Zu Überblicksdarstellungen über die ukrainischen Oligarchen siehe: Pleines (2004), Puglisi (2003) und Kowall/Zimmer (2002, 2004a). Diese

97 Ein Sonderfall ist die Hauptstadt Kiew selbst. In ihr konzentriert sich der Einfluss der Machteliten des ganzen Landes. Die Arbeitslosenquote ist die niedrigste in der Ukraine (offiziell beträgt sie 0,5%); als Durchschnittseinkommen erzielt der Kiewer das Doppelte vom Landesdurchschnittseinkommen von 800 Hrn. Der Industriekomplex der Stadt konnte im Jahr 2003 einen Gewinn von 12 Mrd. Hrn. realisieren (Korrespondent, No. 15 (104), 22 aprelja 2004, 33).

98 Es sei darauf hingewiesen, dass so eine Einteilung nur zu einer groben Illustrierung der Elitenunterschiede dienen kann und nicht zu substantiellen Erkenntnissen über Elitenstrukturen in der ganzen Ukraine führen soll.

Oligarchengruppen sind mit dem politischen Zentrum eng verflochten, untereinander aber zerstritten. Differenzen werden nicht immer auf legalem Weg gelöst. In den ersten Jahren nach der Unabhängigkeit kam es zu Verteilungskriminalität zwischen den verschiedenen Gruppen, die in Auftragsmorden kulminierte. Auch wenn sich die Situation mittlerweile beruhigt bzw. auf den Bereich der Wirtschaftskriminalität verlagert hat, kann auf politischer Ebene nur den alten Bekannten und Freunden getraut werden. Daher sind in der Umgebung des gegenwärtigen Präsidenten viele (Vertrauens-)Personen aus seinem ehemaligen Wirkungskreis in Dnipropetrovs'k) zu finden (Zimmer 2002).

Die prominentesten Clanvertreter agieren zum grossen Teil auf nationaler Ebene, haben aber Rückhalt in ihrem Herkunftsgebiet. Die regionalen Eliten aus Wirtschaft und Politik aus dem Ostteil des Landes sind auf der höchsten politischen Ebene wichtige Akteure und sogar Teil der nationalen Elite. Eine häufig vorkommende Konstellation ist diejenige des regionalen Unternehmers, welcher auf zentralstaatlicher Ebene politischen Einfluss realisiert. In den grossen Industriezentren des Ostens (Donbass) haben es einige einflussreiche Unternehmer geschafft, sich unter Kučma ihren Einfluss auf die Zentrale mittels politischer Involvierung und regionaler Wirtschaftskraft zu sichern. Relevant sind insbesondere regionale Oligarchen aus den Gebieten Donec'k und Dnipropetrovs'k.

Der regionale Clan versucht relevante, öffentliche Ämter auf regionaler und auch auf nationaler Ebene durch loyale Akteure zu besetzen (Zimmer 2002: 35) Die Ernennung des Premierministers Janukovyč mit einer Machbasis im Donec'ker Gebiet (u. a. weil er selbst Gouverneur des Oblast' war), stärkte die Interessengruppe dieses Gebietes sehr. Sie erreichte Vergünstigungen, z. B. die Importerleichterung von Rohstoffen oder Steuerbefreiungen. Zusätzlich waren einflussreiche Minister (Finanzminister, Landwirtschaftsminister), aber auch der Oberstaatsanwalt mit dem Clan verbunden. Andere Gruppen aus Dnipropetrovs'k verloren dadurch an Einfluss.[99]

99 Gemäss einer Analyse der Invest-Gazeta kamen 2003 die Wirtschaftseliten aus folgenden Gebieten: Kiew (26%), Donec'k (15%), Dnipropetrovs'k (8%), Odessa

Im Gebiet Donec'k besteht die Elite zum grossen Teil aus Unternehmern und vertritt nach aussen die regionalen Unternehmensinteressen.[100] Die beiden wichtigsten sind die Industriellenvereinigung des Donbass (ISD) und die Holding *System Capital Management*.[101] Gemeinsam sind ihnen eine nicht sehr transparente Wirtschaftsweise, die undurchsichtige Unternehmensbeteiligungen und eine unklare Konzernrechnungslegung einschliesst. Eine wirtschaftliche Neuorientierung der Unternehmen der Region hat noch nicht stattgefunden, da sie bisher nicht nötig war. Alle wichtigen Grossbetriebe sind noch in Betrieb (wenn auch mit zentralstaatlichen oder regionalen Subventionen). Die meisten der Unternehmen der einflussreichen regionalen Elite arbeiten mit Gewinn (Zimmer 2002 und Vysokyj Zamok, No. 83 (2763), 13–19 travnja 2004, 7).[102]

Die Unternehmensstrukturen haben sich seit 1991 nicht sehr verändert, auch die Parteienstrukturen sind fast die gleichen geblieben. Die Rolle der Kommunistischen Partei als die alles kontrollierende Instanz hat im Gebiet Donec'k die „Partei der Regionen" mit ihrem Vorsitzenden Viktor Janukovyč übernommen. Sie übt grossen Einfluss auf das wirtschaftspolitische Geschehen im Oblast' und auf lokaler

(6%), Luhans'k (5%), Lemberg (5%). Alle anderen Oblasti hatten einen Anteil von weniger als 5% (Zerkalo Nedeli, No. 32 (457), 23–29 August 2003).

100 Im Donec'ker Gebiet siedeln fast zehn Prozent der Bevölkerung der Ukraine (4,9 Mio. Menschen). In den 17 Rajons des Gebietes befinden sich 51 Städte (28 von Gebietsbedeutung) sowie 134 Ansiedlungen von städtischer Bedeutung (Vysokyj Zamok, No. 83 (2763), 13–19 travnja 2004, 7).

101 Beide Holdings verfügen über ein weitverzweigtes System an Tochtergesellschaften und Kapitalbeteiligungen, etwa über ein Kohle-Koks-Metall-Kombinat, Agrarbetriebe, Lebensmittelfabriken, Mobilfunknetze und einen Fussballverein. Kleinere Unternehmensgruppen in dieser Holding sind beispielsweise *Energo* oder *Radon* (Zimmer 2002).

102 Das Bruttosozialprodukt ist im Donbass neben Kiew am höchsten. Hervorzuheben ist die grosse Zahl an Kohleminen, Zulieferbetrieben und Bildungsinstitutionen, die fast alle auf die Schwerindustrie ausgerichtet sind. Der Durchschnittslohn beträgt nach offiziellen Angaben 637 Hrn. Entsprechend den Zahlen der Volkszählung bezeichnen sich 86% der Einwohner als russischsprachig (Vysokyj Zamok, No. 83 (2763), 13–19 travnja 2004, 7).

Ebene aus.[103] Diese Partei erfreut sich grosser Beliebtheit bei der Bevölkerung, da sie die Interessen des Gebietes nach aussen wahrt und für soziale Sicherheit und wirtschaftliche Prosperität sorgt. Wenn dagegen Vertreter von westukrainischen Parteien in diesem Gebiet auftreten, stösst dies auf öffentlichen Protest. Der oppositionelle Präsidentschaftskandidat Juščenko wurde bei seinem Auftritt in Donec'k im Jahr 2004 als Faschist verleumdet, beschimpft und sein Auftritt im „Jugendpalast" verwehrt. Die Vertreter des Oppositionsblocks „Unsere Ukraine" stiessen unter Kučma nur in der West- und Teilen der Zentralukraine auf Zustimmung. Im Osten wurden sie abgelehnt und mit administrativem und öffentlich mobilisiertem Widerstand konfrontiert (L'vivska Hazeta, No. 81 (405), 11 travnja 2004, 3).

Die Konzentration der regionalen Wirtschaftskraft ist ein wichtiger Grund dafür, dass die Akteure verstärkt kooperative Arrangements eingehen.[104] Die Elitenstrukturen sind zwar relativ stabil, aber noch nicht konsolidiert. Die Stabilität und der Konsens, welche nun, verglichen mit den kriminellen Zuständen nach der Unabhängigkeit, innerhalb der Elite im Donbass herrschen, sind mitverantwortlich für eine höhere Wirtschaftsleistung dieser Region. Die *embededdness of social interactions*, die fruchtbare Informalität, bewirkt jedoch keinen Anstieg des allgemeinen Wohlstands: Der Durchschnittslohn in der Region bewegt sich nur knapp über dem nationalen Existenzminimum (Vysokyj Zamok, No. 83 (2763), 13–19 travnja 2004, 7).

Die Interessengruppen im Osten nutzten unter Kučma die Bereitschaft des Zentrums zu politischen Zugeständnissen aus (und die Tatsache, dass der Ministerpräsident Janukovyč ein Teil ihrer Netzwerke war), weil der Ostteil des Landes die grösste Wirtschaftsleistung erbringt und die daraus entstehenden Gewinne zu einem grossen Teil anderen Gebieten und dem Zentrum zugute kommen.[105] Als Folge davon

103 Von 180 Deputierten des Gebietsrates gehörten 172 dieser Partei an (Vysokyj Zamok, No. 83 (2763), 13–19 travnja 2004, 7).

104 Diese Aussage macht auch Stoner-Weiss (2002) für russische Gebiete die *company towns* ähneln. Sie gilt aber auch für bestimmte Gebiete der Ostukraine.

105 Zu einer ausführlichen Diskussion der regionalen Unterschiede in der Ukraine siehe Dnistrjans'kyj (2001: 28f.).

strömten ausreichend finanzielle Mittel von Kiew in den Ostteil des Landes.[106]

Die Elitenverflechtung zwischen Zentrum und Peripherie war im Westteil des Landes nicht so augenscheinlich. Obwohl es auch hier den regionalen Eliten gelang, auf nationaler Ebene Einfluss geltend zu machen. Dieses Gebiet zeichnete sich für die Zentrale nicht durch ihre Bedeutung für die Wirtschaft des Landes, sondern durch ihre politische Wichtigkeit aus. Die Gebiete der Westukraine sehen sich als Hüter und Wiege der ukrainischen Kultur und unterscheiden sich schon dadurch von den restlichen Oblasti der Ukraine.[107]

Sie sind seit Mitte der 90er Jahre mit der politischen Opposition verbunden gewesen (bis zur politischen Wende von 2004/2005) und beherbergen unbequeme, unabhängig denkende Strömungen. Während der erste Präsident dem Westteil des Landes noch in politischen Fragen entgegenkam, ist in der Amtszeit von Präsident Kučma deutlich geworden, dass die westlichen Gebiete seine politische Richtung nicht mittragen und mehrheitlich die politische Opposition stützen. Eines der wichtigsten Unterstützungsgebiete von Viktor Juščenko ist die Westukraine. In dieser Region haben sich die Antinomenklaturakräfte der Ukraine konzentriert. Die Westgebiete zeichneten sich in den letzten Jahren auf politischem Gebiet vor allen durch die Probleme aus, die sie mit den zentralstaatlichen Machthabern hatten, z. B. durch Konflikte über die chronische Unterfinanzierung ihrer Region (Kapitel 6.3).

In bestimmten Oblasti der Westukraine fand in den letzten Amtsjahren von Kučma ein offensichtlicher Wettbewerb von Regierungs- und Oppositionseliten auf der politischen Ebene statt. Im Ostteil der Ukraine konnte aufgrund des Fehlens einer klassischen Oppositionselite nicht

106 Andere ukrainische Gebiete, insbesondere im Westteil des Landes, kamen dabei zu kurz – dies betraf insbesondere Investitionen in die Infrastruktur (Iryna Mahdiš, Interview 18. Mai 2004).

107 Auf politischer Ebene ist ausserdem die Einstellung zu internationalen Fragen relevant. Hier kommt die Spaltung zwischen einigen Teilen des Landes besonders zum Ausdruck. Die Westukraine sieht ihre Zukunft mit Europa und in europäischen Strukturen, die Ostukraine und die Halbinsel Krim stehen aufgrund ihrer russischsprachigen Bevölkerung, geographischen Nähe und den Wirtschaftsverbindungen Russland nahe (Simon 2002).

davon gesprochen werden. Das Beispiel der Fälschung der Bürgermeisterwahl in der westkarpatischen Kleinstadt Mukačevo im Frühjahr 2004 zeigte aber das Ringen um die Macht zwischen Regierungs- und Oppositionslager in der Westukraine. Hier wurde der Machtkampf stellvertretend von Vertretern der SDPU(o) für die Regierung in Kiew und von der Partei „Unsere Ukraine“ für die Opposition geführt. Trotz der offensichtlichen Wahlfälschung zugunsten der SDPU(o) und der mehrheitlichen Empfehlung des Parlaments vom 12. Mai 2004, den Gouverneur von seinen Verpflichtungen zu entbinden, musste sich der Oblast'gouverneur von Transkarpatien, Ivan Rizak, nicht politisch verantworten (Vysokyj Zamok, No. 83 (2763), 13–19 travnja 2004, 3).[108]

In den einzelnen Oblasti der Westukraine musste man aber verschiedene Elitenkonflikte unterscheiden. In Galizien gelang es Antinomenklaturakräften und somit Gegeneliten, Druck auszuüben und Machtpositionen einzunehmen. In dem Gebiet Zakarpattja fand ein Intraelitenwettbewerb statt, der ausschliesslich Nomenklatura-Eliten einschloss (ausführlich in Matsuzato 2002: 1275).

Der Elitenwettbewerb in der Ostukraine war als intraelitärer Wettbewerb zwischen vordergründig regimetreuen Vertretern zu charakterisieren. Da im Osten der Ukraine die überwältigende Mehrheit regimetreu oder kommunistisch eingestellt ist, spielten unter Kučma Wirtschaftsfragen eine viel grössere Rolle als politische. Beispiele für Elitenauseinandersetzungen im Osten der Ukraine waren das Ringen um die Wirtschaftsmacht von unterschiedlichen Wirtschaftseliten.[109] In der

108 Kyiv Post, 22 April 2004 und RFE/RL, Belarus and Ukraine Report, 28 April 2004, Vol. 6, No. 15 fassen die Ereignisse ausführlich zusammen.

109 Anschaulich illustriert von BBC Monitoring Service, 3 April, 2004. Dieses Ringen fand nicht nur auf regionaler Ebene, sondern auch auf nationaler Ebene statt. Die grössten Industrieholdings aus der Ostukraine hatten gute Chancen bei Grossprivatisierungen bevorzugt zu werden (Beispiele sind *Ukrrudprom* oder *Kryvorižstal*). Die Mittel wurden nicht zimperlich eingesetzt und reichten vom betrügerischen Konkurs, Ausschluss von Bietern bei Auktionen (um ISD oder SCM zu bevorzugen), Diffamierungskampagnen in den eigenen Medien bis zu protektiven Massnahmen durch den Präsidenten persönlich (Zerkalo Nedeli, No. 32 (457), 23–29 August 2003 zu weiteren Details).

Westukraine handelte es sich im Gegensatz dazu um einen Wettbewerb zwischen Regierungs- und Oppositionseliten. Dieser deutete darauf hin, dass in dieser Region bereits ein höherer politischer Entwicklungsgrad erreicht worden ist.

Was die Involvierung der Gesellschaft auf regionaler Ebene betrifft, beschränkte sie sich meist nur auf die oben bereits beschriebenen Eliten. Generell konnte man eine grosse Passivität beobachten, wenn es um regionale, aber auch um lokale Fragen ging.[110] Dies war aber auch den offiziellen Stellen zuzuschreiben, welche sich allgemein von der Bevölkerung isolierten und alles unternahmen, um so wenig Kontakt wie möglich mit ihr zu haben. Ein Beispiel für die Zusammenarbeit von lokalen Entscheidungsträgern und gesellschaftlichen Gruppen war das Antikorruptionszentrum Projekt PPS (UKL 194, 21 January 2003, #13).

Verschiedene Massnahmen zur Dezentralisierung und die Einführung der lokalen Selbstverwaltung haben zwar neue Formen der Einflussnahme gebracht, aber auch die Unsicherheiten in der Bevölkerung verstärkt. Nur wenige Bürger sind an politischen Vorgängen interessiert. In den Gebieten, in denen eine ausreichende politische Aufklärung stattgefunden hat, zum Beispiel durch unabhängige Berichterstattung, ist aber ein höheres Interesse zu beobachten. Das betrifft vor allem die Gebiete der Westukraine und Themen, welche die Bürger selbst betreffen, zum Beispiel der Entwurf von regionalen Entwicklungsplänen.

Die unterschiedlichen politischen Präferenzen der ukrainischen Gebiete unter Kučma (der Osten für die Nomenklatura, der Westen für die Opposition) spiegelten sich tendenziell in den Wahlergebnissen wieder.[111] Wahlfälschung wurde ein gesamtnationales Phänomen, erregte im westlichen Teil aber mehr Aufsehen, da das Gebiet politisch sensibilisierter ist (vgl. die Proteste im Zusammenhang mit der Wahlfälschung

110 Beispiele für diese Passivität finden sich in Jacunc'ka (2000). So kennt die Mehrheit der Bevölkerung die für ihr Gebiet zuständigen Abgeordneten nicht. Viele möchten sie auch nicht kennen.

111 Zur vertieften Studie über regionale Einstellungen sei nochmals auf die Artikel von Hesli (1995), Pleines (1998), Kubicek (2000), Birch (2000a und 2000b) sowie auf Jorda et al. (2001: 724f.), Durkot (2002) und Kuzio (2003) hingewiesen.

in Mukačevo, Kapitel 6.3.3).[112] Die Wahlbeteiligung ist aufgrund der politischen Sensibilisierung und der Oppositionsrolle der Westukraine schon fast traditionell höher als im Rest des Landes (vgl. dazu Durkot 2002: 568). Die einzige Abstimmung, in welcher der Wählerwille in Ost und West übereinstimmte, war die Abstimmung über die ukrainische Unabhängigkeit. Sowohl West als auch Ost stimmten mit grosser Mehrheit dafür: im westlichen Teil des Landes über 95%, im östlichen Teil über 80% der Wähler (Kubicek 2000: 283, Nemiria 2000: 188).

Die Präsidentschaftswahlen 1991 entschied Leonid Kravčuk, eine führende Figur der Kommunistischen Partei, in fast allen Gebieten für sich. Er gewann mit über 70% der Stimmen. Nur die drei Gebiete Galiziens stimmten für den Kandidaten der ukrainischen Nationalbewegung (*Ruch*). Die oppositionellen nationaldemokratischen Parteien, bis 1998 die zweitstärkste politische Kraft im Land, waren in den Parlamentswahlen 1994 und 1998 die stärkste Kraft in Galizien und in Kiew. Im Jahr 2002 war die oppositionelle Partei „Unsere Ukraine" im westlichen Teil der Ukraine mit fast 60% der Stimmen erfolgreich, ihre Rate nahm nach Osten hin rapide ab (knapp 6% in den östlichen Gebieten). Die Kommunistische Partei und präsidentenloyale Parteien konnten jeweils den Rest des Landes für sich gewinnen. Die „Vereinigte Sozialdemokratische Partei" (SDPU(o)) gewann besonders nach 1998 an Stärke hinzu und konnte der Kommunistischen Partei Stimmen abnehmen, diese blieb mit Werten bei 35% im Osten und bei 33% im Süden aber die stärkste Partei in diesen Gebieten. Die Wahlergebnisse auf nationaler Ebene zeigten 2002 insgesamt eine leichte regionale Zersplitterung. Der Westen und das Zentrum wählten eher reformistisch westlich und anti-oligarchisch, der Osten und der Süden eher

112 Im Jahr 2003 kam es in einigen Städten der Ost- und Nordukraine bei Bürgermeisterwahlen zu Wahlfälschungen, so in Sumy, Černihiv und Zaporižžja; zum Beispiel wurde der Oppositionskandidat in Sumy zwei Tage vor der Wahl von der Kandidatur ausgeschlossen. Im Gegensatz dazu verliefen die Wahlen im März 2003 in Donec'k offiziell ohne Zwischenfälle. Die Bürgermeisterwahl gewann der Vorsitzende der Steuerbehörde mit knapp 80% der Stimmen (UKL 234, 11 May 2004 #9). Zu besonders groben Verstössen gegen den Grundsatz freier und fairer Wahlen kam es während den Präsidentschaftswahlen im Oktober 2004 (UKL 259, 2 November 2004, #6 und Transitions Online, 1 November 2004)

kommunistisch und oligarchisch (SDPU(o) und „Für eine Vereinte Ukraine“).[113]

Das Bild einer zweigeteilten Ukraine drängt sich trotz aller methodischer und sonstiger Probleme bei der Gegenüberstellung von West und Ost auf (Oleh Onysko, Interview 20. Mai 2004).[114] Der Osten und der Westen sind sich sehr fremd, insbesondere kulturell. Eine nationale ukrainische Kultur ist bisher Mythos geblieben (Iryna Mahdiš, Interview 18. Mai 2004, Pirie 1996). Die ukrainische Identität ist immer noch instabil, weil ihr ein qualitativer Inhalt fehlt (Shulman 2004). Anstelle einer gemeinsamen Identität ist ein *cultural gap* zwischen bestimmten Regionen feststellbar. Das Resultat der fehlenden nationalen Identität ist, dass man sich in regionale Identitäten flüchtet.

Die Ost-West-Unterschiede in der Ukraine sind nicht nur auf politischem oder ökonomischen Gebiet bemerkenswert, sondern auch bezüglich der Lebenseinstellung. Im Osten ist der Typus des *homo sowjeticus* verbreitet, der zur Lethargie und Gleichgültigkeit neigt. Die öffentliche Einstellung zu Machtverteilung in den sehr russifizierten und hochindustrialisierten Gebieten im Ostteil des Landes weicht deutlich von anderen Gebieten der Ukraine ab (Hesli 1995: 159f.). Im Westen ist die Sensibilisierung und das Interesse für politische Probleme und die Organisation von sozialen Interessen viel besser (Iryna Mahdiš, Interview 18. Mai 2004). Im Osten des Landes ist eher ein Stillstand der Gesellschaft zu beobachten. Besonders frappierend äussert sich dieser im Gebiet Donec'k (Vysokyj Zamok, No. 83 (2763), 13–19 travnja 2004, 7). Der Stillstand scheint durch den Einfluss von (Regional-)Eliten auf zentralstaatliche Instanzen und finanzielle Ressourcen kompensiert zu werden. Die Eliten stellen ihre Errungenschaften als zum Wohle des

113 Kuzio (2003: 49); auch Birch (2000, 1999), Durkot (2002), Schneider-Deters (2000), Schneider/Reimer (2002), Wilson et al. (1999) zu weiteren Zahlen.

114 Aufschlussreiche Schlüsse kann man aus den Ergebnissen der Volkszählung vom 5. –14. Dezember 2001 ziehen (UKL 190, 11 January 2003, #8); zur Sprachen- und Nationalitätenverteilung auch UKL 231, 29 February 2004, #12. Siehe auch <http://www.ukrstat.gov.ua/Perepis/PidsPer.html> (10.03.2003). Aktuelle Entwicklungen auf der website des Internationalen Institutes für Soziologie, Kiew (KIIS); <http://www.kiis.com.ua>.

Gebiets getätigt dar und erhalten dafür (stillschweigende) politisch-gesellschaftliche Unterstützung.

Dieses Kapitel, welches den Wandel des Staates in der Ukraine auf subnationaler Ebene untersucht hat, zeigt, dass die institutionellen Beziehungen zwischen dem Zentrum und den subnationalen Ebenen weder konsolidiert noch von einer besonders positiven Dynamik sind. Die mangelnde Institutionalisierung bedeutet vielfältige Behinderungen und Unklarheiten für die subnationalen Akteure, welche sich grundsätzlich in informelle Strukturen flüchten, um einen Teil ihrer Interessen zu realisieren.

Die Beziehungen zwischen dem Zentrum und der subnationalen Ebene haben in den Jahren nach der Unabhängigkeit des Landes eine neue gesetzliche und verfassungsmässige Grundlage bekommen, sie sind aber nicht konsolidiert. Eine Rechenschaftspflicht und eine effektive Regierungsführung, die auch eigene regionale Verantwortlichkeiten zulässt, fehlt.[115]

Von den formellen Mängeln dieser Grundlagen abgesehen, fehlen in der Ukraine die klassischen Transmissionsriemen, mit denen regionalpolitische Vorstellungen umgesetzt werden könnten, wie etwa eine funktionsfähige Verwaltung oder ein Parteiensystem mit institutionalisierten Parteien. Behindernd kommt dazu, dass der Grad der Organisation und Professionalisierung von Verwaltung oder Parteien in den Oblasti und auf lokaler Ebene sehr stark abnimmt. Diese Institutionen können somit wenig Hilfestellung bei der konkreten Umsetzung von regionalpolitischen Entwicklungsansätzen leisten.

Trotz des Anspruchs der Ukraine ein unitaristischer Staat zu sein, sind Freiräume für regionale Entwicklungen entstanden. Und zwar aufgrund des formellen Rahmens, der oft unklar, lückenhaft oder widersprüchlich bleibt. Weder die Verfassung noch das Gesetz über lokale Selbstverwaltung enthalten eine klare Dezentralisierungsstrategie

115 Vor diesem Hintergrund ratifizierte das Ukrainische Parlament im Juli 1997 die Europäische Charta für lokale Selbstverwaltung, die festlegt, dass *municipalities* (*Hromada*; Gemeinden oder lokale Körperschaften auf allen Ebenen) nicht nur über die theoretischen Voraussetzungen für lokale Selbstverwaltung, sondern auch über die praktischen verfügen sollen.

und haben eine kontroverse Mittelzuteilung zwischen den verschiedenen Verwaltungsebenen zur Folge. Während die Verfassung ein dezentralisiertes System entwirft, ist das Gesetz zur lokalen Selbstverwaltung vorsichtiger, indem es einen Schwerpunkt auf die vom Zentrum delegierten Kompetenzen legt (z. B. im Bereich des Gesundheitswesens und der Bildung, siehe Thirsk 2000: 122).

Dezentralisierung und Kompetenzabgabe an untere Ebenen sind unter Kučma nicht das Ergebnis sorgfältig geregelter Verfassungs- und Rechtsreformen, sondern das Ergebnis von ad-hoc Massnahmen und ungeplanten informellen Kräfteverschiebungen gewesen. Die Interdependenzen zwischen Zentrum und Oblasti sind in keinen starren Rahmen gepresst, sondern an die jeweiligen Akteure auf zentralstaatlicher bzw. regionaler Ebene gebunden worden. Es hängt daher von den Eliten selbst ab wie sie diesen Rahmen nutzen; z. B. ermöglichte die mangelnde Bankenkontrolle, dass die ukrainische *Privatbank* zur führenden Institution auf diesem Sektor aufsteigen konnte.[116]

Die Kernprobleme der Interaktionen zwischen dem Zentrum und den Oblasti und deren Eliten liegen darin, dass die Beziehungen sehr instabil und sehr flexibel sind. Selbst Netzwerke und Seilschaften geben nicht genügend Sicherheit. So wird auf kurzfristige und nicht auf langfristige Ergebnisse gesetzt.

Weder im Westteil noch im Ostteil der Landes, und auch nicht in den restlichen Gebieten der Ukraine, konnte bisher ein freier politischer und ökonomischer Wettbewerb realisiert werden, der alle Regierungsebenen einschliesst und auf stabilen institutionellen Pfeilern beruht. Die institutionellen Rahmenbedingungen sind durch das besprochene Gesetzes- und Regelwerk für alle Regionen gleich schlecht, und das Handlungspotenzial wird stark von der Position regionaler Akteure zum politischen Zentrum in Kiew bestimmt. Hier sind in der Tat einige

116 Sasse (2002: 96) stellt hingegen eine Korrelation zwischen präsidentieller Stärke und dem verbesserten Management regionaler Interessen bzw. Autonomieforderungen im Donbass und auf der Krim fest (diese Konsolidierung ging aber auf Kosten von anderen Reformen). Dies würde bedeuten, das sich eine starke Exekutive positiv auf die regionale Entwicklung bzw. Leistungsfähigkeit auswirken.

regionale Unterschiede auszumachen. Diese Einschränkungen führen zu einer institutionellen und personellen Dynamik, die nicht immer positiv ist.

Dabei darf man insbesondere die Politik des Präsidenten Kučma nicht aus den Augen verlieren, welcher die institutionellen Beziehungen und auch die Eliten für seine Zwecke instrumentalisiert hat. Er setzte einmal auf eine zentralistische, ein andermal eher auf eine regionalorientierte Politik, je nachdem wie seinen politischen Machtvorstellungen am ehesten entsprochen werden konnte. Somit wurden die Eliten auch zum Spielball der präsidentiellen Interessen. In Bereichen, die diesen Interessen aber nicht zuwiderliefen, konnten sie sich ungehindert entfalten. Unter Kučma orientierten sich Eliten aus bestimmten Gebieten stark am politischen Zentrum des Landes und an der Politik des Präsidenten. Es gab aber auch andere, welche eine Oppositionsrolle eingenommen hatten. Eine interessante Frage ist daher, wie sich oppositionelles regionales Elitenhandeln auf das institutionelle Gefüge und die Funktionsfähigkeit von Staatsstrukturen auswirkte – wie etwa in der Westukraine. Setzte der höhere Grad an politischer Entwicklung, der in der Westukraine bestand und eine Oppositionselite ausgebildete, die Regierungseliten unter positiven Handlungsdruck und diente er als Anstoss dafür, die Leistungsfähigkeit des Staates voranzubringen?

Das folgende Kapitel sechs beschäftigt sich grundsätzlich weiter mit den Einwirkungen der bereits diskutierten Faktoren zur Funktionsfähigkeit des Staates und betrachtet unter anderem die Institutionalisierung der Interessenwahrung des Gebietes und den Einsatz informeller Strukturen (Kapitel 6.2). Institutionelle Mängel und Informalität sind im Gebiet Lemberg genauso verbreitet, wie in anderen Gebieten der Ukraine. Es geht in diesem Teil der Arbeit aber zusätzlich darum zu zeigen, dass die Besonderheiten von Elitenstrukturen und einiger gesellschaftlicher Faktoren Wege offen lassen, um die Entwicklung und die Leistungsfähigkeit einer Region in eine andere, hoffnungsvollere Richtung zu lenken (Kapitel 6.3). Doch zunächst sind in Kapitel 6.1 einige einleitende Bemerkungen angebracht.

6. Machtstrukturen im Gebiet Lemberg: eine Fallstudie

6.1 Einführung und methodische Bemerkungen

Das Gebiet Lemberg (L'viv Oblast') war historisch gesehen Bestandteil von Ostgalizien.[1] Es weist wie auch andere Gebiete der Westukraine eine überaus wechselseitige, europäische Geschichte auf.[2] Nach dem Zweiten Weltkrieg wurde Ostgalizien zu einem Teil der russisch dominierten Sowjetunion. Die sowjetischen Behörden unterwarfen die Westukraine einer besonders rigiden Kontrolle, um jegliche Regung des ukrainischen Nationalismus im Keim zu ersticken. Vor allem wurde das Gebiet durch die sowjetische (Industrie-)Modernisierung auf den Markt der Sowjetunion ausgerichtet. Dies bedeutete konkret den Aufbau von Elektro-, Chemie- und Maschinenbau und den Zustrom von ukrainischen und russischen Facharbeitern und Beamten (Wendland 2000: 418).

1 Einige allgemeine Daten befinden sich unter folgender Adresse: <http://www.are-regions-europe.org/VICARDS/pays/UKR/LVIV.html> (01.09.2004), oder auch unter <http://www.loda.gov.ua/eng/> (01.09.2004), der offiziellen Seite der Stadt Lemberg. Das Lemberger Gebiet umfasst 3,6% des Territoriums der Ukraine, 5% der ukrainischen Bevölkerung leben hier (Vysokyj Zamok, No. 80 (2760), 6–12 travnja 2004, 6). Ostgalizien umfasst die heutigen Gebiete L'viv, Ivano-Frankivs'k und Ternopil, zu Westgalizien gehören die heutigen Wojewodschaften Rzeszów und Kraków.

2 Nach der ersten Teilung Polens 1772 ging das gesamte Gebiet von Galizien an Österreich (und später an Österreich-Ungarn). Es war gerade diese Region, in der sich die nationale ukrainische Befreiungsbewegung in der ersten Hälfte des 19. Jh. ausbreitete. Einer ihrer Errungenschaften war die Aufhebung der Leibeigenschaft. Ostgalizien diente als Agrar- und Rohstoffbasis, Industriebetriebe gab es nur sehr wenige. Als Österreich-Ungarn 1918 zerfiel, riefen die westukrainischen Gebiete ihre Unabhängigkeit als „Westukrainische Volksrepublik“ aus. Diese währte aber nur kurz – ab 1920 gehörte das Gebiet bis zum Zweiten Weltkrieg wieder zu Polen (auch: Wendland 2000: 418).

Die Integration dieser Region in die Sowjetunion und damit in die russischen Traditionen konnte aber die vorhandenen ukrainischen Traditionen nicht ganz auslöschen. Sie wurden mit der Ukrainisierung und Nationalisierungsbewegung, die mehrere Male nach dem Tod Stalins einsetzten, aber immer wieder niedergedrückt wurden, an die gesamte Ukraine weitergegeben. Erst durch die Unabhängigkeit der Ukraine waren die Voraussetzungen dafür gegeben, einen Nationalstaat zu entwickeln, der auf ukrainischer Kultur und Sprache beruhte.

Die drei ostgalizischen Oblasti (das Lemberger, Ternopil'er und Invano-Frankovs'ker Gebiet) waren die wichtigste Basis der ukrainischen Nationalbewegung Ende des 20. Jh. und brachten die nationale ukrainische Frage auf die politische Tagesordnung. So konnte gerade in der Westukraine (in Zakarpattja, Černivci, Rivne, Volyn, Ternopil und Ivano-Frankivs'k) und im Lemberger Gebiet die ukrainische Nationalbewegung *Ruch* starke Wurzeln schlagen und Signalwirkung für das ganze Land entwickeln.[3] Die Nationalbewegung *Ruch* war eine treibende Kraft für die ukrainische Unabhängigkeit. Sie blieb jedoch vor allem auf die Region Galizien beschränkt, da sie sich mit ihren oft überspitzten Forderungen, welche die ukrainische Frage in den Vordergrund stellten, von dem Rest der neuen Nation entfernte und Sympathisanten abschreckte. Die sozialen Probleme, welche das ganze Land und insbesondere die Bevölkerung beschäftigten, wurden weitgehend ausgeblendet. So konnte sich die Bewegung *Ruch* national mit ihrer Position nicht durchsetzen.[4]

Die westukrainischen Gebiete empfinden sich aufgrund der Verankerung des *Ruch* und des von ihm propagierten „Ukrainertum" als

3 Die Nationale Bewegung der Ukraine (*Narodnyj Ruch Ukrajiny* oder *Ruch* in der Kurzform) wurde am 7. Mai 1989 in Lemberg auf Initiative des ukrainischen Schriftstellerverbandes unter konspirativen Umständen gegründet. Ein Führer starb unter mysteriösen Umständen 1994 (Vjačeslav Čornovil). Die Hoffnungen ruhen nun auf Boris Tarasjuk (Vysokyj Zamok, 8 travnja 2004, 3). Zur Geschichte und Entwicklung von *Ruch* siehe Bohdan 1999, Kapitel fünf (bzw. Bohdan 1999: 156f, 217f).

4 Boris Tarasjuk, Führer des *Narodnyj Ruch* (*Radio Nezaležnist*, Lemberg, 17. Mai, 10h Gespräch über Wahlchancen des Oppositionsblockes und aktuelle Koalitionen im Parlament).

eigentliche Träger des ukrainischen Nationalstaates. Heute noch sind diese Gebiete ihr wichtigstes Wählerreservoir. Unter dem Präsidenten Kravčuk kam es zu einer Kooperation mit der Nationalbewegung, und er verschaffte ihren Vertretern einflussreiche Positionen in der Zentralregierung. Allerdings verlagerte sich der allgemeine politische Schwerpunkt durch die Politik des Präsidenten Kučma in den Osten und das Zentrum des Landes.

Die Westukraine hat ein gespaltenes Verhältnis zum ukrainischen Staat. Einige intellektuelle Strömungen fordern aufgrund der „Sonderstellung" der westlichen Gebiete eine Autonomie bzw. eine Föderalisierung.[5] Im Jahr 1990 versuchten die drei westukrainischen Gebiete ein einziges Mal, ihre Autonomiebestrebungen zu koordinieren und öffentlich zur Sprache zu bringen. Dieser einmalige Vorgang wurde von Regierungsseite als Autonomiestreben klassifiziert, hatte aber keine grösseren politischen Konsequenzen, da die Autonomieforderungen einzelner Gebiete der Ukraine keinen breiten Rückhalt in der Gesellschaft hatten und seitdem auch nicht populärer geworden sind.

Ein wichtiges Thema des intellektuellen Diskurses in Galizien ist Zentraleuropa. Der Begriff Zentraleuropa verweist auf die Sehnsucht Galiziens nach einem modernen Nationalstaat, welcher in der gegenwärtigen Ukraine nicht realisiert werden kann.[6] Galizien befasst sich als einzige Region ernsthaft mit Identitätsfragen, einem ansonsten auf regionaler Ebene tabuisierten Thema. Viele Historiker haben nach der Unabhängigkeit der Ukraine die sowjetische Ideologie gegen den

5 Das Journal *Ji* ist einer der wenigen Befürworter einer Föderalisierung der Ukraine. Siehe die Publikationen vom Seminar *Ukraina versus ukrajins'kosti* im Jahr 2001 zu den Möglichkeiten einer Autonomie Galiziens (<http://www.ji-magazine.lviv.ua/vidhuky/pro-nas/nm51.htm>, 20.06.2004). Für eine grössere Selbständigkeit sprach, dass die Region unter Kučma zu einer vernachlässigten Provinz degradierte. Nach den Umfragen des politologischen Zentrums der Universität Lemberg wollte aber gerade ein Drittel der Bevölkerung einen Autonomiestatus des Gebietes (ebenda).

6 Vgl. auch eine Ausgabe der Kulturzeitschrift *Ji* (*Dialoh nad kordonom*, Nr. 11, 1997 und Nr. 12, 1998), welche die Verbundenheit Galiziens mit Mitteleuropa (Zentraleuropa) thematisiert.

ukrainischen Nationalismus eingetauscht und sich so diesem Diskurs entzogen (Ji-Magazine, No. 22–2, 2001).

In Galizien kann man auch von einer regionalen Identität sprechen, einem Ausnahmephänomen in der Ukraine. Diese regionale Identität ist natürlich teilweise konstruiert, hat aber in bestimmten Bereichen, etwa bei dem politischen Selbstverständnis oder bei der Partizipation der Gesellschaft, die Qualität von Regionalismus erreicht.[7] In eine andere Richtung geht der Intellektuelle Jurij Andruchovyč (1999), der in einer differenzierten Betrachtung die Existenz des alten Galizien negiert und es als ein Produkt der Vorstellungskraft oder der historischen Konstruktion bezeichnet. Galizien befindet sich in einem Spannungsfeld zwischen Ost und West und ist eine hybride Region zwischen der EU und dem restlichen Teil der Ukraine.[8]

Gemäss Taras Voznjak, dem ehemaligen Chefredakteur des Kulturmagazins *Ji*, sollte nicht die Unabhängigkeit und auch nicht ein Autonomiestatus des Lemberger Gebietes oder von Galizien das beherrschende Thema sein, wenn die Entwicklung dieses Gebietes diskutiert wird. Es sollte vielmehr darum gehen, die bestehenden gesetzlichen Grundlagen zum Vorteil des Lemberger Gebietes zu nutzen. Die Entwicklung des Gebiets sollte dabei im Vordergrund stehen und nicht sein administrativer Status. Der institutionelle Rahmen und die entsprechenden Instrumente (z. B. Selbstverwaltung oder Budgetkompetenzen) gäben genug Spielraum, um das Gebiet auf einen höheren Entwicklungsstand zu bringen. Bestehende Reformansätze wie die administrativ-territoriale Neuordnung könnten dabei durchaus flankierend eingesetzt werden und eine positive Wirkung entfalten.[9] Eine Entwicklungswirkung zugunsten subnationaler Körperschaften kann aber auch

7 Siehe zum Beispiel die Zahl der Veröffentlichungen zu Ukrainisch-Galizien, die in den 90er Jahren sprunghaft angestiegen sind. Sie leisten einen Beitrag dazu, galizische Identität zu konstruieren.

8 Siehe ebenso die interessante Ausgabe des Ji-Magazins (No. 23, 2003) über verschiedene Wahrnehmungen von Lemberg.

9 Die historisch zusammenhängenden Gebiete der Westukraine und das Gebiet von Volhynien würden nach der Gebietsreform ein Gebiet bzw. eine Region bilden. Der gegenwärtige Gesetzentwurf zur territorialen Neuordnung der Ukraine sieht die Reduktion von 24 auf acht (Verwaltungs-)Gebiete in der Ukraine vor.

durch die bessere Abgrenzung der Kompetenzen der Organe der lokalen Selbstverwaltung erreicht werden. Voznjak spricht damit einen interessanten Aspekt an: Die bestehenden Grundlagen zum eigenen Vorteil zu nutzen bedeutet auch, dass durchaus Handlungsspielraum für eigene Politik vorhanden wäre. Er wird jedoch von den Betreffenden nur unzureichend genutzt.

Die im Regionalteil der Arbeit getroffenen Aussagen gelten damit auch für die Fallstudie. Die regionale Ebene ist zwar formell-institutionell unterentwickelt, kann aber trotzdem Einfluss über informelle Kanäle realisieren. Als wichtigste Akteure agieren Regionaleliten, welche vielerorts in der Ukraine mittels informeller Kanäle und Netzwerke ihre Interessen durchsetzen. Die meisten Regionaleliten setzen sich dabei den Einfluss auf die nationale Ebene, d. h. auf die politische Führungselite, zum Ziel (Beispiele in Kowall/Zimmer 2002, Zimmer 2002 und 2004a).

Auch im Lemberger Gebiet machen Regionaleliten von diesen Mitteln Gebrauch, um Einfluss geltend machen. Jedoch waren unter Kučma die Elitenstrukturen differenzierter und die Einflussmöglichkeiten unterschiedlicher. Oppositionelle Eliten beschränkten ihren Einfluss in der Regel auf die subnationale Ebene und konzentrierten sich auf Elitenauseinandersetzungen auf der regionalen und lokalen Ebene. Die Elitenstrukturen und -auseinandersetzungen hatten einen anderen Charakter als in anderen Gebieten der Ukraine, da es sich nicht um Konflikte innerhalb einer Regierungselite handelte, sondern um Auseinandersetzungen zwischen Regierungs- und Oppositionseliten, also um Intraelitenkonflikte.

Das Gebiet Lemberg war auch aus dem Grund interessant, weil es wegen der Dominanz der Eliten aus dem Ostteil des Landes und der Dominanz der Kiewer Machtstrukturen nur selten ein Analyseobjekt war. Die Elitenstrukturen der Westukraine unter Kučma wurden nach dem Kenntnisstand der Verfasserin dieser Arbeit nicht genauer untersucht. Die Elitenstrukturen im Oblast' Lemberg waren durch eine Oppositionselite und eine Regierungs- oder Machtelite geprägt. Sie bewirkten neben den gewohnten, eher versteckten Auseinandersetzungen auch offene Konfrontationen, welche in anderen Gebieten der Ukraine nur selten vorkamen. Das generell eigennützige Handeln von

Eliten wurde durch Akteure ergänzt, welche diesem Schema nicht ganz entsprachen.

Eine weitere Eigenart war, dass sich das Gebiet Lemberg durch seine Sensibilität für politische und kulturelle Themen auszeichnete. Das lag zum grossen Teil an historischen Einflüssen, welche zur Folge haben, dass die politische Sensibilisierung in der ganzen Westukraine höher ist als im Rest des Landes. Deshalb konnte sich hier auch eine Gegenelite entwickeln. So konnten im Gegensatz zu anderen Gebieten der Ukraine im Lemberger Oblast' Akteure identifiziert werden, denen der politische und gesellschaftliche Wandel nicht nur in ihrer Rhetorik wichtig war. Dabei handelte es sich einerseits um politische Akteure wie die Vertreter der Partei „Unsere Ukraine", andererseits um unabhängige Intellektuelle oder zivilgesellschaftliche Gruppen.

Eine zusätzliche Hypothese, die so im Rahmen dieser Arbeit noch nicht formuliert wurde, wäre, dass das Gebiet Lemberg seine Fähigkeit und sein Entwicklungspotenzial dadurch unter Beweis stellt, dass es über Akteure verfügt, welche den Strukturwandel der Ukraine vorantreiben und unterstützen – zum grossen Teil in der Gestalt der politischen Oppositionselite, aber auch in der Gestalt von zivilgesellschaftlichen Organisationsformen. Das äussert sich auch in der Unterstützung von progressiven Kandidaten für politische Positionen, z. B. dem Präsidentschaftskandidaten Juščenko bei der Präsidentschaftswahl Ende Oktober 2004.

Vorab sind einige methodische Bemerkungen sinnvoll. Die Analyse von Eliten- und Machtstrukturen, welche im folgenden Kapitel im Vordergrund steht, erzeugt methodische Probleme. Eine quantitative Analyse ist im Rahmen einer Fallstudie methodisch nicht erstrebenswert, eine qualitative Herangehensweise generiert zum Teil subjektive Daten. Kaufmann/Kraay (2004: 304) bemerken in diesem Sinn: „Measurement error in many objective sources is at least as important as the measurement error in *subjective governance indicators*".[10]

10 Weitere methodische Probleme einer empirischen Analyse sind die Interpretation von Daten, der beschränkte Zugang zu den Daten, die schlechte Qualität der Daten und die geringe Anzahl von Daten. Vgl. zu den Problemen der Datenbeschaffung in der Ukraine: Zakharov/Rapp (2001).

Es stellt sich die Frage, inwieweit subjektive Daten sinnvoll sind. Und das nicht nur zur Analyse von Elitenstrukturen, sondern auch zu Analyse von Leistungsfähigkeit generell (vgl. dazu Kaufmann/Kraay 2004: 303). Objektive Daten sind aber genauso problematisch. Wenn man beispielsweise Steuereinnahmen betrachtet, dann kann allein die absolute Zahl schon Fehler aufweisen oder die Datenqualität unzureichend, im Sinne von aggregierten und nicht einzeln aufgeschlüsselten Daten, sein. Hinzu kommt noch das Problem der Steuerbasis, die sich in der Ukraine fast jährlich ändert.[11] Für viele Bereiche, welche in dieser Arbeit mit der Funktionsfähigkeit des Staates in Zusammenhang gebracht wurden, sind subjektive Informationen die einzigen Daten, welche zugänglich sind und aus welchen man Rückschlüsse ziehen kann. Dies betrifft besonders die Phänomene Korruption und Netzwerke, welche oft versteckt und illegal sind. Daher werden die Aussagen zu den unterschiedlichen Macht- und Elitenstrukturen im Lemberger Gebiet qualitativ erfolgen, der methodischen Probleme ist sich die Autorin bewusst.

Die grundsätzlichen methodischen Probleme werden auch am Beispiel der Arbeit von Stoner-Weiss (2002) sichtbar, welche in ihrer qualitativen Analyse zu Elitenstrukturen in russischen Gebieten davon ausgeht, dass das institutionelle Design konstant ist, dass sich aber der institutionelle Kontext ändert (wie beispielsweise informelle Strukturen oder Eliten).[12] So kann die Autorin „examine the effects of context on different institutional capabilities". Im vorliegenden Fall ändert sich aber auch das institutionelle Design laufend. Man hat es somit mit einer doppelten Variabilität zu tun, der nur eine qualitative Fallstudie zu einem bestimmten Zeitpunkt gerecht werden kann.

11 Die mangelnde Aussagekraft von statistischen Daten wird eindrücklich von van Zon et al. (1998: 163f.) am Beispiel von Wirtschafts- und Unternehmensstatistiken der ukrainischen Region Zaporižžja dargestellt.

12 Stoner-Weiss (2002) stellt in ihrer Analyse von Regionalpolitik und Leistungsfähigkeit in Russischen Oblasti ein Bündel von Indikatoren zusammen: Indikatoren für den politischen Prozess, für politische Ergebnisse, für die Implementierung politischer Beschlüsse sowie Indikatoren für Bürgernähe. Sie findet heraus, dass der Oblast', welcher gemäss diesen Indikatoren am besten abschneidet, weder wirtschaftlich noch kulturell entwickelter ist als die anderen Untersuchungsgebiete.

Das Ziel der folgenden Analyse der politischen Strukturen im Gebiet Lemberg war, zunächst die Richtigkeit der zuvor für den Gesamtstaat und die regionale Ebene aufgestellten Hypothesen für das Fallbeispiel zu prüfen. Das beinhaltet, die Hindernisse und Möglichkeiten der regionalen Interessenwahrung, insbesondere gegenüber dem Zentralstaat, in einem volatilen institutionellen Kontext aufzuzeigen. Interessant war wie politische Programme und Zugeständnisse des Zentralstaates von dem Gebiet genutzt wurden, um Entwicklungspotenziale auszuschöpfen und eine unabhängige Politik des Gebietes umzusetzen. Eine wichtige Rolle spielten neben dem institutionellen Wandel, dessen Richtung grundsätzlich von Vorgaben des Zentralstaates abhängt, die politischen Konstellationen und Konfrontationslinien im Gebiet Lemberg selber. Politischen Kräften auf subnationaler Ebene kann eine entscheidende Rolle zukommen, wenn es darum geht, einen positiven Wandel herbeizuführen. Ein weiterer Schwerpunkt waren daher die Eliten- und Abhängigkeitsstrukturen im Untersuchungsgebiet. Dazu gehören Fragen nach der Autonomie der lokalen Elite, nach der Bedeutung von Vetospielern und nach der Involvierung der Bevölkerung in Elitenkonflikte und politische Fragen.

In der Fallstudie ging es vor allem darum, die bereits aufgestellten Hypothesen, etwa den Rückgriff auf informelle Instrumente bei mangelnder Institutionalisierung, zu unterstreichen, zusätzlich aber auch zu zeigen, dass sich in dem Gebiet Lemberg mit der Existenz einer Gegenelite eine Macht positioniert hatte, welche die alten Eliten zum Handeln und manchmal auch zur Kooperation zwang, aber auch starken Widerstand bei diesen hervorrief. Aus dieser Konfrontationssituation gingen beharrliche Akteure hervor, die sich für Institutionalisierung, Stabilität und Strukturwandel einsetzten. Diese Situation hatte aber auch eine politische Blockade zur Folge, welche Entwicklungspotenzial einschränkte. Anhand der Analyse des Gebietes Lemberg sollte in Übereinstimmung mit den Leithypothesen dieser Arbeit verdeutlicht werden, dass die Funktionsfähigkeit der unzureichend institutionalisierten Verwaltungs- und Regierungsstrukturen, aber auch die Reformansätze auf subnationaler Ebene, von Eliteninteressen und durch einen starken Elitenwettbewerb im Gebiet bestimmt werden.

Die folgende Kapitelgliederung weicht aufgrund der Relevanz der Macht- und Elitenstrukturen für die Frage nach der künftigen Leistungsfähigkeit der Region ein wenig von dem bisherigen Schema ab. Die Darstellung konzentriert sich in einem ersten Teil (Kapitel 6.2) zunächst auf eine Übersicht der formellen Einflussmöglichkeiten auf regionale Entwicklungen bzw. auf die formelle Entwicklung von regionalpolitischen Instrumenten. Zusätzlich werden hier die Instrumente der informellen Einflussnahme behandelt. Eine wichtige Frage ist wie durch den komplementären Einsatz von informellen Mitteln Ziele in der Regionalentwicklung erreicht werden. In einem zweiten Teil (Kapitel 6.3) werden die Machtstrukturen und der Elitenwettbewerb des Gebietes Lemberg analysiert. Im Vordergrund stehen die wichtigsten Akteure und ihre politischen Einflussstrukturen, die Instrumentalisierung von Behörden und Staatsorganen durch die Machtelite und die beschränkten Einflussmöglichkeiten von Akteuren der (Zivil-)Gesellschaft. Im Lemberger Gebiet hat (wie auf zentralstaatlicher Ebene) eine unzureichende Institutionalisierung Informalität zur Folge, diese wird zusätzlich durch die Elitenstrukturen gefördert. Jedoch sind es gerade diese Strukturen, die im Gebiet Lemberg von anderen Gebieten der Ukraine abweichen. Das führt zu einer weiterführenden Hypothese, nämlich, dass die Existenz einer Gegenelite die Macht- bzw. Regierungselite unter Handlungsdruck setzt (und begründet diesen separaten zweiten Teil in Form des Kapitels 6.3). Daraus ergibt sich die Frage nach den Reaktionen der Machelite und nach den Folgen für den institutionellen Wandel und die Leistungsfähigkeit der Region.

6.2 Institutionalisierung der regionalen Interessenwahrung

6.2.1 Regionale Entwicklungspläne

Die politischen und rechtlichen Leitlinien aller Staatsebenen werden in der Zentrale in Kiew festgelegt – darum bleiben die Regionalstrukturen trotz der Reformansätze (siehe Kapitel 5.3.2.2) weitgehend vom Zentrum abhängig. Eine der wenigen formellen Möglichkeiten, welche den Regionen und ihren Akteuren zur Verfügung stehen, eigene regionalpolitische Initiativen und Interessen in dem ihnen zugestandenen institutionellen Handlungsrahmen zu realisieren, sind regionale Entwicklungspläne.[13] Die Regionalentwicklung basiert in der Ukraine bisher zu einem grossen Teil auf Subventionen und Transfers. Das Instrument der regionalen Entwicklungspläne soll von seiner Anlage her dem Zentrum einen Teil seiner Verantwortung für die Regionalentwicklung abnehmen, ohne dass das politische Zentrum in Kiew die Gesamtkontrolle abgeben muss. Diese Pläne haben im Idealfall mit der früheren sozialistischen Planung nicht mehr viel zu tun, und die alten Planungsmethoden sind durch neue, zeitgemässere Techniken ersetzt.[14] Ausgehend von Stärken und Schwächen der jeweiligen Oblasti werden die regionalen Potenziale und Fähigkeiten identifiziert und darauf aufbauend eine Entwicklungsstrategie für die einzelnen Gebiete konzipiert. Diese Analyse basiert nicht nur auf Untersuchungen von Verwaltungsbeamten, sondern auch auf externen Expertisen und Umfragen in der Bevölkerung.

Führend im Entwurf von regionalen Entwicklungsplänen sind die Oblasti Lemberg, Luhans'k und Charkiv.[15] Ihre Ansätze sind aber vollkommen unterschiedlich. Die beiden östlichen Gebiete Luhans'k und

13 Nach einer Versuchsphase auf lokaler Ebene werden nun auch auf der Oblast'ebene Entwicklungspläne entworfen. Vgl. zu diesem Thema Maksymenko et al. (red.) (2003).

14 Durchgesetzt hat sich hier weitgehend die SWOT-Analyse, welche die Stärken, Schwächen, Möglichkeiten und Gefahren eines Untersuchungsgebietes diagnostiziert und aufgrund der Ergebnisse eine Entwicklungsstrategie formuliert.

15 Zu lokalen Entwicklungsplänen äussern sich Maksymenko et al. (red.) (2003) ausführlich.

Charkiv haben die traditionellere Herangehensweise für regionale Entwicklung gewählt. Dieser traditionelle Ansatz geht von der Verbesserung der sozialen Lebensbedingungen aus. In Lemberg ist die Strategie, im Gegensatz zu dem sozialen Ansatz der Ostgebiete, sehr wirtschaftsorientiert. Ein wesentlicher Unterschied besteht darin, dass das Gebiet (und die Stadt) Lemberg seine Stärken und Entwicklungspotenziale im Wirtschaftsbereich betont, wohingegen sich die beiden anderen Gebiete darauf konzentrieren, ihre sozialen Schwächen herauszuarbeiten und Lösungen für deren Überwindung anzubieten.

Das Hauptziel der Strategie von Luhans'k ist es, den Lebensstandard der Bevölkerung durch Infrastrukturverbesserung, Vollbeschäftigung und Einkommenssteigerung zu erhöhen. Basierend auf den Stärken und Schwächen der Region und den regionalen Capacities werden Entwicklungspotenziale identifiziert. Diese Zielsetzung unterstreicht den sozialen Ansatz der Strategie. Die Entwicklung der regionalen Wirtschaftsstrukturen soll gemäss dem Gebietsgouverneur Jefremov nur eine Art, aber nicht die Hauptstütze von Territorialentwicklung sein.[16] Das Problem dieser Herangehensweise an Regionalentwicklung ist, dass er die gegenwärtige sozio-ökonomische Lage zementiert, da wegen des Finanzmangels nicht absehbar ist, woher die nötigen Mittel kommen sollen, um die sozialen Probleme auf die vorgeschlagene Art und Weise zu beheben. Darüber hinaus bietet diese Strategie wenig Anreize zu gesellschaftlicher Eigeninitiative, sondern überlässt die ganze Verantwortung und die Entwicklungsimpulse der Regionalverwaltung. Der Vorteil besteht darin, dass herkömmliche Hierarchien nicht in Frage gestellt, alternative Herangehensweisen gar nicht erst ausprobiert werden und die Verantwortung für die Regionalentwicklung in letzter Konsequenz wieder an das Zentrum zurückgegeben wird.

Die ökonomisch orientierte Herangehensweise des Oblast' Lemberg (*Stratehija rozvytku L'vivščyny do 2015 roku*) geht in die entgegen-

16 Entwicklungsstrategie des Luhans'ker Gebietes aus dem Jahr 2003 (bis zum Jahr 2011), siehe auch unter <http://www.polit.com.ua/?lang=eng&cgid=1&mpid=3&poid=1&od=21915> (30.05.2004).

gesetzte Richtung.[17] Die Strategie zur Entwicklung des Gebietes stützt sich auf verbesserte Rahmenbedingungen für in- und ausländische Investitionen, Wirtschaftsentwicklung und Capacity-Förderung.[18] Unternehmensentwicklung ist das Hauptziel der regionalen Entwicklungsstrategie. Darüber hinaus sollen die wirtschaftlichen Rahmenbedingungen und die Lage an der Grenze zur Europäischen Union genutzt und Investitionen in Bildung und Wissenschaft getätigt werden.[19] Das ökonomische Potenzial des Gebietes soll als Antriebsmotor für die gesamte Region dienen. Und nicht nur das, das Gebiet möchte mit seiner Strategie wegweisend für die Ukraine werden, vor allem was die Investitionstätigkeit und die Identifizierung von zukunftsträchtigen Investitionen angeht (Vysokyj Zamok, No. 80 (2760), 6–12 travnja 2004, 6). Ziel der Entwicklungsstrategie ist es, ein komplexes Programm zu entwerfen, welches alle Ressourcen der Region bestmöglichst einsetzt und mit dem Gebietsbudget und dem jährlichen sozioökonomischen Entwicklungsplan abgestimmt ist (Vysokyj Zamok, No. 80 (2760), 6–12 travnja 2004, 6).[20] Dieser für den postsowjetischen Raum ungewöhnliche Ansatz macht aus dem Gebiet Lemberg den Vorreiter im Bereich der innovativen Regionalentwicklung.[21]

17 Vergleiche die unterschiedlichen Ansätze des Lemberger und Charkiver Gebietes, welche beide „Pilotregionen“ bezüglich regionaler Politikformulierung sind: <http://www.kiev.largis.ua> (20.05.2004).

18 Weitere Details unter <http://www.ldp.lviv.ua> und <http://www.largis.kiev.ua> (20.05.2004).

19 In der Ukraine investiert das Gebiet Lemberg mit am meisten in sein Bildungswesen. Die Bildungsausgaben für die letzten Jahre beliefen sich auf: 345 Mio. Hrn. Im Jahr 2002; 2003: 445,8, 2004: 498 Mio. Hrn. (Vysokyj Zamok, No. 83 (2763), 13–19 travnja 2004, 5).

20 Die Strategie findet man unter <http://www.ldp.lviv.ua/en/components/strategy/strategy> (20.06.2004). Einzelheiten zu den unterschiedlichen Komponenten der Regionalstrategie wie Gebietsentwicklung, strategisches Management, Institution und Capacity Building sind unter nachstehender Adresse aufgeführt: <http://www.ldp.lviv.ua/en/components/> (20.06.2004).

21 Die führende Rolle hat auch mit ausländischem Einfluss zu tun, denn das Lemberger Entwicklungsprojekt (*Lviv Development Project*) ist zum grossen Teil vom Ausland finanziert. Ausführliche Informationen zu diesem Thema findet man auf der Internetseite des Entwicklungsprojektes: <http://www.ldp.lviv.ua>

Unterstützend kann in diesem Zusammenhang wirken, dass das Lemberger Gebiet in den letzten Jahren zu einem beliebten Investitionsgebiet geworden ist – der Gesamtumfang der Investitionen umfasst 305 Mio. USD.[22] Die Investitionen gehen vor allem in den Maschinenbau, in die Futtermittel- und Leichtindustrie, in die Holzverarbeitung, die Produktion von Baumaterialien und in den Bankensektor (Vysokyj Zamok, No. 80 (2760), 6–12 travnja 2004, 6).[23] Das Lemberger Gebiet ist trotz seiner nicht allzu grossen wirtschaftlichen Bedeutung im nationalen Vergleich in einigen Wirtschaftsbereichen führend (Herauszuheben sind die Papier- und Zementindustrie bzw. die Produktion von Baumaterialien). Traditionell ist das Lemberger Gebiet landwirtschaftlich geprägt. Manche Branchen wie das Ingenieurswesen oder die Instrumentenherstellung sind aber sehr modern. Grössere Industrieunternehmen sind im Umland von Lemberg, aber auch auf dem Stadtgebiet selber angesiedelt.[24] Obwohl es durchaus noch grössere staatliche Industriekomplexe gibt, sind die meisten der Betriebe kleinere, stark diversifizierte Unternehmen, welche einem schwierigeren Wirtschafts-

22 50% davon wurden in den letzten zwei Jahren investiert. Internationale Investitionstätigkeit ist in der Westukraine nicht gering: von mehr als 6 Mrd. USD seit der Unabhängigkeit gingen ca. 250.000 Mio. USD in das Gebiet Lemberg. Wichtigster Investor sind die Vereinigten Staaten von Amerika mit ca. 1 Mrd. USD (Jurij Durkot, Interview 10. Mai 2004) (100 UAH entsprechen dabei 19 USD <http://www.oanda.com/convert/cheatsheet?user=bassow&lang=de>). Eine faire Entlöhnung ist bei Auslandsinvestoren aber nicht immer gegeben; vgl. das Beispiel von *Leoni Wiring Systems*, wo die Arbeiter nur etwas mehr als den Mindestlohn verdienen (400 Hrn. im Vergleich zum Mindestlohn von 386,73 Hrn.) (Vysokyj Zamok, No. 83 (2763), 13–19 travnja 2004, 5). Die gebietsinternen Investitionen umfassen ca. 3 Mrd. Hrn. (Vysokyj Zamok, No. 80 (2760), 6–12 travnja 2004, 6).

23 Auf die Arbeitslosigkeit hat sich diese Entwicklung nur begrenzt ausgewirkt. Die Arbeitslosenquote ist signifikant höher als in anderen Gebieten, was eine hohe Arbeitsmigration und auch soziale Probleme zur Folge hat (Vysokyj Zamok, No. 80 (2760), 6–12 travnja 2004, 6). Zu entsprechenden Daten siehe die website: <http://investmentfair.lviv.ua/en/economy> (05.07.2004).

24 Beispielsweise die Herstellung von Bremssystemen für Opel (*Leoni*) oder die Fabrikation von Bussen – seit einigen Jahrzehnten sind die Lemberger Busbetriebe (*LAZ*) der grösste Bushersteller des Landes; darüber hinaus hat das Gebiet ein starkes Standbein in der Lebensmittelverarbeitung (z. B. *Halka Kaffee*).

umfeld ausgesetzt sind (d. h. dass sie mehr unter wuchernder Bürokratie zu leiden haben als Grosskonzerne oder als jene mit ausländischer Beteiligung).

Ein grosser Nachteil der Wirtschaftsstruktur ist die Unterentwicklung des mittelständischen Gewerbes. Obwohl die Zahl von 15.000 kleinen und mittleren Unternehmungen (KMU) die zweithöchste in der Ukraine ist und auf 10.000 Einwohner 56 KMU kommen, ist das im Vergleich zu ausländischen Zahlen wenig.[25] Eine Wirtschaftsstruktur, die sich im interregionalen Wettbewerb nicht durchsetzen könnte, kann aber auf regionaler Ebene mit ihren veralteten und nicht konkurrenzfähigen Strukturen noch jahrelang weiter bestehen. Dem soll gerade die wirtschaftsorientierte Entwicklungsstrategie durch neue Wege und Impulse entgegenwirken. Das grösste Problem für die Umsetzung dieser Strategie sind aber auch hier die finanziellen Ressourcen, da der Gebietshaushalt nur minimalen Spielraum bietet und die bestehenden regionalen und lokalen Verpflichtungen nicht komplett finanziert werden können. Das Einbeziehen der Regionalentwicklung in die Budgetplanungen der folgenden Jahre und verbesserte Rahmenbedingungen für Investoren sollen neue Finanzmittel mobilisieren.

Die Konzeption dieser Entwicklungspläne findet grundsätzlich in administrativen Strukturen statt, d. h. in der von der politischen Zentrale abhängigen Regionalverwaltung. Im Vergleich zu den Organen der Selbstverwaltung auf regionaler Ebene und ihren Instrumenten ist diese durchaus institutionalisiert. Eine Kooperation von administrativen (der Regionalverwaltung) und politischen Strukturen (dem Gebietsrat) eines Gebiets oder einer Gemeinde (dem Gemeinderat beispielsweise) ist nicht ausgeschlossen.[26] Idealerweise arbeiten die Oblast'verwaltungen mit den Gebietsräten, also zentralstaatliche Strukturen mit Organen der Selbstverwaltung zusammen. Regionalentwicklungspläne können in dieser

25 In Polen kommen auf 10.000 Einwohner 900 Firmen (davon 700 private) (Vysokyj Zamok, No. 80 (2760), 6–12 travnja 2004, 6).

26 Siehe Maksymenko et al. (red.) (2003) zu den möglichen Formen dieser Kooperation wie Behandlung im Gemeinderat und Bürgereingaben. Und die website <http://www.ldp.lviv.ua/en/struct> (20.06.2004) zu konkreten Kooperationsmöglichkeiten im L'viv Oblast'.

Hinsicht auch als ein Motor für die Institutionalisierung der intrainstitutionellen Beziehungen gesehen werden.

Diese Zusammenarbeit klappt aber nur, wenn die zentralstaatlichen Institutionen die gleiche politische Ausrichtung haben wie die Organe der Selbstverwaltung. Das war im Lemberger Oblast' unter Kučma aber nicht der Fall. Daher war im Gebiet Lemberg das Verhältnis zwischen beiden Seiten sehr gespannt und von gegenseitigem Misstrauen gekennzeichnet. Im Allgemeinen haben die zentralstaatlichen Institutionen und die Organe der Selbstverwaltung sehr unterschiedliche Vorstellungen von politischen Zielen und ihrer Realisierung, was die Arbeit mitunter sehr erschwert (Zinovij Siryk, Interview 19. Mai 2004).

Hinzu kam, dass die Initiative zu der innovativen Vorgehensweise, einen Entwicklungsplan aufzustellen, der oppositionelle Vorsitzende des Gebietsrats ergriffen hatte. Der Vorsitzende des Gebietsrats war ein Mitglied der unabhängigen bzw. oppositionellen Gegenelite, die sich nach der Unabhängigkeit der Ukraine relativ schnell in dem Gebiet formieren konnte. Sie war relativ dominant im Lemberger Gebiet, hatte aber keine Machtbasis in den alten Strukturen. Diese Gegenelite stand in einem ständigen Konflikt mit der Gebietsverwaltung und den zentralstaatlichen Machtstrukturen. Eine institutionalisierte Formulierung und Umsetzung des Entwicklungsplans wurde so unmöglich. Daher wurde im Zusammenhang mit der Formulierung der Entwicklungsstrategie des Lemberger Gebietes auf unabhängige Organisationen zurückgegriffen, welche den Entwurf, die Präsentation und die Durchsetzung bei der Gebietsverwaltung übernahmen.[27] Die Verantwortlichen, die sich zum grossen Teil aus ausländischen Experten zusammensetzten, stellten sich mit ihren Ansätzen aber auch gegen überkommene Denkweisen und Dienstwege.

Allgemein weist der Verwaltungsapparat im Gebiet grosse Schwächen auf, angefangen von der Qualifikation und Motivation des Personals bis zur Annahme von Bestechung. (Jurij Durkot, Interview 10. Mai 2004). Eine Delegation von Kompetenzen an Organe der Selbstverwaltung ist aufgrund der starken Hierarchien und des bürokratischen

27 Nämlich auf die Nichtregierungsorganisation „Lemberger Entwicklungsprojekt" (*Lviv Development Project*), <http://www.ldp.lviv.ua/en> (10.10.2004).

Selbstverständnisses nur unter grossem Widerstreben möglich. Es ist überdies sehr schwierig, Projekte unter Umgehung des bürokratischen Instanzenweges zu realisieren (Krzysztof Herbst, Interview 25. Mai 2004). Zu gerne wird auch in Lemberg auf obere Hierarchieebenen verwiesen, wo eigentlich selbständige Entscheidungen möglich wären. Die Grundlagen für die Akzeptanz von ungewohnten Lösungen und für eine konstruktive Zusammenarbeit zwischen dem Verwaltungsapparat und nichtstaatlichen (Beratungs-)Organisationen sind in Lemberg aber gerade durch das Entwicklungsplan-Projekt gelegt worden. Die notwendige Kooperation zwischen den Organen der Exekutive, in diesem Fall der Stadt- und Oblast'verwaltung, und den involvierten nichtstaatlichen Entwicklungsorganisationen war im Bereich der Entwicklungsplanaufstellung zeitweise von Rückschlägen begleitet, insgesamt aber doch positiv. Der alternative Versuch von Regionalplanung und -entwicklung stösst im Westen der Ukraine trotz Verwaltungswiderständen auf fruchtbaren Boden. (Krzysztof Herbst, Interview 21. Mai 2004).

Es ist hinzuzufügen, dass die Planung und die Ausarbeitung der Strategie unter Umgehung des üblichen hierarchischen Dienstweges unternommen und direkt mit den Entscheidungsträgern in der Verwaltung diskutiert wurde. Dieses Vorgehen stiess zwar auf Widerstände in der Gebietsverwaltung, beschleunigte im Endeffekt aber den Prozess der Strategieformulierung wesentlich. Die Oblast'-verwaltung unterstützte nach anfänglichen Widerständen grundsätzlich die Ausarbeitung der Entwicklungsstrategie des Lemberger Gebietes. Das lag an den verwaltungsrechtlichen Prämissen, die einen Entwicklungsplan zwingend vorsahen. Sie sind zu einigen der wenigen formellen Bestimmungen zu zählen, die das Verwaltungshandeln bestimmen. Da ein Entwicklungsplan nötig ist, um die Gebietsentwicklung und die Investitionstätigkeit im Lemberger Gebiet zu kanalisieren, konnten die Verantwortlichen in der Verwaltung sich einer Kooperation nicht ganz verschliessen, überdies waren sie auf das Fachwissen der externen Experten angewiesen. Schliesslich kam den Akteuren in der Verwaltung die Ausrichtung der Strategie auf die Wirtschaftsförderung entgegen, um der chronisch unterfinanzierten Region neue Einkommensquellen zu erschliessen (Krzysztof Herbst, Interview 21. Mai 2004).

Jedoch ist es gerade durch die Delegation auf eine nichtstaatliche Organisation nicht gelungen, eine veränderte Denkweise durchzusetzen und konstruktive Zusammenarbeit zwischen administrativen Strukturen, welche ihre Legitimation vom Zentralstaat ableiten, und politischen Strukturen des Gebietes, welche sich auf die Grundlagen der Selbstverwaltung berufen, herbeizuführen. Innovative Ansätze können so zwar unter geschickter Umgehung von zentralstaatlichen Hierarchiestufen weiterverfolgt und durchgesetzt werden, aber es kommt nicht zu einem grundsätzlichen Mentalitätswandel in der Staatsverwaltung. Die Verlagerung von politischem Konfliktpotenzial in eine Mittlerorganisation bringt so einerseits einen sehr begrüssenswerten und neuartigen Entwicklungsansatz für das Gebiet Lemberg, löst aber andererseits die politische Blockade nicht. Sie fördert gar die Verlagerung von politischen Auseinandersetzungen in informelle Institutionen.

6.2.2 Andere Ansätze

Eine weitere Möglichkeit – nicht nur für das Gebiet, sondern auch für die lokale Ebene – ergibt sich dadurch, dass im Zuge der Massnahmen zur Selbstverwaltung den subnationalen Ebenen eigene Eigentumsverantwortlichkeiten zugestanden wurden. So haben die lokale und die regionale Ebene die Möglichkeit, selber über die Verwendung von Eigentum zu entscheiden und daraus erzielte Einnahmen für ihre eigenen Bedürfnisse zu verwenden (Zinovij Siryk, Interview 19. Mai 2004).

Zusätzlich wurde der Weg gewählt, wirtschaftliche Entwicklungspotenziale zu identifizieren und deren Umsetzung zu forcieren. Ein Beispiel dafür war die Investitionsmesse in Lemberg im Oktober 2004, in der Unternehmer und Vertreter der Stadt- und Gebietsverwaltung auf potenzielle Investoren zugegangen sind und diesen Anreizsysteme präsentiert haben, um für Investitionen in dem Gebiet Lemberg werben. Unter den gegebenen institutionellen-formellen Rahmenbedingungen wurde versucht, die bestmöglichen Optionen zu realisieren, wobei die zentralstaatlichen Verwaltungsstrukturen idealerweise nur unterstützend wirkten (Krzysztof Herbst, Interview 21. Mai 2004).

Zu den Versuchen der Regionalentwicklung zählen auch internationale Projekte. Sie werden von der Verwaltung als sinnvoller als beispielsweise interregionale Kooperation angesehen, da Finanzierungsfragen leichter zu lösen sind und der eigene Aufwand minimiert werden kann. Internationale Projekte sind aber meist sehr lokal ausgerichtet; wenn man von dem Projekt der Strategieformulierung absieht, welches sich regional orientiert. Die Stadt Lemberg hat beispielsweise enge Verbindungen zu der polnischen Stadt Krakau. Die Kooperation umfasst den Kulturaustausch, die Regionalentwicklung, die ökonomische Entwicklung und Expertenentsendung (Zinovij Siryk, Interview 19. Mai 2004).[28]

Auf nationaler Ebene sind die Zusammenarbeit und der Austausch ukrainischer Oblasti und Städte über regionale Entwicklungsfragen schwieriger zu realisieren, da oftmals die Finanzen, aber auch der Antrieb für Projekte solcher Art fehlen. Auf interregionaler oder interlokaler Ebene gibt es daher einen sehr beschränkten Austausch über Entwicklungsziele und Entwicklungsanforderungen. Wenn ein solcher erfolgt, dann meist mit internationaler Unterstützung und internationalem Antrieb.

Ein Beispiel für interregionale Zusammenarbeit ist die Kooperation der Städte und Gebiete Lemberg und Charkiv im Bereich der regionalen Wirtschaftsentwicklung und der Förderung von KMU.[29] Darüber hinaus tauschen sich das Gebiet Lemberg und Charkiv zu Problemen und Fragen aus, die im Zusammenhang mit ihren jeweiligen Entwicklungsstrategien auftauchen.[30] Das Lemberger und das Donec'ker Gebiet sind überdies Pilotgebiete in der Realisierung des Programms *Demokratyzacija Ukrajiny: programa malych proektiv (*Die Demokratisierung der

28 Das kulturelle Potenzial des Lemberger Oblast' ist hoch: fast ein Viertel der gesamten historisch-kulturellen Aktivitäten der Ukraine findet hier statt (Vysokyj Zamok, No. 80 (2760), 6–12 travnja 2004, 6).

29 Einzelheiten zu der Kooperation zwischen Lemberg und Charkiv an folgender Adresse: <http://www.bizpro.org.ua/clients/bizpro/bpuaen.nsf/0/cd90327b38a0332ac2256b9f0026f8c4?OpenDocument> (10.08.2004). Weitere Beispiele in Nemiria (2000: 193).

30 Zu Einzelheiten siehe: <http://www.largis.kiev.ua/english/ind-engl.htm> (25. 05. 2004).

Ukraine: Programm für Kleinprojekte). Es geht darin insbesondere um die Ausweitung des Bürgereinflusses auf Regierungs- und Verwaltungsentscheidungen (Postup, No. 112 (1421), 20–26 travnja 2004, 4). Einzelne Beispiele zeigen, dass es zwischen den verschiedenen Gebieten in Ost und West durchaus zur Kooperation und zum Meinungsaustausch kommen kann und die Unterschiede zwischen diesen Gebieten kein Hindernis für Zusammenarbeit sein müssen. Gegenwärtig bleiben die regionalen und lokalen Koordinationsansätze aber nur Versuche, da sie von einer Institutionalisierung weit entfernt sind. Das gilt auch für die lokale Ebene und ihre Lobbyorganisation „Assoziation der Städte", welche noch wenig dazu beitragen hat, politische Entwicklungen zu koordinieren oder Einfluss geltend zu machen (Zinovij Siryk, Interview 19. Mai 2004).

Strategische Planung erfolgte in der Ukraine zuerst auf der lokalen Ebene und verbindet sich nun immer mehr mit Regionalentwicklung.[31] Ein Problem ist insbesondere die Koordination mit den Planungen auf den übergeordneten Verwaltungsebenen sowie die erforderliche Rückendeckung der übergeordneten Ebenen bei grösseren Investitionen.[32] Von der mangelnden Abstimmung und Koordination von Entwicklungsbemühungen sind nicht nur subnationale Pläne betroffen. Gerade auch bei nationalen Plänen ist eine starke Fluktuation festzustellen, welche von den Gebietsverwaltungen ständig Anpassungsleistungen erfordern (Vysokyj Zamok, No. 83 (2763), 13–19 travnja 2004, 5). Überdies stellen nationale Ereignisse, z. B. Gesetzesänderungen oder Präsidentschaftswahlen, immer wieder alles in Frage (Zinovij Siryk, Interview 19. Mai 2004). Die unzureichende Institutionalisierung und Verlässlichkeit von nationalen politischen Programmen und Entscheiden erweist sich als

31 Vgl. Maksymenko et al. (red.) (2003). Zur Strategie der Stadt Lemberg, der *Lviv City Strategy* siehe: <http://www.largis.kiev.ua/> *<Regiony>*, *<L'vivs'kyj regional'nyj komponent>* (25.05.2004).

32 Lokale Initiativen sind selten und bedürfen der Unterstützung von regionalen bzw. übergeordneten Ebenen. Dies gelang dem Dorfvorstand von Lastiv Ivan Juščyšyn, der sich die Unterstützung der Verwaltung für eine Rehabilitierungseinrichtung für Kinder sicherte und dem Dorfvorstand von Brjuchovic Vacyl' Jakymiv, der Infrastrukturprojekte durchführte (Vysokyj Zamok, No. 83 (2763), 13–19 travnja 2004, 5).

eines der grössten Entwicklungshindernisse für die subnationale Ebene, da sie eine verlässliche und langfristige Planung unmöglich macht.

Ähnliches gilt auch für die Koordination zwischen höheren und niedrigeren Verwaltungsebenen auf subnationaler Ebene. Regelmässige Sitzungen von Delegierten aus der Stadtverwaltung Lemberg und der entsprechenden Oblast'verwaltung fanden unter Kučma nicht statt. Bei den jährlichen (!) Treffen war die Diskussion nicht sehr konstruktiv, da beide Seiten Angst vor Macht- und Einflussverlusten hatten und nicht bereit waren, aufeinander zuzugehen, wenn sie eigene Kompetenzen und Machtansprüche zurückstellen mussten (Zinovij Siryk, Interview 19. Mai 2004).

Erschwert wird die Kooperation zwischen unterschiedlichen Verwaltungsebenen insbesondere durch die Auseinandersetzung um finanzielle Ressourcen. So sind die Finanzströme von den Oblasti ans Zentrum und von diesem an die Oblasti oft undurchsichtig (Vysokyj Zamok, No. 80 (2760), 6–12 travnja 2004, 6), genauso wie die dann folgende lokale Verteilung an Rajone, Gemeinden und Städte. Eine unvoreingenommene Zusammenarbeit kann daher nicht ohne klare formelle Vorgaben und definitive Kompetenzabgrenzungen entstehen, so Olekcij Kolesnyk, der Vorsitzende des Oblast'rats in Charkiv (Viče, No. 8 (125), 2002, 34–37). Viele Kooperations- und Koordinationsversuche finden in einem institutionellen Vakuum statt und haben aufgrund ihrer Informalität nicht zu einer Neuordnung der Beziehungen auf der regionalen Ebene geführt, sondern im Gegenteil die Komplexität der Beziehungen erhöht. Vordergründig sind vom Zentrum in Kiew mehr Eigenverantwortlichkeit an subnationale Akteure abgegeben worden, aber de facto sind die unteren Verwaltungsebenen noch stärker an das Zentrum gebunden worden; nicht nur wegen Finanzmangel, oft auch aus dem einfachen Grund, dass ihnen kompetente Mitarbeiter oder Spezialisten fehlen.

Generell hat die Institutionalisierung von eigenständiger Politik auf Oblast'ebene bisher nicht stattgefunden. Es fehlen die formellen Voraussetzungen für ein Funktionieren der Institutionen auf regionaler Ebene (Räte, Regionalversammlungen). Die Gebiete sind weitgehend Erfüllungsgehilfen des Zentrums geblieben. Diese Tendenz ist noch stärker, wenn keine oppositionellen politischen Kräfte in einem Gebiet tätig sind. Dazu kommt, dass durch Dezentralisierungsmassnahmen parallele Verwaltungsstrukturen entstanden sind. Am deutlichsten sind diese auf lokaler Ebene, auf welcher lokale Selbstverwaltungsstrukturen und Verwaltungsstrukturen der Zentralverwaltung nebeneinander bestehen. Die Organe der lokalen Selbstverwaltung verfügen, anders als die regionale Ebene, aber über ausreichend Kompetenzen, um in diesem Machtkampf auch ihre eigenen Interessen durchzusetzen. Auf regionaler Ebene wirken die hierarchischen Strukturen des Zentrums viel stärker und wollen bei politischen Entwicklungen und Entscheidungen stets eingebunden werden. Regionale Aktivitäten werden deshalb stark durch das Zentrum kontrolliert.

Die formellen Möglichkeiten der regionalen Interessenwahrung werden innerhalb eines volatilen institutionellen Kontextes wahrgenommen. Die aktive regionalpolitische Tätigkeit im Lemberger Gebiet beweist, dass die bestehenden formellen Handlungsfenster genutzt wurden, um eine unabhängige Entwicklungsstrategie zu formulieren. Die Akteure setzten zudem die lokalen und regionalen Abhängigkeitsbeziehungen geschickt für informelle Einflussnahme ein. Daher ist ein weiterer wichtiger Punkt in Bezug auf die Funktionsfähigkeit der regionalen Ebene das Wirken von Eliten und der Einsatz entsprechender Einfluss- und Machtstrukturen. Dieses Kapitel zeigt bereits, dass die Funktionsfähigkeit der regionalen Ebene mehr von dem Gegen- und Miteinander der regionalen Eliten und ihren zum grössten Teil informellen Machtinstrumenten abhängt als von institutionalisierten politischen Abläufen. Dieser Punkt wird im folgenden Kapitel nochmals näher im Hinblick auf das Wirken einzelner Elitengruppen und Individuen betrachtet. Überdies stellt sich die Frage nach der Relevanz von entsprechenden politischen Netzwerken und Loyalitätsstrukturen sowie der Existenz von politischen Konfrontationslinien. Die weiteren Ausführungen Kapitel konzentrieren sich daher auf das Selbstverständnis und den Einfluss der regionalen Machteliten im Gebiet Lemberg.

6.3 Machtstrukturen und Elitenwettbewerb im Gebiet Lemberg

6.3.1 Destruktive Abhängigkeitsstrukturen und Elitenkonflikte

Wenn Institutionen Handlungen nur unzureichend strukturieren, dann ergibt sich ein grösserer Spielraum und erweiterte Handlungsoptionen für die involvierten Akteure. Die Betrachtung der regionalen Ebene zeigt, dass man hier zwischen den relativ gut institutionalisierten Organen der Zentralverwaltung und den mit ihnen verbundenen Akteuren einerseits und den mit den Organen der Selbstverwaltung verbundenen Akteuren andererseits unterscheiden muss. Tendenziell ist dabei die Machtelite mit den Organen der Zentralverwaltung verbunden, wohingegen es unabhängigen oder politisch oppositionellen Akteuren oft gelingt, sich in Organen der Selbstverwaltung zu positionieren.[33] Diese Organe werden daher oft zu Objekten der politischen Einflussnahme, und die entsprechenden Kräfte sind stark genug, um die Machteliten herauszufordern. In dem Lemberger Gebiet und in grossen Teilen der Westukraine fand unter Kučma eine Entwicklung in diese Richtung statt.

Die Abhängigkeitsbeziehungen der wichtigsten politischen Akteure und Institutionen im Gebiet Lemberg bzw. in der Westukraine unterscheiden sich generell von denjenigen in anderen Gebieten der Ukraine und bedürfen daher einer näheren Betrachtung, da sie neben dem sofort ins Auge stechenden Einfluss auf die politischen Konfliktlinien und auf die Qualität der politischen Auseinandersetzung (welcher durch unzureichende Institutionalisierung noch verstärkt wird) auch neue Impulse für die Funktionsfähigkeit des Gebietes geben können. Dieses Potenzial kommt z. B. in der Entwicklung eines innovativen Entwicklungsplanes für den Oblast' zu Tage.

33 Das bestätigt die These, dass es unabhängigeren Akteuren eher gelingt, in neuen Strukturen Fuss zu fassen, als alte Strukturen für sich zu gewinnen (Johannsen/Nørgaard 200: 3).

Die vorangehenden Ausführungen haben darauf verwiesen, dass die politische Macht und die politische Elite in dem Oblast' Lemberg zwischen der Macht- oder Regierungselite und einer Gegenelite geteilt waren. Darin bestand im Wesentlichen die Besonderheit dieser Region. Vereinfacht betrachtet, war die Regierungselite institutionell mit zentralstaatlichen Machtorganen, die Gegenelite mit Organen der Selbstverwaltung verbunden. Dabei waren im Gebiet Lemberg drei wichtige *player* oder Machtgruppen zu identifizieren: die Zentralverwaltung und ihre Vertreter auf regionaler Ebene, die Anhänger der „Vereinigten Sozialdemokratischen Partei" (SDPU(o)) und schliesslich oppositionelle oder gänzlich unabhängige Kräfte.[34] Im Lemberger Gebiet zählten zu der oppositionellen Gruppe insbesondere die Mitglieder der Parteien „Unsere Ukraine", der „Block Tymošenko" oder des *Ruch*.

Die alten Machthaber aus sowjetischen Zeiten waren auch im Lemberger Gebiet auf wichtigen Positionen zu finden. Vor allem die Verwaltungsstrukturen waren mit Kräften durchsetzt, die sich dort vor der Unabhängigkeit der Ukraine ihre Positionen gesichert hatten. Diese Personen wurden nur in Ausnahmefällen abgesetzt, wechselten jedoch in lukrativere Positionen, wenn sich die Möglichkeit dafür ergab. Sie waren grundsätzlich loyal zu der politischen Führung in Kiew und Erfüllungsgehilfen der Politik des Zentrums. Die Zentrale strebte aber auch geradezu danach, die wichtigen Posten mit verlässlichen Personen zu besetzen. Die Verwaltungsbeamten waren in der Regel aus Eigeninteresse und aufgrund des Drucks vom Zentrum unkritisch. Unliebsame, d. h. unabhängige, aber auch innovativ denkende Vertreter wurden sehr schnell von ihren Posten abberufen.[35] Dadurch, dass Kompetenzen wie Finanzverantwortungen auf lokale Ebenen delegiert wurden, wurden

34 Die von allen politischen Kräften Unabhängigen sind in einer Minderheit bzw. sympathisieren oft mit der politischen Opposition, deswegen werden sie hier nicht als separate vierte Gruppe aufgeführt.

35 Je niedriger die Verwaltungs- bzw. Regierungsebene, desto eher haben unbedachte Schritte für den Betreffenden negative Folgen. Die Absetzung von kritischen Personen erfolgt auf der Rajonebene mit viel weniger Aufsehen, als auf der Oblast'ebene. Zum Beispiel wurden im Lemberger Gebiet zwei Rajonvorsteher abgesetzt, weil sie es bei einer Abstimmung gewagt hatten, gegen die Regierungsvorgaben zu stimmen (Jurij Durkot, Interview 10. Mai 2004).

die Abhängigkeitsstrukturen innerhalb der Verwaltungshierarchie verstärkt. Informelle Mechanismen bewirkten zusätzlich, dass diese Beziehungen gefestigt werden (Oleh Onysko, Interview 20. Mai 2004).

Abgesehen von den hierarchischen Verwaltungs- und Parteibeziehungen (vor allem in der SDPU(o)) dominieren horizontale Beziehungen und Abhängigkeiten. Seilschaften innerhalb eines Gebietes bestimmen die einflussreichsten Bereiche in Politik und Wirtschaft. Dieses Loyalitätsnetz ist auf den obersten Ebenen sehr dicht, das heisst auf der Ebene der Direktoren der grössten Firmen, des Bürgermeisters und der Gebietsregierung sowie den Leitern von wichtigen Verwaltungsabteilungen auf regionaler, aber auch auf lokaler Ebene. Alle einflussreichen Mitglieder der Regionalverwaltung oder des Gebietsrats sind untereinander mittels informeller Strukturen verbunden. Diese Seilschaften sind nicht sehr transparent und auch nicht sehr flexibel. Dazu drängen die Leiter von neuen Wirtschaftsakteuren (z. B. aus Banken) in diese Kreise, bedrohen den Zusammenhalt der regierenden Eliten aber grundsätzlich nicht.

Ein Beispiel für diese Abhängigkeitsstrukturen im Gebiet Lemberg waren die Kontakte des Vorsitzenden der Lemberger Regionalverwaltung Oleksandr Sendeha, der sich loyal zu den Machtstrukturen verhielt, was ihm im Jahr 2002 den Aufstieg von der Position des Vizeleiters der Regionalverwaltung zum Leiter derselbigen brachte. Sein Beziehungsgeflecht umfasste loyale Abgeordnete im Gebietsrat, die Leiter der grösseren verbliebenen staatlichen Betriebe und Mitarbeiter der Zeitung *Vysokyj Zamok.* Gerade die lokalen Medien waren von Geschenken oder (finanziellen) Unterstützungsleistungen der lokalen Verwaltung bzw. von lokalen Unternehmen abhängig und in ihrer unabhängigen Berichterstattung dementsprechend eingeschränkt. Die Zeitung *Vysokyj Zamok* konnte nur in ihrer eigenen Druckerei in Lemberg gedruckt werden, welche aber jederzeit von den Behörden geschlossen werden konnte. Lokale Abhängigkeitsstrukturen waren an der Tagesordnung.[36]

36 Leider können an dieser Stelle keine Einzelaufstellungen von solchen Strukturen erfolgen, da es sich dabei meist um sehr geschlossene, von aussen nicht zugängliche, Netzwerke handelt.

Die Seilschaften und Akteure der zweiten Gruppe waren mit den Repräsentanten und Anhängern der „Vereinigten Sozialdemokratischen Partei" verbunden. Unter Kučma hat diese Partei durch ihre straffe Organisation und ihre zielstrebige Vorgehensweise die Nachfolge der Kommunistischen Partei der Sowjetunion angetreten und ist in vielen Gebieten der Ukraine die bestimmende politische Kraft geworden. Sie stand stets abseits von anderen Verbindungen oder Clans, da sie kein (Wahl-)Gebiet für die Regierung kontrollierte (RFE/RL Poland, Belarus, and Ukraine Report, 11 November 2003, Vol. 5, No. 43). Dadurch bewies die Partei ihre Unabhängigkeit.

Die SDPU(o) war unter Kučma die empanzipierteste und für den Staat gefährlichste Clanverbindung in der Ukraine. Ihre einzige Ideologie ist der Machterwerb und Machterhalt. Sie verstand es, durch ihre gute Organisation und durch ihre hierarchischen Strukturen Macht zu bündeln und zu kanalisieren. Sie nutzte den Vorsitz ihres Leiters Viktor Medvedčuk in der Präsidialadministration geschickt aus, um ihre Positionen mit der Deckung der politischen Führung landesweit durchzusetzen. Dank der straffen Organisation reichten die vertikalen Machtstrukturen bis nach unten in die Lokalverwaltungen. Auch im Lemberger Gebiet hatte die „Vereinigte Sozialdemokratische Partei" auf fast alles Einfluss. Zum Beispiel auf die Verwaltung, die Gerichte, die exekutiven Organe, die Steueragenturen und den Zoll. Ein wichtiger Aspekt dieses Einflusses war die Kontrolle von Finanzflüssen. Durch ihre freundschaftliche Verbindung zum Umfeld des Präsidenten hatte sie einen grossen Handlungsspielraum und konnte sich bei heiklen Manövern (wie Wahlfälschung, Einschüchterung von politischen Gegnern) der Unterstützung der politischen Führung sicher sein. Die Verwaltungsvertreter und die Repräsentanten der SDPU(o) gingen je nach Bedarf Koalitionen ein, konnten sich aber genauso von einander abgrenzen, wenn es ihnen politisch opportun erschien. So waren die Leitung und die Politik der Steuerbehörde im Gebiet Lemberg zeitweise identisch mit jener der SDPU(o) (UKL 231, 29 February 2004, #8). Ein grosser Nachteil des Bündnisses mit den zentralstaatlichen Verwaltungs- und Regierungsstrukturen war, dass nicht nur ihre Koalitionen, sondern ihre ganze Politik stark von politischen Entwicklungen abhingen.[37] Das Ergebnis der Präsidentschaftswahlen 2004 und der damit verbundene Regime- und Parteienwechsel war für die politische Macht der SDPU(o) eine Katastrophe – die Partei muss sich nun mühsam neue (informelle) Einflusskanäle aufbauen.

Die dritte grosse Einflussgruppe im Lemberger Gebiet bestand aus Oppositionellen und Unabhängigen. Am schwierigsten konnten die unabhängigen Unternehmer, Intellektuellen, Kulturschaffenden und ihre entsprechenden Organisationen ihre Standpunkte vertreten und durchsetzen. Wenn diese sich nicht die (gekaufte) Protektion der Verwaltung gesichert hatten, mussten sie mit Schikanen und administrativen Behinderungen rechnen, das betrifft meist KMU (vgl. dazu L'vivska Hazeta, No. 92 (416), 26 travnja 2004, 1). Diese bunt zusammengewürfelte Gruppe war die einzige, welche das Kriterium einer autonomen subnationalen Elite erfüllte.

Die Schwierigkeiten rührten vor allem von der Dominanz und Machtfülle der Regierungsstrukturen und ihren Partnern her. Die Machtstrukturen verliessen sich aber nicht allein auf ihre Machtposition, sondern unterdrückten unabhängige Meinungen zusätzlich, beispielsweise durch Gerichtsverfahren oder durch den Einsatz von Verwaltungsorganen, z. B. der Steuerbehörde. In „schweren Fällen" wurde auch zur Liquidierung der betreffenden Personen gegriffen.[38] Doch meistens wurden verdeckte Methoden bevorzugt. Da die Beteiligten auch in ihrem eigenen Interesse schwiegen, sind viele Fälle gar nicht öffentlich geworden. An dieser Stelle seien jedoch zwei prominente Beispiele genannt. Der unabhängigen Lemberger Zeitung (*L'vivska Hazeta*) wurde aufgrund ihrer Berichterstattung die Steuerinspektion zur Buchprüfung ins Haus geschickt, um belastendes Material zusammenzutragen, damit die Zeitung geschlossen werden konnte. Die Zeitung wehrte sich

37 Vor der Berufung ihres Führers Viktor Medvedčuk zum Leiter der Präsidialverwaltung fiel die SDPU(o) beim Präsidenten in Ungnade und wurde vom politischen Liebkind zum Paria.

38 Eine besonders beliebte Methode war der inszenierte Autounfall. Auch beim oppositionellen Präsidentschaftskandidaten Juščenko wurde im Präsidentschaftswahlkampf 2004 darauf zurückgegriffen, die „Attacke" schlug aber fehl.

erfolgreich vor Gericht, und es konnte eine Schliessung verhindert werden (Details in Kapitel 6.3.2 oder UKL 231, 29 February 2004 #7 und #8). Der Vorsitzende des Gebietsrats von Lemberg bekam ähnliche Probleme wegen seiner unparteiischen Haltung und wegen seiner Mitgliedschaft in der Partei „Unsere Ukraine" und wurde von propräsidentiellen bzw. Nomenklatura-Kräften diffamiert und sogar vom Präsidenten selbst unter Druck gesetzt (BBC Monitoring Service, 9 November 2003 und 12 April 2004 sowie Kapitel 6.3.2).

Die Vertreter der politischen Opposition waren in der Regel in die politischen Strukturen des Gebiets eingebunden. Sie mussten sich dort einem sehr starken und nicht immer mit fairen Mitteln ausgetragenen Elitenwettbewerb mit den Parteien der Macht, insbesondere mit der SDPU(o) stellen. Die Auseinandersetzungen arteten zu einem offenen Konflikt zwischen den Anhängern der Partei „Unsere Ukraine" und denen der „Vereinigten Sozialdemokratischen Partei" aus. Zum Beispiel wurden Unternehmen behindert, welche die Partei „Unsere Ukraine" unterstützten oder welche unliebsamen Parlamentariern im Gebietsrat gehörten. Dazu gehörten Unternehmen, welche mit dem Abgeordneten der Partei „Unsere Ukraine" Petro Porošenko verbunden waren.[39] Sie hatten unter anderem mit unangemeldeten Besuchen und Belästigungen der Steuerinspektion zu rechnen. Der Konflikt zwischen präsidentennaher Elite und oppositionellen Eliten wurde gegen Ende der Amtszeit von Kučma immer mehr in der Öffentlichkeit ausgetragen.[40] Das lag

39 Darunter befindet sich das Unternehmen *Orlan*, der Kulturclub *Dzyga* und die Lemberger Zeitung. Vgl. auch UKL 231, 29 February 2004, #8: „On Feb. 13, 2004, deputy chief of the Tax Administration Yury Hryb announced that sufficient grounds exist to launch a criminal case alleging financial improPirieties against a group of companies affilated with Poroshenko – *Ukrprominvest industrial holding*, *Luts'k Automobile Plant*, *Roshen Corporation* and *Radomyshl Brewery*. He accuses them of illegal Tax refunds of VAT tax." Weitere Details in: Wall Street Journal Europe, 23. February 2004 und UKL 231, 29 February 2004, #7.

40 Offen ausgetragene Konflikte auf Oblast'ebene sind meist auf einen akuten Elitenkonflikt zurückzuführen. Matsuzato zeigte das am Beispiel *Primor'e*, *Sverdlovs'k Oblast'* und *Udmurtija* in Russland und *Odessa Oblast'* in der Ukraine. Matsuzato (2002: 1275) beobachtete Auseinandersetzungen wegen eines Elitenwechsels in der Zakarpattja Oblast'. Diese These bestätigen auch die Ereignisse vom Frühjahr 2004 in Mukačevo.

nicht nur an den Medien im Lemberger Gebiet, welche dieses Thema gerne aufgriffen, sondern auch am kritischen Publikum.

Im Lemberger Gebiet hatte die Auseinandersetzung zwischen der SDPU(o) und den Verwaltungsorganen auf der einen und der politischen Opposition in Gestalt von „Unserer Ukraine" auf der anderen Seite sogar die Einmischung der zentralstaatlichen politischen Ebene zur Folge.[41] Ein wichtiger Grund dafür war, dass alle drei wichtigen Einflussgruppen des Gebiets, die Zentralverwaltung mit dem Präsidenten an ihrer Spitze, die SDPU(o) mit ihrem Führer Medvedčuk und die Opposition mit Viktor Juščenko wichtige Repräsentanten auf zentralstaatlicher Ebene hatten. Diese waren sich des Elitenkonfliktes im Lemberger Gebiet wohl bewusst und verstanden es, ihre „Untergebenen" nach ihrem Gusto zu manipulieren. Um die Interessen des Zentrums besser durchzusetzen, wurde der regionale Ableger der präsidentennahen Partei „Für eine Vereinigte Ukraine" praktisch von der Gebietsadministration organisiert.

Damit ist auch die Frage nach den Vetospielern beantwortet. Diese sind in letzter Konsequenz immer auf der nationalen Ebene und in den Regierungsstrukturen zu finden und können, wenn ihre Aufmerksamkeit einmal auf ein Problemfeld gelenkt wurde, nur noch schwer von unten beeinflusst werden. Leider erfolgt ihr Einsatz fast ausschliesslich, wenn es darum geht, Macht und Einfluss zu sichern und nicht, wenn es um die Förderung der Funktionsfähigkeit bestimmter Politikbereiche oder Reformansätze geht.

Interessant ist in diesem Zusammenhang eine Studie von Matsuzato (2002: 1274f.), welcher die politischen Strukturen im Gebiet Zakarpattja analysiert hat. Diese Strukturen wurden wie im Lemberger Gebiet von Netzwerken alter Nomenklatura-Kader in der Regionalverwaltung und Vertretern der „Vereinigten Sozialdemokratischen Partei" dominiert (Matsuzato 2002: 1281f.), in Lemberg spielten aber die oppositionellen Parteien auch eine wichtige Rolle. In der Zakarpattja Oblast' waren die Auseinandersetzungen zwischen den verschiedenen Elitengruppen zunächst auf das eigene Gebiet beschränkt, mit der Ernennung von Viktor Juščenko zum Premierminister im Jahr 1999 verlagerte sich die intraregionalen Rivalität zwischen verschiedenen Seilschaften aber auf

41 Ausführlich dazu im nächsten Kapitel (Kapitel 6.3.2).

die nationale Ebene.[42] Solange Juščenko Premierminister war, konnte der Gouverneur von Užhorod seiner Rückendeckung sicher sein, und den präsidentennahen Kräften gelang es nicht, ihn abzusetzen. Damit war die regionale Politik komplett von politischen Konstellationen und Seilschaften des Zentrums abhängig, trotz des vordergründig wiederauflebenden Regionalismus (Matsuzato 2002: 1289). Dies ist nur ein Beispiel dafür, dass die politischen Entwicklungen eines Oblast' nicht von Programmen oder Institutionen, sondern von der aktuellen Elitenkonstellation und ihrer Stellung bzw. ihren Beziehungen zur politischen Führung abhängen.

Die zentralstaatlichen Machtstrukturen und die mit der Regierung und dem Präsidenten verbundenen (regionalen) Eliten befanden sich grundsätzlich bei jeder Auseinandersetzung mit der bestehenden Gegenelite im Vorteil, da sie über mehr Macht verfügten, um die Gegeneliten einzuschüchtern und um unpopuläre Massnahmen durchzusetzen. Die den Machteliten entgegengesetzten Kräfte waren im Vergleich dazu viel weniger einheitlich und teilweise untereinander zerstritten.[43] Sie hatten es viel schwerer, sich den präsidentennahen Kräften entgegenzustellen, konnten aber auf die Unterstützung aus dem Medienbereich und von nichtstaatlichen Organisationen zählen. Die oppositionellen Kräfte haben es nicht zuletzt deswegen geschafft, in der Gebietsversammlung von Lemberg die Mehrheitsverhältnisse zu ihren Gunsten zu ändern.

Ohne Abhängigkeitsbeziehungen und informelle Strukturen konnten im Oblast' Lemberg keine Entscheidungen getroffen werden. Gerade auf subnationaler Ebene unterwanderten vom Zentrum gestützte, informelle Strukturen den politischen Prozess und dominierten das politische Geschehen. Die Machteliten wussten den institutionellen Rahmen zu ihren Gunsten mittels entsprechender informeller Netzwerke zu nutzen. Mit der Positionierung einer Gegenelite wurden die Macht-

42 Er wurde im Mai 2001 durch ein Misstrauensvotum vom Parlament abgesetzt (Bos 2002: 459).

43 Das Magazin *Ji* stellte sogar generell fest, dass zwischen unabhängigen Kräften und der politischen Opposition eine Allianz nicht möglich ist (Ji-Magazine, in: Ekspres, 23–30 sičnja 2003 und Interview mit Iryna Mahdiš, 18. Mai 2004).

strukturen zum Handeln gezwungen, auch wenn dieses Handeln nicht die Lösung von inhaltlichen Fragen zum Ziel hatte. Im Lemberger Gebiet verfügte keine der Gruppen über genügend Durchsetzungskraft, um seine Macht zu konsolidieren. Somit änderte sich auch nichts an den informellen Mitteln, die gleichwohl überall zum Einsatz kamen.

Diese informelle Mittel umfassten verschiedene Machtinstrumente, darunter auch solche, welche ausschliesslich der Machtelite zu ihrer Interessendurchsetzung zur Verfügung stand. Ein originäres Machtmittel postsowjetischer Art war der Einsatz von „administrativen Ressourcen". Auch in der Ukraine erfreute sich die administrative Ressource bei der politischen Führung und den mit ihr verbundenen Strukturen grosser Beliebtheit. Das folgende Kapitel soll daher einen genaueren Einblick auf den Einsatz und die Wirkung dieser Ressource geben.

6.3.2 Die Steuerbehörde als informelle administrative Ressource

Der Verwaltung ist es unter Kučma sehr gut gelungen, in gewissen Bereichen ihre Durchsetzungfähigkeit zu beweisen.[44] Sie war auf regionaler und auch auf lokaler Ebene daran interessiert, das öffentliche und private Leben zu kontrollieren und ihr nicht genehme Entwicklungen zu unterbinden. In den Augen der Machthaber zeichnete sie sich insbesondere durch ihre Schlagkraft nach unten und ihre Hörigkeit nach oben aus. Daher war es naheliegend, wenn sie zur Kontrolle und Behinderung von missliebigen Aktivitäten eingesetzt wurde. Die Staatsverwaltung eignet sich allgemein als ein Instrument der zentralstaatlichen Interessenwahrung, daher wurde sie von der politischen Führung als administrative Ressource und damit als Mittel zur Machtwahrung eingesetzt.

Eine Methode, welche unter dem Präsidenten Kučma sehr beliebt wurde, war der Einsatz der Steuerverwaltung oder ihres exekutiven

44 Dies ist vor allem im Sinne von bürokratischer Autorität und dem potenziellen Einsatz von Zwangmitteln gemeint, und nicht im Sinne von Leistungserbringung von Seiten der Verwaltung.

Arms, der Steuerpolizei, gegen unliebsame Aktivisten.[45] Der lokalen Steuerverwaltung wurde vorgeworfen, dass sie von Nomenklatura-Kreisen und präsidententreuen Kräften instrumentalisiert wird und den Auftrag hat, oppositionelle Tätigkeiten in ihrem Einflussbereich zu unterbinden. Oleh Tselujko, Anwalt der *Kharkiv Remedial Group*, sprach von einer strafenden, regionalen Instanz. Im Lemberger Gebiet wurde gerade durch die Steuerbehörde versucht, gesellschaftspolitische und präsidentenkritische Organisationen einzuschüchtern und zum Schweigen zu bringen. Meist wurden diese wegen der nicht korrekten Abführung von Steuern vor lokalen Gerichten verklagt und verurteilt. Die Gerichte kooperierten in der Regel mit der Steuerverwaltung. Die Steuerpolizei kam nicht nur im Lemberger Gebiet, sondern in der ganzen Westukraine fast exklusiv gegen Vertreter der Opposition zum Einsatz.[46]

Die Verflechtung der regionalen Steuerinspektion mit dem Zentrum war im Lemberger Gebiet besonders stark, da bis zum Frühjahr 2004 Serhij Medvedčuk der Vorsitzende der Steuerinspektion des Gebietes war, der Bruder von Viktor Medvedčuk, dem damaligen Leiter der Präsidialadministration und Vorsitzenden der „Vereinigten Sozialdemokratischen Partei". Diese Verbindung wurde genutzt, um die Steuerbehörde als strafende Instanz des Zentrums einzusetzen.

So gerieten beispielsweise die Herausgeber der *L'vivska Hazeta* ins Visier der Steuerinspektion. Die Zeitung war zwar nicht mit der politischen Opposition verbunden, fungierte aber als unabhängiges Organ und zeichnete sich durch kritische Berichterstattung aus. Über die weitverbreitete Korruption in der Lemberger Steuerverwaltung konnte die Zeitung nicht ohne Folgen berichten.[47] Ein erstes Mittel der Steuerbehörde war die Aufforderung zu einer Strafzahlung, welches die

45 Zum Beispiel im Streitfall zwischen der Steuerbehörde und *L'vivska Hazeta*. Oder in Bezug auf die lokale Rechtsprechung gegen die *L'vivska Hazeta* (UKL 231, 29 February 2004 #7 und #8 sowie L'vivska Hazeta, No. 82 (406), 12 travnja 2004, 2).

46 Es traf aber auch Unabhängige oder ausländische Interessen. Die *Kredyt Bank Ukraine*, eine Tochter der *Kredyt Bank Poland*, beschwerte sich beispielsweise über ungesetzliches Vorgehen der Behörde; welche bei ihren Durchsuchungen den Verdacht der Geldwäscherei vorschob (UKL 231, 29 February 2004, #8).

47 <http://www.taraskuzio.net/media/ourukraine_sdpuo.pdf> und <http://www.usosce.rpo.at/archive/2004/03/ukraine.pdf> (30. März 2004).

Herausgeber der Zeitung aber nicht einzuschüchtern vermochte. Sie verklagten die Steuerbehörde und ihren Vorsteher Serhij Medvedčuk im Gegenzug,da auf einer Pressekonferenz vertrauliches Material, welches die Zeitung der Steuerverwaltung im Rahmen der regulären Steuerprüfung zur Verfügung gestellt hatte, öffentlich behandelte wurde.[48] Als Antwort darauf wurde die *L'vivska Hazeta* vor Gericht gebracht, da sie einen Artikel der polnischen Zeitung *Rzeczpospolita* ohne sanktionierte Übersetzung abgedruckt hatte. Der Vorschrift über die Prüfung von übersetztem ausländischem Pressematerial durch die Verwaltung schenkte vorher niemand Beachtung. Als sie sich dazu eignete, der unliebsamen Zeitung Schwierigkeiten zu machen, wurde sie prompt angewandt (L'vivska Hazeta, No. 82 (406), 12 travnja 2004, 2). Die Zeitung konterte mit einer weiteren Klage wegen Falschaussagen der Steuerbehörde. Die Behörde hatte behauptet, dass sie sich in der Ausübung ihres Amtes ausschliesslich auf ukrainische Gesetze stützen würde. Das allgemeine Vorgehen der Steuerinspektion liess dies aber als fragwürdig erscheinen (L'vivska Hazeta, No. 82 (406), 12 travnja 2004, 2). Es war offensichtlich, dass der Druck der Steuerbehörde auf die Zeitung mit der kritischen Berichterstattung über die politische Rolle der Steuerbehörde, dem Nichtbeachten von Regierungsanweisungen über politisch korrekte journalistische Berichterstattung und dem beginnenden Präsidentschaftswahlkampf zusammenhing.[49]

Zusätzlich nam die Steuerpolizei unliebsame Personen in Gewahrsam und war zuständig für die Verhaftung von Intellektuellen und unabhängigen Unternehmern. Anfang Januar 2004 wurde beispielsweise Markijan Ivaščyšyn von der Steuerpolizei der Ukraine verhaftet.[50] Er hatte seit Ende der 90er Jahre aktiv (auch finanziell) kulturelle und zivile Aktivitäten in der Ukraine unterstützt; seit 2002 finanzierte einen Teil der *L'vivska Hazeta* und war Mitbesitzer (UKL 231, 29 February 2004,

48 Siehe den Bericht unter <http//:www.Pravda.com.ua> vom 9. September 2003.

49 Andere oppositionelle Zeitungen wie Postup wurden durch Brandanschläge an der Arbeit gehindert.

50 Das war nicht das erste Mal. Ende Dezember 2002 wurde er schon einmal verhaftet. Nur auf Betreiben von Journalisten und Lokalpolitikern wie Taras Čornovil wurde er nach kurzer Zeit wieder freigelassen.

#8). Überdies war er der Gründer und Direktor des unabhängigen Kulturzentrums *Dzyga* in Lemberg. Das offizielle Vorgehen gegen ihn wurde als der Höhepunkt der Repressalien gegen sein gesellschaftspolitisches Engagement aufgefasst (Oleh Onysko, Interview 27.04.2004 in der Deutschen Welle). Dies war nur ein Beispiel für die Praxis der Staatsorgane, via Steuerbehörde und Steuerpolizei kritischen Institutionen wie *L'vivska Hazeta* oder *Dzyga* und mit ihnen verbundenen Firmen und Finanzgebern Schwierigkeiten zu machen.

Diese Übergriffe der Steuerverwaltung führten zunächst nur zu Protesten in Lemberg und hatten keine politischen Konsequenzen. Ihren Unmut äusserten die politische Opposition und Organisationen der Zivilgesellschaft sowie unabhängige Beobachter.[51] Später wurde der Leiter der Lemberger Steuerbehörde Serhij Medvedčuk wegen Verstössen gegen die Vorschriften der Steuerverwaltung nach Kiew versetzt. Dies bedeutete aber keine Degradierung. Denn in Kiew wurde der Bruder des Leiters der Präsidialadministration als Vizeleiter der Nationalen Steuerinspektion eingesetzt. Zivilklagen gegen ihn verliefen folgenlos. Er wurde von einem örtlichen Gericht freigesprochen, obwohl dieses feststellte, dass die Zeitung *L'vivska Hazeta* Recht gehabt hatte, und er der Zeitung Dinge unterstellt hatte, die offensichtlich unwahr und von ihm frei erfunden waren (Wall Street Journal Europe, 23 February 2004, UKL 231, 29 February 2004, #7). Diese Entscheidung bewies, dass unter Kučma alle wichtigen Staatsorgane in das zentrale Machtsystem eingebunden und in ihren Entscheidungen nicht frei waren. Die Opposition im Lemberger Gebiet konnte den willkürlich handelnden Machtorganen bloss beschränkt Widerstand leisten.

Die Versetzung nach Kiew hinderte den ehemaligen Leiter der Lemberger Steuerverwaltung nicht daran, sich weiterhin in regionale

51 Am 1. Oktober 2003 sprach der Vorsitzende des Gebietsrats von Lemberg der Steuerverwaltung sein Misstrauen aus. Die Präsidialadministration setzte daraufhin den Oblast'-Gouverneur und vier Vorsitzende von Rajonverwaltungen ab und beschuldigt sie, die Opposition bei der Organisation von zivilem Ungehorsam zu unterstützen. Daraufhin fanden Demonstrationen gegen die Steuerverwaltung in Lemberg statt (RFE/RL Poland, Belarus, and Ukraine Report, 11 November 2003, Vol. 5, No. 43).

Fragen einzumischen und ihm nicht genehmen Personen das Leben schwer zu machen. Dazu gehörte insbesondere, Druck auf den Vorsitzenden des Lemberger Gebietsrats Mychajlo Sendak und auf die Vertreter der Oppositionspartei „Unsere Ukraine“ auszuüben. Der Vorsitzende des Lemberger Gebietsrates wurde im Jahr 2002 als Vertreter der „Unsere Ukraine“ in dieses Amt gewählt. Von Anfang an arbeitete er darauf hin, diesem Organ mehr Gehör in der Gebietsadministration zu verschaffen und seine Kompetenzen auszuweiten. Der Gebietsrat sollte, den Dezentralisierungsmassnahmen entsprechend, nicht mehr nur ein Anhängsel der Exekutive sein, sondern auch eigene Entscheidungen treffen können.[52] Dadurch waren Probleme mit den „Vereinigten Sozialdemokraten“ und exekutiven Strukturen vorprogrammiert (BBC Monitoring Service, 5 April 2004).

Seitdem oppositionelle Parteien die Mehrheit hatten und gegen die Regierungskräfte in Kiew politisierten, blockierten präsidentennahe Parteien politische Entscheidungen und zogen sich aus dem Gebietsrat zurück. Obwohl dieses Organ wenig Einflussmöglichkeiten hat, ist es doch eine nicht ignorierbare Instanz, da es Öffentlichkeit generiert. Ein aktiver unabhängiger Vorsitzender ist für die Verwaltung und den Gouverneur überaus unbequem. Insbesondere wenn er, wie Sendak, Korruptionspraktiken oder illegale Handlungen öffentlich machte (BBC Monitoring Service, 5 April 2004). Aktive Versuche, mehr Machtkompetenzen für den Gebietsrat durchzusetzen, das Aufdecken von illegalen Praktiken bei öffentlichen Aufträgen und ein Memorandum zum Stand der Pressefreiheit trugen dazu bei, dass er zu einer für zentralstaatliche Regierungseliten unliebsamen Person wurde (vgl. BBC Monitoring Service, 3 November 2003). Die Machtelite versuchte in der Folge, ihn mit bürokratischen und strafrechtlichen Mitteln aus seinem Amt zu hebeln. Dazu gehörte eine Anklage wegen Betrug und Bestechung sowie eine Informationssperre über die Arbeit des Gebiets-

52 Das tat er schon unter Vyačeslav Čornovil. Dieser ging aber Kiew, worauf der Gebietsrat wieder in eine passive Rolle fiel (Julija Štefančuk, Interview 18. Mai 2004).

rats (BBC Monitoring Service, 9 November 2003).[53] Der Druck der regionalen Vertreter der Regierungseliten in Kiew wurde von der höchsten politischen Ebene, von Serhij Medvedčuk und seinem Bruder Viktor Medvedčuk gestützt.

Üblicherweise wurde der Gegner von Machtstrukturen korrupter Praktiken beschuldigt, um ihn zu diskreditieren. Dann versuchte man die Sache durch ein „Schweigegeld" zu regeln, dies geschah auch im Fall Sendak (BBC Monitoring Service, 12 April 2004). Er schlug dieses Angebot aber aus; daraufhin wurde er mit dem Vorwurf konfrontiert, Gelder einer von ihm geführten Transportfirma veruntreut und Steuern hinterzogen zu haben.[54] Eine Klage seinerseits wurde aufgrund einer Gerichtsreform verschleppt. Ähnliches geschah auch mit dem ehemaligen Bürgermeister von Luhans'k (Serhij Lukjanenko), der eine Auseinandersetzung mit dem Gouverneur des Luhans'ker Gebietes (Oleksandr Jefremov) hatte. Er musste sich zuerst gegen Vorwürfe der Steuerhinterziehung wehren, dann wurde er als Bürgermeister abgesetzt. Später wurde er verhaftet und es fanden Neuwahlen ohne ihn statt. Nach der Wahl wurde er freigelassen (BBC Monitoring Service, 5 April 2004)

Auf politischer Ebene wurde die Arbeit des Vorsitzenden des Gebietsrats von Lemberg so behindert, dass der Gebietsrat keine Beschlüsse mehr fassen konnte. Die Deputiertengruppe „Soziale Gerechtigkeit" blockierte im Frühjahr 2004 die Arbeit des Gebietsrats und verlangte, dass der Rücktritt des Vorsitzenden Sendak behandelt werden sollte. Daraufhin kam es nur noch sehr sporadisch zu Ratstreffen. Wenn dieser zusammenkam, dann nur um bald in politische Grabenkämpfe zu versinken. Faktisch war die Wintersession nur der Frage des Rücktrittes

53 Verschiedene Vertreter von Zeitungen im Lemberger Rajon beklagten sich zusätzlich, dass sie von der Gebietsverwaltung gedrängt wurden, Artikel gegen den Gebietsrat und seinen Vorsteher zu schreiben (Vysokyj Zamok, No. 88 (2768), 20–26 travnja 2004, 3).

54 Das zuständige Gericht gab Sendak aber recht und lehnte die Zahlung von Strafgeldern in Höhe von 7 Mio. Hrn. ab. Daraufhin wurde der Staatsanwalt seines Heimatbezirkes Drohobyč aktiv und klagte ihn wegen Bestechung beim Kauf von Aktien der Transportfirma an. Danach wurde der Fall vom Generalstaatsanwalt behandelt. Keine Ausnahme war auch, dass Sendak nicht einmal genau wusste, was ihm vorgeworfen wurde (BCC Monitoring Service, 12 April 2004).

des Vorsitzenden Sendak gewidmet, inhaltliche Fragen wurden kaum behandelt und entschieden (L'vivska Hazeta, No. 85 (409), 17 travnja 2004, 1–2). In der darauffolgenden Sommersession verlagerte sich der Konflikt auf die Parteienebene: Die Repräsentanten von „Unsere Ukraine" und der SDPU(o) behinderten sich gegenseitig und führten die Entscheidungsunfähigkeit des Gebietsrats herbei.

In der Auseinandersetzung zwischen dem Vorsitzenden des Gebietsrats und seiner Partei „Unsere Ukraine" auf der einen Seite und der SDPU(o), den lokalen Gerichten, den regionalen Steuerbehörden und den administrativen Ressourcen auf der anderen Seite waren alle politischen Ebenen beteiligt. Der Vorsitzende wurde praktisch mit der ganzen, von Machteliten instrumentalisierten Staatsmacht konfrontiert, um ihn aus dem Weg zu schaffen. Dies ist leider kein Ausnahmefall unter Kučma gewesen.[55]

Elitenkonflikte dieser Art bestimmten das politische Tagesgeschäft, nicht nur im Lemberger Gebiet, sondern auch in anderen Gebieten der Westukraine. Eine Intensivierung dieser Auseinandersetzung war immer im Vorfeld von politischen Wahlen festzustellen. Besonders interessant wurden die Konflikte, wenn es um Wahlen in für die jeweilige Gruppe bedeutenden Städten oder um Präsidentschaftswahlen ging. Das folgende Kapitel befasst sich mit einigen Beispielen wie der Elitenwettbewerb im Rahmen von Wahlen zum Ausdruck kam.

55 Ein weiteres Beispiel war die Auseinandersetzung zwischen dem Bürgermeister Lev Hrycak der westukrainischen Stadt Truskavec und dem Generaldirektor des örtlichen Mineralwasserkonzerns. Der Bürgermeister warf ihm die Aneignung von Regierungseigentum und die nichtgesetzliche Privatisierung seines Unternehmens vor. In einem Brief an den Präsidenten wurde vermerkt, dass der Unternehmensleiter die Positionen von „Unsere Ukraine" unterstützte. Ein Hinweis auf den rein politischen Charakter des Konflikts. Peinlicherweise wurden die Anordnungen des Leiters der Präsidialadministration öffentlich. In diesen schlug er den lokalen Gerichten vor, wie sie zu entscheiden hatten und welche Personen abzusetzen waren (L'vivska Hazeta, No. 86 (410), 18 travnja 2004, 1).

6.3.3 Manipulierte Lokalwahlen und gesellschaftliches Desinteresse

Bei politischen Wahlen zeigten sich die Machtstrukturen und der Elitenwettbewerb im Lemberger Oblast' deutlich. Grundsätzlich ist zuerst zu bemerken, dass bei nationalen Wahlen Galizien und das Lemberger Gebiet tendenziell nationalukrainisch wählen. Die Kommunisten und der Nomeklatura nahestehende Parteien haben es schwer. Die einzige ernstzunehmende Gegenkraft war bis zum politischen Wechsel im Winter 2004/2005 die „Vereinigte Sozialdemokratische Partei" SDPU(o).

Die stärksten Parteien waren neben der nationalukrainischen Vereinigung *Ruch*, die Nationaldemokraten und die unierten Oppositionskräfte („Block Tymošenko", „Unsere Ukraine") (Wall Street Journal Europe, 23. February 2004 und UKL 231, 29 February 2004, #7). Im gewählten Stadtrat und im Gebietsrat von Lemberg standen sich die SDPU(o) und die vereinigten Oppositionskräfte seit dem Amtsantritt von Viktor Medvedčuk als Leiter der Präsidialadministration immer mehr als Blöcke gegenüber und behinderten sich bei politischen Abstimmungen gegenseitig.[56]

Geschäftsmänner oder ehemalige Unternehmensdirektoren haben es nicht nur in Odessa, in Donec'k, in Vinnycja, sondern auch in Lemberg zum Bürgermeister gebracht. Der Bürgermeister von Lemberg Ljubomir Bunjak ist auch ein ehemaliger „roter" Direktor gewesen.[57] Dass Leistungskriterien auf lokaler Ebene eine wichtigere Rolle spielen als auf anderen Regierungsebenen, bewiesen verschiedene Versuche des Gebietsrats und der Gebietsverwaltung, ihn wegen fehlender Stadtentwicklung abzusetzen.[58]

56 Zum Beispiel bei der Abstimmung über das Landgesetz (L'vivska Hazeta, No. 80 (404), 7 travnja 2004, 1–2).

57 Bunjak, der 2002 gewählt wurde, war vorher ein verantwortlicher Direktor der Pipeline *Družba*. Der Vorgänger im Bürgermeisteramt wurde wegen Unfähigkeit nach acht Jahren durch Bunjak ersetzt – unter anderem wegen Nichterfüllen des Versprechens, die städtische Infrastruktur (Instandsetzung von Bausubstanz, Strassen, Wasserversorgung) zu modernisieren.

58 Es ist sogar ein Referendum zur Absetzung des Bürgermeisters möglich, dazu 70.000 Einwohner der Stadt ihren Namen auf die Unterschriftenliste setzen. Die

Im Stadtrat von Lemberg wechselten die politischen Konstellationen ständig, und es gab keine verlässlichen Arbeitsstrukturen.[59] Daher ist es nicht verwunderlich, dass Sachfragen nicht nur auf der nationalen und regionalen, sondern auch auf der lokalen Ebene nicht diskutiert wurden (Iryna Mahdiš, Interview 18. Mai 2004). Da die politische Führung unter Kučma das Lemberger Gebiet für politisch weitgehend verloren hielt (Jurij Durkot, Interview 10. Mai 2004), investierte sie in andere, vielversprechendere Gebiete.[60] Das änderte aber nichts daran, dass die Strukturen der Zentrale Druck via vertikale Machtstrukturen und administrative Ressourcen auf die Westukraine und das Lemberger Gebiet ausübten.[61]

Seit der zweiten Amtszeit des Präsidenten Leonid Kučma spürte man starke Ressentiments zwischen Lemberg und Kiew (Jurij Durkot, Interview 10. Mai 2004). Die Stadt und das Gebiet Lemberg waren erklärterweise ein Ort der Opposition gegen den Präsidenten. Präsident Kučma brachte durch seine Politik aber auch zum Ausdruck, dass ein Oppositionsgebiet nicht mit Unterstützung, insbesondere auf der finanziellen Ebene, rechnen kann. Es musste eher darauf gefasst sein, dass die präsidentennahen Strukturen ein viel schärferes Auge auf Entwicklungen hatten, die nicht ihren Vorstellungen entsprachen. Subventionen

Initiativgruppe dazu muss 200 Leute umfassen (L'vivska Hazeta, No. 81 (405), 11 travnja 2004, 2).

59 Vysokyj Zamok, 8 travnja 2004, 3; L'vivska Hazeta, No. 86 (410), 18 travnja 2004, 2 zu den wechselnden politischen Konstellationen zur Unterstützung des Bürgermeisters.

60 Die Konsequenz war eine chronische Unterfinanzierung der Westukraine und des Lemberger Gebietes. Mangels Finanzen konnten die meisten Reformen nicht durchgeführt werden, zum Beispiel Infrastrukturprojekte, der Bau von Strassen und Brücken, die Sanierung der Wasserversorgung (Jurij Durkot, Interview 10. Mai 2004; Postup, No. 105 (1414), 12 travnja, 4 und Postup, No. 107 (1416), 14 travnja 2004, 1).

61 Und über ihnen wohl gesinnte Abgeordnete und Parteienvertreter, z. B. über Petr Pisarčuk, Abgeordneter der SDPU(o), über den Vorsitzenden Aleksej Radzievskij der Lemberger „Partei der Regionen" oder über Vasilij Tymkiv, den Vorsitzenden der Lemberger Sektion der „Werktätigen Ukraine". Sie unterstützten u. a. die Kandidatur des Präsidentschaftskandidaten Janukovyč (Vysokij Zamok, 22–28. April 2004, 3).

wurden, wenn überhaupt, oft nach Parteizugehörigkeit eines Rajons oder Wahlkreises vergeben. So warf der Koordinator des Oppositionsblockes Olijnyk der Regierung vor, dass nur die drei regierungstreuen Wahlkreise der SDPU(o) die versprochenen Finanzmittel bekommen hatten.[62]

Wahlen auf lokaler Ebene sanktionieren in der Ukraine oftmals die „traditionellen" Machtverhältnisse. Im früheren Wahlsystem waren die Regeln komplex und verwirrend.[63] Überdies kennen die meisten Leute die Deputierten nicht, die sie wählen sollen. Das gilt für alle Regierungs- und Verwaltungsebenen. Den Ausschlag zugunsten eines Kandidaten geben meist emotionale Gründe (Aussehen, Vermögen).[64] Oft fallen auch viele Wahlen zeitlich zusammen (Dorf-, Stadt-, Regionalrat) und erhöhen dadurch die Verwirrung bei der politisch mangelhaft informierten und nur mässig interessierten Bevölkerung. Im Westen sind diese Verhältnisse aber teilweise überholt und andere Faktoren für Wahlergebnisse ausschlaggebend. In dieser Region wird Politik auch als Palette von Möglichkeiten aufgefasst, aus der in einem öffentlichen Wettbewerb die beste Option ausgewählt wird.

Generell gilt aber, dass Wahlen dazu dienen, die gegenwärtigen Machthaber zu legitimieren. Matsuzato (2002) zeigt in seinem Artikel für das Gebiet Zakarpattja, dass lokale Wahlen und Politik in den 90er Jahren darauf ausgelegt waren, die Autonomie der lokalen Elite zu gewährleisten, welche sich politisch vor allem für sich selbst engagierte und entsprechend ökonomisch absicherte: „The main issues of Zakarpattyan politics from 1990 to the 1994 local elections were [...] how to restore and maintain the local elite's autonomy" (Matsuzato 2002: 1274).[65] Wenn bei lokalen Wahlen die lokale Elite gewinnt (meist

62 Jedem der 12 Wahlkreise wurden 1,5 Mio. Hrn. versprochen (zusammen 18 Mio. Hrn.). Jedoch erhielten nur die drei Wahlkreise, die an die SDPU(o) gingen, tatsächlich Geld (L'vivska Hazeta, No. 86 (410), 18 travnja 2004, 1).

63 Zu den Wahlsystemen in der Ukraine nach der Unabhängigkeit siehe ausführlich (Bos 2002: 469f.).

64 Als Mittel der Wahlmanipulation in der Ukraine kann das Aufstellen von „Doppelgängern" unliebsamer Kandidaten herausgehoben werden, die unter gleichem Namen potenzielle unaufmerksame Wähler „abwerben".

65 Untätigkeit ist ein beliebter Charakterzug der lokalen Elite, von Politikern bis zu Staatsunternehmern. Van Zon et al. (1998) sprechen von einem soziopsycholo-

unabhängig davon, ob der offizielle Kandidat oder einer der Oppositionspartei obsiegt), stellt sich oft das Problem, dass den Kräften des Zentrums ein effektives Kontrollinstrument über lokale Geschehnisse genommen wird.

Zum *worst case* für die Zentralmacht, nämlich dem Sieg eines Oppositionskandidaten, drohte es im Frühjahr 2004 in der zwischen der Regierung und der Opposition aufgespalteten westkarpatischen Kleinstadt Mukačevo zu kommen. In den Bürgermeisterwahlen vom 18. April 2004 erhielt der Kandidat der Opposition („Unsere Ukraine") Viktor Baloha die meisten Stimmen. Jedoch erklärten die Behörden den Kandidaten der „Vereinigten Sozialdemokratischen Partei" Ernest Nuser zum Sieger.[66] Zum Sieg verhalf ihm, dass die in der Wahlkommission aufbewahrten Abstimmungsprotokolle der Wahl plötzlich verschwunden waren, die Wahllokale verriegelt und oppositionell eingestellte Bürger an der Wahl gehindert wurden (NZZ, 28. Mai 2004). Antioppositionelle Kräfte sollten in Mukačevo die politische Führung übernehmen, da diese Stadt eine der wenigen in der Westukraine war, in der sich die SDPU(o) gegenüber der politischen Opposition behauptete.[67]

Mukačevo wurde als eine aufstrebende Stadt wahrgenommen und von der SDPU(o) als ihre wichtigste Basis in der Westukraine betrachtet. Die Wahlen waren schliesslich auch aufgrund der heftigen Rivalität zwischen der Partei „Unsere Ukraine" und der SDPU(o) in der West-

gischen Syndrom, welches die Entwicklung der postkommunistischen Gesellschaft negativ beeinflusst. Sie beschreiben ein System von negativen *feedback*-Mechanismen (van Zon et al. 1998: 158). Zu ihnen gehören absolutistische, willkürliche Machtausübung, Kontrollwut, Desinteresse (über die Entwicklung von Politik und Wirtschaft), fehlendes Vertrauen in die Öffentlichkeit. Diese Eigenschaften führen zu einer Abhängigkeitskultur, Passivität und dem Fehlen von Bürgerinitiative. Die Marginalisierung der Intelligenz hat zur Folge, dass die Elite zum grossen Teil aus inkompetenten Leuten zusammengesetzt ist, welcher der Analyse und des strategischen Denkens unfähig sind.

66 Kyiv Post, 22 April 2004 liefert einen zusammenfassenden Bericht über den Verlauf der Wahlen und den Wahlausgang.

67 Dies zeigte auch die erste Runde der Präsidentschaftswahlen am 31. Oktober 2004, in welchen der Oppositionskandidat Juščenko 46,3% der Stimmen erhielt und der Kandidat der SDPU(o) Janukovyč 38,3% der Stimmen (UKL 262, 12 November 2004, #1).

ukraine relevant.[68] Im Vorfeld der Wahlen wurden daher schon allerlei Massnahmen getroffen, um den Wahlkampf der Opposition zu behindern. Oppositionsabgeordnete wurden daran gehindert, an den Sitzungen des Stadtrats teilzunehmen, und alle Schlüsselpositionen in der Stadt wurden neu besetzt. Die Leiter von Polizei und Steuerbehörde wurden ausgewechselt, der Staatsanwalt und der Gerichtsvorsitzende neu ernannt. Am Wahltag selber wurden Wähler von Anhängern der SDPU(o) belästigt und Wahlurnen entwendet (L'vivska Hazeta, No. 80 (404), 7 travnja 2004, 1–2). Graphologische Auswertungen ergaben, dass die Unterschriften von Mitgliedern der Wahlkommission in acht Wahllokalen gefälscht worden waren. Zudem wurden in der Nacht auf den 21. April 2004 über 2.500 Stimmzettel gestohlen (vgl. NZZ, 17. August 2004).

Gemäss dem Koordinator von „Unsere Ukraine" Olijnyk unterstützte die Gebietsverwaltung die Wahlfälschung praktisch – mit dem Gouverneur des Gebietes von Zakarpattja als Hautverantwortlichem. Politik und informelle (illegale) Mittel gingen bei diesen Wahlen eine Symbiose ein. Der Leiter der Präsidialadministration in Kiew spielte wiederholt eine unrühmliche Rolle, da er den ganzen Prozess der Wahlfälschung in Mukačevo koordinierte (L'vivska Hazeta, No. 80 (404), 7 travnja 2004, 1–2). Zwei lokale Gerichte bestätigten das Wahlergebnis auf Druck aus der Zentrale.

Der Unmut im Nationalen Parlament war darauf gross genug, um die erforderliche Mehrheit zusammenzubekommen, um über die Absetzung des Leiters der Präsidialverwaltung Medvedčuk abzustimmen. Der Absetzungsversuch misslang am 22. April 2004 knapp (RFE/RL, Belarus and Ukraine Report, 28 April 2004, Vol. 6, No. 15). Zwar musste die ukrainische Staatsanwaltschaft im August 2004 aner-

68 Die Wahlfälschung, welche den Sieg des Kandidaten der „Unsere Ukraine" verhindert hat, war nicht die erste. In einer Bürgermeisterwahl im Jahr 2003 wurde der Kandidat der SDPU(o) Nuser schon einmal von einem Herausforderer der Partei „Unsere Ukraine" (Vasyl Petjovka) geschlagen. Dies hatte monatelange rechtliche Auseinandersetzungen zu Folge, bis der Präsident das lokale Gericht und die Wahlkommission höchstpersönlich auflöste und per Dekret einen Vertreter der SDPU(o) (Myroslav Opačka) einsetzte (vgl. u. a. RFE/RL Poland, Belarus, and Ukraine Report, 28 April 2004, Vol. 6, No. 15).

kennen, dass die Wahlen gefälscht worden waren, diese wurden aber nicht annulliert und der rechtmässige Bürgermeister nicht eingesetzt (NZZ, 17. August 2004). So hatte die Machtelite am Ende doch das erreicht, was sie wollte. Zugute kam den propräsidentiellen Vertretern nicht zuletzt die mangelnde Institutionalisierung des politischen Systems.

Grundsätzlich gibt es öffentlichen Protest in der Westukraine bei solchen Ereignissen, insbesondere vor dem Hintergrund politischen Versagens; auch in Mukačevo äusserte sich der Protest öffentlich durch Kundgebungen. Gesamtukrainische Jugendorganisationen bewachten das Rathaus in der betroffenen Kleinstadt und in der Gebietshauptstadt Užhorod (L'vivska Hazeta, No. 89 (413), 21 travnja 2004, 3), sammelten Unterschriften gegen die Wahlfälschung und verlangen die Bestrafung der Wahlfälscher (Vysokyj Zamok, No. 80 (2760), 6–12 travnja 2004, 2).[69] Das reichte aber nicht aus, um die Wahl rückgängig zu machen. Es gab zwar einen Aufruhr im Ausland und Empörung bei Journalisten und oppositionellen Beobachtern; jedoch stiess die Wahlfälschung auf wenig Interesse bei der Bevölkerung ausserhalb der Stadt.[70]

Dabei waren die Wahlen in Mukačevo nur ein Vorspiel. Der Präsidentschaftswahlkampf 2004 verlief in der Westukraine besonders gehässig. Fast die gesamte Westukraine war monatelang von Machtkämpfen zwischen Reformvertretern und Präsidentenanhängern geprägt und das politische Tagesgeschäft nahezu lahmgelegt. Die Kandidaten selber trugen nicht dazu bei, die Auseinandersetzung zu versachlichen.[71]

69 Ein weiteres Beispiel war der Bürgerprotest gegen die „Vereinigte Sozialdemokratische Partei" und ihre Abgeordneten in dem Gebiet (Vysokyj Zamok, No. 80 (2760), 6–12 travnja 2004, 2). Allgemein zu Protestbewegungen in der Westukraine siehe Postup, No. 105 (1414), 12 travnja, 5 oder Postup, No. 94 (1403), 24–25 kvitnja 2004, 3.

70 Einen Beitrag zur Verschleierung der Brisanz der Geschehnisse leisteten auch entsprechende temnyky von Seiten des Präsidenten zur Berichterstattung über die Wahlen bzw. die Wahlfälschung in Mukačevo (Postup, No. 94 (1403), 24–25 kvitnja 2004, 7).

71 Siehe RFE/RL Poland, Belarus, and Ukraine Report , 12 October 2004, Volume 6, No. 37. Hier findet sich auch eine Kritik an der „Programmlosigkeit" aller Präsidentschaftskandidaten und an dem „neo-sowjetischen" Charakter des Wahl-

Der Wahlkampf hielt sich besonders im Westen der Ukraine nicht an demokratische Prinzipien. So wurde der unabhängige Fernsehsender „Kanal 5“ von Regierungsanhängern angezündet und der Präsidentschaftskandidat der Regierungselite Viktor Janukovyč bei seinem Auftritt in der Westukraine von Oppositionsanhängern mit Eiern beworfen.[72] Der Präsidentschaftskandidat Viktor Juščenko wurde einen Monat vor der Wahl bei einem Vergiftungsversuch erheblich verletzt (vgl. auch FAZ, 28. Oktober 2004, Seite 7 und 33).

All diese Ereignisse führen zu einer pessimistischen Einschätzung der politischen Auseinandersetzung in der Ukraine. Auch die Bewertung des State Building im nun folgenden Fazit muss daher negativ ausfallen.

kampfes. BBC Monitoring Service, 27 May 2004 zum gleichen Thema sowie zur Dominanz von Janukovyč in den Medien.

72 Zu weiteren Beispielen siehe den Bericht von Taras Kuzio (UKL 249, 19 October 2004, #8). Auch im Gebiet Donec'k kam es zu massiven Behinderungen wie schon im Jahr 1999 und 2002, als noch Viktor Janukovyč der Gouverneur dieser Region war. Ausführlich zum Ablauf des Wahlkampfes: Financial Times, 12 October 2004 und NZZ, 25. Oktober 2004.

7. Schlussfolgerungen

Die Arbeit *Staat, institutioneller Wandel und staatliche Leistungsfähigkeit in der Ukraine* hatte zum Ziel, State Building und staatliche Leistungsfähigkeit in postkommunistischen Staaten im Allgemeinen und speziell am Beispiel der Ukraine näher zu beleuchten.

Zunächst wurden unter Zuhilfenahme der Staatstheorie die grundlegenden Aufgaben und Fähigkeiten des Staates und die Faktoren, die Einfluss auf das State Building haben, herausgearbeitet. Diese wurden mit den Besonderheiten postkommunistischer Staaten sowie mit Aussagen zu politischem und institutionellem Wandel in Transformationsstaaten und Aussagen aus der Transformationstheorie verbunden. Der theoretische Teil hatte zum Ziel, Faktoren zu identifizieren, die für den Zustand der postkommunistischen Staaten Osteuropas verantwortlich sind. Weiter sollte herausgearbeitet werden, wovon diese Faktoren ab- und wie sie zusammenhängen. Das auf diesen Erkenntnissen basierende analytische Modell erwies sich als breit genug, um postkommunistische Besonderheiten einzuordnen und Aussagen zum *state of the state in transition* zu machen. Die theoretischen Ausführungen bildeten die Grundlage für den zweiten Teil der Arbeit, in der das State Building und die Defizite der staatlichen Leistungsfähigkeit der Ukraine veranschaulicht wurden.

Im Einzelnen wurde im theoretischen Teil festgestellt, dass die Quellen von Staatsschwäche vielfältig sind und damit auch die Probleme für die staatliche Leistungsfähigkeit. Die Rolle von Institutionen im Staat wurde als grundlegend für die Funktionsfähigkeit des Staates identifiziert. Darauf aufbauend wurden die Faktoren herausgestellt, welche in der Staatstheorie als essentiell und ausschlaggebend für staatliche Leistungsfähigkeit befunden worden sind. Es handelt sich neben den formellen Staatsstrukturen um informelle Institutionen, um Eliten und um das Verhältnis zwischen Staat und Gesellschaft (wobei die Eliten wegen ihrer Bedeutung nicht mehr als ein Teil der Gesellschaft, sondern separat behandelt wurden). Diese Komponenten haben einen entscheidenden Einfluss auf die Konzipierung und Wirkung des Staates, und ohne sie kann kein funktionsfähiger Staat entstehen.

Die Bedeutung dieser Faktoren in der Staatstheorie ist unumstritten: Sie spielen eine grundlegende Rolle, wenn es um den Aufbau und die Klassifizierung von Staatsstrukturen geht. Die Staatstheorie diskutiert diese Faktoren insbesondere im Zusammenhang mit dem State Building. Bisher wurde aber noch kein zusammenhängendes Modell von Faktoren aufgestellt, die das State Building beeinflussen. Ein Anspruch der Arbeit war, die wichtigsten Faktoren zu identifizieren und ihre wechselseitigen Abhängigkeiten abzubilden. Obwohl sich einige Abhängigkeiten als sehr klar erweisen (z. B., dass eine unzureichende Institutionalisierung informelle Strukturen fördert), ist es grundsätzlich unmöglich, eindeutige Kausalitäten herzustellen.

In diese Überlegungen müssen auch theoretische Ansätze miteinbezogen werden, welche die Leistungsfähigkeit eines Staates bewerten wie etwa starker/schwacher Staat, State Capacity oder Governance. Während das State Building den Aufbau und die Konsolidierung von Staaten thematisiert und die Beziehung zwischen Staat und Gesellschaft sowie zwischen verschiedenen Institutionen betrachtet, zielen die Unterteilung starker/schwacher Staat, das Konzept der State Capacities oder der Governance-Ansatz darauf ab, Besonderheiten oder Zustände von existierenden Staatsstrukturen zu klassifizieren und die Fähigkeiten des Staates gemäss unterschiedlicher Kriterien zu bewerten. Generell sind diese Ansätze noch unausgereift und können wenig zur der Konzeptualisierung von State Building beitragen. Sie dienen eher der Bewertung bereits existierender Staatsstrukturen.

Um das State Building von postkommunistischen Staaten zu untersuchen, war daher zunächst der Rückgriff auf die identifizierten Faktoren, die das State Building beeinflussen, hilfreich. So sind es grundsätzlich vier Faktoren, welche das State Building und die Funktionsfähigkeit des postkommunistischen Staates beeinflussen: die mangelnde Institutionalisierung von Staatsstrukturen, informelle Strukturen wie Netzwerke oder Seilschaften, eigennütziges Handeln von Eliten und das passive Verhalten der Gesellschaft. Ihre Wirkungen auf den postkommunistischen Staat, seine Strukturen und Akteure wurden ausführlich dargestellt. Die theoretische Betrachtung liess die Schlussfolgerung zu, dass schwache Staatsinstitutionen informelle Strukturen und ein von Eliten dominiertes politisches und wirtschaftliches System fördern.

Konzepte zur Funktionsfähigkeit eines Staates wie State Capacity sind erst in jüngster Zeit im postkommunistischen Kontext angewendet worden. Deswegen sind diese Ansätze im Allgemeinen noch nicht ausgereift genug, um ein ausreichendes Instrument zur Analyse der Befindlichkeit von Transformationsstaaten zu sein. Sie können aber flankierend eingesetzt werden. Allgemein kommt in diesen Konzepten der Einfluss von Elitenstrukturen und der Einfluss von Informalität auf das State Building zu kurz. Gerade die Elitenstrukturen und die Informalität haben aber einen ausschlaggebenden Einfluss auf die Funktionsfähigkeit von Transformationsstaaten. Im Fall der Transformationsstaaten Osteuropas ist es so, dass Elitenhandeln und informelle Strukturen nicht unterstützend wirken und das State Building behindern.

Der theoretische Teil der Arbeit bestand zum einen aus einer gründlichen Auswertung der bestehenden Literatur zum State Building und zur Funktionsfähigkeit von Staaten. Zum anderen wurden die Besonderheiten von Transformationsstaaten und die Hindernisse für den Aufbau eines funktionsfähigen Staates besprochen. Das analytische Instrmentarium der Staatstheorie bereitete die Grundlagen dafür, ein neo-institutionelles Konzept zu formulieren, welches davon ausgeht, dass unsichere formelle Strukturen klientelistische Strukturen fördern, welche sich meist negativ auf die staatliche Funktions- und Leistungsfähigkeit und auf die gesellschaftliche Wohlfahrt auswirken. In schwachen Staaten können nur Seilschaften agieren, welche sich aus politischen und wirtschaftlichen Eliten zusammensetzen. Sie stehen zueinander in einem prinzipiellen Wettbewerbsverhältnis. Das Konzept zeichnet sich dadurch aus, dass es die wichtigsten Einflüsse auf die Leistungsfähigkeit des Staates integriert und Aspekte des State Building mit Konzepten zu staatlicher Leistungsfähigkeit verbindet.

Im zweiten Teil der Arbeit wurden die Wirkungen der vier State-Building-Faktoren in der Ukraine untersucht. Es konnte gezeigt werden, dass die unzureichende Institutionalisierung der zentralstaatlichen Gewalten, die mangelnden Einflussmöglichkeiten von intermediären Organisationen, die informellen Grundlagen von Staatsstrukturen und

Staatsprozessen, das egoistische und opportunistische Elitenhandeln und die Einflussnahme durch Seilschaften sowie die Kluft zwischen dem Staat und der Gesellschaft eine sehr grosse Bedeutung haben und die Verfasstheit dieses Staates bestimmen. Die mangelnde Institutionalisierung kommt durch die Fehlkonzipierung der politischen Gewalten des Staates zum Ausdruck. Ein in sich zerstrittenes Parlament und eine abhängige Regierung stehen einem allmächtigen Präsident gegenüber, dem Verwaltung und Justiz hörig sind. Darüber hinaus verfügt der Präsident über die Unterstützung aus bedeutenden Wirtschaftskreisen. Die Rolle der Gesellschaft ist unter dem Präsidenten Kučma marginal, dominant sind Elitengruppen, welche der Regierungsmacht und der politischen Führung nahe stehen. Diese Machtkonzentration hat die Verlagerung von Entscheidungen in den informellen Bereich zur Folge und fördert staatlichen Korporatismus, undurchsichtige Ressourcenallokation sowie Korruption. Weitere Auswirkungen dieser Konstellation sind institutionelle Auseinandersetzungen, der desaströse Zustand der Staatsverwaltung, unzureichende Politikformulierung und -durchsetzung sowie mangelndes Vertrauen in Institutionen, kurz ein fragmentierter und impotenter Staat. Dieser hat keine Kontrolle über das staatsfeindliche Agieren von Elitengruppen.

Von einem Funktionieren des ukrainischen Zentralstaates auf der Basis rechtsstaatlicher und demokratischer Prinzipien kann somit nicht gesprochen werden. Ein Abschluss des State Building ist nicht absehbar. Aus dem Komplex der State-Building-Faktoren ragen besonders die mangelnde Institutionalisierung und die Informalität der Strukturen heraus. Die institutionellen Schwächen treten in ihrer ganzen Deutlichkeit erst in politischen Prozessen und entsprechendem Akteurshandeln zu Tage. Dadurch, dass das institutionelle Umfeld genauso wenig formalisiert ist, kann kein Beitrag zu einer Formalisierung geleistet werden; die Informalität des gesamten Systems wird dadurch noch mehr gefördert.

Das institutionelle Gefüge kann aufgrund schwacher State Capacities seine grundlegendsten Funktionen nur unzureichend erfüllen. Dies betrifft fast alle Staatsaufgaben, insbesondere die wichtigsten Bereiche wie etwa Fiskalpolitik und soziale Wohlfahrt. Die tatsächlich vorhandene institutionelle Capacity wird durch eine Vielzahl von *veto players* auf Elitenebene bestimmt, welche nicht zögern, nötigenfalls Einspruch zu erheben. Dies trägt zusätzlich zum fragmentierten Charakter des Systems bei. Auf institutioneller Ebene wird das System von dominanten Eliten und von ihnen abhängigen, meist kooperationswilligen Institutionen bestimmt. Der Staatspräsident ist ein entscheidender Teil dieser bestimmenden Elite. Die Eliten-Konstellationen sind aber variabel und hängen stark von den involvierten Personen ab. Die Verhältnisse können sich so ändern, dass diese Institutionen plötzlich miteinander konkurrieren, wie am Beispiel des Konkurrenz- und Abhängigkeitsverhältnisses von Präsident und Parlament deutlich wird. Folge auf zentralstaatlicher Ebene ist eine hohe Konfliktneigung innerhalb der Exekutive, Instabilität der Regierung und eine Dauerkonfrontation zwischen Exekutive und Legislative.

Aufgrund von mangelnden State Capacities wurde die Ukraine unter Kučma zu Recht als eine *illiberale* oder *defekte Demokratie* (Merkel et al. 2003) angesehen. Der Systemwechsel hat zu keinem funktionsfähigen, sondern zu einem defekten politischen System geführt. Way (2004) ging so weit, das System als *competitive authoritarianism* zu klassifizieren, da zwar politische Wahlen mit Wettbewerbscharakter stattfanden, das politische System aber sonst jegliche bürgerlichen Freiheiten und Teilhaberechte einschränkte. Die Bürger hatten dem eigenmächtigen Handeln von Eliten wenig entgegenzusetzen, daher erschien auch der Begriff *electoral democracy* angebracht, der ausdrückt, dass gesellschaftlicher Einfluss sich auf den Wahlvorgang und die Stimmabgabe von Staatsbürgern beschränkt. Diese Kategorien sind aber nicht ganz zutreffend, da auch die Wahlen in der Ukraine hochgradig manipuliert waren. Überdies gab es regionale Abweichungen von diesem Schema. Das politische System der Ukraine konnte nur partiell als *delegative Demokratie* bezeichnet werden, und zwar nur in den östlichen und südlichen Gebieten der Ukraine, in denen die Bevölkerung traditionell passiv ist und die Autoritäten erfolgreich administrative Mittel angewendet haben, um die Wahlen zu manipulieren (Kuzio 2003: 50).

Vom Baltikum abgesehen war die Ukraine der einzige Staat des postkommunistischen Raums, der über eine nennenswerte prowestliche und aktive Bewegung verfügte, wenn auch nur in seinem westlichen Landesteil (und in der Hauptstadt Kiew). Zwar wurden im Vorfeld und während den Präsidentschaftswahlen 2004 massiv administrative Ressourcen und Repressionen gegen die Oppositionsvertreter und ihre Führung eingesetzt, insbesondere in der Westukraine – dies tat dem Handeln der Opposition aber keinen Abbruch. Im Gegenteil zog sie zusätzliche Motivation daraus (vgl. auch FAZ, 28. Oktober 2004).

Starre Klassifikationsschemata können dem Land nicht gerecht werden. Das einzige, was im ukrainischen politischen System übergreifend gültig ist, ist, dass überwiegend informelle Strukturen und Prozesse das System charakterisieren. Die Informalität zieht sich durch sämtliche Politikbereiche, und sie beeinflusst die Beziehungen zwischen den politischen Akteure auf den verschiedensten institutionellen Ebenen. Hinzu kommt eine allgemeine Konzept- und Planlosigkeit. Die Regionalpolitik, bzw. die Beziehungen zwischen dem Zentrum und untergeordneten Staatsebenen, bilden dabei keine Ausnahmen. Reformen im Bereich der institutionellen Beziehungen, welche unter der Oberaufsicht zentralstaatlicher Instanzen stehen, erfolgen unkoordiniert, doppelspurig, lustlos (auch nach dem Regimewechsel). Ad-hoc-Koalitionen sind die einzigen Reformantriebe, und institutionelle Capacities werden von Eliten und ihren Beziehungen untereinander bestimmt.

Die oben genannten Einflüsse auf die Leistungsfähigkeit des Staates spielen auch in dem subnationalen institutionellen Gefüge der Ukraine eine Rolle und wirken sich auf die ukrainische Regionalpolitik und aktuelle Dezentralisierungsmassnahmen aus. Die negative Wirkung von unzureichend formulierten Bestimmungen und Regelungen wird durch die hierarchischen Verwaltungsstrukturen an untere Regierungs- und Verwaltungsebenen weitergegeben. Der ukrainische Staat ist aufgrund des sozialistischen Erbes und wegen der Furcht zentralstaatlicher Akteure vor regionaler Desintegration überzentralisiert. Die regierenden Eliten unter Kučma sahen Dezentralisierungsmassnahmen als einen unerwünschten Motor für Regionalismus an.

Der Nutzen von Hierarchien in den institutionellen Beziehungen postkommunistischer Staaten wird aber meist überschätzt. Die Ergebnisse dieser Studie zeigen, dass durch hierarchische Strukturen die staatliche Leistungsfähigkeit nicht erhöht wird. Insbesondere, wenn die zentralstaatlichen politischen Institutionen weder gefestigt noch der Aufbau von effizienten hierarchischen Verwaltungsstrukturen gelungen ist. Staatliche Funktionsfähigkeit kann nicht allein durch Dekrete von oben erreicht werden, wenn die entscheidenden Voraussetzungen für Funktionsfähigkeit wie eine effiziente Verwaltung und klare Regeln und Strukturen fehlen.

Das zeigt insbesondere die Neuformulierung der Beziehungen zwischen dem Zentralstaat und den Gebieten der Ukraine. Das Paradebeispiel Fiskalpolitik verdeutlicht die negativen Auswirkungen der mangelnden Institutionalisierung, beispielsweise unzureichende Planungssicherheit durch sich ständig ändernde Besteuerungsgrundlagen. Oftmals wurde vom Zentrum bewusst eine nicht allzu konkrete Strategie gewählt. Diese Vorgehensweise hat sich aber als kontraproduktiv erwiesen. Regionale Akteure sind in vielen Fällen beweglicher, und sie verstehen es, den zentralstaatlichen Strukturen unter Zuhilfenahme der schwammigen Regelungen Zugeständnisse abzuringen oder das System zu unterlaufen. Diese Vorgehensweise ist aber nur von Erfolg gekrönt, wenn regionale Akteure über entsprechende Kanäle zum Zentrum und über Gönner auf zentralstaatlicher Ebene verfügen. Eliten aus dem Osten der Ukraine haben sich unter dem Präsidenten Kučma Seilschaften und direkte Kontakte zur Regierungsführung aufgebaut. Auf diese Weise ist es möglich, trotz aller widrigen formellen Rahmenbedingungen genug Regionalförderung in Form von nationalen Subventionen oder Sonderprogrammen und ausreichenden regionalen Handlungsspielraum zu erhalten.

Es bleibt aber die Frage offen, wie die Funktionsfähigkeit der subnationalen Ebene auf legalem Weg erreicht werden kann. Eine Erhöhung regionaler Leistungsfähigkeit im Bereich der regionalen Infrastruktur oder des Sozialwesens, aber auch zu einem grossen Teil im Bereich der Wirtschaftsförderung, kann beim gegenwärtigen territorialen Aufbau des Landes bzw. beim gegenwärtigen Dezentralisierungsstand nur durch Initiativen aus Kiew und durch den Einsatz von zentralstaatlichen administrativen und finanziellen Capacities erreicht werden. Solange die Gebiete der Ukraine durch zentralstaatliche, ineffiziente Regierungsstrukturen vertreten werden, kann man auf dieser Ebene keine eigenständige Entwicklung in die Richtung von funktionsfähigen Strukturen erwarten. Es fehlt eine vom Zentralstaat konzipierte regionale Entwicklungsstrategie mit umfassenden institutionellen sowie operationellen Instrumenten, welche frei vom Verdacht der Instrumentalisierung vom Zentrum ist.

Selbstverwaltung kann eine Lösung bei mangelnder staatlicher Durchdringung sei. Wenn sie aber wie in der Ukraine nicht ausreichend legitimiert ist und über unzureichende Ressourcen verfügt, so gerät sie zu einer Farce. Mit den institutionellen Unklarheiten entstehen auch Missverständnisse zwischen den lokalen Einheiten und dem Zentrum. Eine halbherzige Politik trägt zu beidseitiger Lähmung und nicht zu einer Steigerung von Leistungsfähigkeit bei. Damit Organe der Selbstverwaltung Entwicklungsanstösse geben können, müssen sie über einen ausreichenden formellen Rahmen und über die Kontrolle von wichtigen Ressourcen verfügen. Angesichts der schlechten Position der unteren Ebenen sind verschiedentlich Stimmen (vgl. Timošejko 2002: 15–16) laut geworden, die eine Neuaufteilung der administrativ-territorialen Strukturen fordern, um den Gebieten zu einer stärkeren Ausgangsposition gegenüber dem Zentrum zu verhelfen und Wirtschaftsentwicklung in einem überschaubaren Rahmen zu betreiben.

Es ist allgemein schwierig, die Forderungen von Dezentralisierungsbefürwortern im post-sowjetischen Kontext zu erfüllen. Sie verlangen vom Zentralstaat das Recht, in den Gebieten Steuern erhöhen zu dürfen, um die lokale Autonomie zu erhöhen. Speziell für die Nachfolgestaaten der Sowjetunion gilt aber, dass es keine grosse Bandbreite von Einkommensquellen gibt. Zu verlässlichen Einkommensquellen im Steuerbereich würden ein funktionierender Immobilienmarkt oder eine ausreichend ertragreiche Eigentumsteuer bzw. Einkommenssteuer gehören. Diese Voraussetzungen sind in der Ukraine aber nicht gegeben. Regionale und lokale Institutionen hätten keinen grossen Entscheidungsspielraum, wenn sie sich auf diese Steuern stützen würden. Auf die profitabelsten Steuern, die Mehrwertsteuer und die Unternehmensgewinnsteuer, baut in der Regel der nationale Haushalt. In der Finanzierung von untergeordneten Ebenen spielen Transfers und Subventionen die grösste Rolle, da sie manipulierbarer sind und flexibler zur Unterstützung von Personen oder politischen Programmen eingesetzt werden können. Eine regionale Trennung von Steuereinnahmen ist keine Lösung, weil sie prinzipiell die bereits offensichtlichen regionalen Ungleichheiten verstärken würde. Es gibt zwar Ansätze zu einem ukrainischen Finanzausgleich, dieser ist aber noch nicht ausgereift und befindet sich noch in einer Erprobungs- und Entwicklungsphase (Lunina 1994, Transform-Programm 2001).

In diesem Zusammenhang stellt Maksymenko (1999: 74) fest, dass ohne eine kohärente Entwicklungspolitik, welche die regionalen Entwicklungsunterschiede bekämpft, keine nationale Reform möglich ist. Die politischen, wirtschaftlichen und sozialen Transformationsprozesse der vergangenen 10 Jahre haben die bereits bestehenden Entwicklungsunterschiede der ukrainischen Gebiete nicht aufgehoben, es scheint vielmehr, dass diese noch vertieft worden sind (Hesli 1995, Wolchik et al. 2000, Dnistrjans'kyj 2001: 28f). Zwischen den Ost- und Westgebieten der Ukraine sind signifikante Gesellschaftsunterschiede und deutliche Entwicklungsgefälle zu verzeichnen. Erschwerend kommt die immer noch schwierige Wirtschaftssituation des ganzen Landes hinzu, trotz des Wirtschaftswachstums zwischen 2001 und 2004. Zusätzlich zu den sozioökonomischen Faktoren, welche die Entwicklung des Staates behindern, erschwert die rechtliche und finanzielle Verwirrung (und manchmal auch Feindschaft) zwischen den zentralstaatlichen Institutionen, aber auch zwischen dem Zentrum und den Gebieten, eine seriöse Beschäftigung mit der regionalen Frage. Eine wirkliche Auseinandersetzung mit dieser Frage müsste nicht nur den Entwurf einer kohärenten Regionalpolitik beinhalten, sondern als erstes eine Verwaltungsreform. Es bewahrheitet sich im Endeffekt, was verschiedene Autoren (Easter 2000: 10) für andere Zusammenhänge festgestellt haben: *extractive*, *administrative* und *coercive capacities* sind essentiell für die Leistungsfähigkeit sämtlicher Staatsebenen.

Die Frage, über welche Capacities die regionale Ebene dennoch verfügt, bzw. mit welchen Mitteln sie Einfluss realisieren kann, stellt sich trotzdem. Untere Verwaltungsebenen sehen sich im Allgemeinen vor Aufgaben gestellt, die sie mit den ihnen zur Verfügung stehenden rechtlichen und finanziellen Mitteln nicht gewährleisten können. Für die jeweilige lokale oder regionale Ebene ist daher entscheidend, inwieweit sie auf persönliche Kontakte bzw. auf Seilschaften zum politischen Zentrum zurückgreifen können. Ein Fürsprecher auf der nationalen Regierungs- und Verwaltungsebene sind diese Netzwerke von grosser

Bedeutung, um die Aufgaben subnationaler Ebenen auch nur ansatzweise erfüllen zu können.

In der Ukraine wirkt behindernd, dass der Präsident und andere zentralstaatliche Akteure durch die Regionalpolitik Machtsicherung betreiben. Die Verwaltungsstrukturen des Zentrums, die sogenannten administrativen Ressourcen, fungieren dabei als ein Instrument zentralstaatlicher Interessen- und Machtdurchsetzung. Der gesamte politische Prozess ist hochgradig manipuliert und durch Machterhaltungsinteressen bestimmt. So sind auch die unteren Ebenen gezwungen, in diesem informellen Rahmen zu agieren, da er das einzige wirkungsvolle Mittel ist, um ihren Einfluss zu gewährleisten und Finanzmittel zugesprochen zu bekommen. Die formalen Einwirkungsmöglichkeiten der Oblasti bzw. der unteren Einheiten in der nationalen Politik sind demgegenüber zu vernachlässigen. Man kann sogar von einer gewissen Machtlosigkeit sprechen.

Von der Interessenmaximierung einzelner Seilschaften und regionaler Eliten verspricht sich Easter (2000) mittel- und langfristig auch Vorteile für andere Gruppen. Der Autor zeigt in seiner Studie zur Machtinstitutionalisierung während des Aufbaus der Sowjetunion, dass persönliche Netzwerke und Elitenidentitäten (worunter auch Elitenstrukturen fallen) entscheidend dafür waren, dass sich die Capacities des jungen Staates entwickeln konnten. Besonders bedeutend waren die informellen Machtressourcen zwischen dem Zentrum und der Peripherie, um die Territorialverwaltung zu organisieren und Einkommen zu generieren. Die Struktur der Netzwerke und die Art und Weise, wie formelle und informelle Strukturen aufeinander bzw. gegeneinander wirkten, war für die Generierung von State Capacities ausschlaggebend.

Wenn Elitenstrukturen und Elitenwettbewerb ausschlaggebend für die Leistungsfähigkeit sind, dann lohnt es sich, die Elitenstrukturen in den Oblasti in der Ukraine genauer anzusehen. Die Funktionsfähigkeit der Oblasti in der Ukraine ist sehr unterschiedlich. In den Gebieten der Ostukraine, die am meisten mit dem politischen Zentrum verflochten sind, kommen die informellen Beziehungen nur der Elite zugute. Die Durchschnittsbevölkerung in der Ostukraine verfügt zwar über einen garantierten Arbeitsplatz, die Arbeit wird aber im gesamtukrainischen Vergleich nur unterdurchschnittlich vergütet. Im Ostteil des Landes werden Entwicklungspotenziale zwar realisiert, sie kommen aber ausschliesslich den in die Netzwerke eingebundenen Personen zugute und schliessen die breite Masse der Bewohner aus (Vysokij Zamok, No. 83 (2763), 13–19 travnja, 2004, 7; Zimmer 2002). State Capacities werden nur unzureichend generiert.

Im Osten des Landes und in anderen Gebieten der Ukraine sind Eliten generell mit der aktuellen politischen Führung oder ihr nahestehenden Gruppen verbunden. Wenn Auseinandersetzungen stattfinden, dann zumeist innerhalb dieser Eliten. Es handelt sich somit um Intraelitenkonflikte. Die Gebiete der Westukraine sind anders strukturiert. Im Lemberger Gebiet sind, im Gegensatz zu anderen Gebieten der Ukraine, die politische Opposition, aber auch national-demokratische und unabhängige Kräfte sehr aktiv. Das betrifft zunächst die beiden grossen Parteien der Opposition, „Unsere Ukraine“ und den „Block Tymošenko“. Sie stellen ein bedeutendes Gegengewicht zu den politischen Kräften, die mit dem Präsidenten verbunden sind und die ebenfalls politische Kräfte vor Ort sind, dar. Bei den oppositionellen Kräften im Gebiet Lemberg handelt es sich um eine politische Gegenelite, deren Rückhalt im Gebiet Lemberg in der Bevölkerung stärker ist als derjenige der propräsidentiellen Kräfte. Mit Kučma und der politischen Macht verbundene Akteure, vor allem Anhänger der SDPU(o), versuchen mit allen Mitteln, oppositionelle Entwicklungen zu behindern. Sie statuieren Exempel an einzelnen Mitgliedern der Opposition, indem sie diese mit Steuerklagen überhäufen oder unter Zuhilfenahme von fingiertem Material Strafanzeige erstatten. Ein typisches Beispiel war das Vorgehen gegen den Vorsitzenden des Lemberger Gebietsrates.

Ein grosser Makel der Opposition unter Kučma war, dass weder die einzelnen Parteien noch die oppositionellen Strukturen als Ganzes ein Alternativprogramm anbieten. Die oppositionellen Parteien unterschieden sich in ihren Entscheidungsmechanismen und Einflussstrukturen nur unwesentlich von den anderen Parteien und politischen Bündnissen. Es waren höchstens Einzelpersonen, die als Akteure des Wandels bezeichnet werden konnten. Dabei handelte es sich um Personen, welche sich aktiv für einen Struktur- und Gesinnungswandel der Region einsetzten, sei es durch kritisches Denken oder durch Finanzmittel. Sie waren zwar oft auch mit oppositionellen Parteien verbunden, beispielsweise der Vorsitzende des Gebietsrats von Lemberg. Hier stellte sich aber die Frage, ob diese Parteienbindung ihre Politik nicht eher behindert als gefördert hat. Allerdings ist es mittlerweile auch in der Ukraine schwierig geworden, ohne Parteienbindung in politische Entscheidungspositionen aufzusteigen. Daher fanden sich wirklich unabhängige Kräfte nicht in politischen Parteien, sondern in gesellschaftlichen Foren und im Medienbereich. Beispiele sind die Lemberger Zeitung, die Zeitschrift *Ji* und kleine und mittlere Unternehmer des Gebietes. Die Allianz von unabhängigen Medien und politischen Vertretern kann aber fruchtbar sein, da sie durch ihre Zusammenarbeit politische und gesellschaftliche Missstände, etwa die Instrumentalisierung der Steuerbehörde oder Korruptionspraktiken aufdecken und durch Publikmachen gesellschaftliche Öffentlichkeit erzeugen.

Besonders wichtig waren (und sind) die Akteure des Wandels im Wirtschaftsbereich. Sie schaffen nicht nur effizientere und konkurrenzfähigere Wirtschaftsstrukturen, sondern finanzieren nicht selten unabhängige Köpfe, die ohne ihr Kapital keine Möglichkeit hätten, ihre Vorstellungen einer breiteren Öffentlichkeit zu vermitteln. Diese Unterstützung zog in der Regel eine Reaktion aus der Gebiets- oder Lokalverwaltung nach sich, und diese unabhängigen Akteure setzen sich der Gefahr aus, ihr Finanzkapital oder ihr Unternehmen zu verlieren. Für den Aussenstehenden waren die Kräfte des Wandels insbesondere im Printbereich beobachtbar. Allein die Tatsache, dass diese ihre Überlebensfähigkeit permanent unter Beweis stellten, obwohl sie ständig mit Repressionen oder Schliessung rechnen mussten, wies auf das bestehende Potenzial und die Entwicklungsfähigkeit der Region hin.

Die Bevölkerung ist zwar tendenziell kritisch, kann ihre Missbilligung aber ohne einen nationalen Anlass nicht kanalisieren. Die Wahlfälschung in Mukačevo reichte nicht aus, um ein Katalysator für die Unzufriedenheit der ganzen Bevölkerung zu sein und nationsweite Proteste gegen Kučma herbeizuführen. Ein wichtiger Grund neben den bereits genannten ist, dass die Gesellschaft zersplittert und in oppositionelle und unabhängige Gruppierungen aufgeteilt ist, die ihre jeweiligen Informationen für sich behalten und nur eingeschränkt miteinander zusammenarbeiten. Die Fragmentierung verhindert den

Informations- und Interessensaustausch sowie eine öffentliche Debatte über notwendige Reformen. Man kann auch von einem Vakuum zwischen den verschiedenen Gesellschaftsteilen sprechen, das eine Kooperation unmöglich macht. Die Wahlfälschung bei den Präsidentschaftswahlen 2004 hat gezeigt, dass es eines Skandals grossen Ausmasses bedurfte, um die Opposition zu einen und den grösssten Teil der Bevölkerung zu mobilisieren.

Das Lemberger Gebiet stellte sein Entwicklungspotenzial grundsätzlich dadurch unter Beweis, dass es über eine Gegenelite verfügte, dass unabhängige Stimmen alternative Entwicklungswege aufzeigten und dass Unternehmer am Werk waren, welche den Strukturwandel vorantrieben, der potenziell allen Gebietsbewohnern zugute kommen wird. Politische Gegenkultur wurde manifestiert und eine politische Alternative angeboten. Trotz aller Einschränkungen und Behinderungen der regionalen politischen Ebene wurden eine minimale Funktionsfähigkeit aufrechterhalten und gewisse Leistungen erbracht.

Im Wettbewerb mit restaurativen Kräften, sowohl auf regionaler als auch auf zentralstaatlicher Ebene, haben die bewahrenden Kräfte in der Regel eine bessere Ausgangsposition, da ihre Machtansprüche vom Zentralstaat abgesichert werden. Elitenwettbewerb zwischen politischer Opposition und Regierung hat in der Ukraine eher den Charakter einer Auseinandersetzung, und die Regierungseliten bedienten sich unter Kučma illegaler Mittel. Die regionalen Gegeneliten waren, was das betrifft, etwas vorsichtiger, operierten aber ebenfalls durch informelle Kanäle und nutzen ihre Handlungsspielräume. Dieses Vorgehen hat die State Capacity nicht gefördert.

Die Analyse der Funktionsfähigkeit von Institutionen lässt darauf schliessen, dass im Fall der Ukraine folgende Grundregeln beachtet werden sollten: Um eine verbesserte Leistungsfähigkeit des Staates zu erreichen, muss als erster Schritt eine rechtliche Abgrenzung zwischen den verschiedenen Staatsgewalten und eine seriöse formal-institutionelle Kodifizierung erfolgen. Zusätzlich müssen die einzelnen Funktionen der unterschiedlichen Regierungsebenen genau getrennt werden, die Autonomie der Verwaltungsebenen gewahrt oder ausgebaut werden (z. B. durch Abschöpfungsbefugnisse) und ein institutioneller Aufbau unter dem Gesichtspunkt einer Neuordnung der Verwaltung erfolgen. Für die zentralstaatliche Ebene gilt, dass ohne die Institutionalisierung von zentralen politischen Abläufen und dem Vergesellschaftlichen von Elitenhandeln kein Staat aufgebaut werden kann, welcher den Prinzipien staatlicher Effizienz, Demokratie und Rechtsstaat entspricht. Governance ist eine zusätzlich Bedingung für eine fruchtbare Kooperation zwischen Staat, Wirtschaft und Gesellschaft unter demokratischen Gesichtspunkten, die jedoch bisher nur als *bad governance* zwischen Machteliten realisiert worden ist. Würde der Prozess der Institutionalisierung mit starker Hand durchgeführt, kann dies auch zu einer politischen Entwicklung wie in Russland führen, an dessen Ende ein autoritärer Staat steht.

Was das Verhältnis zwischen Zentralstaat und subnationaler Ebene betrifft, so muss die Autorität und Regelsetzung des Staates allgemein so beschaffen sein, dass sich das Zentrum und die Oblasti im vom Staat vorgegebenen Rahmen bewegen und den Handlungsspielraum nicht für eigene Vorteile nutzen. Dies kann nur mittels Strukturen geschehen, welche die Autorität und Regelsetzung des Staates unterstützen. Die Förderung von institutionalisiertem Handlungsspielraum ist von zentraler Bedeutung für das Management von regionalen Herausforderungen. Ein wichtiger Aspekt der Regionalisierung und der lokalen Selbstverwaltung ist, dass neben dem institutionellen Rahmen Verwaltungs- und Managementbefugnisse mit entsprechenden Capacities garantiert werden müssen. Am bedeutendsten sind die finanziellen und administrativen Capacities. Ohne die Durchsetzung und die Schaffung einer institutionellen Infrastruktur, um lokale und regionale Entwicklung zu unterstützen, und ohne Verbesserung der institutionellen und professionellen Capacities dieser Körperschaften zur angemessenen Dienstleistungserbringung, wird es keinen Fortschritt geben.

Die Funktionsfähigkeit des Staates kann idealerweise durch einen kontinuierlichen Prozess erreicht werden. Der Prozess des State Building ist in der Ukraine aber noch ohne absehbares Ende. In der Ukraine ist eine strukturelle Transformation im Gang, die bisher im Stadium der Demokratisierung verblieben ist und das Ziel eines funktionsfähigen Staates mit einem demokratischen, rechenschaftspflichtigen politischen Systems im Sinne von *democratic governance* nicht erreicht hat. Das Beispiel der Ukraine beweist, dass struktureller Wandel eines stetigen

Antriebs und einer breiten Unterstützung der Eliten bedarf (und nicht nur einzelner Akteure). Ein grosses Problem ist, dass den Wandel seit 1991 Akteure bestimmt haben, welche nur auf Druck reagieren und nur zum Zweck des eigenen Machterhaltes agieren. Demokratische Kräfte waren mit am Werk, sie wurden aber durch Eliten behindert, die mit der Nomenklatura verbunden oder mit ihr identisch waren.

Die politischen Prozesse in der Ukraine stellen eine enorme Herausforderung für die Funktions- und Integrationsfähigkeit des Staates dar. Politische Steuerung kann unter diesen Umständen nur erfolgreich sein, wenn sie in der Lage ist, sich mit geeigneten Strategien in einer Umwelt durchzusetzen, in der eine Vielzahl von Akteuren mit Eigeninteressen und erheblicher Vetomacht agieren. Ein Machtwechsel in Kiew muss nicht zwingend zu einer Verbesserung führen. Der Sieg des Kandidaten Juščenko bei den Präsidentschaftswahlen und neue politische Realitäten müssen keine hinreichenden Bedingungen für ein erfolgreicheres State Building sein, da eine unzureichende Reformnachfrage und mangelnde Reformfreude unter den bestimmenden (Verwaltungs-)Eliten der Ukraine bestehen, vor allem im Ostteil des Landes. Impulse der neuen politischen Führung und eine neue Herangehensweise an den Staat werden von entscheidender Bedeutung für einen Sinneswandel sein.

Nachwort

Ein Blick auf die Institutionenlandschaft der Ukraine war vor dem politischen Umbruch im Winter 2004/2005 ernüchternd. Die grösste institutionelle Errungenschaft der Ukraine war bis zu diesem Zeitpunkt die Verfassung, die im Jahr 1996 nach endlosen politischen Auseinandersetzungen verabschiedet worden war – aber auch hier gibt es Vorbehalte. Die Verfassung legte zwar die wichtigsten politischen Funktionen und ihre Aufgaben fest, war aber ein Kompromiss zwischen dem Präsidenten Kučma und dem Parlament – und trennte diese beiden Gewalten nicht strikt. Der Präsident beklagte sich über die zu grosse Macht des Parlaments bei der Verabschiedung von Gesetzen und des Staatshaushalts, und das Parlament beanstandete die Tendenz des Präsidenten, per Dekret oder per Referendum am Parlament vorbei zu regieren. In den letzten Jahren verschoben sich die Kompetenzen immer mehr zugunsten des Präsidenten. Am Schluss konnte man das politische System der Ukraine als halbautoritär bezeichnen. Präsidialverwaltung, Regierung, Justiz und die meisten Gouverneure waren dem Präsidenten treu ergeben. Die einzige Institution, die ihre Institutionalisierung erreicht hatte, war die des Präsidenten – aber das geschah auf Kosten der anderen und zum Schaden des ganzen Systems.

Immerhin waren aufgrund der mangelhaften Institutionalisierung auf zentraler Ebene und aufgrund der unzureichenden Regelung der Beziehungen zwischen dem Zentrum und den Regionen Freiräume für regionale Entwicklungen entstanden. Insbesondere die Gebiete der Westukraine nutzten diese Freiräume, um den politischen Wandel voranzutreiben. Sie stützen eine Elite, die mit der politischen Opposition in Kiew und nicht mit dem Präsidenten Kučma verbunden war, und verfügten über eine zu zivilem Protest bereite Bevölkerung. Gegeneliten in der Westukraine waren im Gegensatz zu den anderen Eliten in der Ukraine an einem politischen Wandel interessiert und forderten diesen aktiv ein, indem sie z. B. Kampagnen wie die Protestbewegung „Ukraine ohne Kučma“ oder *Pora* unterstützten. Sie hatten grossen Anteil daran, dass es schliesslich im Winter 2004/2005 zu einem Machtwechsel auf der zentralstaatlichen Ebene kam und die politische Opposition erstmals seit 1991 alle wichtigen politischen Führungsämter besetzen konnte (vgl. mit Kudelia 2005).[1]

Die Ukraine war bis zur Wende im Winter 2004 das Gegenteil eines leistungsfähigen Staats. Man konnte den Staat nur als schwach und als von Eliten instrumentalisiert bezeichnen. Nach der politischen Wende gab es viele Hoffnungen, dass sich der ukrainische Staat zum Besseren wandeln würde. Die anfängliche Euphorie wich jedoch schon nach 100 Tagen Amtszeit des neuen Präsidenten Viktor Juščenko politischer Ernüchterung (vgl. Razumkov Center 2005).

Das Parlament ist ein Spielfeld von oligarchischen Interessen geblieben und verhält sich seit dem Machtwechsel so unkooperativ wie zuvor; z. B. wurde nur ein Teil der zu erlassenden Gesetze verabschiedet, die für einen Beitritt zur Welthandelsorganisation (WTO) unabdingbar gewesen wären. Ein Beitritt zur WTO konnte daher im Jahr 2005 nicht stattfinden. Die Parteien sind seit dem Machtwechsel nicht regierungs- und bündnistreuer geworden. Exemplarisch verdeutlicht dies das Abstimmungsverhalten der Sozialistischen Partei von Moroz, während des politischen Umsturzes ein getreuer Gefährte von Juščenko, die in der WTO-Abstimmung jedoch gegen den Präsidenten stimmte. Wie zu Kučmas Zeiten war für beide Seiten die jeweils andere der „Sündenbock". Der Parlamentssprecher und Vorsitzende der „Werktätigen Ukraine", Volodymyr Litvin, warf der Regierung vor, keine Kooperation mit dem Parlament zu suchen und eigenmächtig zu handeln; die Regierungschefin Julija Tymošenko sprach von einer absichtlichen Behinderung der Regierungsarbeit durch Regierungsgegner (UKL 354, 13 July 2005, #5).

Bereits nach einigen Wochen kam es zu den ersten Kompetenzstreitigkeiten zwischen dem Präsidenten und seiner Regierungschefin Tymošenko. Eine fundamentale und für die Entwicklung der Ukraine sehr wichtige Auseinandersetzung zwischen dem Präsidenten und seiner Premierministerin war diejenige um die Reprivatisierung von fahrlässig oder kriminell privatisierten Unternehmen. Im Februar 2005 stellte der

1 Zur Rolle von *Pora* vgl. Kaskiv (2005). Ausführlich zum Ablauf des Machtwechsels: UKL 354, 13 July 2005, #11 und Arel (2005).

neue Präsident in Aussicht, dass die Privatisierung von Unternehmen, die fahrlässig oder kriminell privatisiert worden waren, einer Revision unterzogen würde. Jedoch wichen die Auffassungen über die Gestaltung der Reprivatisierung fundamental voneinander ab: Der Präsidenten wollte den Reprivatisierungsprozess pragmatisch und rasch vorantreiben, der Regierungschefin Tymošenko schwebte eine umfassende Neugestaltung der Eigentumsverhältnisse in Form von neosowjetischen administrativen Massnahmen vor. Die Premierministerin erreichte dabei einen Teilerfolg: Der von Kučmas Schwiegersohn und seinem Geschäftspartner zu billig erworbene Aktienanteil von 93% an *Kryvorižstal* wurde im Juni 2005 an den Staat zurückgegeben (forUm, 17 June 2005) und im Oktober 2005 an den weltgrössten Stahlkonzern Mittal ertragreich versteigert (NZZ, 25. Oktober 2005).

Der Staatschef hat nach der Verfassung von 1996 ein umfassendes Weisungsrecht gegenüber dem Premierminister. Diese Bestimmung schien auf die Premierministerin Tymošenko nicht zuzutreffen. Der Präsident nahm für ihn unangenehme Entwicklungen zunächst hin und erschien als erstaunlich passiv, Tymošenko hingegen als dynamisch und initiativ. Das betraf insbesondere die Reprivatisierung von Unternehmen, die Preisfestsetzung für Benzin im Frühjahr 2005 oder die parlamentarischen Abstimmungskampagne zu den WTO-Gesetzesvorlagen. Das Verhalten des Präsidenten in den Auseinandersetzungen gegenüber seiner Regierungschefin erinnerte aber auch stark an die Ära Kučma: Der Präsident zeigte keine öffentliche Loyalität mit der Premierministerin und stellte sie stattdessen hinter den Kulissen bloss – z. B. forderte er sie in Gegenwart von russischen Unternehmern zum Rücktritt auf. Juščenko kam entgegen, dass Tymošenkos oft unüberlegt erscheinendes Handeln es ihm leicht machte, ihr alle Fehler zuzuweisen und sich der Verantwortung für Fehlwicklungen zu entziehen. Im September 2005 wurde sie schliesslich vom Präsidenten ihres Amtes enthoben. Offizieller Grund war ihre, zu diesem Zeitpunkt bereits groteske, Auseinandersetzung mit dem Chef des Sicherheits- und Verteidigungsrates Petro Porošenko, der den Rat in der Tradition des Kučma-Systems zu einer Parallelregierung ausgebaut hatte (UKL 359, 12 September 2005, #5).

Die wichtigsten Vertreter der alten Eliten des Kučma-Regimes setzten sich nach dem Regimewechsel vorzugsweise nach Moskau ab; z.

B. der ehemalige Vorsitzende von *Naftogaz Ukrajina* (Ihor Bakaj), der mehrere Millionen Dollar hinterzogen haben soll. Einige der grossen Oligarchen schafften es auch rechtzeitig, sich neu zu positionieren – Viktor Pinčuk, der Schwiegersohn von Kučma, war zu einem erheblichen Teil an der Finanzierung des politischen Umbruchs beteiligt. Zusätzlich lud er US-Grössen wie Soros, Kissinger und Brzezinski vor der Wahl auf seine Kosten in die Ukraine ein. Ein schöneres Beispiel für Wendehälsigkeit und Charakterlosigkeit der ukrainischen Eliten kann man kaum finden (weitere Beispiele: Kuzio 2005b).

Seit dem Winter 2004/2005 hat es einige Anstrengungen zur Bekämpfung der Korruption im Staatsapparat gegeben. 18.000 Beamte wurden in den ersten Monaten der Amtszeit von Viktor Juščenko aus dem Staatsdienst entlassen, darunter alle regionalen Gouverneure und Beamte in höheren Ministeriums-Positionen (v. a. im Innenministerium). 6000 Strafverfahren wurden eröffnet. Der Präsident gab nach den ersten 100 Tagen Amtszeit bekannt, dass zwischen 2000 und 3000 Beamte in der Polizei und in der Steuerbehörde nicht weiter beschäftigt werden, dazu alle Leiter der Rajonverwaltungen (UKL 348, 16 May 2005, #4). Die korrupte Strassenpolizei wurde aufgelöst (RFE/RL, 22 July 2005, Vol. 7, No. 27) und die Korruption beim Zoll bekämpft. Trotzdem kam es zu Korruptionsskandalen auf höchster politischer Ebene (UKL 358, 8 September 2005, #5).

Das Verwaltungssystem blieb in den ersten Monaten der Amtszeit des neuen Präsidenten unangetastet, personelle Neubesetzungen gab es nur auf der Führungsebene (Oblast'- und Rajonleiter)(Razumkov Center 2005: 24). Jedoch wurde eine Ausweitung der lokalen Selbstverwaltung beschlossen. Nicht nur die Gebiete der Westukraine sind nun Getreuen von Viktor Juščenko anvertraut. Viele Entlassungen tangieren ehemalige Vertraute des früheren Präsidenten (Razumkov Center 2005, Kuzio 2005a). Manche Gefeuerte waren aber auch schlichtweg Kriminelle, z. B. der Gouverneur von Donec'k Kolesnikov. Beim durchwegs korrupten Staatsapparat, wozu auch Ärzte und Lehrer zählen, kann jedoch nur eine fundamentale Reform, welche die Rechtsgrundlagen der Verwaltung festigt, einen neuen Arbeitskodex durchsetzt und reformfreudige Spezialisten einstellt, einen verlässlicheren Dienst schaffen. Generell ist keine Weiterentwicklung von rechtsstaatlichen Prinzipien und Strukturen in Sicht; beispielsweise wurde die Gesetzesvorlage für die Einrichtung einer Verwaltungsgerichtsbarkeit vom Präsidenten an das Parlament zurückverwiesen (Razumkov Center 2005: 25). Zudem wurde die öffentliche Untersuchung von offensichtlichen Fällen von Korruption verschleppt, insbesondere auf höchster politischer Ebene (etwa beim Geheimdienst).

Eine neue Regierungselite löste im Jahr 2005 die alte ab. Das alte ökonomisch-politische Machtsystem aus mehreren, voneinander relativ unabhängigen Bestandteilen, existiert aber vorderhand weiter. Mit dem ehemaligen Präsidenten Kučma verbundene Eliten (z. B. die SPDU(o)) waren nach dem Regierungswechsel geschwächt und mussten sich erst neu orientieren. Ein erster Schritt zu einer Umorientierung war die Formation von neuen Parteien mit demokratischen Labels („Neue Demokratie", „Demokratische Ukraine" und „Volkes Wille") (UKL 354, 13 July 2005, #8), was die Chancen für die Parlamentswahlen 2006 erhöhen sollte. Durch den Rücktritt der Premierministerin Tymošenko wurde der Weg frei für einen weiteren Schritt: Der Präsident lies sich dazu herab, Konsultationen des früheren Präsidenten Kučma entgegenzunehmen und willigte in ein Kooperationsabkommen mit dem Oppositionsführer Janukocyč ein. (UKL 364, 7 October, #6 und #9). Diese Entwicklung war nach dem politischen Wechsel vom Winter 2004/2005 undenkbar erschienen.

Auch die neuen Eliten haben ihre Oligarchen: Neben der oft genannten Premierministerin Tymošenko gehört Petro Porošenko dazu, der „Schokoladenkönig", Besitzer eines Genussmittelkonzerns. Er besitzt ca. 50 Unternehmen, die im Mischkonzern *Ukrprominvest* zusammengefasst sind, gemäss der polnischen Wochenzeitung *Wprost* besitzt er 350 Mio. USD. Porošenko ist seit einigen Jahren einer der wichtigsten Berater von Viktor Juščenko und war nach dem politischen Umbruch der Leiter des Nationalen Sicherheits- und Verteidigungsrats. Juščenko übertrug ihm weitreichende, vom Razumkov Center (2005: 23) als verfassungsrechtlich nicht zulässig klassifizierte Rechte, z. B. das Recht, in Regierungssitzungen mit abzustimmen (UKL 352, 1 July 2005, #12). Er musste im September 2005 wegen ungeklärter Korruptionsvorwürfe und unter dem Verdacht der Machtursurpation von seinem Amt zurücktreten.

Ein grundsätzliches Problem besteht darin, dass der Präsident und seine Ex-Regierungschefin sowie einige ihrer wichtigsten Verbündeten ihre politische Karriere in dem System von Kučma gemacht haben. Ihr Verhalten als politisch Verantwortliche hat gezeigt, dass sie sich von den alten Mechanismen noch nicht lösen können. Somit hat nur ein teilweiser Bruch mit der Kučma-Vergangenheit stattgefunden.

Die Wirtschaft reagierte mit Misstrauen und Vorsicht auf den Wechsel; in den Wintermonaten 2004/2005 sollen bis zu 1 Mrd. Dollar aus der Ukraine abgeflossen sein – und seit der Machtübernahme Juščenkos hat sich das Wachstum drastisch verlangsamt.[2] Zu der Wachstumsschwäche hat beigetragen, dass Besteuerungsgrundlagen für Unternehmer abgeschafft wurden. Dies hat vor allem die kleineren Unternehmer getroffen, das Rückgrat des politischen Wandels; dazu kam das Gezerre um die Reprivatisierung und Äusserungen der Premierministerin Tymošenko und der Privatisierungsministerin, dass eine Verstaatlichung wichtiger Industrien und Staatsmonopole erstrebenswert seien.

Die Ereignisse des Winters 2004/2005 in der Ukraine sind ein Beweis dafür, dass Frustration die Bevölkerung mobilisieren und zu einem Aufstand gegen ein autoritär agierendes Regime führen kann. Die Entwicklungen in der Ukraine haben gezeigt, dass die Transformationsstaaten trotz ihrer vordergründigen Starrheit auch offen für gesellschaftliche und politische Einflüsse sind. Die Zivilgesellschaft wurde im Winter 2004/2005 aktiv und bewies ihr grosses Potenzial. Gerade dieses zivilgesellschaftliche Potenzial war für viele Beobachter eine Überraschung. Natürlich hätte ein politischer Wechsel ohne die Unterstützung der Eliten nicht erfolgen können (das zeigen exemplarisch auch die Vorgänge im Frühjahr 2005 in Usbekistan). Erfreulich ist, dass die Medien von der Staatszensur befreit wurden und die Berichterstattung liberalisiert wurde, obwohl sich der neue Präsident auch erlaubte, die

2 Die Zunahme des Bruttoinlandprodukts (BIP) in den ersten fünf Monaten 2005 betrug 4,7%; im Vorjahr hatte sie in der gleichen Periode noch bei 11,3% gelegen. Im Mai lag das BIP-Wachstum bei 3,6% (im Vergleich mit 10,3% im Mai 2004) (Financial Times, 10 May 2005) und im August um 1,6% (Financial Times, 14 October 2005).

Medien im Stil von Kučma zu kritisieren. Seit dem Machtwechsel ist aber wieder der Alltag eingekehrt, und grosse Teile der Gesellschaft nehmen eine abwartende und apolitische Haltung ein.

Nach der Machtübernahme der Oppostition öffnete sich ein Handlungsfenster, und der neuen Führung schienen viele Möglichkeiten offen zu stehen, eine Wende zum Besseren einzuleiten – auch weil sie über die Unterstützung der Bevölkerung verfügte (zu Zahlen siehe Razumkov Center 2005: 53f.). Kleine Schritte zu einer Staatsreform wurden durchaus gemacht, etwa die Neustrukturierung des Innenministeriums, eine verschärfte Bekämpfung von Wirtschaftsvergehen sowie eine Entlassungswelle beim Zoll. Ob unter dem Premierminister Jechanurov die „Säuberung“ des Staates verstärkt wird, wird sich zeigen.

Damit die Ukraine aber wirklich zu einem starken Staat wird, muss endlich das Verhältnis der politischen Institutionen zueinander abschliessend festgelegt werden. Das Verfassungsgericht der Ukraine machte am 13. September 2005 den Weg frei für die Verfassungsreform, welche das Verhältnis zwischen Parlament und Präsident zugunsten des Parlaments neu bestimmen soll; das endgültige Inkrafttreten ist aber von einer Volksabstimmung abhängig. Diese „Reform“ würde in der gegenwärtigen Situation einen starken Staat nicht unbedingt fördern, da das Parlament auch nach dem politischen Wechsel nahezu unfähig bleibt, Beschlüsse zu fassen. In dem instabilen institutionellen Umfeld sind informelle Beziehungen und Seilschaften weiterhin wichtig. Dies beweist unter anderem die Tatsache, dass die politischen Verantwortlichen für den Mord an dem Journalisten *Gongadze* ein Jahr nach der Regierungsübernahme der Opposition für ihre Tat immer noch nicht zur Rechenschaft gezogen wurden (vgl. mit UKL 354, 13 July 2005, #6).[3]

Schliesslich hat der Präsident bisher nicht mit einem neuen, transparenten Regierungsstil überzeugt. Man vermisst ein klares politisches Programm, z. B. in Form eines 10-Punkte-Plans mit politischen Zielen und Lösungsvorschlägen für die wichtigsten Probleme des

3 Anstelle der ukrainischen Regierung entschädigte der Europäische Gerichtshof für Menschenrechte die Witwe des ermordeten Journalisten Gongadze und sprach ihr 100.000 Euro Schadensersatz zu (9. November 2005 <http://www.ukraine-business.de/Nachrichten/nachrichten.html>).

Landes. Es bleibt unklar, warum einige Probleme (Reprivatisierung) angegangen werden und andere nicht (wie die Verbesserung der Infrastruktur des Landes). Die ehemals politische Opposition hat in der Ukraine zwar die Macht übernommen, das allein reicht aber nicht aus, um institutionelle Schwächen zu überwinden und einen leistungsfähigen Staat aus der Taufe zu heben.

Der Wandel des ukrainischen Staats bleibt unberechenbar. Von der neofeudalen Politik partikularistischer, personalistischer Interessenaushandlung unter Kučma ist es noch ein weiter Weg zu institutionalisierten politischen Arrangements innerhalb eines rechtsstaatlichen Rahmens. Da sich die Staatsstrukturen noch nicht gefestigt haben, kann sich auch die Richtung der Staatsentwicklung ziemlich schnell ändern. In der Ukraine hat sich die Tatsache, dass sich alles „im Fluss“ befindet im Winter 2004/2005 für einmal positiv ausgewirkt. Das bedeutet aber nicht, dass sich die zugrundeliegenden Strukturen schnell ändern werden. Die politischen und gesellschaftlichen Hohlräume, welche seit dem Systemwandel bestehen und die Verflechtung von Politik und Geschäftswelt werden noch lange bestehen. Ohne Fortschritte in der Staatsbildung wird es auch in Zukunft nicht möglich sein, die Demokratie in der Ukraine zu sichern. Die zentrale Botschaft dieser Arbeit gilt auch nach dem politischen Umsturz vom Winter 2004/2005. Das State Building wird erst zu einem Ende kommen, wenn der Staat seine Macht und Autonomie durchgesetzt hat.

Literaturverzeichnis

Åberg, Martin, 2000: *Putnam's Social Capital Theory Goes East: A Case Study of Western Ukraine and L'viv*, in: Europe-Asia Studies, Vol. 52, No. 2, 295–317.

Agh, Attila, 1998: *Emerging Democracies in East Central Europe and the Balkans*, Cheltenham: Edward Elgar Publishing.

Agranoff, Robert, 2004: *Autonomy, Devolution and Intergovernmental Relations*, in: Regional and Federal Studies, Vol. 14, No. 1, 26–65.

Ahrens, Joachim, 2001: *Governance, Conditionality and Transformation in Post-socialist Countries*, in: Hoen, Hermann W.: Good Governance in Central and Eastern Europe. The Puzzle of Capitalism by Design, Cheltenham, UK: Elgar, 54–90.

Ahrens, Joachim/Meurers, Martin, 2000: *Institutions, Governance, and Economic Performance in Post-Socialist Countries: A Conceptual and Empirical Approach*, <http://www.sigov.si/zmar/conference2000/pdf/meurers.pdf> (20.06.2003).

Almond, Gabriel, 1988: *The Return to the State*, in: American Political Science Review, Vol. 82, No. 3, 853–874.

Almond, Gabriel/Powell Jr. Bingham G., 1966: *Comparative Politics: A Developmental Approach*, Boston: Little Brown.

Andrijko, Vasyl'/Tomenko, Mykola (Hrsg.), 1997: *Deržavna vlada v Ukrajini: struktura I povnovažennja*, Kiew: Dovidnyk.

Andruchovyč, Jurij, 1999: *Dezorijentacija na mistsevosti. Sproby*. Ivano-Frankivs'k: Lileia-NV.

Arabs'kyj, Jurij, 2003: *Grundzüge des Regierungs- und Parteiensystems*, in: Besters-Dilger, Juliane (Hrsg.), 2003: Die Ukraine in Europa. Aktuelle Lage, Hintergründe und Perspektiven, Buchreihe des Institutes für den Donauraum und Mitteleuropa, Band 9, Wien: Böhlau Verlag, 35–61.

Arel, Dominique, 2005: *Is The Orange Revolution Fading?* In: Current History (October), 325–330.

Armstrong, Harvey/Taylor, Jim, 2004: *Regional Economics and Policy*, 3rd ed., repr. Malden: Blackwell.

Åslund, Anders, 2003: *Left Behind: Ukraine's Uncertain Transformation*, in: The National Interest, Vol. 73, Fall, 107–116.

Åslund, Anders, 1996: *Reform vs. Rent Seeking in Russia's Economic Transformation*, in: Transition, Nr. 2.

Ashwin, Sarah, 1998: *Endless Patience Explaining Soviet and Post-Soviet Social Stability*, in: Communist and Post-Communist Studies, Vol. 31, No. 2, 187–198.

Atkinson, M.M./Coleman W.D., 1989: *Strong States and Weak States: Sectoral Policy Networks in Advanced Capitalist Economies*, in: British Journal of Political Science, Vol. 19, No.1, 47–68.

Badie, Bertrand/Birnbaum, Pierre, 1983: *Sociologie de l'État*, Paris: Bernard Grasset.

Balaban, Rostislav, 2003: *Polityčni partiji misceve samovrjaduvannja*, in: Ljudyna i Polityka, Vol. 27, No. 3. <http://www.lp-ua.info/2003/316.php> (15.11.2003).

Balaban, Rostislav, 2002: *Jakščo ne my, to chto ž?* In: Viče, No. 11 (128), 27–32.

Barrington, Lowell W./Herron, Erik S., 2004: *One Ukraine or Many? Regionalism in Ukraine and its Political Consequences*, in: Nationalities Papers, Vol. 32, No. 1, 2004, 53–86.

Bebyk, Valeriy, 1996 : *Ekonomičny, političny ta social'no-psycholohični aspekty procesu formuvannia elity ukrajins'koho suspil'stva*, in : Informaciyno-Analityčnyj Bjuleten', Institute of Postcommunist Society and Polityčna Dumka, No. 3, 5. März.

Benz, Arthur, 2001: *Der moderne Staat. Grundlagen der politologischen Analyse*, München: Oldenbourg.

Berg-Schlosser, Dirk, 2004: *The Quality of Democracies in Europe as Measured by Current Indicators of Democratization and Good Governance*, in: Journal of Communist Studies and Transition Politics, Vol. 20, No. 1, 28–55.

Besters-Dilger, Juliane (Hrsg.), 2003: *Die Ukraine in Europa. Aktuelle Lage, Hintergründe und Perspektiven*, Buchreihe des Institutes für den Donauraum und Mitteleuropa, Band 9, Wien: Böhlau Verlag.

Betz, Joachim/Köllner, Patrick, 2001: *Informale Politik im internationalen Vergleich: Ein Forschungsaufriss*, in: Nord-Süd Aktuell, Nr. 1, 94–104.

Beyme, Klaus von / Offe, Claus (Hrsg.), 1995: *Politische Theorien in der Ära der Transformation*, in: PVS-Sonderheft Nr. 26, Opladen: Leske und Budrich.

Birch, Sarah, 2000a: *Elections and Democratization in Ukraine*, New York: St. Martin's Press.

Birch, Sarah, 2000b: *Interpreting the Regional Effect in Ukrainian Politics*, in: Europe-Asia Studies, Vol. 52, No. 6, 1017–1041.

Birch, Sarah, 1998: *Party System Formation and Voting Behavior in the Ukrainian Parliamentary Elections of 1994*, in: Kuzio, Taras (ed.): Contemporary Ukraine: Dynamics of Post-Soviet Transformation, Armonk: M.E. Sharpe, 139–160.

Birch, Sarah, 1997: *Nomenklatura Democratization: Electoral Clientelism in Post-Soviet Ukraine*, in: Democratization, Vol. 4, No. 4, 40–62.

Birch, Sarah/Zinko, Ihor, 1996: *The Dilemma of Regionalism*, in: Transition, No. 22, 22–25.

Bird, Richard, 1989: *The Administrative Dimensions of Tax Reform in Developing Countries*, in: Gillis, Malcolm (ed.): Tax Reform in Developing Countries, Durham: Duke University Press.

Bos, Ellen, 2002: *Das politische System der Ukraine*, in: Ismayr, Wolfgang (Hrsg.): Die politischen Systeme Osteuropas, Opladen: Leske und Budrich, 447–488.

Bottomore, T.B., 1964: *Elites and Society*, Harmondsworth: Penguin.

Bova, Russell, 1999: *Democratization and the Crisis of the Russian State*, in: Smith, Gordon B (ed.): State Building in Russia. The Yeltsin Legacy and the Challenge of the Future, Armonk: M.E. Sharpe, 17–40.

Braithwaite, John, 1998: *Institutionalizing Distrust, Enculturating Trust*, in: Braithwaite, V./Levi, M.: Trust and Governance, New York: Russell Sage Foundation.

Brie, Michael, 1996: *Transformationsgesellschaften zwischen Institutionenbildung und Wandel des Informellen.* Arbeitspapier 8/1996, Max-Planck-Gesellschaft, Arbeitsgruppe Transformationsprozesse, Berlin: Humboldt Universität Berlin.

Brown, Archie (ed.), 2001: *Contemporary Russian Politics*, Oxford: Oxford University Press.

Brown, Tevor L./Pigenko, Vladimir/Wise, Charles R., 2002: *Elite Attitudes and Democratic Stability: Analysing Legislators' Attitudes towards the Se-*

paration of Powers in Ukraine, in: Europe-Asia Studies, Vol. 54, No. 1, 87–107.

Brusis, Martin, 2002: *Between EU Requirements, Competitive Politics, and National Traditions: Re-creating Regions in the Accession Countries of Central and Eastern Europe*, in: Governance: An International Journal of Policy, Administration, and Institutions, Vol. 15, No. 4, 531–559.

Bruszt, Laszlo/Stark, David, 1998: *Postsocialist Pathways*, New York: Cambridge University Press.

Bubnova, Nina/Way, Lucan, 1998: *Trends in Financing Regional Expenditures in Transition Economies: The Case of Ukraine*, World Bank Discussion Paper No. 378, Washington D.C.: World Bank.<http://www-wds.worldbank.org/servlet/WDSContentServer/WDSP/IB/1998/04/01/000009265_3980625103127/Rendered/PDF/multi_page.pdf> (10.09.2003).

Bunce, Valerie, 1999: *Subversive Institutions,* Cambridge: Cambridge University Press.

Carothers, Thomas, 2002: *The End of the Transition Paradigm*, in: Journal of Democracy, Vol. 12, No. 4, 5–21.

Chandler, Andrea, 1996: *State Building and Social Obligations in Post-Communist Systems: Assessing Change in Russia and Ukraine*, in: Canadian Slavonic Papers, Vol. 38, No. 1–2, 43–69.

Chirkova, Elena/Bowser, Donald, 2004: *Corruption in Russian Regions*, in: Transparency International: Global Corruption Report 2004. <http://www.gobalcorruptionreport.org/download/gcr2004/13_Corruption_research_II.pdf><http://www.transparency.org.ru/proj_index.asp> (05.04.2004).

Cirtautas, Arista M., 1995: *The Post-Leninist State: A Conceptual and Empirical Examination*, in: Communist and Post-Communist Studies, No. 28, Vol. 4, 379–392.

Coleman, James S., 1988: *Social Capital in the Creation of Human Capital*, in: American Journal of Sociology, Vol. 94 (Supplement), 94–120.

Cowley, Andrew, 1994: *A Survey of Ukraine. The Birth and Possible Death of a Country*, in: The Economist, 7 May 1994.

Croissant, Aurel, 2002: *Von der Transition zur defekten Demokratie. Demokratische Entwicklung in den Philippinen, Südkorea und Thailand*, Wiesbaden: Westdeutscher Verlag.

Crozier, Michel, 1964: *The Bureaucratic Phenomenon*, Chicago: University of Chicago Press.

Cukrowski, Jacek et al., 2002: *Technical Cooperation and Capacity Development: The Kyrgyz Republic. Country Case Study*, UNDP. <http://capacity.undp.rog/books/exSummary2.pdf> (20.10.2003).

Cummings, Sally N./Nørgaard, Ole, 2003: *The Administration-society Interface. A Comparative Perspective on Post-communist Experiences*. Paper prepared for the 11 th NISPACee Annual Conference 'Enhancing the Capacity to Govern. Challenges Facing the CEE Countries'. Bucharest, Romania, April 10-12. <http://www.demstar.dk/papers/BucharestCummingsNørgaard2.pdf> (10.10.2003).

Cummings, Sally N./Nørgaard, Ole, 2002a: *States' Capacity in Post-communist Countries. A (partial) Comparison of 6 Countries*. Paper prepared for the Conference: Building Civil Society and Democracy East of Elbe: Perspectives, Problems and Prospects in Transitional Societies. Warsaw, 28-29 September. <http://www.demstar.dk/papers/Statescapacityinpostcommunistcountries6.pdf> (10.10.2003).

Cummings, Sally N./Nørgaard, Ole, 2002b: *State Capacity in Kazakhstan and Kyrgyzstan: A Comparative Perspective*. Paper prepared for the Nordic Political Science Association, workshop 22: The State in Developing and Transitional Countries, Aarborg University, 15. –17. August.

Cummings, Sally N., 2000: *The Dynamics of Centre-Periphery Relations*, London: Royal Institute of International Affairs.

D'Anieri, Paul/Kuzio, Taras (guest editors), 2005: *Ukraine Under Leonid Kuchma (1994–2004)*, Special Issue of: Problems of Post-Communism, Vol. 52, No. 5.

D'Anieri, Paul, 2003: *Leonid Kuchma and the Personalization of the Ukrainian Presidency*, in: Problems of Post-Communism, Vol. 50, No. 5, 58–65.

D'Anieri, Paul, 2001: *Democracy Unfulfilled the Establishment of Electoral Authoritarianism in Ukraine*, in: Journal of Ukrainian Studies, Vol. 26, No. 12 (published 2003).

D'Anieri, Paul, 1999: *Conclusion: Institutionalizing Democracy in a Divided State*, in: Kuzio, Taras/Kravchuk, Robert S./D'Anieri, Paul (eds.), 1999: State and Institution Building in Ukraine, New York: St. Martin's Press, 325–329.

D'Anieri, Paul / Kravchuk, Robert S. / Kuzio, Taras, 1999: *Politics and Society in Ukraine*, Boulder: Westview Press.Development Alternatives, Inc. (DAI), 2002: *Tax Policy in Ukraine, 2002. A Review of Current Issues with Recommendations*. <http://www.dec.org/pdf_docs/PNACQ692.pdf> (25.05.2004).

Dabla-Norris, Era/Wade, Paul, 2002: *The Challenge of Fiscal Decentralization in Transition Countries*, International Monetary Fund (IMF) Working Paper No. 02/103. <http://www.imf.org/external/pubs/ft/wp/2002/wp02103.pdf> (10.04.2004).

Dabla-Norris, Era/Martinez-Vasquez, Jorge/Norregaard, John, 2000: *Making Decentralization Work: The Case of Russia, Ukraine, and Kazakhstan*. Conference on Fiscal Decentralization, IMF Headquarters, Washington D. C., November 20–21.

Dahl, Robert, 1961: *Who Governs?* New Haven: Yale University Press.

Dahrendorf, Ralph, 1990: *Reflections on the Revolution in Europe*, New York: Random House.

Darden, Keith A., 2001: *Blackmail as a Tool of State Domination: Ukraine under Kučma*, in: East European Constitutional Review, Vol. 10, No. 2–3. <http://www.law.nyu.edu/eecr/vol10num2_3/focus/darden.html> (06.12.2003).

Dawisha, Karen/Parrot, Bruce (eds.), 1997: *Democratic Changes and Authoritarian Reactions in Russia, Ukraine, Belarus, and Moldova*, New York: Cambridge University Press.

Dergačev, Oleksandr, 2002: *Rol' polityčnych partij u formuvanni deržavnoij polityky v Ukrajini*. <http://www.politdumka.Kiew.ua/s1130-2.html> (10.10.2003).

Dewatripont, Mathias/Roland, Gérard, 1996: *Transition as a Process of Large-Scale Institutional Change*, in: Economics of Transition, Vol. IV, No. 1, May, 1–30.

Diamond, Jack, 2002: *The New Russian Budget System: A Critical Assessment and Future Reform Agenda*, International Monetary Fund (IMF) Working Paper No. 02/21, Washington D.C.: IMF. <http://www.imf.org/external/pubs/ft/wp/2002/wp0221.pdf> (25. 04.2004).

Diamond, Larry, 2002: *Elections Without Democracy. Thinking about Hybrid Regimes*, in: Journal of Democracy, Vol. 13, No. 2, April, 22–35.

Diuk, Nadia, 2001: *Ten Years After the Soviet Breakup. Sovereignty and Uncertainty in Ukraine*, in: Journal of Democracy, Vol. 12, No. 4, October, 58–64.

Dnistrjans'kyj, Miroslav, 2001: *Čy potribno reformuvaty administratyvno-terytorial'nyj ustrij Ukrajiny?* In: Polityčna Dumka, No. 1–2, 28–39.

Dolženkov, Oleh, 2002: *Ukrajinska nomenklatura v suspil'no-polityčnych transformacijach*, in: Ljudyna i polityka, No.1, 3–8.

Durkot, Jurij, 2002: *Ukrainische Parlamentswahl als Demokratie-Test. Sieg des Reformbündnisses – eine Initialzündung für Reformen?*, in: Osteuropa, Nr. 5, 564–575.

Dyczok, Marta, 2000: *Ukraine. Movement without Change, Change without Movement*, Reading: Harwood Academic Publishers.

Easter, Gerald M., 2003: *Building Political Compliance in Transitional Economies: Russia.* Paper presented at the conference: Tax Evasion, Trust and State Capacities, October 17–19, University St. Gallen.

Easter, Gerald M., 2002: *Politics of Revenue Extraction in Post-Communist States. Poland and Russia Compared*, in: Politics & Society, Vol. 30, No. 4, 599–627.

Easter, Gerald M./Harter, Stefanie (eds.) 2001: *Shaping the Economic Space in Russia. Decision-making Processes, Institutions and Adjustment to Change in the El'tsin Era*, Aldershot: Ashgate.

Easter, Gerald M., 2000: *Reconstructing the State. Personal Network and Elite Indentity in Soviet Russia*, Cambridge: Cambridge University Press.

Easter, Gerald M., 1997: *Preference for Presidentialism. Postcommunist Regime Change in Russia and the NIS*, in: World Politics, Vol. 49, 184-211.

Easter, Gerald M., 1996: *Personal Networks and Postrevolutionary State Building. Soviet Russia Reexamined*, in: World Politics, Vol. 48, No. 4, 551–578.

Easton, David, 1953: *The Political System*, New York: Knopf.

Ekiert, Grzegorz, 2001: *The State After State Socialism: Poland in Comparative Perspective*, IWM (Institut für die Wissenschaften vom Menschen), Working Paper No. 6, Vienna.

Ekiert, Grzegorz, 1996: *The State Against Society: Political Crises and Their Aftermath in East Central Europe*, Princeton: Princeton University Press.

Elster, Jon/Offe, Claus/Preuss, Ulrich K. (eds.), 1998: *Institutional Design in Post-Communist Societies. Rebuilding the Ship at Sea*, Cambridge: Cambridge University Press.

Ertman, Thomas, 1997: *Birth of the Leviathan: Building States and Regimes in Medieval and Early Modern Europe*, Cambridge: Cambridge University Press.

Esser, Josef, 1995: *Staatstheorie*, in: Nohlen, Dieter (Hrsg.): Wörterbuch Staat und Politik, München: Piper, 733–743.

Evangelista, Matthew, 1995: *The Paradoxes of State Strenght: Transitional Relations, Dominant Structures and Social Policy of Russia and the Soviet Union*, in: International Organization, Vol. 49, No. 1, 1–38.

Evans, Peter, 1995: *Embedded Autonomy: States and Industrial Transformation*, Princeton: Princeton University Press.

Evans, Peter, 1992: *The State as Problem and Solution: Predation, Embedded Autonomy, and Adjustment*, in: Haggard, Stephen/Kaufman, Robert R. (eds.): The Politics of Economic Adjustment, Princeton: Princeton University Press.

Evans, Peter/Rueschmeyer, Dietrich/Skocpol, Theda (eds.), 1985: *Bringing the State Back In*, Cambridge: Cambridge University Press.

Fatton, Robert, 1988: *Bringing the Ruling Class Back In*, in: Comparative Politics, Vol. 20, No. 3, 253–264.

Fischer, Stanley/Sahay, Ratna, 2004: *Transition Economies: The Role of Institutions and Initial Condition.* IMF Conference in Honor of Guillermo A. Calvo, Washington D.C., 15–16 April 2004. <http://www.imf.org/external/np/res/seminars/2004/calvo/pdf/fische.pdf> (21.04.2004).

Fisman, Raymond/Gatti Roberta, 2000: *Decentralization and Corruption: Evidence Across Countries?* Development Research Group, Washington D. C.: The World Bank. <http://www.worldbank.org/wbi/Governance/pdf/wps2290.pdf> (20.04.2004).

Freedom House (ed.), 2004a: *Countries at the Crossroads. A Survey of Democratic Governance.* <http://www.freedomhouse.org/research/crossroads/cac.htm> (10.07.2004).

Freedom House (ed.), 2004b: *Nations in Transit: Democratization in East Central Europe and Eurasia.* <http://www.freedomhouse.org/research/nattransit.htm> (10.07.2004).

Frey, Bruno S., 1977: *Moderne Politische Ökonomie. Die Beziehungen zwischen Wirtschaft und Politik.* München: Piper.

Fritschak, Leila L., 1994: *Governance Capacity and Economic Reform in Developing Countries'*, World Bank Technical Paper No. 254, Washington D. C.: World Bank.

Fritz, Verena, 2002: *The State of the State: A Fiscal Perspective on State Formation and Transformation in Ukraine and Other Countries of the Former Soviet Union*, Research Paper, Florence: European University Institute.

Fritz, Verena, 2001: *Zwischen Reform und Oligarchisierung. Zur Wirtschaftsentwicklung in der Ukraine*, in: Osteuropa, Nr. 9, 1022–1035.

Fritz, Verena, 2000: *Kiew im Abseits*, in: Blätter für deutsche und internationale Politik, Nr. 6, 661–665.

Fürst, Dietrich/Schubert, Herbert/Rudolph, Ansgar/Spieckermann, Holger, 1999: *Regionale Akteursnetzwerke zwischen Sozialkapital und regionaler Governance – erste Überlegungen.* <http://www.sw.fh-koeln.de/sozial_raum_management/netz/sozkap1_deu.htm> (20.03.2003).

Fukuyma, Francis, 2004a: *State Building. Governance and World Order in the Twentiy-First Centrury*, London: Profile Books.

Fukuyma, Francis, 2004b: *The Imperative of State-Building*, in: Journal of Democracy, Vol. 15, No. 2, 17–31.

Gargan, John J., 1981: *Consideration of Local Government Capacity*, in: Public Administration Review (Nov–Dec), 645–671.

Gass, Stephan, 2002: *Die Rolle der „richterlichen Unabhängigkeit" in den Transformationsstaaten Ostmittel- und Osteuropas – das Beispiel Ukraine*, unveröffentlichtes Paper.

Geddes, Barbara, 1994: *Politicians Dilemma. Building State Capacity in Latin America*, Berkely: University of California Press.

Gel'man, Vladimir, 2001: *The Politics of Russia's Regions: A Comparative Perspective*, in: Easter, Gerald M./Harter, Stefanie (eds.): Shaping the Economic Space in Russia. Decision making Processes, Institutions and Adjustment to Change in the El'tsin Era, Aldershot: Ashgate, 227–248.

Gel'man, Vladimir, 2000: *Postsovetskie političeskie transformaci*, in: Polityčna dumka, No. 2, 3–12.

Gel'man, Vladimir, 1999: *Regional Power in Contemporary Russia: Institution, Regime and Practice*, in: Russian Politics and Law, Vol. 37, No. 1, 5–29.

Gibson, James L., 2003 : *Social Networks, Civil Society, and the Prospects for Consolidating Russia's Democratic Transition*, in: Badescu, Gabriel/

Uslaner, Eric (eds.): Social Capital in Central and Eastern Europe, London: Routledge, 61–80.

Giner, Salvador, 1996: *Civil Society and its Future*, in: Hall, John A. (ed.): Civil Society, Theory, History, Comparison, Cambridge: Polity Press, 301–325.

Gill, Graeme (ed.), 1998: *Elites and Leadership in Russian Politics*, Basingstoke: Macmillan.

Gill, Graeme, 1990: *Origins of the Stalinist Political System*, Cambridge: Cambridge University Press.

Goddin, Robert E., 1998: *Institutions and their Design*, in: Goodin, R. (ed.): The Theory of Institutional Design, Cambridge: Cambridge University Press.

Göhler, Gerhard, 1994: *Politische Institutionen und ihr Kontext. Begriffliche und konzeptionelle Überlegungen zur Theorie politischer Institutionen*, in: Göhler, Gerhard (Hrsg.): Die Eigenart der Institutionen. Zum Profil politischer Institutionentheorie, Opladen: Leske und Budrich, 19–46.

Goehrke, Carsten/Gilly, Seraina 2000 (Hrsg.): *Transformationen und historisches Erbe in den Staaten des europäischen Ostens*, Berlin: Lang.

Götz, Roland, 1994: *Die Wirtschafts- und Gesellschaftsstruktur der Sowjetunion als Hypothek für die Systemtransformation in Russland*, in: Berichte des Bundesinstitutes für ostwissenschaftliche und internationale Studien, Nr. 8, Köln.

Grabher, Gernot/Stark, David (eds.), 1997: *Restructuring Networks in Post-Socialism: Legacies, Linkages and Localities*, Cambridge: Cambridge University Press.

Grindle, Merilee S. (ed.), 1997: *Getting Good Government: Capacity Building in the Public Sectors of Developing Countries*, Cambridge: Harvard University Press.

Grodeland, Ase B./Koshechkina, Tatyana/Miller, William L., 1998: *Foolish to Give and yet More Foolish not to Take – In-depth Interviews with Post-Communist Citizens on their Everyday Use of Bribes and Contacts*, in: Europe-Asia Studies, Vol. 50, No. 4, 651–677.

Grotz, Florian/Haiduk, Johanna/Yahnyshchak, Ihor, 2003: *Wahlen in der Ukraine*, in: Ziemer, Klaus (Hrsg.): Wahlen in postsozialistischen Staaten, Opladen: Leske und Budrich, 307–344.

Grzymala-Busse, Anna/Luong, Pauline Jones, 2002: *Reconceptualizing the State: Lessons form Post-Communism*, in: Politics & Society, Vol. 30, No. 4, 529–554.

Gummich, Andreas/Corbet, Jürgen, 1990: *The Soviet Union at the Crossroads. Facts and Figures on the Soviet Republics*, Frankfurt a. M.: Deutsche Bank.

Gupta, Sanjeev/Leruth, Luc/Mello, Luiz de/Chakravarti,Shamit, 2001: *Transition Economies: How Appropriate is the Size and Scope of Government?* International Monetary Fund (IMF) Working Paper No. 01 / 55, Washington D. C.: IMF. <http://www.imf.org/external/pubs/ft/wp/2001/wp0155.pdf> (25.04.2004).

Haggard, Stephan/Kaufman, Robert R., 1995a: *The Challenges of Consolidation*, in: Diamond, Larry/Plattner, Marc F. (eds.): Economic Reform and Democracy, Baltimore: The Johns Hopkins University Press.

Haggard, Stephan/Kaufman, Robert R., 1995b: *The Political Economy of Democratic Transitions*, Princeton: Princeton University Press.

Hague, Judy/Rose, Aidan/Bojcun, Marko, 1995: *Rebuilding Ukraine's Hollow State: Developing a Democratic Public Service in Ukraine*, in: Public Administration and Development, Vol. 15, 417–433.

Haiduk, Joanna, 1996: *Die Besonderheiten der politischen Transformation der Ukraine (1985–1993)*, in: Russland und die Ukraine nach dem Zerfall der Sowjetunion, Berlin, 181–218.

Hall, John S., 2002: *Reconsidering the Connection between Capacity and Governance*, in: Public Organization Review, No. 2, 23–43.

Hall, John A./Ikenberry, John G., 1989: *The State*, Minneapolis: University of Minnesota Press.

Hall, John A., 1986: *States in History*, Oxford: Basil Blackwell.

Hamalij, Michael, 1999: *Die politische und wirtschaftliche Entwicklung der Ukraine nach sieben Jahren Unabhängigkeit*, Hamburg.

Haerpfer, Christian/Mishler, William/Rose, Richard, 1997: *Social Capital in Civic and Stressful Societies*, in: Studies in Comparative International Development, Vol. 32, No. 3, 85–111.

Haran, Oleksiy et al., 2003: *European Commission for Democracy Through Law*, Brussels: European Commission.

Haran, Oleksiy et al. (eds.), 1996: *Stanovlennja vladnych struktur v Ukrajini*, Kiew.

Haran, Olexiy/Pavlenko, Rostislav et al., 2003: *Ukraine*, in: Freedom House (ed.): Nations in Transit: Democratization in East Central Europe and Eurasia, 606–629. <http://www.freedomhouse.org/research/nitransit/2003/ukraine2003.pdf> (01.10.2003).

Harasymiv, Bohdan, 2002: *Post-Communist Ukraine*, Edmonton: Canadian Institute of Ukrainian Studies Press.

Havrylyshyn, Oleh/Rooden, van, 2003: *Institutions Matter in Transition, but so Do Policies*, in: Comparative Economic Studies, Vol. 45, No. 1, 2–24.

Havrylyshyn, Oleh, 1999: *The Political Economy of Delayed Reform in Ukraine*, in: Wolchik, Sharon L./Zviglyanich, Volodymyr (ed.): Ukraine. The Search for a National Identity, Rowman: Lanham.

Hayoz, Nicolas, 2003: *Arm's Length Relations, Political Trust and Transformation in Eastern and Central Europe,* in: Bonvin, Jean-Michel/Dembinski Paul H./Owsiak, Stanislaw (eds.): Conflicts of Interest and the Structures of Trust in Countries in Transition. Finance & Common Good No. 13–14, Winter-Spring: 35–48.

Hayoz, Nicolas/Sergeyev, Victor, 2003: *Social Networks in Russian Politics*, in: Badescu, Gabriel/Uslaner, Eric (eds.): Social Capital in Central and Eastern Europe, London: Routledge, 46–60.

Hayward, Jack, 1979: *State and Society in Contemporary Europe*, New York: St. Martin's Press.

Heady, Ferrel, 1996: *Public Administration: A Comparative Perspective*, New York: Marcel Dekker.

Heeger, Gerald A., 1974: *The Politics of Unterdevelopment*, New York: St. Martin's Press.

Held, David et al. (eds.), 1983: *States and Societies*, Oxford: Basil Blackwell.

Heller, Hermann (1934), 1983 (6. Auflage): *Staatslehre*, Tübingen: Mohr.

Hellman, Joel S./Jones, Geraint / Kaufmann, Daniel/Schankerman, Mark, 2000: *Measuring Governance, Corruption and State Capture: How Firms and Bureaucrats Shape the Business Environment in Transition Economies*, Policy Research Working Paper No. 2312, Washington D. C.: The World Bank. <http://www.worldbank.org/wbi/Governance/pdf/measure.pdf> (10. 08.2003).

Hellman, Joel S/Jones, Geraint/Kaufmann, Daniel, 2000: *Seize the State, Seize the Day: An Empirical Analysis of State Capture and Corruption in Transition.* Paper presented at the Annual Cank Conference on Development Economics, Washington, April 18–20. <http://papers.ssm.com/ sol3/papers.cfm?abstract_id=240555> (13.10.2003).

Helmerich, Martina, 2003: *Die Ukraine zwischen Autokratie und Demokratie. Institutionen und Akteure*, Veröffentlichungen des Osteuropa-Institutes München, Reihe Wirtschaft und Gesellschaft, Heft 25, Berlin: Duncker & Humblot.

Henderson, Karen/Robinson, Neil, 1997: *Post-Communist Politics*, London: Prentice Hall.

Herron, Erik S., 2004: *Preferences and Election Rule Re-design in Russia and Ukraine*, in: Democratization, Vol. 11, No. 2, 41–59.

Herron, Erik S., 2002: *Causes and Consequences of Fluid Faction Membership in Ukraine*, in: Europe-Asia Studies, Vol. 54, No. 4, 625–640.

Hesli, Vicki L./Miller, Arthur/Reisinger, William, 1996: *Conceptions of Democracy among Mass and Elite in Post-Soviet Societies*, in: British Journal of Political Science, Vol. 27, No. 1, 157–190.

Hesli, Vicki L., 1995: *Public Support for the Devolution of Power in Ukraine: Regional Patterns*, in: Europe-Asia Studies, Vol. 47, No. 1, 91–121.

Hesse, Joachim J., 1998: *Rebuilding the State: Administrative Reform in Central and Eastern Europe*, in: SIGMA (ed.), Preparing Public Administrations for the European Administrative Space, Paris: SIGMA Papers, No. 23, 168–179.

Hessel, Marek/Murphy, Ken, 2003: *Stealing the State, and Everything Else. A Survey of Corruption in the Postcommunist World*, Working Paper Transparency International. <http://www.transparency.org/working_paper s/hessel/index.html> (04.04.2004).

Het'man, Vadym, 1996: *Jak pryjmalas' konstytucija Ukrajiny*, Kiew.

Heywood, Andrew, 2002: *Politics* (2nd Edition), Houndsmills: Palgrave.

Higley, John/Lengyel, György, 2000: *Elites After State Socialism*, Lanham: Rowman and Littlefield.

Hobson, John M., 2000: *The State and International Relations*, Cambridge: Cambridge University Press.

Hőgye, Mihály (ed.), 2000: *Local and Regional Tax Administration in Transition Countries, Local Government and Public Service Reform Initiative* (LGI)/OSI (Open Society Institute). <http://lgi.osi.hu/publication s/2000/95/TA-Ch1.pdf> (06.04.2004)

Hoffmann, Erik P., 1998: *The Dynamics of State-Society Relations in Post-Soviet Russia*, in: Eckstein, Harry (ed.) et al.: Can Democracy Take Root in Russia? Lanham: Rowman and Littlefield.

Holmes, Stephen, 1997: *When Less State Means Less Freedom*, in: Transitions, No. 4, 66–75.

Holmes, Stephen, 1996: *Cultural Legacies or State Collapse? Probing the Postcommunist Dilemma*, in: Madelbaum, Michael (ed.): Postcommunism: Four Perspectives, New York: Council on Foreign Relations.

Holovatij, Serhij, 1995: *Konstitucinij proces. Konstitucinij zakon pro deržavnu vladu ta misceve samovraduvannja v Ukrajini*, Kiew.

Honadle, Beth W., 1982: *A Capacity Building Framework: A Search for Concept and Purpose*, in: Public Administration Review, September–October, 578–596.

Hosking, Geoffrey, 1997: *Surviving Communism*, in: Petrie, Ruth (ed.): The Fall of Communism and the Rise of Nationalism. The Index Reader, London: Cassel.

Howard, Marc Morjé, 2002: *Free not to Participate: The Weakness of Civil Society in Post-Communist Europe*, in: Journal of Democracy, Vol. 13, No. 1, 157–169.

Hrytsak, Yaroslav, 2003: *On Relevance and Irrelevance of Nationalism in Ukraine*, The Second Annual Cambridge-Stasiuk Lecture on Ukraine, University of Alberta.

Hrytsak, Yaroslaw, 2000: *Historia Ukrainy 1772–1999. Narodziny nowoczesnego narodu*, Lublin: Instytut Evropy Srodkowo-Wschodniej.

Hrytsak, Yaroslav, 1996: *Narys istorii Ukrajiny. Formuvannja modernoi Ukrajinskoi natsii XIX–XX stolittja*, Kiew: Heneza.

Hrytsak, Yaroslav, 1995: *Shifting Identities in Western and Eastern Ukraine*, in: East and Central Europe Program Bulletin, Vol. 5/3, No. 18.

Hughes, James, 1994: *Regionalism in Russia: The Rise and Fall of the Siberian Agreement*, in: Europe-Asia Studies, Vol. 46, No. 7, 1133–1161.

Hughes, James/Sasse, Gwendolyn, 2002: *Comparing Regional and Ethnic Conflicts in Post-Soviet Transition States*, in: Hughes, James/Sasse, Gwendolyn (eds.), Ethnicity and Territoriy in the Former Soviet Union: Regions in Conflict, London: Frank Cass, 1–35.

Huntington, Samuel P., 1968: *Political Order in Changing Societies*, New Haven, CT: Yale University Press.

Huntington, Samuel P., 1965: *Political Development and Political Decay*, in: World Politics, Vol. 17, No. 3, 386–430.

Hydén, Goran, 1992: *Governance and the Study of Politics*, in: Hydén, Goran/ Bratto, Michael (eds.): Governance and Politics in Africa, Boulder: Westview Press.

Jackman, Robert H., 1993: *Power Without Force: The Political Capacities of Nation-States*, Ann Arbor: University of Michigan Press.

Jackman, Robert W., 1998: *Social Capital and Politics*, in: Annual Review of Political Science, Vol. 1, 47–73.

Jackson, Robert H./James, Alan (eds.), 1993: *States in a Changing World: A Contemporary Analysis*, Oxford: Clarendon Press.

Jacunc'ka, Olena, 2000: *Problemy stanovlennja miscevoho samovrjaduvannja v Ukrajini: Dosvid sociolohičnoho analizu*, in: Ljudyna I Polityka, No. 4. <http://www.lp-ua.info/2000/401.php> (15.11.2003).

Johannsen, Lars/Nørgaard, Ole, 2001: *Governance and State Capacity in Post-communist States*. Paper prepared for workshop No. 2, Political Transformation in Soviet Successor States: The Politics of CIS States in Comparative and Theoretical Perspective, Institute of Political Studies, Grenoble, April.

Jones et al., 1997: *General Theory of Network Governance: Exchange Conditions and Social Mechanisms*, in: Academy of Management Review, Vol. 22, No. 4, 911–945.

Jorda, Peter/Kappeler, Andreas/Lukan, Walter/Vogl, Joseph (Hrsg.), 2000: *Ukraine. Geographie – Ethnische Struktur – Geschichte – Sprache und Literatur – Politik – Wirtschaft – Recht*, Österreichische Osthefte, Vol. 42, Nr. 3–4.

Jessop, Bob, 1994: *Veränderte Staatlichkeit. Veränderungen von Staatlichkeit und Staatsprojekten*, in: Grimm, Dieter (Hrsg.): Staatsaufgaben, Baden-Baden: Nomos, 43–73.

Kappeler, Andreas, 2003: *Vom Grenzland zur Eigenstaatlichkeit: Historische Voraussetzungen von Staat und Nation*, in: Besters-Dilger, Juliane (Hrsg.): Die Ukraine in Europa. Aktuelle Lage, Hintergründe und Perspektiven, Buchreihe des Institutes für den Donauraum und Mitteleuropa, Band 9, Wien: Böhlau Verlag, 15–31.

Kappeler, Andreas, 1994: *Kleine Geschichte der Ukraine*, München: Beck.

Karatnycky, Adrian/Schnetzer, Amanda (eds.), 2003: *Nations in Transit 2003. Civil Society, Democracy and Markets in East Central Europe and the Newly Independent States*, New Brunswick: Transaction Publishers.

Karatnycky, Adrian/Schnetzer, Amanda (eds.), 2002: *Nations in Transit 2002. Civil Society, Democracy and Markets in East Central Europe and the Newly Independent States*, New Brunswick: Transaction Publishers.

Karl, Terry/Schmitter, Philippe, 1991: *Models of Transition in Latin America, Southern and Eastern Europe*, in: International Social Science Journal, Vol. 43, No. 128, 269–284.

Kaskiv, Vladyslav, 2005: *Pora – Vanguard of Democracy. A Case Study of the Civic Campaign PORA and the Orange Revolution in Ukraine*, Kyiv, April.

Katznelson, Ira, 1997: *Structure and Configuration in Comparative Politics*, in: Lichbach, Mark/Zuckerman, Alan (eds.), in: Comparative Politics: Rationality, Culture and Structure. New York: Cambridge University Press.

Kaufmann, Daniel / Kraay, Aart, 2004: *Governance Matters III: New Indicators for 1996-2002 and Methodological Challenges*, in: Transparency International: Global Corruption Report 2004. <http://www.gobalcorruption report.org/download/gcr2004/13_Corruption_research_II.pdf. Das vollständige Papier ist abrufbar unter: <http://www.worldbank.org/wbi/Governance/pubs/govmatters3.html> (05.04.2004).

Kaufmann, Daniel/Recanantini, Francesca/Biletsky, Sergiy, 2002: *Assessing Governance: Diagnostic Tools and Applied Methods for Capacity Building and Action Learning.* <http://www.worldbank.org/wbi/Governance/assessing/pdf/kauf_recan_bilet_assessing.pdf> und <http://www.world bank.org/wbi/Governance> (03.05.2004).

Kaufman, Robert, 1997: *The Politics of State Reform: A Review of Theoretical Approaches*, Estudio 1997/1998, June, Instituto Juan March.

King, Roger, 1986: *The State in Modern Society: New Directions in Political Sociology*, Chatham: Chatham House.

Kirkow, Peter, 1995: *Regional Warlordism in Russia: The Case of Primorski Krai*, in: Europe-Asia Studies, Vol. 47, No. 6, 919–934.

Kjær, Anne M./Hansen, Ole H./Frølund Thomsen, Jens Peter, 2002: *Conceptualizing State Capacity*, Working Paper, March, Department of Political Science, University of Aarhus.

Knill, Christoph/Lehmkuhl, Dirk, 2002: *Private Actors and the State: Internationalization and Changing Patterns of Governance*, in: Governance: An International Journal of Policy, Administration and Institutions, Vol. 15, No. 1, 41–63.

Knoke, David, 1990: *Political Networks. The Structural Perspective*, Cambridge: Cambridge University Press.

Koelble, Thomas A., 1995: *The New Institutionalism in Political Science and Sociology*, in: Comparative Politics, Vol. 27, No. 2, 231–243.

Konitzer-Smirnov, Andrew, 2005: *Serving Different Masters: Regional Executives and Accountability in Ukraine and Russia*, in: Europe-Asia Studies, Vol. 57, No.1, 3–33.

Kooiman, Jan, 2000: *Societal Governance: Levels, Modes and Orders of Societal-Political Interaction*, in: Pierre, Jon (ed.): Debating Governance: Authority, Steering, and Democracy, Cambridge: Cambridge University Press.

Kooiman, Jan (ed.), 1993: *Modern Governance. New Government-Society Interactions*, London: Sage.

Kornai, János / Haggard, Stephan / Kaufman, Robert R. (eds.), 2001: *Reforming the State: Fiscal and Welfare Reform in Post-Socialist Countries*, New York: Cambridge University Press.

Kornienko, Mykola, 1997: *Regional Autonomy: Federation or Decentralization*, in: Ukrainian Law, No. 3, 139–145.

Korosteleva, Elena A., 2004: *The Quality of Democracy in Belarus and Ukraine*, in: The Journal of Communist Studies and Transition Politics, Vol. 20, No.1, 122–142.

Kovalenko, L., 2002: *Upravlinnja bjudžetnymy resursamy regionu*, in: Finansy Ukrajiny, No. 12, 51–54.

Kowall, Tina/Zimmer, Kerstin, 2002: *Der politische Einfluss von Wirtschaftseliten in der Ukraine. Nationale und regionale Oligarchen*, Arbeitspapiere und Materialen der Forschungsstelle Osteuropa an der Universität Bremen, Nr. 42.

Krasner, Stephen D., 1988: *Sovereignty: An Institutionalist Perspective*, in: Comparative Political Studies, Vol. 21, April, 66–94.

Krasner, Stephen D., 1984: *Approaches to the State: Alternative Conceptions and Historical Dynamics*, in: Comparative Politics, Vol. 16, No.2, 223–246.

Kravchuk, Robert S., 2002: *Ukrainian Political Economy. The First Ten Years*. New York, Basingstoke: Palgrave Macmillan.

Kravchuk, Robert S., 1999: *The Quest for Balance: Regional Self-Government and Subnational Fiscal Policy in Ukraine*, in: Kuzio, Taras/Kravchuk, Robert S./D'Anieri, Paul (eds.), 1999: State and Institution Building in Ukraine, New York: St. Martin's Press, 157–211.

Krawchenko, B., 1997: *Setting the Agenda. Administrative Reform in Ukraine*, Discussion Papers, No. 3 (Budapest: Local Government and Public Service Reform Initiative).

Kresina, Irina/Perehyda, Jevhen, 2003: *Polityčna Reforma: Problemy i perspektyvy*, in: Viče, No. 2 (131), 22–27.

Kriesi, 1994: *Les démocraties occidentales: une approche comparée*, Paris : Economica.

Kryshtanovskaya, Olga/White, Stephen, 1998: *Russia: Elite Continuity and Change*, in: Dogan, Mattei/Highley, John: Elites, Crises, and the Origins of Regimes, Lanham: Rowman and Littlefield.

Kruhlašov, A., 1998: *Misceva elita: rehional'na čy peryferijna?* In: Viče, No. 5, 6–7.

Kubicek, Paul, 2002: *Civil Society, Trade Unions and Post-Soviet Democratization: Evidence from Russia and Ukraine*, in: Europe-Asia Studies, Vol. 54, No. 4, 603–624.

Kubicek, Paul, 2000: *The State, Interest Associations and Corporatism in Post-Soviet Ukraine*, Ann Arbor: University of Michigan Press.

Kubicek, Paul, 1999: *Ukrainian Interest Groups, Corporatism, and Economic Reform*, in: Kuzio, Taras/Kravchuk, Robert S./D'Anieri, Paul (eds.), 1999: State and Institution Building in Ukraine, New York: St. Martin's Press, 57–81.

Kubicek, Paul, 1997: *Post-Soviet Ukraine: In Search of a Constituency for Reform*, in: Journal of Communist Studies and Transition Politics, Vol. 13, No. 3, 103–126.

Kubicek, Paul, 1996: *Variations on a Corporatist Theme: Interest Associations in Post-Soviet Ukraine and Russia*, in: Europe-Asia Studies, Vol. 48, No. 1, 27–46.

Kubik, J., 1994: *Decentralization and Cultural Revival in Post-Communist Transformations*, in: Communist and Post-Communist Studies, Vol. 27, No. 4, 331–355.

Kudelia, Serhiy, 2005: *The Rise of Democratic Opposition in Ukraine: From Obscurity to Triumph, 2000–2004*, SAIS Working Paper, Project on Systemic Change and International Security in Russia and the New States of Eurasia.

Kudrjačenko, Andrij, 1997: *Das Institut der Präsidentschaft in der Ukraine. Die Wirklichkeit ihres verfassungsrechtlichen Status*, in: Osteuropa-Recht, Nr. 4, 329–340.

Kukolev, I., 1996: *Regional'nye elity: bor'ba za vedušie roli prodolžaetsja*, in: Vlast, Vol. 1, 46-52.

Kuzio, Taras, 2005a: Two Down, One to Go? Ukrainian Officials Target Another Oligarchic Clan, in: Euroasia Daily Monitor, Vol. 2, No. 97 (May 18).

Kuzio, Taras, 2005b: *Political Realignment Begins in Ukraine*, in: Euroasia Daily Monitor, Vol. 2, No. 1 (January 3).

Kuzio, Taras, 2004: *Ten Ways Ukraine is a Neo-Soviet Country*, in: Ukrajinska Pravda, 25 March 2004. <http://www.artukraine.com/buildukraine/kuzio13.htm> (30.04.2003).

Kuzio, Taras, 2003: *The Parliamentary Elections in Ukraine: Democratization or Authoritarianism?*, in: Journal of Communist Studies and Transition Politics, Vol. 19. No. 2, 24–54.

Kuzio, Taras, 2002: *Between Totalitarism and Democracy: Assessing Regime Type in Ukraine.* Paper prepared for the conference: Ukraine: Challenges of a Country in Transition, April 19–20, University of Fribourg.

Kuzio, Taras, 2001: *Transition in Post-Communist States: Triple or Quadruple?* in: Politics, Vol. 21, No. 3, 168–177.

Kuzio, Taras, 1999: *Stateness and Institutions in Ukraine: A Theoretical and Comparative Introduction*, in: Kuzio, Taras/Kravchuk, Robert S./D'Anieri, Paul (ed.), State and Institution Building in Ukraine, New York: St. Martin's Press, 1–23.

Kuzio, Taras/Kravchuk, Robert S./D'Anieri, Paul (eds.), 1999: *State and Institution Building in Ukraine*, New York: St. Martin's Press.

Kuzio, Taras (ed.), 1998a: *Contemporary Ukraine: Dynamics of Post-Soviet Transformation*, Armonk: M.E. Sharpe.

Kuzio, Taras, 1998b: *Ukraine. State and Nation Building*, New York : Routledge.

Kuzio, Taras, 1998c: *The Domestic Sources of Ukrainian Security Policy*, in: The Journal of Strategic Studies, Vol. 21, No. 4, 18–49.

Kuzio, Taras, 1997: *Ukraine Under Kuchma: Political Reform, Economic Transformation and Security Policy in Independent Ukraine*, New York: St. Martin's Press.

Kuzio, Taras, 1996: *National Identity in Independent Ukraine: An Identity in Transition*, in: Nationalism and Ethnic Politics, Vol. 2, No. 4, 582–608.

Kyryljuk, Ihor, 2003: *Fenomen polityčnoho centryzmu*, in : Ljudyna i Polityka, Vol. 27, No. 3. <http://www.lp-ua.info/2003/312.php> (15.11.2003).

Lane, David S., 2002: *The Legacy of State Socialism and the Future of Transformation*, Lanham: Rowman and Littlefield.

Lane, David S., 1988: *Elites and Political Power in the USSR*, Brookfield: Edward Elgar.

Lapidus, Gail/Walker, Edward W., 1995: *Nationalism, Regionalism and Federalism: Center-Periphery Relations in Post-Communist Russia*, in: Lapidus, Gail (ed.): The New Russia: Troubled Transformation, Boulder: Westview Press, 79–113.

Lapina, Natalia, 1997a: *Regional'nie elity Rossii*, Moscow: Institut nauchnoi informatsii po obshchestvennym naukam RAN.

Lapina, Natalia, 1997b: *Groups of Interest and Their Representations in the Structures of Power*, in: Vestnik Fonda Rossiiskuu Obshchestvenno-politicheskii tsentr, Vol. 4, No. 2, 5–14.

Lauth, Hans Joachim, 2004: *Informelle Institutionen und die Messung von demokratischer Qualität*, in: Lateinamerika Analysen, No. 7, 121–146.

Ledeneva, Alena, 2001: *Unwritten Rules: How Russia Really Works*, London: Centre for European Reform.

Ledeneva, Alena, 1998: *Russia's Economy of Favours. Blat, Networking and Informal Exchange*, Cambrigde: Cambrigde University Press.

Leftwich, Adrian, 2000: *States of Development*, Cambridge: Polity Press.

Leftwich, Adrian, 1994: *Governance, the State and the Politics of Development*, in: Development and Change, Vol. 25, 361–386.

Leggewie, Claus/Münch, Richard, 2001: *Politik im 21. Jahrhundert*, Frankfurt am Main: Suhrkamp.

Le Galès, Patrick, 1998: *Conclusion – Government and Governance of Regions: Structural Weaknesses and New Mobilisations*, in: Le Galès, Patrick/

Lequesne, Christian (eds.): Regions in Europe, London: Routledge, 239–268.

Le Galès, Patrick, 1997: *Gouvernement et gouvernance des régions : faiblesses structurelles et nouvelles mobilisations*, in : Le Galès, Patrick/Lequesne, Christian (éds.) : Les paradoxes des régions en Europe, Paris : La Découverte, 237–263.

Lerner, Daniel, 1966: *Some Comments on Center-Periphery Relations*, in: Merritt, Richard/Rokkan, Stein (eds.) Comparing Nations. New Haven, CT: Yale University Press.

Lewis, Ann (ed.), 2002: *The EU and Ukraine. Neighbours, Friends and Partners?* London: Federal Trust for Education and Research.

Lewis, Paul G., 2004: *Democracy in Post-Communist Europe, Fifteen Years On: A Concluding Note*, in: Journal of Communist Studies and Transition Politics, Vol. 20, No.1, 162–165.

Lijphart, Arend/Waisman, Carlos W. (eds.), 1996: *Institutional Design in New Democracies*. Boulder: Westview Press.

Lindner, Rainer/Meissner, Boris (Hrsg.), 2001: *Die Ukraine und Belarus' in der Transformation*, Köln: Verlag Wissenschaft und Politik.

Lindner, Rainer, 1998: *Kučmas Stuhl wackelt. Transformationsstau und Interessendivergenzen in der Ukraine*, in: Osteuropa, Nr. 8/9, 920–937.

Linz, Juan J./Stepan, Alfred, 1996: *Problems of Democratic Transition and Consolidation: Southern Europe, South America, and Post-Communist Europe*, Baltimore: Johns Hopkins University Press

Linz, Juan J., 1990: *The Perils of Presidentialism*, in: Journal of Democracy, Vol.1, Winter, 51–69.

Lowi, Theodore, 1964: *American Business, Public Policy, Case-Studies, and Political Theory*, in: World Politics, Vol. 16, 677–715.

Luchterhandt, Otto, 2002: *Präsidentialismus in den GUS-Staaten*, in: Luchterhandt, Otto (Hrsg.): Neue Regierungssysteme in Osteuropa und der GUS. Probleme der Ausbildung stabiler Machtinstitutionen, Berlin: Berlin Verlag Arno Spitz, 255–372.

Lukovenko, Yuriy, 2003: *Ukraine: Steps towards Effective Fiscal Equalization*, in: Slukhai, Sergii: Dilemmas and Compromises: Fiscal Equalization in Transition Countries, LGI (Local Government and Public Service Reform Initiative)/OSI (Open Society Institute) Fellowship Series, 121–145. <http://www.lgi.osi.hu/publications/default.asp?id=249> (05.04.2004).

Lunina, Inna, 1994: *Probleme des regionalen Finanzausgleichs in der Ukraine*, in: Berichte des Bundesinstituts für ostwissenschaftliche und internationale Studien, Nr. 11, Köln.

McAuley, Mary, 1992: *Politics, Economics and Elite Realignment in Russia: A Regional Perspective*, in: Soviet Economy, Vol. 8, No. 1, 46–88.

McFaul, Michael, 2002: *Civil Society in Russia*, in: Demokratizatsiya, Vol. 10, No. 2, 109–116.

McFaul, Michael, 1999: *Lessons from Russia's Protracted Transition from Communist Rule*, in: Political Science Quarterly, Vol. 114, No. 1, 103–130.

McFaul, Michael, 1997: *When Capitalism and Democracy Collide in Transition: Russia's Weak State as an Impediment to Democratic Consolidation.* <http://www.csis.org/ruseura/ponars/workingspapers/001.pdf> (04.12.2003).

McFaul, Michael, 1995: *State Power, Institutional Change and the Politics of Privatization in Russia*, in: World Politics, Vol. 47, January, 210–243.

Maksymenko, Serhij et al. (red.), 2003: *Rozrabotka ta realizacija stratehij rozvytku terytorial'nych hromad: vitčyznjanyj dosvid*, Kyjiv: Centr Instytutu Schid-Zachid.

Maksymenko, Serhiy, 2002: *Local Democracy: Unfinished Business*, in: Lewis, Ann: The EU and Ukraine. Neighbours, Friends, Partners? London: Federal Trust, 55–60.

Maksymenko, Serhiy (red.), 2000: *Rehional'na polityka v krajinach Evropi: Uroky dlja Ukrajiny*, Kiew: Logos.

Maksymenko, Serhiy, 1999: *Regional Policy in Ukraine: Challenges of Transition*, in: Hudák, Vasil/Huitfeldt, Henrik/Meegan, Edward J., 1999: Regional Policy Goes East. Essays on Trends and Lessons Learned for Regional Development Policy in Central and Eastern Europe, Prague: East West Institute.

Mann, Michael, 1993: *The Sources of Social Power*, Vol. 2, Cambridge: Cambridge University Press.

Mann, Michael, 1986: *The Autonomous Power of the State. Its Origins, Mechanisms and Results*, in: Hall, John (ed.): States in History, Oxford: Basil Blackwell, 109–136.

March, James G./Olsen, Johan P., 1989: *Rediscovering Institutions: The Organizational Basis of Politics*, New York: Free Press.

March, James G./Olsen, Johan P., 1984: *The New Institutionalism: Organizational Factors in Political Life*, in: American Political Science Review, Vol. 78, No. 3, 734–749.

Matsuzato, Kimitaka, 2002: *Elites and the Party System of Zakarpattya Oblast': Reacations among Levels of Party Systems in Ukraine*, in: Europe-Asia Studies, Vol. 54, No. 8, 1267–1299.

Mayntz, Renate, 1998: *New Challenges to Governance Theory*, Florenz: Robert Schuman Zentrum der Europäischen Universität Florenz.

Melvin, Neil J., 1998: *The Consolidation of a New Regional Elite: The Case of Omsk 1987-1995*, in: Europe-Asia Studies, Vol. 50, No. 4, 619-650.

Mendras, Marie, 1999: *How Regional Elites Preserve their Power*, in : Post Soviet Affairs, Vol. 15, No. 4, 295–311.

Merkel, Wolfgang, 1995: *Theorien der Transformation: Die demokratische Konsolidierung postautoritärer Gesellschaften*, in: Politische Vierteljahresschrift, Bd. 36, 30–58.

Merkel, Wolfgang, 1994: *Systemwechsel 1. Theorien, Ansätze, Konzeptionen*, Opladen: Leske und Budrich.

Merkel, Wolfgang/Puhle, Hans-Jürgen/Croissant, Aurel/Eicher, Claudia/Thiery, Peter, 2003: *Defekte Demokratie. Band 1: Theorie.* Opladen: Leske und Budrich.

Merkel, Wolfgang/Croissant, Aurel, 2000: *Formale und informale Institutionen in defekten Demokratien*, in: Politische Vierteljahresschrift, Bd. 41, Nr. 1, 3–30.

Merkel, Wolfgang/Sandschneider, Eberhardt/Segert, Dieter (Hrsg.), 1996: *Systemwechsel 2. Die Institutionalisierung der Demokratie*, Opladen: Leske und Budrich.

Michal'čenko, Mikola, 2003: *Elita v Ukrajini*, in: Viče, No. 1 (130), 7–11.

Michels, Robert, 1911, repr. 1959: *Political Parties: A Sociological Study of the Oligarchical Tendencies of Modern Democracy*, New York: Dover.

Migdal, Joel S., 2001: *State in Society. Studying how States and Societies Transform and Constitute one another*, Cambridge: Cambridge University Press.

Migdal, Joel S., 1988: *Strong Societies and Weak States. State-Societal Relations and State Capabilities in the Third World*, Princeton: Princeton University Press.

Migdal, Joel S., 1997: *Studying the State*, in: Lichbach, Mark I./Zuckerman, Alan S. (eds.): Comparative Politics. Rationality, Culture, and Structure, New York: Cambridge University Press.

Migdal, Joel S./Kohli, Atul/Shue, Vivienne, 1994: *State Power and Social Forces. Domination and Transformation in the Third World*, Cambridge: Cambridge University Press.

Mills, Wright C., 1956: *The Power Elite*, Oxford: Oxford University Press.

Mishler, William/Rose, Richard, 2001: *What are the Origins of Political Trust? Testing Institutional and Cultural Theories in Post-Communist Societies*, in: Comparative Political Studies, Vol. 31, 30–62.

Mishler, William/Rose, Richard, 1997: *Trust, Distrust and Skepticism: Popular Evalutions of Civil and Political Institutions in Post-Communist Societies*, in: Journal of Politics, Vol. 59, No. 2, 418–451.

Misztal, Barbara A., 2000: *Informality: Social Theory and Contemporary Practice*, London: Routlegde.

Misztal, Barbara A., 1996: *Trust in Modern Societies: the Search for the Bases of Social Order*, Cambridge: Polity Press.

Mitchell, Timothy, 1991: *The Limits of the State: Beyond Statist Approaches and Their Critics*, in: American Political Science Review, Vol. 85, No. 1, 77–96.

Mitra, Pradeep/Stern, Nicholas, 2003: *Tax Systems in Transition*, Policy Research Working Paper, No. 2947, Washington D. C.: The World Bank.

Motyl, Alexander J., 1998: *State, Nation and Elites in Independent Ukraine*, in: Kuzio, Taras (ed.), Contemporary Ukraine: The Dynamics of Post-Soviet Transformation, Armonk: M.E. Sharpe, 3–16.

Motyl, Alexander J., 1993: *The Dilemmas of Independence: Ukraine After Totalitarianism*, New York: Council on Foreign Relations Press.

Mrinska, Olga, 2001: *Regional Development and Regional Policy in Ukraine*, Department for International Development, Kyiv National Taras Shevchenko University, Ukraine

Müller, Klaus, 1998: *Postsozialistische Krisen. Theoretische Ansätze und Befunde*, Opladen: Leske und Budrich.

Myrdal, Gunnar, 1968: *Asian Drama: An Inquiry Into the Poverty of Nations*, Vol. 2., New York: Twentieth Century Fund.

Narayan, Deepa/Woolcock, Michael, 2000: *Social Capital: Implications for Development Theory*, Research, and Policy, The World Bank Oberver, Vol. 15, 225–249.

Naumkina, S., 1999: *Fenomen ukrajinskoj političnoj elity 90-ch rokiv*, in: Aktual'ni problemy polityky: Zbirnyk naukovych prac', Odessa.

Nemiria, Grigory, 2000: *Regionalism: An Underestimated Dimension of State Building*, in: Wolchik, Sharon, L./Zviglyanich, Volodymyr: Ukraine. The Search for a National Identity, Lanham: Rowman and Littlefield, 183–197.

Nemiria, Grigory, 1999: *Regional Identity and Interests: The Case of Eastern Ukraine*, in: Spillmann, Kurt R. et al. (eds.): Between Russia and the West: Foreign and Security Policy of Independent Ukraine, Bern: Peter Lang, 303–323.

Nenova, Tatiana/Djankov, Simeon/Lieberman, Ira/Mukherjee, Joyita, 2002: *Going Informal: Benefits and Cost*s, World Bank Draft. <http://www.csd.bg/news/bert/nenova.pdf> (10.10.2004).

Nettl, John P., 1968: *The State as a Conceptual Variable*, in: World Politics, Vol. 20, 559–592.

Nettl, John P., 1967: *Political Mobilization: A Sociological Analysis of Methods and Concepts,* New York: Basic Books.

Nikolayenko, Olena, 2004: *Press Freedom during the 1994 and 1999 Presidential Elections in Ukraine: A Reverse Wave?* In: Europe-Asia Studies, Vol. 56, No. 5, 661–686.

Nohlen, Dieter/Schultze, Rainer-Olaf (Hrsg.), 2002: *Lexikon der Politikwissenschaften*, 2 Bände, München: Beck.

Nohlen, Dieter (Hrsg.), 1995: *Wörterbuch Staat und Politik*, München: Piper.

Nordberg, Marc, 1998: *State and Institution-Building in Ukraine*, in: Kuzio, Taras (ed.): Contemporary Ukraine: Dynamics of Post-Soviet Transformation, Armonk, NY: M.E. Sharpe, 41–56.

Nordlinger, Eric A., 1987: *Taking the State Seriously*, in: Weiner, M. und Huntington, S.P. (eds.): Understanding Political Development, Boston/Toronto, 353–390.

Nordlinger, Eric A., 1981: *On the Autonomy of the Democratic State*, Cambridge, Mass.

Nørgaard, Ole et al., 2000: *State of the State in post-communist Latvia: State Capacity and Government Effectiveness in a Newly Independent Country.* Paper prepared for the ECPR Joint Sessions of Workshops, Workshop on the Management of Decision-making in the Centre of Government in Eastern Europe and the CIS, Copenhagen, 14–19 April.

Norris et al., 2000: *Making Decentralization Work. The Case of Russia, Ukraine and Kazakhstan.* <http://www.imf.org/external/pubs/ft/seminar/2000/fiscal/norris.pdf> (20.02.2004).

North, Douglass C., 1993: *Institutional Change: A Framework for Analysis*, in: Sjöstrand, Sven-Erik: Institutional Change: Theory and Empirical Findings, Armonk: New York, 35–46.

North, Douglass C., 1990: *Institutions, Institutional Change, and Economic Performance*, New York: Cambridge University Press.

North, Douglass C., 1981: *Structure and Change in Economic History*, New York: W.W. Norton.

Novinkova, M., 2002: *Udoskonalennja vzajemohiji budžetiv riznych rivniv*, in: Finansy Ukrajiny, No. 10, 84–88.

Nunberg, Barbara, 1999: *The State After Communism: Administrative Transitions in Central and Eastern Europe*, Washington D. C.: The World Bank.

O'Donnell, Guillermo, 1997: *Illusions About Consolidation*, in: Diamond, Larry et al. (ed.): Consolidating the Third World Democracies, Baltimore: John Hopkins University Press, 40–57.

O'Donnell, Guillermo, 1994: *Delegative Democracy*, in: Journal of Democracy, Vol. 5, No. 1, January, 55–69.

O'Louglin, John/Bell, James, E., 1999: *The Political Geography of Civic Engagement in Ukraine*, 1994–1998.

Oates, W.E., 1972: *Fiscal Federalism*, New York: Harcourt Brace Jovanovich.

Oertel, Barbara, 2003: *Viel Presse – wenig Freiheit. Medien und Macht in Russland, der Ukraine und Belarus*, in: Osteuropa, Nr. 1, 19–32.

Offe, Claus, 1996: *Modernity and the State: East – West*, Cambridge: MIT Press.

Offe, Claus, 1994: *Der Tunnel am Ende des Lichts. Erkundungen der politischen Transformation im neuen Osten*, Frankfurt am Main: Suhrkamp.

Offe, Claus, 1991: *Capitalism by Democratic Design? Democratic Theory Facing the Triple Transition in East Central Europe*, in: Social Research, Vol. 58, No. 4, 865–892.

Olson, March, 1990: *The Logic of Collective Action in Soviet-type Societies*, in: Journal of Soviet Nationalities, Vol. 1, No. 2, 1–33.

Ostrom, Elinor, 1990: *Governing the Commons: The Evolution of Institutions for Collective Action*, Cambridge: Cambridge University Press.

OSCE, 2002: *Ukraine: Parliamentary Elections, 31st March 2002*, Warsaw: ODIHR, May 27. <http://www.osce.org/odihr/reports/election_reports/ua/ua_pe_march2002_efr.php3> (30.03.2003).

Ott, Alexander, 2002: *Präsident, Parlament, Regierung – Wie konsolidiert ist das System der obersten Machtorgane?* In: Simon, Gerhard (Hrsg.): Die neue Ukraine. Gesellschaft – Wirtschaft – Politik (1991–2001), Wien: Böhlau.

Ott, Alexander, 2000a: *Die Ukraine auf dem Weg zu einer autoritären Präsidialherrschaft?* Köln: Berichte des BIOst, Nr. 17.

Ott, Alexander, 2000b: *Die politischen Parteien in der Ukraine: Aktivitäten innerhalb und ausserhalb des Parlaments*, Köln: Berichte des BIOst, Nr. 10.

Ott, Alexander, 1999: *Parteien und Machtstrukturen in der Ukraine von 1991–1998* (Mittel- und Osteuropawissenschaften: Reihe Politik, 2), Köln.

Painter, Martin, 2001: *State Capacity, Institutional Reform and Changing Asian Governance*. Presentation to the Asia Development Forum, Governance and Decentralization, Bangkok, Thailand, June 12–14.

Parsons, Talcott, 1969: *Politics and Social Structure*, New York: Free Press.

Peters, B. Guy, 1999: *Institutional Theory in Political Science*, London: Pinter.

Peters, B. Guy, 1998: *Globalization, Institutions, and Governance*. The Robert Schuman Centre at the European University Institute, Florence, Jean Monnet Chair Papers, No. 50.

Peters, B. Guy, 1996: *Political Institutions, Old and New*, in: Goodin, Robert E./Klingemann, Hans-Dieter (eds.): A New Handbook of Political Science, Oxford: Oxford University Press, 205–222.

Peters, B. Guy/Pierre, Jon, 2000: *Governance, Politics and the State*, New York: St Martin's Press.

Pierre, Jon (ed.), 2000: *Debating Governance: Authority, Steering, and Demo*cracy, Cambridge: Cambridge University Press.

Pickvance, Chris/Preteceille, Edmond (eds.), 1991: *State Restructuring and Local Power: A Comparative Perspective*, London: Pinter.

Pleines, Heiko, 2004: *Der Einfluss nicht-staatlicher Akteure auf wirtschafts-politische Entscheidungsprozesse. Zur Rolle von „Oligarchen" und Clans in der ukrainischen Politik.* Beitrag zur Jahrestagung der Deutschen

Vereinigung für Politische Wissenschaft – Arbeitskreis Postsozialistische Gesellschaften: Gefährdung der Demokratie in Osteuropa durch informelle Akteure? Zum Einfluss informeller Strukturen und nicht legitimierter Akteure auf die politische und wirtschaftliche Transformation, 18./19. Juni 2004, Berlin, Humboldt Universität.

Pleines, Heiko, 1998: *Die Regionen der Ukraine*, in: Osteuropa, Nr. 4, 356–372.

Poggi, Gianfranco, 1978: *The Development of the Modern State: A Sociological Introduction*, Stanford: Stanford University Press.

Polochalo, Volodymyr/Sljusarenko, Anatolij, 1993: *Polityčnyi proces i polityčna elita*, in: Polityčna dumka, No. 1, Kyjiv.

Pradhan, Sanjay, 2000: *Anticorruption in Transition: A Contribution to the Policy Debate*, Washington D. C.: The World Bank.

Pribytkova, Iryna, 2003: *Labour Market of Ukraine and its Migration Potential: Social Portrait based on Poll Results*, Policy Paper No. 20. <http://foreignpolicy.org.ua/eng/papers> (01.05.2004).

Pirie, Paul S., 1996: *National Identity and Politics in Southern and Eastern Ukraine*, in: Europe-Asia Studies, Vol. 48, No. 7, 1079–1104.

Prisiajniouk, Oxana, 1995: *The State of Civil Society in Independent Ukraine*, In: Journal of Ukrainian Studies, Vol. 20, No. 1– 2, 161–176.

Prizel, Ilya, 2004: *Ukraine's Hollow Decade*, in: Brudny, Yitzhak/Frankel, Jonathan/Hoffmann, Stefani (eds.): Restructuring Post-Communist Russia, Cambridge: Cambridge University Press, 97–118.

Protsyk, Oleh, 2004: *Ruling with Decrees: Presidential Decree Making in Russia and Ukraine*, in: Europe-Asia Studies, Vol. 56, No. 5, 637–660.

Protsyk, Oleh, 2003: *Troubled Semi-Presidentialism: Stability of the Constitutional System and Cabinet in Ukraine*, in: Europe-Asia Studies, Vol. 55, No. 7, 1077–1095.

Protsyk, Oleh/Wilson, Andrew, 2003: *Center Party Politics in Russia and Ukraine: Patronage, Power, and Virtuality*, in: Party Politics, Vol. 9, No. 6, 703–727.

Przeworski, Adam, 1995: *Sustainable Democracy*, Cambridge: Cambridge University Press.

Przeworski, Adam, 1991: *Democracy and the Market: Political and Economic Reforms in Eastern Europe and Latin America*, Cambridge: Cambridge University Press.

Puglisi, Rosaria, 2003: *The Rise of the Ukrainian Oligarchs*, in: Democratization, Vol.10, No. 3, 99–123.

Putnam, Robert D., 2002: *Democracies in Flux. The Evolution of Social Capital in Contemporary Society*, New York: Oxford University Press.

Putnam, Robert D., 1993: *Making Democracy Work: Civic Traditions in Ita*ly, Princeton: Princeton University Press.

Pynzenyk, Victor M., 2000: *Fiscal Reform in Ukraine: The Problems to be Solved*, in: Szyrmer, Janusz M./Sultan, Khwaja M. (eds.): Ukraine through Transition: Challenges and Strategies, Kiew, 64–75. <http://www.case-ukraine.Kiew.ua/downloads/books> (25.08.2003).

Rakowska-Harmstone, Teresa, 2000. *Post-Communist East-Central Europe: Dilemmas of Democratization*, in: European Democratization Since 1800, Garrard, John/Tolz, Vera/White, Ralph (eds.), New York: St. Martins's Press, 165 – 190.

Razumkov Center (ed.), 2005: *100 dniv novoji vlady: Pohliad neuriadovykh analitychnykh tsentriv*, prepared by seven independent Ukrainian think tanks (Institut ekonomychnykh doslidzhen' ta politychnykh konsul'tatsii, Institut konkurentnoho suspil'stvo, Mizhnarodnyi tsentr perspektyvnykh doslidzhen', Fond „Evropa XXI", Tsentr polityko-pravovykh reform, Tsentr Razumkov, Tsentr rynkovykh reform). <http://www.uceps.org/ua/show/746/concept.pdf> (10.05.2005).

Remington, Thomas F., 1997: *Democratization and the New Political Order in Rus*sia, in: Dawisha, Karen/Parrot, Bruce (eds.): Democratic Change and Authoritarian Reactions in Russia, Ukraine, Belarus, and Moldova, New York: Cambridge University Press.

Remington, Thomas F., 1993: *Regime Transition in Communist Systems: The Soviet Case*, in: Fleron, F./Hoffmann, E. (eds.): Post-Communist Studies and Political Science. Methodology and Empirical Theory in Sovietology, Boulder: Westview Press, 265–298.

Rhodes, Richard, 1997: *Understanding Governance: Policy Networks, Governance, Reflexivity and Accountability*, Buckingham: Open University Press.

Rhodes, Richard, 1995: *The New Governance: Governing without Government*, Swindon: Economic and Social Research Council.

Rjabčuk, Mykola, 2005: *Die Ukraine am Scheideweg. Ist ein Erpresserstaat reformierbar?*, in: Osteuropa, Nr. 1, 4–14.

Riabchuk, Mykola, 2002: *Ukraine: One State, Two Countries?* In: Transit, Nr. 23. <http://www.iwm.at/t-23txt8.htm> (10.06.2003).

Rigby, Thomas H./Harasymiv (eds.), 1983: *Leadership Selection and Patron-Client Relations in the USSR and Yugoslavia*, London: George Allen and Unwin.

Riker, William, 1964: *Federalism: Origin, Operation, Significance*, Boston: Little Brown.

Robus, Mareike, 1998: *Die Ukraine – eine Netzwerkgesellschaft?* In: Segbers, Klaus (Hrsg.): Transformationstheorien konkret: Wandel in der Ukraine, Belarus und Russland, Arbeitspapiere des Osteuropa-Instituts der Freien Universität Berlin, Arbeitsbereich Politik und Gesellschaft, Nr. 18, 30–35.

Roland, Gerard, 1994: *The Role of Political Constraints in Transition Strategies*, London: Center for Economic Policy Research.

Romaniuk, Sehiy, 2002: *Regional Development Policy in Ukraine: Current Situation and New Opportunities*, in: Regionalization for Development and Accession to the European Union: A Comparative Perspective, 181–199, LGI (Local Government and Public Service Reform Initiative) / OSI (Open Society Institute). <http://www.lgi.osi.hu/publications/2002/105/Marcou-Ukraine.pdf> (05.04.2004).

Rose, Richard, 2000: *Uses of Social Capital in Russia: Modern, Pre-modern, and Anti-modern*, in: Post-Soviet Affairs, Vol. 16, No. 1, 33–57.

Rose, Richard, 1995: *Adaptation, Resilience, and Destitution: Alternative Responses to Transition in Ukraine*, in: Problems of Post-Communism, Vol. 42, No. 6, November–December, 52–61.

Rose-Ackerman, Susan, 2001: *Trust, Honesty and Corruption: Theories and Survey Evidence from Post-Socialist Countries. Toward a Research Agenda for a Project of the Collegium Budapest.* Prepared for the Workshop on Honesty and Trust in Post-Socialist Countries at Collegium Budapest, May 25–26, Draft of April 24.

Rose-Ackerman, Susan, 1999: *Corruption and Government. Causes, Consequences and Reform*, Cambridge: Cambridge University Press.

Rosenau, James N., 1995: *Governance in the Twenty-First Century*, in: Global Governance, Vol. 1, No. 1, 13–43.

Rothstein, Bo, 2000: *Trust, Social Dilemmas and Collective Memory*, in: Journal of Theoretical Politics, Vol. 12, 477–501.

Rothstein, Bo, 1996: *Political Institutions: An Overview*, in: Goodin, Robert E./Klingemann, Hans-Dieter (eds.): A New Handbook of Political Science, Oxford: Oxford University Press, 133–166.

Rozputenko, Ivan et al., 2000: *Local and Regional Tax Administration in Ukraine*, in: Hőgye, Mihály (ed.): Local and Regional Tax Administration in Transition Countries, LGI (Local Government and Public Service Reform Initiative/OSI (Open Society Institute), 350–399. <http://www.lgi.osi.hu/publications/2000/95/TA-Ch7.pdf> (06.04.2004).

Rubin, Barnett/Snyder, Jack (eds.), 1998: *Post-Soviet Political Order: Conflict and State Building*, London: Routledge.

Rueb, Friedbert W., 1994: *Die Herausbildung von politischen Institutionen in Demokratisierungsprozessen*, in: Merkel, Wolfgang (Hrsg.): Systemwechsel 1. Theorien, Ansätze und Konzeptionen, 111–137.

Rudič, Feliks et al., 1995: *Polityčny struktury ta procesy v sučasnij Ukrajini*, Kyjiv: Naukova Dumka.

Rudič, Feliks (Hrsg.), 1998: *Polityčna systema sučasnoi Ukrajiny: osloblyvosti stanovlennja, tendencii rozvytku*, Kyjiv.

Ruisco, Kenneth P., 1999: Jay's Pirouettte, or Why Political Trust is not the Same as Personal Trust, in: Administration and Society, Vol. 31, No. 5, November, 639-657.

Sahm, Astrid, 2001: *Zwischen Selbstbehauptung und Unterdrückung. Zum Verhältnis von Gesellschaft und Staat in der Ukraine*, in: Ammon, Günther/Hartmeier, Michael (Hrsg.): Zivilgesellschaft und Staat in Europa, Baden-Baden: Nomos, 92–110.

Sajo, Andras, 1998: *Corruption, Clientelism, and the Future of the Constitutional State in Eastern Europe*, in: East European Constitutional Review, Vol. 7, No. 2. <http://www.law.nyu.edu/eccr/vol7num2/special/special.htm> (15.03.2003).

Sakwa, Richard, 2001: *Russian Regionalism, Policy-Making and State Dev*elopment, in: Easter, Gerald M./Harter, Stefanie (eds.): Shaping the Economic Space in Russia. Decision making Processes, Institutions and Adjustment to Change in the El'tsin Era, Aldershot: Ashgate, 11–34.

Sakwa, Richard, 2000: *State and Society in Post-Communist Russia*, in: Robinson, Neil (ed.): Institutions and Political Change in Russia, Houndmills: Macmillan Press Ltd., 193–211.

Sayenko Y./Tkachuk A./Privalov Y., 1997: *Misceve samovraduvannja v Ukrajini: problemi i prognozi*, Kiew: Institute of Sociology, National Academy of Sciences of Ukraine.

Sasse, Gwendolyn, 2002: *The 'New' Ukraine: A State of Regions*, in: Hughes, James/Sasse, Gwendolyn (eds.), Ethnicity and Territoriy in the Former Soviet Union: Regions in Conflict, London: Frank Cass, 69–100.

Schapovalenko, Marina, 2002: *Problemy rehionalizaciji u procesi stanovlennja konsolidovanoij demokratiji v Ukrajini*, in: Kennan Institute (ed.): Rozvytok Ukrajini v rehional'nij perspektyvi, Kyjiv: Stilos, 17–30.

Scharpf, Fritz W., 1991: *Die Handlungsfähigkeit des Staates am Ende des 20. Jahrhunderts*, in: Politische Vierteljahresschrift (PVS), Nr. 32, 621–634.

Schneider, Eberhard/Reimer, Alexander, 2002: *Die ukrainische Parlamentswahl und die Neue Werchovna Rada*, SWP-aktuell, Juni.

Schneider, Friedrich, 2002: *The Size and the Development of the Informal Economy in East and West Europe: What do we know.* <http://www.csd.bg news/bert/schneider-paper.PDF> (10.10.2004)

Schneider-Deters, Winfried, 2000: *Präsident Kučma wiedergewählt. Neubeginn in der Ukraine*, in: Osteuropa, Nr. 4, 351–367.

Scholte, Jan A., 2002: *Civil Society and Democracy in Global Governance*, in: Global Governance, No. 8, 281–304.

Schröder, Hans-Henning, 2001: *The Oligarchs: A Force to Reckon With?* In: Easter, Gerald M./Harter, Stefanie (eds.): Shaping the Economic Space in Russia. Decision making Processes, Institutions and Adjustment to Change in the El'tsin Era, Aldershot: Ashgate, 50–64.

Schultze, Rainer-Olaf, 2002: *Staatstheorien*, in: Nohlen, Dieter/Schultze, Rainer-Olaf (Hrsg.): Lexikon der Politikwissenschaften, Band 2, N–Z. Theorien, Methoden, Begriffe, München: C.H. Beck, 901–902.

Schultze, Rainer-Olaf, 2002: *Staatszentrierte Ansätze*, in: Nohlen, Dieter/Schultze, Rainer-Olaf (Hrsg.): Lexikon der Politikwissenschaften, Band 2, N–Z. Theorien, Methoden, Begriffe, München: C.H. Beck, 907–913.

Schulze, Peter W./Spanger, Hans-Joachim, 2000 (Hrsg.): *Die Zukunft Russlands. Staat und Gesellschaft nach der Transformationskrise*, Frankfurt/New York: Campus.

Schumpeter, Joseph, 1954: *The Crisis of the Tax State*, in: Peacock, Alan T (ed.): International Economic Papers, No. 4, 5–38, Basingstoke: Macmillan.

Seligman, Adam B., 1997: *The Problem of Trust*, Princeton, Princeton University Press.

Semenjuk, Valentina: *Pryvatyzacija v Ukrajini Kudy dali?* In: Viče, No. 2 (131), 2003, 9–17.

Shevtsova, Lilia, 2002: Russia: *Unconsolidated Democracy, Creeping Authoritarianism, or Unresolved Stagnation?* In: Beissinger, Mark R./Young, Crawford: Beyond State Crisis? Postcolonial Africa and Post-Soviet Eurasia in Comparative Perspective, Baltimore: Johns Hopkins University Press.

Shils, Edward, 1991: *The Virtue of Civil Society*, in: Government and Opposition, Vol. 26, No. 1, 4–16.

Shils, Edward A., 1975: *Center and Periphery: Essays in Macrosociology*, Chicago: University of Chicago Press.

Shleifer, Andrei/Vishny, Robert W., 1998: *The Grabbing Hand. Government Pathologies and their Cures*, Cambridge:Harvard University Press.

Shulman, Stephen, 2004: *The Contours of Civic and Ethnic National Identification in Ukraine*, in: Europe-Asia Studies, Vol. 56, No. 1, 35–56.

Simon, Gerhard, 2005: *Neubeginn in der Ukraine. Vom Schwanken zur Revolution in Orange*, in: Osteuropa, Nr. 1, 16–33.

Simon, Gerhard (Hrsg.), 2002: *Die neue Ukraine: Gesellschaft – Wirtschaft – Politik (1991–2000)*, Köln: Böhlau Verlag.

Simon, Gerhard, 1994: *Probleme ukrainischer Staatsbildung*, in: Aussenpolitik, Band 45, Nr. 1, 61–67.

Skopcol, Theda, 1982: *Bringing the State Back In*, in: Social Science Research Items, Vol. 36, June, 1–8.

Skocpol, Theda, 1979: *States and Social Revolutions. Comparative Analysis of France, Russia, and China*, Cambrigde: Cambridge University Press.

Smith, Gordon B., 1999: *State Building in Russia*, in: Smith, Gordon B (ed.): State Building in Russia. The Yeltsin Legacy and the Challenge of the Future, Armonk: M.E. Sharpe, 1–16.

Solchanyk, Roman, 1994: *The Politics of State Building: Centre-Periphery Relations in Post-Soviet Ukraine*, in: Europe-Asia Studies, Vol. 46, No. 1, 47–68.

Solioz, Christophe, 2004: *The Complexity and Dynamic of (In)formal Networks*, Beitrag zur Jahrestagung der Deutschen Vereinigung für Politische Wissenschaft – Arbeitskreis Postsozialistische Gesellschaften: Gefährdung der Demokratie in Osteuropa durch informelle Akteure? Zum Einfluss informeller Strukturen und nicht legitimierter Akteure auf die politische und wirtschaftliche Transformation, 18./19. Juni 2004, Berlin, Humboldt Universität.

Solnick, Steven L, 1998: *Stealing the State. Control and Collapse in Soviet Institutions*, Cambridge, Mass: Harvard University Press.

Stark, David/Nee, Victor, 1989: *Toward an Institutional Analysis of State Socialism*, in: Nee, Victor/Mozingo, David (eds.): Remaking the Economic Institutions of Socialism: China and Eastern Europe, Stanford: Stanford University Press.

Steen, Anton, 2004: *How Elites View Corruption and Trust in post-Soviet States*, in: Transparency International: Global Corruption Report 2004. <http://www.globalcorruptionreport.org/download/gcr2004/14_Corruption _research_III.pdf> (05.04.2004).

Stoner-Weiss, Kathryn, 2002: *Local Heroes. The Political Economy of Russian Regional Governance*, Princeton: Princeton University Press.

Stoner-Weiss, Kathryn, 1999: *Central Weakness and Provincial Autonomy: Observations on the Devolution Prozess in Russia*, in: Post-Soviet Affairs, Vol. 15, No. 1, 87–106.

Stoner-Weiss, Kathryn, 1997: *Federalism and Regionalism*, in: White, S./ Pravda, A./Gitelman, Z. (eds.): Developments in Russian Politics 4, Basingstoke: Macmillan.

Subtelny, Orest, 1994: *Ukraine. A History*, Toronto: Universtiy of Toronto Press.

Sundakov, Alex, 2001: *Public Sector Reforms in Ukraine: On the Path of Transformation*, LGI Discussion Paper No. 18.

Sultan, Khwaja M., 2000: *Tax Reforms in Ukraine – Gaps and Lessons*, in: Szyrmer, Janusz M./Sultan, K.M. (eds.): Ukraine through Transition: Challenges and Strategies, Kiew, 67-87. <http://www.case-ukraine.Kiew. ua/downloads/books> (25.08.2003).

Suraszka, Wisla (ed.), 1997: *From Regional Administration to Regional Government: The Changing Meso-Level*, special Issue of Government and Policy.

Sztompka, Piotr, 1999: *Trust: A Sociological Theory*, Cambridge: Cambridge University Press.

Tanzi, Vito, 2001: *Creating Tax Administration in Russia and Georgia*, in: Kornai, János/Haggard, Stephan/Kaufman, Robert R. (eds.), 2001: Reforming the State: Fiscal and Welfare Reform in Post-Socialist Countries, New York: Cambridge University Press, 53–74.

Tanzi, Vito, 2000: *Policies, Institutions and the Dark Side of Economics*, Cheltenham: Elgar.

Tarrow, Sydney, 1977: *Between Center and Periphery: Grassroots Politicians in Italy and France*, New Haven: Yale University Press.

Tatarenko, Tetjana, 2002: *Regional'ni polityčni procesy ta jich konceptual'ni obgruntuvannja*, in: Ljudyna i polityka, No. 1, 121–131.

Thirsk, Wayne R., 2000: *Fiscal Decentralization in Ukraine*, in: Szyrmer, Janusz M./Sultan, Khwaja M. (eds.): Ukraine through Transition: Challenges and Strategies, Kiew, 118–126. <http://www.case-ukraine.Kiew.ua/downloads/books> (25.08.2003).

Thirsk, Wayne R., 2000: *The Road to Intergovernmental Fiscal Reform in Ukraine*, in: Szyrmer, Janusz M./Sultan, Khwaja M. (eds.): Ukraine through Transition: Challenges and Strategies, Kiew, 127–143. <http://www.case-ukraine.Kiew.ua/downloads/books> (25.08.2003).

Tilly, Charles, 2000: *Coercion, Capital, and European States, AD 900–1992*, Malden: Blackwell.

Tilly, Charles, 1985: *War Making and State Making as Organized Crime*, in: Evans, Peter D./Rueschmeyer, Dietrich/Skopcol, Theda (eds.), 1985: Bringing the State Back In, Cambridge: Cambridge University Press, 169–191.

Tilly, Charles (ed.), 1975: *Western-State Making and Theories of Political Transformation, in: The Formation of National States in Western Europe*, Princeton: Princeton University Press.

Timošejko, Anatolij, 2002: *Reforma v rehionach. Pospišaty bez pospichy*, in: Viče, No. 10 (127), 15–16.

Tomenko, Mikola, 2002: *Abetka Ukrajinskoji Politiki*, Kiew: Smoloskip.

Tompson, William, 2002: *Putin's Challenge: The Politics of Structural Reform in Russia*, in: Europe-Asia Studies, Vol. 5, No. 6, 933–957.

Transform-Programm der Deutschen Bundesregierung/SYSECA Gesellschaft für Unternehmensberatung, 2001: *Beratung zu Einzelfragen der Entwicklung und Umsetzung der staatlichen Regionalpolitik der Ukraine.*

<http://www.privatisation.kiev.ua/Priv_Deu/PubD/consultingprojd.htm> (15.03.2003).

Transparency International, 2004: *Global Corruption Report 2004, Box 3.1: Ukraine: the Authoritarian Abuse of Disclosure*. <http://www.gobal corruptionreport.org/download/gcr2004/05_Disclosure_and_enforcement. pdf> (05.04.2004).

Treisman, Daniel S., 2000: *Russia's Federal System of Public Finance: Trends, Politics, and Pressing Issues*, in: Dethier, Jean-Jacques (ed.): Governance, Decentralization and Reform in China, India and Russia, Dordrecht: Kluwer Academic Publishers, 66–98.

Treisman, Daniel S., 1999a: *Russia's Tax Crisis: Explaining Falling Revenues in a Transitional Economy*, in: Economics and Politics, Vol. 11, No. 2, July, 145–169.

Treisman, Daniel S., 1999b: *After the Deluge : Regional Crises and Political Consolidation in Russia*, Ann Arbor: University of Michigan Press.

United Nations Development Programme (UNDP), 2003: *Ukraine. Human Development Report. The Power of Decentralization*. <http://www.un. kiev.ua/en/hdr/2003/NHDR_FULL_ENG.pdf> (20.02.2004).

United Nations Development Programme (UNDP), 1997: *The Shrinking State: Governance and Human Development in Eastern Europe and the Commonwealth of Independent States*, Regional Report, New York: UNDP.

Uslaner, Eric, 2002: *The Moral Foundations of Trust,* Cambridge: Cambridge University Press.

Van Zon, Hans, 2001: *Neo-Patrimonalism as an Impediment to Economic Development: The Case of Ukraine*, in: Journal of Communist Studies and Transition Politics, Vol. 17. No. 3, September, London: Frank Cass, 71–95.

Van Zon, Hans/Batako, Andre/Kreslavska, Anna, 1998: *Social and Economic Change in Eastern Ukraine*, Aldershot: Ashgate.

Volensky, Michael, 1987: *Nomenklatura. Die herrschende Klasse der Sowjetunion in Geschichte und Gegenwart*, 3. Auflage, München: Nymphenburger.

Vorndran, Oliver, 2000: *Die Entstehung der ukrainischen Verfassung*, Veröffentlichungen des Osteuropa-Institutes, München, Band 24.

Voigt, Stefan/Kiwit, Daniel, 1995: *Überlegungen zum institutionellen Wandel unter Berücksichtigung des Verhältnisses interner und externer Institutionen.* Diskussionsbeitrag Nr. 2/1995, Jena: Max-Planck-Institut zur Erforschung von Wirtschaftssystemen.

Vries, Michiel S. de, 2000: *The Rise and Fall of Decentralization: A Comparative Analysis of Arguments and Practices in European Countries*, in: European Journal of Political Research, No. 38, 193–224.

Vydrin, Dmytro/Tabačnyk, Dmytro, 1995: *Ukrajina na porozi XXI stolittja. Polityčnyj aspekt*, Kyjiv: Lybid'.

Way, Lucan A., 2004: *The Sources and Dynamics of Competitive Authoritarianism in Ukraine*, in: The Journal of Communist Studies and Transition Politics, Vol. 20, No. 1, 143–161.

Way, Lucan, A., 2003: *Weak State and Pluralism: The Case of Moldova*, in: East European Politics and Societies, Vol. 17, No. 3, 454–482.

Way, Lucan, A., 2002: *The Dilemmas of Reform in Weak States: The Case of Post-Soviet Fiscal Decentralization*, in: Politics and Society, Vol. 30, No. 4, December, 579–598.

Weaver, Kent R./Rockman, Bert A. (eds.), 1993: *Assessing the Effects of Institutions, in: Do Institutions Matter? Government Capabilities in the United States and Abroad*, Washington D. C.: The Brooking Institutions Press, 1–41.

Weber, Max, (1921)1976: *Wirtschaft und Gesellschaft*, Tübingen: Mohr (Studienausgabe).

Weiss, Linda, 1998: *The Myth of the Powerless State. Governing the Economy in a Global Era*, Oxford: Polity Press.

Welter, Friedericke, 2002: *Kontrolle ist gut, Vertrauen ist besser. Bedingungen unternehmerischen Handelns in Transformationsländern*, in: Füglistaller, U./Pleitner, H.J./Volery, T./Weber, W. (Hrsg.): Umbruch der Welt - KMU vor Höhenflug oder Absturz? <http://www.igw.unisg.ch/rencontres/band2002/A_08_Welter.pdf> (20.10.2004).

Wendland, Anna Veronika, 2000: *Galizien: Westen des Ostens, Osten des Westens. Annäherung an eine ukrainische Grenzlandschaft*, in: Jorda, Peter/Kappeler, Andreas/Lukan, Walter/Vogl, Joseph (Hrsg.): Ukraine. Geographie – Ethnische Struktur – Geschichte – Sprache und Literatur – Politik – Wirtschaft – Recht, Österreichische Osthefte, Vol. 42, Nr. 3–4, 389–421.

White, Gordon, 1984: *Constructing a Democratic Developmental State*, in: Robinson, Michael/White, Gordon (eds.): The Democratic Developmental State, Oxford: Oxford University Press, 17–51.

White, Stephen/Batt, Judy/Lewis, Paul G., 2003: *Developments in Central and East European Politics 3*, Duke University Press: Durham.

Whitmore, Sarah, 2004: *State Building in Ukraine: The Ukrainian Parliament, 1990–2003*, London: RoutledgeCurzon.

Williamson, Oliver E., 1996: *The Mechanisms of Governance*, New York: Oxford University Press.

Willerton, John P. Jr., 1998: *Post-Soviet Clientelist Norms at the Russian Federal Level*, in: Gill, Graeme (ed.): Elites and Leadership in Russian Politics, Basingstoke: Macmillan.

Willerton, John P. Jr., 1992: *Patronage and Politics in the UdSSR*, Cambridge: Cambridge University Press.

Wilson, Andrew, 2003: *Ukraine and Post-Soviet Europe: Authoritarian Consolidation or Renewed Reform?* In: White, Stephen/Batt, Judy/Lewis, Paul G., 2003: Developments in Central and East European Politics 3, Duke University Press: Durham, 92–111.

Wilson, Andrew, 2002: *The Political Process in Ukraine. Democratization or Virtualization?* In: Lewis, Ann (ed.), 2002: The EU and Ukraine. Neighbours, Friends and Partners?, London: Federal Trust for Education and Research, 39–54.

Wilson, Andrew/Birch, Sarah, 1999: *Voting Stability, Political Gridlock: Ukraine's 1998 Parliamentary Elections*, in: Europe-Asia Studies, Vol. 51, No. 6, 1039–1068.

Wilson, Andrew, 1997: *Ukraine: Two Presidents and their Powers*, in: Taras, Ray (ed.): Postcommunist Presidents, Cambridge: Cambridge University Press, 67–105.

Wittkowsky, Andreas, 1997: *Fünf Jahre ohne Plan: Die Ukraine 1991–1996.* Nationalstaatsbildung, Wirtschaft und Eliten, Hamburg: Lit-Verlag.

Wittkowsky, Andreas, 1996: *Politische Eliten der Ukraine im Umbruch. Reformen und die Strukturierung von Interessengruppen*, in: Osteuropa, Nr. 4, 364–380.

Wolchik, Sharon, L./Zviglyanich, Volodymyr (eds.), 1999: *Ukraine. The Search for a National Identity*, Lanham: Rowman and Littlefield.

Wolczuk, Kataryna, 2002: *Catching Up with Europe? Constitutional Debates on the Territorial Administrative Model in Independent Ukraine*, in: Regional & Federal Studies, Vol. 12, No. 2, 65–88.

Wolczuk, Kataryna, 2001: *The Moulding of Ukraine: The Constitutional Process of State Formation*, Budapest: Central European University Press.

World Bank, 2002: *Transition. The First Ten Years. Analysis and Lessons for Eastern Europe and the Soviet Union*, Washington D. C.: The World Bank. <http://lnweb18.worldbank.org/eca/eca.nsf/General/D902E8CAF40 1B7 6E 85256B410081DF03?OpenDocument> (20.04.2004).

World Bank, 2001: *World Development Report 2001: Attacking Poverty*, New York: Oxford University Press.

World Bank, 2000: *Anticorruption in Transition. A Contribution to the Policy Debate*. Washington D. C.: The World Bank. <http://lnweb18.worldbank.org/eca/eca.nsf/General/D74DB51B2D46615D8525695B00678C93?Open Document> (30.03.2004).

World Bank 1998: *Institutions Matter*. Washington D. C.: The World Bank.

World Bank, 1997: *World Development Report 1997: The State in a Changing World*, New York: Oxford University Press.

World Bank, 1996: *World Development Report 1996: From Plan to Mark*et, New York: Oxford University Press.

World Bank, 1992: *Governance and Development*, New York: Oxford University Press.

World Bank, 1989: *Sub-Saharan Africa: From Crisis to Sustainable Growth*, Washington D. C.: The World Bank.

World Bank Institute, 2001: *Investigating Corruption in Ukraine. A Case Study of Internet Journalist Georgy Gongadze*. <http://www.worldbank.org/wbi/governance/pdf/gongadze.pdf> (10.03.2003).

Wydra, Doris, 2000: *Verfassung und Rechtsstaatlichkeit der Ukraine seit der Unabhängigkeit*, in: Jorda, Peter/Kappeler, Andreas/Lukan, Walter/Vogl, Joseph (Hrsg.): Ukraine. Geographie – Ethnische Struktur – Geschichte – Sprache und Literatur – Politik – Wirtschaft – Recht, Österreichische Osthefte, Vol. 42, Nr. 3–4, 783–805.

Zakharov, Yevgeniy/Rapp, Irina, 2001: *Analysis of Practice Access to Governmental Information*, Kharkiv: Kharkiv Group for Human Rights Protection. <http://www.khpg.org/index.php?au=0322001000> (23.04.200 04).

Zartman, William I. (ed.), 1995: *Collapsed States. The Disintegration and Restoration of Legitimate Authority*, Boulder: Lynne Rinner.

Zayarnyuk, Andriy, 2001: *On the Frontiers of Central Europe: Ukrainian Galicia at the Turn of the Millennium*, in: Spaces of Identity No. 1, 15-34. <http://www.univie.ac.at/spacesofidentity/Vol_1/_PDF/Zayarnyuk.pdf> (15.04.2004).

Zdioruk, S.I./Byček, V.V., 2001: *Problemy funcionuvannja polityčnych partij Ukrajiny v systemi vladnych vidnosyn*, in: Serija stratehija polityky I polityčnych analiz. <http://www.niss.gov.ua/book/zdioruk1/> (10.10.20 03).

Zimmer, Kerstin, 2004a: *The Captured Region. Actors and Institutions in the Ukrainian Donbas*, in: Tatur, Melanie (ed.): The Making of Regions, Wiesbaden: Verlag für Sozialwissenschaften.

Zimmer, Kerstin, 2004b: *Wahlen als Business. Betrachtungen zur Ukraine vor den Präsidentschaftswahlen*, in: Arbeitspapiere und Materialien der Forschungsstelle Osteuropa, Nr. 60.

Zimmer, Kerstin, 2002: *Einheit, Eintracht und Wiedergeburt. Zur Rolle und Relevanz des „Donec'ker Clans"*, in: Arbeitspapiere und Materialien der Forschungsstelle Osteuropa, Nr. 42, 22–49.

Quellen

Internationale Zeitungspresse/Nachrichtenagenturen

BBC-Monitoring Service Ukraine, London

BBC Monitoring Service, 30 June 2004: *Changes in Ukrainian Parliament Factions in June 2004.*

BBC Monitoring Service, 24 June 2004: *Ukrainian Constitutional Reform Bills.*

BBC Monitoring Service, 27 May 2004, Harmash, Serhiy: *Interview with Halyna Usatenko*, Ostrov web site, Donetsk, Ukraine. <http://www.art ukraine.com/parced/UKRAINES_DONETSK_GROUP__OF.php?gallary =Build%20Ukraine&toplink=../buildukraine/index.htm> (15.06.2004).

BBC Monitoring Service, 12 April 2004, Lyashko, Oleh: *Interview with Mykhaylo Sendak.* <http://www.artukraine.com/buildukraine/sendak. htm>(30.04.2004).

BBC Monitoring Service, 3 April, 2004, Formozov, Mykola: *Ukraine's Local Tycoon Wrestles with Donetsk Group for Control over Port City of Mariupol.* <http://www.artukraine.com/buildukraine/mariupol_region. htm> (25.04.2004).

BBC Monitoring Service, 2 April 2004, Vovk, Serhiy: *Parliamentary Lobbying. Sometimes Corridors End in a Wall* (aus: Invest-Gazeta 30 March 2004). <http://www.artukraine.com/buildingukraine/lobbying.htm> (02.05.2004).

BBC Monitoring Service, 3 November 2003: *Lviv City Council Slams Alleged Lack of Media Access in Western Ukraine* (UNIAN news agency, Kiev). <http://www.volia.com/news/en/politics/2003/11/04/49712.html> (03.05.2004).

Financial Times, London

Financial Times, 14 October 2005, Wagstyl, Stefan / Warner, Tom: *President of Ukraine Strives to End Divisions.*

Financial Times, 12 September 2005, Warner, Tom: *Kuchma Backs Yushchenko in Ukraine Turmoil.*

Financial Times, 10 May 2005, Warner, Tom: *Economic Uncertainty Brews in Ukraine.*

Financial Times, 12 October 2004, Freeland, Chrystia / Wagstyl, Stefan / Warner, Tom: *East or West: Ukraine's Election Could Alter Relations with Russia and Europe.*

Financial Times, 4 February 2004, Warner, Tom: *Kuchma Allies Put Weight Behind Reform.*

Financial Times, 31 December 2003, Warner, Tom: *Ukraine Rules Kuchma can Seek a Third Term as President.*

ForUM

forUm, Ukrainian Internet Newspaper, 17 June 2005: *Krivorozhstal stocks have been returned to the stat.*, <http://en.for-ua.com/news/?id=1104> (25.06.2005).

Frankfurter Allgemeine Zeitung (FAZ), Frankfurt a. M.

FAZ, 2. November 2004, Seite 4, Ludwig, Michael: *Die alte Teilung wird instrumentalisiert. Die Westukraine ist nach Westen ausgerichtet, hat aber deswegen eine zweispältige Vergangenheit.*

FAZ, 28. Oktober 2004, Seite 7, Ludwig, Michael: *Angst vor einem georgischen Funken. Wie Kiew den Präsidentschaftswahlkampf lenkt.*

FAZ, 28. Oktober 2004, Seite 33, Bondar, Andrij: *Die Revolution der Kastanie. Vor den Wahlen: Warum der ukrainische Staat Angst vor seinen Bürgern hat.*

FAZ, 20. Februar 2004, Seite 3, Ludwig, Michael: *Gefährliche Wege in Kiew. Präsident Kutschmas Gegner nehmen ihm die Wandlung von Saulus zum Paulus nicht ab.*

NZZ (Neue Zürcher Zeitung), Zürich

NZZ, Nr. 249, 25. Oktober 2005, Seite 21, Schmid, Ulrich: *Mittal kauft ukrainisches Stahlwerk. Erfolgreiche Versteigerung von Kriworoschstal.*

NZZ, Nr. 249, 25. Oktober 2004, Seite 3, Schmid, Ulrich: *Juschtschenkos Anhang macht sich Mut. Demonstration in Kiew für einen Machtwechsel.*

NZZ, Nr. 190, 17. August 2004, Seite 3, Schmid, Ulrich: *Etappenerfolg der Opposition in der Ukraine. Die Staatsanwaltschaft untersucht den Fall Mukatschewo.*

NZZ, Nr. 122, 28. Mai 2004, Seite 7, Schmid, Ulrich: *Repression in der Ukrainischen Provinz. Kutschmas Elite demonstriert ihr Demokratieverständnis.*

NZZ, Nr. 84, 10. / 11. April 2004, Seite 3, Flückiger, Paul: *Kiewer Parlament lehnt Verfassungsreform ab. Niederlage für Präsident Kutschma – Erfolg der Opposition.*

NZZ, Nr. 55, 6. / 7. März 2004, Seite 7, Schmid, Ulrich: *Regierungskritische Medien in der Ukraine in Bedrängnis. Zunehmende Repression gegen die Meinungsfreiheit.*

NZZ, Nr. 44, 23. Februar 2004, Seite 3, Schmid, Ulrich: *Kutschmas Strategie im Visier des Westens. Einstellung der Sendungen von Radio Free Europe.*

NZZ, Nr. 280, 2. Dezember 2003, Seite 5, Schmid, Ulrich: *Proteste in der Moldau und der Ukraine. Dringt das ‚Schewardnadse-Virus nach Westen vor?*

NZZ, Nr. 278, 28. November 2003, Seite 5, Schmid, Ulrich, 2003: *Triumph Kutschmas im ukrainischen Budgetstreit. Kampfeslustige Opposition.*

NZZ, Nr. 277, 27. November 2003, Seite 3, Schmid, Ulrich: *Wiedererwachte Opposition in der Ukraine. Schewardnadses Fall inspiriert die Gegner Kutschmas.*

NZZ, Nr. 254, 1. November 2003, Seite 9, Schmid, Ulrich: *Fatale Reformbestrebungen in der Ukraine. Kutschmas Verfassungserneuerung als Überlebensstrategie.*

NZZ, Nr. 256, 30. September 2003, Seite 3, Hausmann, H.: *Kritik des Europarats an der Ukraine. Kiew von Rechtsstaatlichkeit weit entfernt.*

NZZ, Nr. 156, 9. Juli 2003, Seite 21, Schmid, Ulrich: *Halbherzige Reformschritte in der Ukraine. Weiterhin fehlende Strukturreformen.*

NZZ, Nr. 153, 5. Juli 2003, Seite 7, Schmid, Ulrich: *Tumult im ukrainischen Parlament. Streit um Kutschmas Vorschläge zur Verfassungsänderung.*

NZZ, Nr. 143, 24. Juni 2003, Seite 7, Schmid, Ulrich: *Frühe Diadochenkämpfe. Sucht der ukrainische Präsident Kutschma eine dritte Amtszeit?*

NZZ, Nr. 74, 29. März 2001, Seite 9, ask: *Timoschenko in Kiew wieder auf freiem Fuss. Gericht widerspricht der Generalstaatsanwaltschaft.*

NZZ, Nr. 20, 25. Januar 2001, Seite 3, ask: *Der Fall Gongadse im Nebel. Reporter ohne Grenzen kritisieren Kiewer Staatsanwaltschaft.*

NZZ, Nr. 81, 5. April 2000. Seite 5, uth: *Drohung des Europarats gegenüber Kiew. Erneuter Ruf nach Aussetzung des Verfassungsreferendums.*

Polish Press Agency, Warschau

Polish Press Agency, 22 maj 2003: *Ukraine Launches Single Personal Income Tax.* <http://www.gazeta.pl>.

Polityka, Warschau

Polityka, Nr. 14 (2446), 3 kwietna 2004, 48–49, Jagienka Wilczak: *Oblężenie Częstochowy.*

RFE/RL (Radio Free Europe / Radio Liberty) Belarus, Ukraine and Moldova Report, Praha

RFE/RL Belarus and Ukraine Report, 22 July 2005, Vol. 7, No. 27, *Yushenko Orders Law-Enforcement Overhaul.*

RFE/RL Belarus and Ukraine Report, 10 November 2004, Vol. 6, Number 41, Maksymiuk, Jan: *Battling for the Middle Ground.* <http://rferl.org/reports/pbureport/2004/11/41-101104.asp> (10.10.2004).

RFE/RL Belarus and Ukraine Report, 12 October 2004, Vol. 6, No. 37, Maksymiuk, Jan: *Major Presidential Candidates all but Ignore Media Issues in their Manifestos.* <http://rferl.org/reports/pbureport/2004/10/37-121004.asp> (15.10.2004).

RFE/RL Belarus and Ukraine Report, 8 October 2004, Vol. 6, No. 36, Maksymiuk, Jan: *Presidential Race Becomes More and More Unseemly – To Whose Benefit?*<http://rferl.org/reports/pbureport/2004/10/36-081004.asp> (13.10.2004).

RFE/RL Belarus and Ukraine Report, 22 June 2004, Vol. 6, No. 23, Maksymiuk, Jan: *Yushchenko Makes First Move in Presidential Campaign.* <http://www.rferl.org/reports/pbureport/> (30.06.2004).

RFE/RL Belarus and Ukraine Report, 15 June 2004, Vol. 6, No. 22, Maksymiuk, Jan: *Privatization. Ukrainian Style.* <http://www.rferl.org/reports/pbureport/2004/06/22-150604.asp> (20.06.2004).

RFE/RL Belarus and Ukraine Report, 11 May 2004, Vol. 6, No. 17, Maksymiuk, Jan: *Yushchenko Speaks Hazily on Future Policies.* <http://www.rferl.org/reports/pbureport/2004/05/17-110504.asp> (12.05.2004).

RFE/RL Belarus and Ukraine Report, 28 April 2004, Vol. 6, No. 15, Maksymiuk, Jan: *Is the Mukacheve Ballot a Forerunner of the Presidential Race?* <http://www.rferl.org/reports/pbureport/2004/04/15-280404.asp> (30.04.2004).

RFE/RL Belarus and Ukraine Report, 20 April 2004, Vol. 6, No. 14, Maksymiuk, Jan: *Pro-Government Coalition Proposes Yanukovych as joint Presidential Candidate.* <http://www.rferl.org/reports/pbureport/2004/04/14-200404.asp> (30.04.2004).

RFE/RL Belarus and Ukraine Report, 9 March 2004, Vol. 6, No. 8, Maksymiuk, Jan: *Verkhovna Rada Moves on with Proportional Election Law.* <http://www.rferl.org/reports/pbureport/2004/03/8-090304.asp> (20.03.2004).

RFE/RL Belarus and Ukraine Report, 10 February 2004, Vol. 6, No. 5, Maksymiuk, Jan: *Our Ukraine Seems to be Losing Sway Over Constitutional Reform.* <http://www.rferl.org/reports/pbureport/2004/02/5-100204.asp> (15.03.2004).

RFE/RL (Radio Free Europe / Radio Liberty) Poland, Belarus, and Ukraine Report, Praha

RFE/RL Poland, Belarus, and Ukraine Report, 23 December 2003, Vol. 5, No. 48, Maksymiuk, Jan: *Ukraine Faces Changes in Constitutional System.* <http://www.rferl.org/pbureport/2003/12/48-231203.html> (15.01.2004).

RFE/RL Poland, Belarus, and Ukraine Report, 11 November 2003, Vol. 5, No. 43, Kuzio, Taras: *Conflict Grows Between Our Ukraine and Social Democrats.* <http://www.rferl.org/pbureport/2003/11/42-111103.html> (30.11.2003).

RFE/RL Poland, Belarus, and Ukraine Report, 10 December 2002, Vol. 4, No. 47, Kupchinsky, Roman, 2002: *The Clan from Donetsk Part 2.* <http://www.rferl.org/pbureport/2002/12/47-101202.html> (30.11.2003).

RFE/RL Poland, Belarus, and Ukraine Report, 26 November 2002, Vol. 4, No. 45, Kupchinsky, Roman, 2002: *The Clan from Donetsk Part 1.* <http://www.rferl.org/pbureport/2002/11/45-261102.html> (30.11.2003).

RFE/RL (Radio Free Europe / Radio Liberty) Newsline, Praha:

RFE/RL Newsline, 25 June 2004, Vol. 8, No. 120, J.M.: *Ukrainian Social Democracy back Yanukovych for President.* <http://www.rferl.org/newsline/3-cee.asp> (30.06.2004).

RFE/RL Feature Article, 4 March 2004, Krushelnycky, Askold: *Authorities Close Down Radio Kontynent.*

RFE/RL Newsline, 23 April 2004, Vol. 8, No. 76, J.M.: *Ukrainian President Deems Resolution on Mandatory Broadcasting in Ukrainian Unconstitutional.* <http://www.rferl.org/newsline/3-cee.asp> (29.04.2004).

RFE/RL Research Institute (Soviet News Digest), Praha

Soviet News Digest, RFE/RL Research Institute, 25 November 1991, No. 1080.

SRG (Schweizer Mediendienst), Zürich

Pressedienst, 1. Oktober 2003: *Europarat verurteilt Einschüchterungen der Medien in der Ukraine.*

Tagesanzeiger, Zürich

Tagesanzeiger, 27. Januar 2000, Seite 8: *Kutschma sagt Reform und meint Macht. In der Ukraine hat Präsident Leonid Kutschma im Namen von Reformen eine Staatskrise ausgelöst.*

Transitions Online (TOL), Praha (Internetadresse: <http://www.tol.cz>

Transitions Online (TOL), 1 November 2004, Lozowy, Ivan: *A Race Too Close to Call. After the first round of voting, the two leading candidates in Ukraine's presidential elections are running neck and neck.*

Transitions Online (TOL), 27 May 2004, Lozowy, Ivan: *Ukraine: Underpaid, Underqualified, and under the Gun. Ukraine's judiciary faces mounting obstacles as corruption worsens, political influence becomes inescapable, and professional standards plummet.* <http://www.artukraine.com/parced/UKRAINE__UNDERPAID_.php?gallary=Build%20Ukraine&toplink=../buildukraine/index.htm> (30.06.2004).

The Ukraine List (UKL), compiled by Dominique Arel, University of Toronto

UKL 364, 7 October 2005

#6 Osborn, Andrew: *Democracy in Ukraine: The Bitter Taste of the Orange Revolution*, in: The Independent, 28 September 2005.

#9 Hrabovs'kyi, Serhii: *Did Yushchenko und Janukovych Sign a Molotov-Ribbentrop Pact?* In: Lviv'ska Hazeta, 23 September 2005.

UKL 359, 12 September 2005

#5 Tomenko, Mykola: *The Orange Revolution has to Move to its Second Phase. Former vice premier described the path to the crisis*, in: Kommersant-Ukraina, 9 September 2005.

UKL 358, 8 September 2005

#5 Kupchinsky, Roman: *Corruption Allegations Abound*, in: RFE/RL, 8 September 2005.

UKL 354, 13 July 2005

#5 Kuzio, Taras: *Internal Divisions May Defeat Yushchenko's WTO Aspirations*, in: Eurasia Daily Monitor, Vol. 2, Nr. 135, 13 July 2005.

#6 Dmytrun, Viktor: Interview with Leutheuser-Schnarrenberger, Rappoteur in the Gongadze Case, in: Ukrainska Pravda, 8 July 2005.

#8 Wilson, Andrew: *The Fate of Political Technology*, in: Moscow Times, 12 July 2005.

#11 Bosacki, Marcin / Wojciechowski, Marcin: *Behind the Scenes of the Ukrainian Revolution*, in: Gazeta Wyborcza, 3 April 2005.

UKL352, 1 July 2005

#12 Lynch, Tammy: *Time for Yushchenko to Step up. Behind the Breakig News*. A briefing from the Institute for the Study of Conflict, Ideology and Policy (Boston University)

#13 Sherr, James: *Realism About Ukraine. Part I – Internal Conditions*, UK Defense Academy, 28 June 2005.

UKL 349, 19 May 2005

#3 Aslund, Anders: *Betraying a Revolution*, in: Washington Post, 18 May 2005.

UKL 348, 16 May 2005

#4 Varfolomeyev, Oleg: *Yushchenko Shares Plans with the Nation*, in: Euroasia Daily Monitor, 16 May 2005.

UKL 262, 12 November 2004

#1 Arel, Dominique: *Voting Results by Oblast.*

UKL 259, 2 November 2004

#6 European Network of Election Monitoring Organizations (ENEMO): *Statement on 2004 Presidential Elections in Ukraine, October 31, 2004.*

UKL 251, 23 October 2004

#10 *Ukrainian Opposition Broadcaster Stripped of License* in: Agence France-Press, 21 October 2004.

UKL 249, 19 October 2004

#8 Kuzio, Taras: *Ukrainian Authorities Target Student and Youth Election-Monitoring Groups*, in: Eurasian Daily Monitor, 13 October 2004.

#9 Cheterian, Vicken : *Ukraine: Moscow or Brussels?* In: Le Monde Diplomatique, October 2004.

UKL 239, 7 July 2004

#3 Kuzio, Taras: *Russian Run Censorship of Ukrainian Media*, in: Eurasian Daily Monitor, 21 June 2004.

#5 *Business in Ukraine Steel Crazy*, in: The Economist, 25 May 2004.

#7 Aris, Ben: *Dark Side of the Boom*, in: The Guardian (UK), 23 June 2004.

UKL 234, 11 May 2004

#9 Kuzio, Taras: *Dirty Election Tactics in Ukraine*, in: Eurasian Daily Monitor, 6 May 2004.

UKL 232, 7 March 2004 (Special on Media suppression in Ukraine).

UKL 231, 29 February 2004

#7 Champion, Marc: *Political Opponent Says Ukraine Uses Tax Powers for Intimidation*, in: Wall Street Journal Europe, 23 February 2004.

#8 Olearchyk, Roman: *State Tax Administration Targets Opposition*, in: Kyiv Post, 19 February 2004.

#12 *Language Use in Ukraine has Changed Little Since Independence in 199 Study Shows*, in: Inside Ukraine, 22 February 2004–Ukraine Report, 23 February 2004.

UKL 225, 3 February 2004

#7 Resolution 1364 (2004), Provisional Edition, Council of Europe, Parliamentary Assembly, Strasbourg, January 29, 2004. *Final resolution on Ukraine.*

UKL 224, 13 January 2004

#3 *Ukraine Witnessing Full-Blown Parliamentary Crisis*, in: Itar-Tass, 13 January 2004.

#4 *A Resolution for Ukraine. Editorial*, in: Washington Post, 12 January 2004.

#8 Olearchyk, Roman: *Friends Ad Takes Aim at Medvedchuk*, in: Kyiv Post, 8 January 2004.

UKL 223, 30 December 2003

#2 Hrytsak, Yaroslav: *Civil Leader Markijan Iwanshchyshyn Arrested in L'viv.*

#9 the Friends of Ukraine, Washington D.C., Full Page Advertisement in the New York Times: *They Said They Would Take Me to a Forest and Bury Me Alive*, in: The New York Times, 19 December 2003.

UKL 221, 7 December 2003

#5 *Ukrainian Constitutional Court Says Parliament May Elect President in 2004.*

UKL 202, 18 June 2003

#6 *A Murky Corruption Trial*, in: Transition Online, 19 May 2003

#8 *Interview with Yushchenko*, in: RFE/RL (in two parts).

UKL 201, 12 June 2003

#6 *Ukraine Press Freedom Survey*, in: Freedom House

#9 Oleg Varfolomeyev: *Kuchma's Men Line Up For Presidential Election*, in: Russian and Eurasia Review.

#10 *Ukraine's Deceptive Constitutional Reform*, in: Transitions Online, 30 May 2003.

UKL 200, 29 April 2003

#4 *Negotiating the News: Informal State Censorship of Ukrainian Television,* in: Human Rights Watch.

#5 *IFJ Report Calls for Unity to Face Climate of Fear and Corruption* .

#6 *New Ukraine Law Prohibits Media Censorship.*

UKL 194, 21 January 2003

#13 *Group Battling To Change Public's Apathy OverCorruption (PPS).*

UKL 190, 11 January 2003

#8 (2001Census) ITAR-TASS: *Census Results Evoke Indignation in Russian Community of Ukraine.*

#10 *How the Blackmail State Operates*, in: Washington Post, 18 December 2003.

Wall Street Journal Europe, New York

Wall Street Journal Europe, 23 February 2004, Champion Marc: *Political Opponent Says Ukraine Uses Tax Powers for Intimidation.*

Sonstige

Aresztowanie Markiana Iwaszczyszyna: Eskalacja konfliktu we Lwowie. <http://www.pk.i7.pl/asp/ppk.asp?dzial=16&artykul=Aresztowanie_Iwaszczyszyna> (26.04.2004).

Ukrainische Zeitungspresse

Ekspres, Lemberg

Ekspres, No. 88 (2033), 10–17 červnja, 2004, 4, Hrycyk, Jurij: *Viktor Pynzenyk: „C'oho roku urjad prychovav u bjudžeti 15 mil'jardiv hryven"*

Ji-Magazine, Lemberg

Ji-Magazine, No. 32, 2004. *Süsse Freiheit des Wortes*. <http://www.ji.lviv.ua/n32texts/N32-ger.htm> (15.06.2004).

Ji-Magazine, Ščur, Marija: *Ukrajina potopaje v korupciij*. <http://www.ji-magazine.lviv.ua/kordon/korruption/arhiv2003.htm> (19.04.2004).

Ji-Magazine, Stecyšyn, Oleh: *Avtnomija, cy decentralizacija vlady?* In: Ekspres, 23–30 sičnja 2003. <http://www.ji-magazine.lviv.ua/position/2003/express 23-01.htm> (19.09.2004).

Ji-Magazine, No. 29, 2003. *Genius Loci. Leopolis. Lviv. Lemberg. Lwow* <http://www.ji.lviv.ua/n29texts/N29-ger.htm> (15.06.2003).

Ji-Magazine, No. 23, 2001. *Bundesrepublik Ukraine*. <http://www.ji.lviv.ua/n23texts/N23-ger.htm> (20.03.2003).

Ji-Magazine, No. 22–2, 2001. *Ten Years of Project Ukraine*. <http://www.ji.lviv.ua/n22texts/N22-1ukr.htm> (17.02.2002).

Korrespondent, Kiew

Korrespondent, No. 15 (104), 22 aprelja 2004, *Special'nyj vypusk 2004: Top-100. Samye vlijatel'nye ljudi Ukrainy*.

Kyiv Post, Kiew

Kyiv Post, 22 April 2004. <http://www.artukraine.com/buildukraine/mukacheve_elect3.htm> (zu den Wahlen in Mukačevo, ohne Überschrift) (25.04.2004).

L'vivska Hazeta, Lemberg

L'vivska Hazeta, No. 211, 17 lystopada 2004: *Proty fal'šyfikaciji*. <http://www.gazeta.lviv.ua/articles/2004/11/17/177/> (17.11.2004).

L'vivska Hazeta, No. 92 (416), 26 travnja 2004, 1: *Oblasna vlada zastupylasja za pidpryjemciv.*

L'vivska Hazeta, No. 89 (413), 21 travnja 2004, 5: *Sudovyj najizd na „Ukrajins'ku pravdu", rozmova „večirn'oji svobody" 19 travnja*

L'vivska Hazeta, No. 89 (413), 21 travnja 2004, 3: Horodčuk, Jarema: *Iraks'ke pytannja paralizuvalo VR.*

L'vivska Hazeta, No. 89 (413), 21 travnja 2004, 3: *Arešty.*

L'vivska Hazeta, No. 86 (410), 18 travnja 2004, 1, N.O.: *Olijnyk proty Janukovyča. Kabmin zvynuvatyly v zločyni proty Ukrajiny.*

L'vivska Hazeta, No. 86 (410), 18 travnja 2004, 2, N.O.: *Vidklykannja Bunjaka ne bude?*

L'vivska Hazeta, No. 85 (409), 17 travnja 2004, 1–2, Smirnov, Serhij: *Rozmova z Olehom Kanivcem, holovoju frakciji „Naša Ukrajina" u L'vivs'kij Oblasnij radi.*

L'vivska Hazeta, No. 85 (409), 17 travnja 2004, 2, Djakiv, Taras: *Kabmin obdilyv L'vivščynu.*

L'vivska Hazeta, No. 85 (409), 17 travnja 2004, 4: *Ukrajins'ka Pravda: Kryzovi menedžery Medvedčuka oholosyly vijnyu UP.* <http://www.razom.org.ua/viewnews/news/13323> (14.05.2004).

L'vivska Hazeta, No. 84 (408), 14 travnja 2004, 2, I.M.: *Mer vidzvituvav.*

L'vivska Hazeta, No. 84 (408), 14 travnja 2004, 3, T.D.: *Bil'šist' Ukrajinciv ničoho ne znajut' pro podiji v Mukačevomu.*

L'vivska Hazeta, No. 82 (406), 12 travnja 2004, 1, 3, Ključkovs'ka, Galina / Dejneka, Oleh: *Rozmova z Vasylem Onopenkom. Narodnym deputatom, holovoju ukrajins'koji social-demokratyčnoji partiji.*

L'vivska Hazeta, No. 82 (406), 12 travnja 2004, 2, Kujbyč, Uljana: *DPA ne kerujet'sja zakonami.*

L'vivska Hazeta, 12 travnja 2004, No. 82 (406), 2: *Kara za protest.*

L'vivska Hazeta, No. 81 (405), 11 travnja 2004, 2, Horuna, Andrij: *Oblaradu pighanjajut'.*

L'vivska Hazeta, No. 81 (405), 11 travnja 2004, 2, Onys'ko, Natalja: *Masovana ataka na Bunjaka.*

L'vivska Hazeta, No. 81 (405), 11 travnja 2004, 3, Djakiv, Taras: *Kušnar'ov zastupyvsja za našoukrajinciv.*

L'vivska Hazeta, No. 80 (404), 7 travnja 2004, 1–2, Hrabar, Vitalij: *Išče odne neporozuminnja v ratuši. Deputaty zvynuvatyly koleg u fal'syfikaciji golosuvannja.*

L'vivska Hazeta, No. 80 (404), 7 travnja 2004, 1–2, Popovič, Ivanka: *Mukačeve – ce ne Hruzija i navit' ne Palermo. Ce bezprecedentne javičše* (Interview mit Petr Olijniko, dem Koordinator des Blockes „Unsere Ukraine" im Lemberger Gebiet).

Postup, Lemberg

Postup, No. 112 (1421), 20–26 travnja 2004, 3, Tyškun: *Urjad zminjuvatyme bjudžet.*

Postup, No. 112 (1421), 20–26 travnja 2004, 4, M.P.: *Grant dlja L'vivščyny.*

Postup, No. 111 (1420), 19 travnja 2004, 6: Šypunov, Hennadij: *Kučma zachystyv Rizaka.*

Postup, No. 107 (1416), 14 travnja 2004, 6, Koval' Rostyclav: *Bil'šict' kanula v Letu.*

Postup, No. 107 (1416), 14 travnja 2004, 7: *Zajava.*

Postup, No. 107 (1416), 14 travnja 2004, 1, Kommentar von Ihor Marčak zum Thema *L'vivteploenerho*'.

Postup, No. 105 (1414), 12 travnja 2004, 1–2, *Prožytkovyj minimum zatverdyly* (Interview mit Oleksandr Kačkovs'kyj, Leiter des Institutes für Soziale Sicherung).

Postup, No. 105 (1414), 12 travnja 2004, 3. Meldung zu den wichtigsten Aufgaben des Lemberger Gebietes.

Postup, No. 105 (1414), 12 travnja 2004, 4, Zel'man, Kateryna: *Ostanni štrychy.*

Postup, No. 105 (1414), 12 travnja 2004, 5, Skybn'ovs'ka, Galyna: *Nepokora vdaryt' po kyšeni.*

Postup, No. 94 (1403), 24–25 kvitnja 2004, 3, Rak, Roman: *Peršotravneva „Naša Ukrajina".*

Postup, No. 94 (1403), 24–25 kvitnja 2004, 7, Šypnov, Hennadij: *Kučma zaboronyv temnyky?*?

Radio Nezaležnist

Radiosendung, 18. Mai, 7.45h zur „Wahlstimmung" in der Bevölkerung.

Radiointerview, 17. Mai, 10h mit Boris Tarasiuk, Führer des *Nardonyj Ruch*. Gespräch über Wahlchancen des Oppositionsblocks.

Ukrainian Monitor (*Ukrainian Center for Peace, Conversion and Conflict Resolution Studies* (UCPCCRS).

Ukrainian Monitor, 3 May 2004: *Kuchma Approves Socio-Economic Development Strategy for 2004–2015*. <http://foreignpolicy.org.ua/eng/headlines/politics/president/index.shtml?id=3083> (10.05.2004).

Ukrainian Monitor, 23 June 2004: *Parliament Asopts Preliminary Version of Contested Constitutional Amendments*. <http:// foreignpolicy.org.ua/eng/headlines/politics/parliament/index.shtml?id=3315> (10.06.2004).

Ukraine Today, Kiew

Ukraine-Today, Paquin, Gilles, 2004: *Tax Reform in Ukraine*. <http://ukraine-today.com/government/tax-policy/tax-policy/tax-policy-analysis.shtml#draft> (14.04.2004).

Ukrajinska Prawda, Kiew

Ukrajinska Pravda, Kuzio, Taras, 25 March 2004. <http://www.artukraine.com/buildukraine/kuzio13.htm> (04.05.2004).

Viče, Kiew

Viče, No. 8 (125), 2002, 34–37, *Misceve samovrjadyvannja*, lipen 2002, Kiew.

Vysokyj Zamok, Lemberg

Vysokyj Zamok, No. 88 (2768), 20–26 travnja 2004, 3, Liščenko, Julija: *Rajony otrymajut' dotaciji z bjudžetu?*

Vysokyj Zamok, No. 83 (2763), 13–19 travnja 2004, 7, Dmytro, Synjak: *U Donec'ku j dosi Radjanc'kyj Sojuz*.

Vysokyj Zamok, No. 83 (2763), 13–19 travnja 2004, 3, Farion, Ivan: *Za Mukačeve ne probačyly*.

Vysokyj Zamok, No. 83 (2763), 13–19 travnja 2004, 5, Fediv, Lesja, *Pracjujut', jak nimci, zarobljajut' jak ukrajinci*.

Vysokyj Zamok, No. 80 (2760), 6–12 travnja 2004, 2, Pukiš, Inna: *U Mukačevomu molod' piketuje ratušu.*

Vysokyj Zamok, No. 80 (2760), 6–12 travnja 2004, 2, Pres-služba Loo SDPU(o): *Nehostynnyj pryjom. Šou kracy z polityčym skandalom.*

Vysokyj Zamok, No. 80 (2760), 6–12 travnja 2004, 6, Fedečko, Viktorija: *Plyvu ne tudy, kudy viter bije, a kudy parus postavlju. Cej deviz moreplavciv bere na ozdroennja holova L'vivs'koji oblderžadministraciji Olexandr Sendeha* (Gespräch mit dem Leiter der Gebietsverwaltung von Lemberg Olexandr Sendeha).

Vysokyj Zamok, No. 80 (2760), 6–12 travnja 2004, 7, Liščenko, Julija: *Den' narodžennja L'vova. Andrij Sadovyj: „Ja ne bačyv velykoji radosti v očach l'viv''jan. Čomu?"*

Vysokij Zamok, No. 73 (2753), 22–28 aprelja 2004, 1, *Predprinimateli opredelili samye korrumpirovannye ministerstva* (Zeitungsmeldung).

Vysokij Zamok, No. 73 (2753) 22–28 aprelja 2004, 3, Liščenko, Julija: *L'vovskie provlastnye sily vydvinuli Janukovyča v prezidenty.*

Vysokij Zamok, No. 73 (2753), 22–28 aprelja 2004, 10. Vjačeslav Brjuchoveckij: *Esli uničtožit' duchovnuju osnovu nacii, ona prevratitsja v bydlo.*

Zerkalo Nedeli,Kiew

Zerkalo Nedeli/Mirror Weekly, No. 13 (488), Saturday, 3–9 April 2004, Rakhmanin, Serhii: Interview with George Soros. *„I didn't Call Leonid Kuchma a Candid Man".* <http://www.mirror-weekly.com/ie/index/488/> (10.05.2004).

Zerkalo Nedeli/Mirror Weekly, No. 49 (474), Saturday, 20–26 December 2003. Rakhmanin, Serhii: *A Medical Case History.* <http:// www.mirror-weekly.com/ie/show/474/44724/> (20.12.2003).

Zerkalo Nedeli/Mirror Weekly, No. 48 (473), Saturday, 13–19 December 2003, Hrytsenko, Anatoliy: *Authorities Attack „Grant-Earners".* <http://www. mirror-weekly.com/ie/show/473/44564/> (20.12.2003).

Zerkalo Nedeli/Mirror Weekly, No. 46 (471), Saturday, 29 November–5 December 2003, Aryev, Volodymyr: *The Price of the Budget.* <http:// www.mirror-weekly.com/ie/show/471/44186/> (10.12.2003).

Zerkalo Nedeli, No. 46 (471), Subbota, 29 nojabrja–5 dekabrja 2003, Pickovyj, Vladimir: *Dolgovaja predopredelennost' bjudžeta.* <http://www.mirror-weekly.com/ie/show/471/44163/> (10.12.2003).

Zerkalo Nedeli, No. 44 (469), Subbota, 15–21 nojabrja 2003, Jakimenko, Jurij/ Ždanov, Igor': *Ukraina v XXI Veke: Vyzovy dlja političeskoj elity.* <http://www.mirror-weekly.com/ie/show/469/43795/> (10.12.2003).

Zerkalo Nedeli, No. 44 (469), Subbota, 15–21 nojabrja 2003, Gritsenko, Anatolij: *Političeskaja elita Ukrainy: Sposobna li ona vypolnit' svoju obščestvennuju missiju na sovremennom etapje?* <http://www.mirror-weekly.com/ie/show/469/43792/> (10.12.2003).

Zerkalo Nedeli, No. 42 (467), Subbota, 1–7 nojabrja 2003, Pickovyj, Vladimir: *Regional'nye aspekty bjudžetnogo rituala.* <http://www.mirror-weekly.co m/ie/show/467/43464/> (10.12.2003).

Zerkalo Nedeli, No. 39 (464), Subbota, 11–17 oktjabrja 2003, Ganzuščak, Jurij: *Političeskaja arifmetika mestnogo bjudžetirovanija.* <http://www.mirror-weekly.com/ie/show/464/43018/> (10.12.2003).

Zerkalo Nedeli, No. 32 (457), Saturday, 23–29 August 2003, Maskalevič, Igor: *The Inventory of Oligarchic Property. What's Next?* (auch in: Investicionnaja Gazeta: Top 100 (Übersicht über Unternehmensbeteiligungen). <http://www.mirror-weekly.com/nn/show/457/41402/> (30.05. 2004).

Zerkalo Nedeli/Mirror Weekly, No. 28 (453), Saturday, 26 July–1 August 2003, Sobolev, Yehor: *Metamorphoses.* <http://www.mirror-weekly.com/ie/ show/453/40321/> (10.12.2003).

Zerkalo Nedeli/Mirror Weekly, No. 4 (429), Saturday, 1–7 February 2003, Dimitricheva, Olga: *Europe's Cautious Trust.* <http://www.mirror-weekly.com/ie/show/429/37525/> (10.12.2003).

Zerkalo Nedeli/Mirror Weekly, No. 30 (405), Saturday, 10–16 August 2002, Dimitricheva, Olga: *Beware! The Authorities are Opening!* <http://www. mirror-weekly.com/ie/show/405/35729/> (07.12.2003).

Zerkalo Nedeli / Mirror Weekly, No. 23 (398), Saturday, 22–27 June 2002, Yatsenko, Nataliya: *By Default. Ukraine Unlikely to Have 100% Balanced Budget in 2003. Should It?* <http://www.mirror-weekly.com/ie/ show/398/35201/> (07.12.2003).

Ukrainische Gesetzestexte und offizielle Dokumente

Dokumente der Zentralregierung:

Bjudžetnyj kodeks Ukrajiny (Haushaltskodex der Ukraine), 21. Juni 2001, No. 2542-III <http://zakon.rada.gov.ua/cgi-bin/laws/main.cgi> (10.09.2003).

Budgetseite der ukrainischen Regierung: <http://budget.rada.gov.ua>.

Constitution of Ukraine, Adopted at the Fifth Session of the Supreme Rada of Ukraine 28 June 1996, Kiev; oder *Constitution of Ukraine* <http://www.brama.com/ua-gov/conste.html> (20.10.2002).

Dekrete des Präsidenten der Ukraine allgemein: <http://www.president.gov.ua/offdocuments> oder <http://zakon.rada.gov.ua/cgi-bin/laws/main.cgi> (20.01.2004).

Law of Ukraine on Taxation System <http://www.brama.com/law/taxation/tax-system.txt> (20.10.2003).

Oslannja Presidenta Ukrajiny do Verchovnoji Rady Ukrajiny: Konceptual'ni zasady stratehji ekonomičnoho ta social'noho rozvitku Ukrajiny na 2002–2011 roku.

Rozporjadžennja Kabinet Ministriv Ukrajiny: Pro zachody ščogo realizaciji koncepciji deržavnoji regional'noji polityky, 13.03.2001.

Ukaz Prezydenta Ukrajiny: Pro koncepciju deržavnoji regional'noji polityky, 25.05.2001, No. 341. <http://zakon.rada.gov.ua/cgi-bin/laws/main.cgi> (10.11.2003).

Zakon Ukrajiny: Pro misceve samovraduvannja v Ukrajini, 21.05.1997, No. 280. <http://zakon.rada.gov.ua/cgi-bin/laws/main.cgi> (10.11.2003).

Zakon Ukrajiny: Pro miscevi deržavni administraciji, Vidomosti VR Ukrajiny 1997.

Zakon Ukrajiny: Pro proekt zakonu Ukrajiny pro deržavnu vladu i misceve samovraduvannja v Ukrajini, 19.04.1995, No. 143, <http://zakon.rada.gov.ua/cgi-bin/laws/main.cgi> (10.11.2003).

Zakon Ukrajiny: Pro proekt konstytutcijnoho zakonu Ukrajiny pro deržavnu vladu i misceve samovraduvannja v Ukrajini, 28.12.1994, No. 332. <http://zakon.rada.gov.ua/cgi-bin/laws/main.cgi> (10.11.2003).

Zakon Ukrajiny: Pro miscevi rady narodnych deputativ Ukrajinskoji RSR ta misceve samovrjaduvannja, Vidomosti VR (Verchovnoji Rady) Ukrajiny, 1992, No. 2234-XII.

Zyvil'nyj kodeks Ukrajiny (Zivilkodex der Ukraine), 16.01.2003, No., 435-IV. <http://zakon.rada.gov.ua/cgi-bin/laws/main.cgi> (20.11.2003).

Offizielle Dokumente der Gebiete

Koncepcija upravlinnja komunal'noju vlasnistju teritorial'noij hromadi mista Charkova, VI sesijja 25 veresnja 2002, in: Viče, No. 9 (126), 2002: 28.

Regionalentwicklungsstrategie des Charkiver Gebietes: *Charkivščyna – 2010. Rehionl'na kompleksna programa social'no-ekonomičnoho rozvytku Charkivs'koji oblasti do 2010*, Charkiv 1999.

Regionalentwicklungsstrategie des Lemberger Gebietes: *Stratehija rozvytkyja L'vivščyny do 2015*, L'viv 2004 (Entwurf unter: <http://www.investmentfair.lviv.ua> (20.06.2004), aktueller Stand: <http://www.ldp.lviv.ua/en/components/strategy/strategy10.05.04> (20.06.2004).

Regionalentwicklungsstrategie des Luhans'ker Gebietes: *Stratehij rozvytkyja Luhanskoji oblasti do 2011 hoda*, Luhans'k 2003.

Stadtentwicklung in Černihiv: Programm der sozialökonomischen Entwicklung für Černihiv bis 2010. <http://www.readm.cn.ua/cgi-bin/valmenu.sh?p0212.html> (30.06.2004).

Stadtentwicklung in Lemberg: <http://www.largis.kiev.ua/English/regions/lviv_strat.htm> (20.07.2004).

Konzept für das Management lokaler Eigentümer durch das Stadtparlament Charkiv: *Koncepcija upravlinnja komunal'noju vlasnistju teritorial'noij hromadi mista Charkova*, VI sesijja 25 veresnja 2002, in: Viče, No. 9 (126), 2002, 28.

Sonstige

Europäische Institutionen

European Commission for Democracy Through Law – Venice Commission, 2003: CDL-AD (2003) 19, Or. Engl, Opinion no. 230 / 2002. *Opinion on Three Draft Laws Proposing Amendments to the Constitution of Ukraine.* Adopted by the Venice Commission at its 57th Plenary Session, Venice 12–13 December.

Dokumente zur Mediensituation

Allgemeine Mediensituation in der Ukraine: <http:///www.freedomhouse.org/research/specreports/ukmedia604.pdf>, <http://www.freemedia.at/wpfr/Europe/ukraine.htm>, <http://www.hrw.org/rep orts/2003/ukraine2003>.

Human Rights Watch zu der Bedeutung von temnyky in der Ukraine: <http://www.hrw.org/reports/2003/ukraine2003> (letzter Besuch aller Seiten am 20.08.2004).

Ji-Magazine, No. 32, 2004. *Süsse Freiheit des Wortes*. <http://www.ji.lviv.ua/n32texts/N32-ger.htm> (15.06.2004).

OSCE Representative on Freedom of the Media, 2000: *Current Media Situation in Ukraine*, in: Freedom and Responsibility. Yearbook 1999 / 2000, Wien, 249–274.

Expertengespräche

University Mohyla Academy, Kiew

Prof. Haran, Olexij, Direktor des Zentrums für strategische Forschung, 6. März 2003.

Prof. Pavlenko, Direktor des Instituts für politische Analyse (Schwerpunkt Elitenstudien, Machtanalysen), 7. März 2003.

L'viv Oblast' / Lemberger Gebiet

Durkot, Jurij, freier Journalist, 10. Mai 2004.

Gnip, Viktoryja, Gebietsverwaltung, Presseabteilung, 17. Mai 2004.

Herbst, Krzysztof, Direktor Regionalentwicklungsprogramm *Lviv Development Project*, 21. Mai 2004.

Mahdiš, Iryna, Magazin Ji (unabhängige Kulturzeitschrift und kulturelle Vereinigung), Stellvertreterin der Chefredakteurs, 18. Mai 2004.

Ohnysko, Oleh, L'vivska Hazeta (unabhängige Tageszeitung), Stellvertreter des Chefredakteurs, 20. Mai 2004.

Podoljak, Iryna, Stadtverwaltung, Leiter internationale Abteilung, 17. Mai 2004.

Siryk, Zinovij, Sekretär des Lemberger Stadtrates, Deputierter des Stadtrates, 19. Mai 2004.

Stec'kiv, Taras, Nationaler Abgeordneter der Unseren Ukraine, Block Viktor Juščenko, Frankivs'ker Rajonverwaltung, Festsaal. Vortrag zu der sozialen und politischen Situation in der Ukraine, 23. Mai 2004.

Štefančuk, Julija, Fakultät für Internationale Beziehungen, Nationale Universität Lemberg, 12. Mai 2004.

Abkürzungsverzeichnis

BSP	Bruttosozialprodukt
bzw.	beziehungsweise
DB	Demokratyčnyj Blok (Demokratischer Block)
d. h.	das heisst
DS	Demokratyčnyj Sojuz (Demokratische Union)
EU	Europäische Union
FPU	Federazija Profspilok Ukrajiny (Föderation der Gewerkschaften der Ukraine)
GUS	Gemeinschaft Unabhängiger Staaten
Hrn.	Hriwna (ukrainische Währung), offizielle Abkürzung: UAH (100 UAH=16 Euro, April 2004 <http://www.oanda.com/convert/cheatsheet?user=bassow&lang=de>)
IMF	International Monetary Fond (Internationaler Währungsfonds – IWF)
ISD	Industrial'ny Sojuz Donbassa (Industriellenvereinigung des Donbass)
KMU	Kleine und mittlere Unternehmen
KPdSU	Kommunistische Partei der Sowjetunion
KPU	Komunistyčna Partija Ukrajiny (Kommunistische Partei der Ukraine).
NDPU	Narodno-demokratyčna Partija Ukrajiny (Volksdemokratische Partei der Ukraine)
NIS	Newly Independent States (=GUS)
NRU	Narodnyj Ruch Ukrajiny (Volksbewegung der Ukraine *Ruch*)
OSZE	Organisation für Sicherheit und Zusammenarbeit in Europa
SDPU(o)	Sozialdemokratyčna Partija Ukrajiny (objednana) (Vereinigte Sozialdemokratische Partei der Ukraine)
SPU	Sozialistyčna Partija Ukrajiny (Sozialistische Partei der Ukraine)

TU	Trudova Ukrajina (die Partei Werktätige Ukraine)
u. a.	unter anderem
UdSSR	Union der Sozialistischen Sowjetrepubliken
USD	US Dollar (100 UAH=19 USD, April 2004)
USSP	Ukrajins'ka Spilka Promyslovziv ta Pidpryjemziv (Ukrainischer Verband der Industriellen und Unternehmer)
USSR	Ukrainische Sowjetrepublik
u. U.	unter Umständen
z. B.	zum Beispiel

Transkription von ukrainischen und russischen Schriftzeichen

Orts- und Personennamen werden generell in der deutschen wissenschaftlichen Transliteration wiedergegeben (etwa Kravčuk, Kučma, Juščenko). Ortsnamen, welche eine gängige deutsche Ent-sprechung haben, werden beibehalten (z. B. Kiew, Krim, Odessa, Lemberg). Der administrativ-geographischen Begriff Oblast' (Plural: Oblasti) wird entweder unverändert wiedergegeben oder als Gebiet bezeichnet. Die Transkription aus englischsprachigen (u. U. auch aus deutschen) Publikationen wird unverändert übernommen. Dadurch kommt es teilweise zu abweichender Transkription.

Kyrillisch (russisch)	Kyrillisch (ukrainisch)	Deutsch
Аа	Аа	a
Бб	Бб	b
Вв	Вв	v
	Гг	h
Гг	Ґґ	g
Дд	Дд	d
Ее	Ее	e
	Єє	je
Ёё		o
Жж	Жж	ž
Зз	Зз	z
Ии		i
	Ии	y
	Іі	i
	Її	ji
Йй	Йй	j

Кк	Кк	k
Лл	Лл	l
Мм	Мм	m
Нн	Нн	n
Оо	Оо	o
Пп	Пп	p
Рр	Рр	r
Сс	Сс	s
Тт	Тт	t
Уу	Уу	u
Фф	Фф	f
Хх	Хх	ch
Цц	Цц	c
Чч	Чч	č
Шш	Шш	š
Щщ	Щщ	šč
Ъъ	’	″
Ыы		y
Ьь	Ьь	’
Ээ		e
Юю	Юю	ju
Яя	Яя	ja

Die institutionellen Ebenen der Ukraine

Die zentralstaatliche Regierungsebene vereinigt die klassischen Institutionen des Zentralstaates wie den Präsidenten mit den von ihm abhängenden Verwaltungsstrukturen (Exekutive), das Parlament (Legislative) und das Höchste Gericht (Judikative).
Die regionale Ebene umfasst 24 Gebiete (Oblasti) und die Krim sowie die Städte Kiew und Sevastopol'. Ihre höchste Entscheidungsebene ist die Oblast'-Staatsverwaltung mit dem Gouverneur als Vorsteher (welcher vom Präsidenten eingesetzt wird). Weiter erfüllt ein gewählter Oblast'rat, minimale Aufsichtsfunktionen. Unmittelbar unter dem Oblast'level be-finden sich 490 Rajons (Bezirke), welche ländlichen Gebieten vorstehen und 171 Städte von Gebietsrelevanz. Beide sind formell der Oblast'verwaltung unterstellt. Rajonführer werden von der Zentralregierung ernannt, während die Stadtverwaltungen von der Bevölkerung gewählt werden (Mrinska 2001).
Die lokale Ebene beinhaltet Städte unterhalb der Rajonebene und die Gemeinden (Dörfer und Ansiedlungen). Es gibt ca. 30.300 Ansiedlungen, fast 12.000 Dörfer und Stadtgemeinden (Romaniuk 2002: 187) (Städte und Kleinstädte: 447, Rozputenko et al. 2000: 397). Die Devolution von Kompetenzen ist seit der Unabhängigkeit 1991 ein Thema der politischen Diskussion (Sasse 2002). Die Verabschiedung der Verfassung 1996 mit dem Einheitsstaatsprinzip als einem ihrer Grundpfeiler war Anlass für die Vertreter einer regionalen (Entwicklungs-)Politik, die Bedürfnisse regionaler Entwicklung anzusprechen. Die entscheidenden Reformbestrebungen bzw. Reformanstösse erfolgten jedoch von „oben".

Nicolas Hayoz / Andrej N. Lushnycky (eds.)

Ukraine at a Crossroads

Bern, Berlin, Bruxelles, Frankfurt am Main, New York, Oxford, Wien, 2005.
269 pp., num. tables and graphs
Interdisciplinary Studies on Central and Eastern Europe. Vol. 1
Edited by Rolf Fieguth and Nicolas Hayoz
ISBN 3-03910-468-3 / US-ISBN 0-8204-7157-7 pb.
sFr. 64.– / € 44.10 / €** 41.20 / £ 28.80 / US-$ 48.95*

* includes VAT – only valid for Germany and Austria ** does not include VAT

As the «Orange Revolution» has shown, modern-day Ukraine has undeniably come a long way since the dissolution of the Soviet Union. This volume contains papers delivered at conferences about Ukraine held at the University of Fribourg (Switzerland) in 2001 and 2002. Supplementary articles have been solicited from recognized experts in the field to provide a comprehensive picture of a country in transition and to explain some of the challenges of Ukraine's «New Deal».

Contents: Nicolas Hayoz/Andrej N. Lushnycky: Prologue: Ukraine's New Deal – Taras Kuzio: Semi-Authoritarianism in Kuchma's Ukraine – Marta Dyczok: The Politics of Media in Ukraine: Election 2002 – Bohdan A. Futey: Rule of Law in Ukraine: A Step Forward or Backward? – Bohdan Hawrylsyshyn: Ukrainian National Security – Michael Derrer: Growth Potential of the Ukrainian Economy - Is the «Miracle» Meant to Last? – Olexiy Haran/Rostyslav Pavlenko: Ukraine's Russian Policy under Kuchma: Paradoxes of 'Strategic Partnership' – Nicole Gallina: Beyond the Eastern Enlargement of the European Union: The Case of Ukraine – Leonid Rudnytzky: The Undiscovered Realm: Notes on the Nature of Ukrainian Literature – Mark Andryczyk: Three Posts in the Center of Europe: Postmodern Characteristics in Yuri Andukhovych's Post-colonial Prose – Yuri Andrukhovych: Epilogue: The Color of Freedom and Oranges.

The Editors: Nicolas Hayoz is associate professor of political science and the director of the Interdisciplinary Institute of Central and Eastern Europe at the University of Fribourg (Switzerland). He has published articles on politics and state reform in the former Soviet Union and Russia. His research interests include state reform, good governance, legal and judicial reforms in Eastern and Central Europe.

Andrej N. Lushnycky is the director of the American College Program at the University of Fribourg and a senior associate of the Interdisciplinary Institute of Central and Eastern Europe at the University of Fribourg (Switzerland). His research interests include contemporary Ukrainian history, culture and Diaspora studies. He is also the president of the Ukrainian Society of Switzerland.